VERLAG
FRITZ
MOLDEN

Hans Hass

DIE WELT UNTER WASSER

Der abenteuerliche Vorstoß
des Menschen ins Meer

MIT 106 ABBILDUNGEN,
DAVON 49 IN FARBE

VERLAG FRITZ MOLDEN · WIEN-MÜNCHEN-ZÜRICH

1.–20. Tausend

Schutzumschlag und Ausstattung: Hans Schaumberger, Wien
Lektor: Franz Schrapfeneder
Technischer Betreuer: Franz Hanns
Schrift: Garmond Garamond-Antiqua
Satz: Filmsatzzentrum Deutsch-Wagram Ges. m. b. H.
Reproduktion: C. Angerer & Göschl, Wien
Druck des Bildteiles: C. & E. Grosser, Linz
Druck des Textteiles und Bindearbeit: Wiener Verlag
ISBN 3-217-00501-5

Inhalt

Zurück ins Meer 7

INVASION

Geburt des Fischmenschen 15
Entfaltung des Fischmenschen 27
Donna Aquatica 47
Mensch und Hai 57
Forschung mit Flossen 71
Jagd mit der Kamera 87
Der trockene Kollege 107

EXPANSION

Ins Unbekannte 119
Gefahr und Tod 143
Tiefentauchen – Fortschritt und Tragödie 165
Versunkene Schätze 181
Mysterien 199
Unterwasser-Kaleidoskop 211
Nahrung aus dem Meer 227
Rohstoffe aus dem Meer 239

AUSWIRKUNGEN

Meeresgefährdung 259
Pro und kontra Unterwasserjagd 271
Freund Delphin 287
Meerestourismus 301
Taucher auf krummen Wegen 311

Wohnen unter Wasser 323
Recht unter Wasser 339
Bewußtseinswandel 347
Der Mensch im Meer 365

ANHANG

Manifest 1 377
Manifest 2 379
Literaturhinweise 381
Namenregister 387
Bildnachweis 391

Zurück ins Meer

Alles Leben an Land ist ein Leben im Exil. Die ersten Lebewesen entstanden im Meer – vor 2 bis 3 Milliarden Jahren. Sie waren winzig klein, Molekülgruppen besonderer Art, welche die Fähigkeit hatten, mehr Energie an sich zu reißen, in ihren Dienst zu zwingen, als dieser Vorgang sie selbst an Energie kostete. Das war der Anfang. Sie teilten sich, vermehrten sich, trugen das, was wir Lebensprozeß nennen, weiter. In mannigfacher Gestalt entfalteten sie sich, das Leistungsfähigste setzte sich durch. *Pflanzen* gewannen in seichten Schichten die Energie der Sonnenstrahlen, *Tiere* überwältigten Pflanzen und einander gegenseitig, raubten von anderen gehortete Energie. In Gestalt von Tangen, Würmern, Medusen, Krebsen, Haien, Muscheln, Seeigeln breitete sich das Leben im Meer aus – weitergegeben von einem Organismus an den nächsten. Das Land blieb zunächst von diesem Geschehen unberührt. Erst vor ca. 500 Millionen Jahren griff der Lebensprozeß auch in die Luftwelt über. Den Anfang machten – notwendigerweise – die Pflanzen: sie brauchten zum Aufbau ihrer Struktur nur anorganisches Material. Die nötige Energie, Sonne, gab es hier genug, allerdings mußten sie Wasser finden und sich vor Austrocknung schützen können. Die Tiere konnten erst folgen, sobald es an Land Nahrung gab: sobald es dort andere Organismen gab, deren Struktur sie zertrümmern, deren Energiehort sie rauben konnten.

Stück für Stück griff der Lebensprozeß wie Feuer auf das trockene Land über. Jedes Landlebewesen ist ein Lebewesen im Exil, muß sein notwendiges bißchen Meer mit sich tragen, muß es erneuern und vor Verdunstung schützen. Die Pflanzen mußten hier Wurzeln entwickeln, um dem Boden Wasser – samt den darin gelösten Baustoffen – zu entziehen; die Tiere mußten ihre Körper, der Schwerkraft entgegen, über den Boden hinwegbewegen können, um an Nahrung und Wasser zu gelangen. Unter Wasser hatte wegen des Auftriebes das Eigengewicht keine Rolle gespielt, an Land waren sie nun aber der Gravitation voll unterworfen. Um jeden Fußbreit Boden begannen hier die Pflanzen zu kämpfen, um jede Nahrungsquelle rivalisierten die Tiere. Aus Meereswürmern wurden Landwürmer, aus krebsartigen Tieren wurden die durch Außenpanzer geschützten Insekten, aus

Fischen, die zunächst auf ihren Flossen am Strand herumstelzten, wurden Lurche und Reptilien. Aus diesen entwickelten sich dann einerseits die Vögel, anderseits die Säugetiere – all das hat die Wissenschaft aus Fossilketten einwandfrei festgestellt. Der in Versteinerung gefundene Archaeopteryx, das Verbindungsglied zwischen Reptilien und Vögeln, hatte bereits Flügel, doch war ihm noch der Eidechsenschwanz verblieben. Säugetiere und Vögel entwickelten dann als Waffe gegen die an Land herrschenden Temperaturschwankungen die Warmblütigkeit.

Aus der Gruppe der Säugetiere, aus der Verwandtschaft der Affen, ging schließlich der Mensch hervor. Kraft unseres besonders entwickelten Gehirns und kraft der von den Affen ererbten Hände vermögen wir unserem Körper künstliche Organe hinzuzufügen, funktionelle Einheiten, die nicht mehr durch Zelldifferenzierung entstehen. Solche künstlich hergestellten Organe – Erweiterungen des aus Zellen gebildeten Körpers – sind etwa unsere Kleider, Waffen, Werkzeuge – im weiteren Verlauf auch dienstbar gemachte andere Menschen, für uns tätige Maschinen oder ganze Menschenorganisationen.

Diese vom Menschen gebildeten und gesteuerten Lebenseinheiten besiegten Stück für Stück alle Landpflanzen, alle Landtiere – besiegten an Land die „Natur". Bald prägten überall die durch menschliche Intelligenz aufgebauten Strukturen die Landschaft: Bauernhöfe, Straßen, Städte, Fabriken entstanden. Immer mehr anorganische oder abgestorbene Materie – Gestein, Metalle, Holz usw. – wurde von diesem Ast des Lebensprozesses ergriffen, wurde funktionalisiert, *vitalisiert*.

Die Meeresräume, der eigentliche Ausgangspunkt dieser ganzen Entwicklung, blieben von diesem Teil der Evolution zunächst unberührt. Nichts Ähnliches breitete sich dort unten aus. Die Wende erfolgte – nach kosmischem Zeitmaß – erst vor wenigen Sekunden. Ich selbst war mit ein Rädchen in diesem Prozeß.

Wir wohnten in Wien, in einer der ältesten Gassen, „Haarhof" genannt. Mein Vater war Rechtsanwalt. Er hatte jahrelang das österreichische Tabakmonopol vertreten, hatte in der Wirtschaft und der Politik manche Fäden gezogen, hatte gut verdient, lebte repräsentativ. Meine Mutter war eine blendende Hausfrau und Gastgeberin, in den Ferien fuhr mein Vater auf die Jagd, Mutter und ich fuhren meist nach Frankreich, wo man uns eher für Bruder und Schwester hielt. Mit siebzehn fuhr ich als Austauschstudent nach England. Als ich achtzehn war und mein Abitur gemacht hatte, fuhr ich, zum ersten Mal allein, nach Frankreich – und begegnete dort meinem Schicksal in Gestalt eines Amerikaners, der mit einer Lanze im Meer herumschwamm, lautlos in den Wellen versank und mit einem durchbohrten Fisch wieder an der Oberfläche erschien. Von ihm lernte ich die Kunst der Unterwasserjagd, die damals – 1937 – nur wenige Dutzend Leute beherrschten.

Wieder daheim in Wien, faßte ich mir ein Herz und redete ernsthaft mit Vater. Ich sollte Jura studieren, die Kanzlei übernehmen. Sollte ich das wirklich?

„Schau, Vater", sagte ich, „die Welt kann man eigentlich in zwei Teile teilen. In den einen Teil über Wasser und den anderen Teil unter Wasser. Alles das, was es heute über Wasser gibt, alle diese unerhört vielen Möglichkeiten – Sport und Film, Tourismus und Verkehr, Kunst und Erfindung und so weiter –, alles das, was es hier oben gibt, das gibt es dort unten noch nicht. Zwei Drittel dieses Erdballs sind noch unerforscht, noch unerobert, ein ungeheures Gebiet, offen für tausenderlei Entwicklungen – für praktisch alles, was uns hier oben so selbstverständlich vorkommt. Dort unten wird es das auch einmal geben."

Mein Vater saß an seinem Schreibtisch und sah mich interessiert und ein klein wenig spöttisch an. Meine Eltern hatten meinen Willen stets respektiert, ja meine Mutter hatte diesen Willen mit allen ihr zu Gebote stehenden Mitteln geweckt und gefördert, hatte mich zum Verständnis geleitet, daß ich nicht für sie, die Eltern, sondern für mich lebe, daß es ganz an mir sei, was aus mir würde oder nicht würde. Eine ernstliche Schwierigkeit hatte ich bei Vater also nicht zu befürchten. Wollte ich seine Kanzlei nicht übernehmen, dann übergab er sie eben jemandem anderen. Er hatte mich gern, interessierte sich für mich, war mir nah und fern zugleich, betrachtete mich, Jurist, der er war, letztlich als einen „Fall". Es dauerte eine Weile, ehe er mir antwortete. Plötzlich hob er den Kopf und sagte: „Tja, eine Fronleichnamsprozession, fürchte ich, wirst du dort unten nicht so bald sehen . . ."

Er meinte, ich solle mir das doch noch überlegen. Als Zoologe würde ich als Kustos in einer Sammlung enden und erst recht nicht das Geld haben, in die Ferne zu reisen. Als Anwalt dagegen hätte ich eine gute Basis und könnte mir in meiner Freizeit erlauben, was mir Spaß mache. Ich folgte seinem Rat und inskribierte Jura. Ich studierte zwei Semester, also ein Jahr lang. Dann wurde ich unruhig, wechselte über zu Maschinenbau und Architektur – und landete schließlich doch bei der Biologie.

Der Unterwasser-Fronleichnamszug: er formiert sich bereits. In diesem Punkt behielt ich meinem so klugen Vater gegenüber recht. Was mich betraf, so blieb es nicht lange beim „Fischestechen". Schon im folgenden Sommer, in Dalmatien, machte ich die ersten Unterwasseraufnahmen, und ein Jahr darauf fuhr ich mit zwei Freunden nach Westindien, wo wir, durch den Krieg festgehalten, acht Monate lang in Korallenriffen jagten, fotografierten, filmten, beobachteten. Über Japan und Rußland kehrten wir zurück. Ich entwickelte nun ein Tauchgerät, das uns in fischartige Wesen verwandelte. Die Zeitschriften veröffentlichten meine Berichte, meine Bücher wurden Bestseller, ich hielt Hunderte von Vorträgen. Schon mit 21 Jahren hatte ich ein stattliches Bankkonto. Ich kaufte mein erstes Schiff. Der Kriegsverlauf brachte alles ins Stocken, dann griff das Interesse an der Welt unter Wasser allerorts um sich. Überall rüsteten sich Menschen mit Flossen aus, zogen Tauchmasken über die Augen, entdeckten die Meeresabgründe, die einstigen Verwandten, die einstige Heimat.

Der Mensch, in künstlicher Fischgestalt, kehrte ins Meer zurück. Was zunächst bloß ausgefallene Tätigkeit einiger Draufgänger war, entfachte einen lawinenartig anschwellenden Prozeß, der ganz nach menschlichen Maßstäben ablief.

Der neue Sport griff um sich – was ganz automatisch alle jene auf den Plan rief, die an diesem neuen Interesse, an dieser neuen menschlichen Tätigkeit verdienen, also ihr Energiepotential steigern konnten. Die Herstellung von Masken, Schnorcheln, Flossen, Tauchgeräten, Harpunen, Unterwasserkameras rief neue Industrien ins Leben: heute, knapp vier Jahrzehnte später ist es ein Millionengeschäft. Der Jahresumsatz für Sporttaucherartikel erreicht heute in der Welt bereits eine halbe Milliarde Dollar. Es gibt kaum noch eine Küste, an der nicht Sporttaucher unter Wasser gehen. Einige Tausend sind dabei ums Leben gekommen. Allein in der Bundesrepublik gibt es über hundert Zweigstellen von Sporttauchklubs, in Europa über tausend, auf der ganzen Welt sicher schon über fünftausend. Unterwasserjagd-Weltmeisterschaften werden abgehalten, bei denen zum Sieger erklärt wird, wer innerhalb einer gegebenen Zeitspanne die meisten Fische tötet. Andere Sporttaucher haben den Speer mit der Kamera vertauscht. In den sieben Meeren gibt es kaum noch eine Fischart der Litoralzone, die nicht bereits unter Wasser aus jeder Perspektive aufgenommen worden wäre, selbst kleinste Einzelheiten ihrer Lebensweise sind uns durch Freilandbeobachtungen bekannt. Jedes Jahr werden auf Hunderten von Veranstaltungen die besten Unterwasseraufnahmen prämiert, jedes Jahr erscheint eine Flut von Unterwasserbüchern und Unterwasserfilmen. Tauchpioniere haben ganz außerordentliche Leistungen vollbracht. Nach anfänglichem Zögern hat sich nun auch die biologische Meeresforschung in breiter Front zur Tauchtechnik bekannt. An die 10.000 wissenschaftliche Arbeiten beruhen schon auf Beobachtungen und Experimenten, die auf dem Meeresgrund selbst erarbeitet wurden. Der reinen Forschung folgte – wie auf allen Gebieten – die wirtschaftlich orientierte, die der Beschaffung und Erzeugung von Gebrauchsgütern dient. Nahrung aus dem Meer, Rohstoffe aus dem Meer, ursprünglich – abgesehen vom Fischfang – für nicht sehr bedeutend erachtet, wurden für privatwirtschaftliche und staatliche Interessengruppen zu Schlagworten, mit denen diese heute politisch operieren. An der Entwicklung neuer, immer besserer Tauchbehelfe wird in den Laboratorien aller größeren Staaten mit Hochdruck gearbeitet. Viel Geld fließt dabei aus der Tasche der Militärbudgets. Der Zukunftskrieg wird, so sagte ein amerikanischer General, ein Unterwasserkrieg. Was unter Wasser geschieht, läßt sich von Satelliten aus nicht beobachten, mancher Angriff kann von unter Wasser her besser geführt werden – weshalb auch wiederum Unterwasserabwehrmaßnahmen nötig werden. Was für kriegerische Maßnahmen gilt, gilt auch für Gesetzesübertretungen. Wo der Mensch hinkommt, begleitet ihn – leider – das Verbrechen. Mord und Versicherungsbetrug unter Wasser sind längst nicht mehr neu. Je tiefer der Mensch taucht, um so mehr Schiffswracks und die mit ihnen gesunkenen Schätze werden zugänglich. Die Archäologen haben festgestellt, daß der Meeresgrund ein ideales Feld zur

Enträtselung der Vergangenheit ist. Tief im Schlick eingebettet liegen unversehrt die Ladungen vieler Schiffe aus naher oder ferner Vergangenheit, die in Stürmen oder bei Gefechten sanken. Ihre Ladung liefert uns wertvolle Hinweise. Rechtsgelehrte in aller Welt zerbrechen sich den Kopf darüber, wem das Eigentum an solchen Schiffen, das Eigentum an unter Wasser gelegenen Ölquellen und Minerallagern, ja, wem letztlich die Meere selbst gehören. Unterwasserhäuser werden erbaut, Unterwassersiedlungen sind geplant. Die Ozeanographen haben inzwischen vom trockenen Deck der Schiffe aus ihre Unterwasserarme und -augen noch viel tiefer in die Meeresabgründe hinabgesandt als der tauchende Mensch. Mit Netzen, Meßgeräten usw. – also mit künstlichen Organen besonderer Reichweite – wurden die größten Tiefen erkundet, Bohrungen wurden zur Erforschung der Unterlage viele hundert Meter tief in den Meeresboden vorgetrieben. Eines der vielen Ergebnisse: Wir wissen jetzt mit Sicherheit, daß die Kontinente sich tatsächlich bewegen. Afrika entfernt sich pro Jahr zwei Zentimeter von Amerika.

Die Unterwasserregion übt auch auf den Künstler starke Anziehung aus. In den blauen Tiefen und in den bunten Riffen findet der ästhetische Sinn neue Anregung, neue Möglichkeit der Gestaltung. Schon haben Künstler das Meer als Ort für eine mögliche Bewußtseinserweiterung entdeckt, als Medium für die Geburt eines neuen ethischen Empfindens: eines besseren, das möglicherweise sogar auf die Landzivilisation rückwirken könnte. Ein japanischer Architekt hat schwimmende Städte für ein bis zwei Millionen Einwohner entworfen, in utopischen Romanen wird vom Leben in Zukunftsstädten, die in vielen tausend Meter Tiefe liegen, erzählt. Wale sollen wie Rinder gezüchtet werden, durch Ultraschall will man Zäune quer durch die Meeresweiten legen. Durch Atommeiler, tief unten auf dem Meeresgrund postiert, könnte Wärme erzeugt und dadurch Hochströmung bewirkt werden: eine künstliche Düngung für die unter der Oberfläche schwebende „Wiese" des Meeres, das pflanzliche Plankton, von dem sich direkt oder indirekt fast alle Meerestiere ernähren. Da das Korn, das unser Brot gibt, die Äpfel, die wir essen, die Rinder, die wir schlachten, durchwegs Produkte langer Züchtung sind, ist im Meer der nächste Schritt vorgezeichnet: die Züchtung von für den Menschen schmackhaften oder ihm sonst dienlichen Meerespflanzen und Meerestieren. Delphine können wir zu treuen Unterwasserhaustieren machen, nesselnde Medusen hingegen werden wir wohl, ebenso wie die stechenden Insekten an Land, vertilgen. Während an Land die negativen Folgeerscheinungen mancher menschlichen Entfaltung erst an den negativen Auswirkungen erkannt worden sind, besteht bei der Invasion des Meeres – bei der Re-Expansion ins Meer – die Möglichkeit, Fehler zu vermeiden, ehe sie noch begangen wurden. In diesem Raum liegen somit die Verhältnisse anders. Mit dem wirtschaftlichen und touristischen Vordringen ist die Bremse „Umweltschutz" verknüpft. Hier besteht weniger Gefahr, daß der im Menschen kulminierende Strom der Lebensentfaltung – der Energiepotenzierung und -sublimierung – sich selbst zerstört.

11

INVASION

Aus Wasser ist alles –
ins Wasser kehrt alles zurück

THALES

Die Geburt des Fischmenschen

Wenn der Luftbewohner sich in ein amphibisches Wesen zurückverwandeln will, steht er vor dem gleichen Problem wie seine Vorfahren, als sie vom Wasser an Land übersiedelten: er muß das Atemproblem lösen. In den meisten Büchern über Tauchsport und Tauchtechnik wird heute die Aqualunge als Beginn und Ausgangspunkt des modernen Tauchens bezeichnet. Das mag insofern richtig sein, als durch dieses Gerät das Tauchen in aller Welt popularisiert wurde: es war das erste kommerzialisierte Gerät. Anderseits aber stimmt es nicht, weil die Entwicklung mit einem grundsätzlich anderen Gerät begann. Das wieder ist relevant, weil die Entwicklung inzwischen zu dieser anderen, ersten Konstruktion zurückgekehrt ist. Denn das Vordringen in Tiefen über 100 Meter – heute bereits 300 Meter, bei einer Tauchdauer von bis zu sechs Stunden – war nur durch eine Weiterentwicklung dieses allerersten autonomen Schwimmgerätes möglich.

Zwei Möglichkeiten gibt es für den tauchenden Menschen, seine so kurze Atemspanne durch Mitführen eines entsprechenden Luftvorrates zu verlängern. Entweder wird normale Atemluft in Flaschen komprimiert auf dem Rücken mitgeführt und aus diesen – über druckmindernde Ventile – eingeatmet. Dann stößt der Taucher die ausgeatmete Luft wieder ins Wasser aus. Oder er nimmt bloß den vom Körper eigentlich benötigten Sauerstoff mit. In diesem Fall muß das ausgeatmete Kohlendioxyd, für den Körper ein Gift, durch entsprechende Chemikalien absorbiert werden. Der Taucher atmet dann praktisch immer dasselbe Gas, nichts strömt ins Wasser aus. Man nennt diesen Typ von Gerät „Kreislaufgerät". Die ausgeatmete Luft geht nicht verloren, sondern sie wird gereinigt; der verbrauchte Sauerstoff wird ergänzt, und das somit wieder atembar gemachte Gas kehrt in den Mund des Tauchers zurück. Wie schon allein diese Erklärung zeigt, ist der zweite Typ komplizierter. Jedes der beiden Geräte hat nun Vor- und Nachteile, die die Entwicklung des Schwimmtauchens entscheidend beeinflußten.

Ich kam im Herbst 1940 von meiner ersten Übersee-Expedition nach Westindien zurück, und bereits im Frühjahr 1941 besuchte ich das Draeger-Werk in Lübeck, das damals – ebenso wie heute – in Deutschland einen ähnlich guten Ruf genoß wie in England die Firma Siebe und Gormann, die seit 1837 Tauchgeräte herstellt. Der deutsche Tauchpapst und Autor des damaligen Standardwerkes über Tauchen war damals Oberingenieur Hermann Stelzner, ein überaus sympathischer Mann, der nicht nur als Theoretiker glänzte, sondern außerdem als praktischer Taucher jede Menge an Erfahrungen gesammelt hatte. Wir verstanden uns vom ersten Augenblick, und Herr Heinrich Draeger zeigte sich persönlich sehr daran interessiert, daß mir jede mögliche Förderung zuteil würde. Wir saßen gemeinsam um einen Tisch und erörterten die eingangs erwähnte Grundfrage.

„Wir können Ihnen beide Typen von Geräten liefern", erklärte Stelzner. „Wir müssen uns klarwerden, was für Sie zweckmäßiger ist. Ein Kreislaufgerät haben wir praktisch schon da. Wenn Sie wollen, können Sie es gleich probieren. Es wurde von uns als Rettungsgerät für U-Boote entwickelt. Kann ein U-Boot nicht mehr hochkommen, dann schnallen es sich die Männer um und können damit aus beträchtlicher Tiefe emporschwimmen."

Natürlich ließ ich mir das nicht zweimal sagen und erprobte sogleich – im Versuchstank des Draeger-Werkes – dieses Gerät. Es war erstaunlich klein, eine Art von Weste, die man sich umschnallte. Am Gürtel war eine 0,6-Liter-Flasche befestigt, die unter 200 Atmosphären Druck reinen Sauerstoff enthielt. „Nach meiner Schätzung kommen Sie damit in zehn bis fünfzehn Meter Tiefe bei nicht allzu schwerer Arbeit bis zu einer Stunde lang aus." An der Flasche befand sich ein automatisches Dosierventil, und durch einen dünnen Schlauch floß eine konstante Menge reinen Sauerstoffs in einen rings um den Kopf liegenden Sack, der auf dem Schulterteil der Weste befestigt war. Aus diesem Sack atmete der Taucher durch einen Faltenschlauch mit Mundstück ein, und durch einen zweiten wurde die Atemluft in den Sack zurückgeleitet. Hierbei strömte sie durch eine im Sack befindliche Patrone mit Atemkalk. Der Sack ließ sich öffnen und wasserdicht verschließen, damit vor jedem Tauchgang die Patrone mit neuem Atemkalk gefüllt werden konnte. „Darauf dürfen Sie natürlich nicht vergessen! – Und ebenso wichtig ist es, daß Sie beim Anlegen des Gerätes den Sack erst völlig leersaugen. Wie Sie ja wissen, enthält die normale Atemluft 78 Prozent Stickstoff, und der muß im Kreislaufgerät eliminiert werden. Sie atmen in dem Gerät reinen Sauerstoff, und das anfallende Kohlendioxyd wird laufend absorbiert."

„Und warum darf kein Stickstoff im Atemgas sein?"

„Erstens, weil beim Atmen von Stickstoff die Gefahr der Caissonkrankheit

Älteste Darstellung eines Schwimmtauchers auf einem assyrischen Relief aus dem Jahr 885 v. Chr. Der Schwimmer atmet aus einem unter der Brust getragenen Lederbeutel. Praktisch könnte dies nur über sehr kurze Strecken funktionieren und hätte beträchtliche Gewichte zum Ausgleich des Auftriebs (des Luftbeutels) zur Voraussetzung. Wenn die auf dem Rücken getragene Form nicht ein weiterer Luftbehälter, sondern ein solches Gerät war, dann war diese Methode im Prinzip möglich.

besteht: Sie müssen dann genaue Austauchzeiten einhalten, sonst kommt es zu einer Embolie. Sie bekommen dann Stickstoffblasen ins Blut, die Engländer nennen das ‚Bends‘. Und zweitens besteht die Gefahr einer Anoxie . . .“

Was nämlich der Laie nicht weiß, ist dies: Unsere Atembewegungen werden nicht durch Sauerstoffmangel gesteuert, sondern durch Anreicherung des giftigen Kohlendioxyds im Blut. Hält man den Atem an und gerät man in Atemnot, dann bedeutet das nicht, daß im Blut zuwenig Sauerstoff ist. Unser Körper arbeitet so, daß besondere innere Sinnesorgane auf Anreicherung des Blutes mit Kohlendioxyd (CO_2) ansprechen. Erreicht der CO_2-Gehalt im Blut einen gewissen Wert, dann lösen diese Sinnesorgane über das Zentralnervensystem reflektorisch eine Atembewegung aus. „Sie verstehen also, worum es geht. Wenn Sie aus irgendeinem Grund schließlich nur noch Stickstoff in Ihrem Atemsack haben, dann atmen sie ganz fröhlich weiter, ohne das geringste Unbehagen zu empfinden. Der Atemkalk absorbiert ja ständig das anfallende CO_2 – sie spüren keinerlei Atemnot –, und trotzdem kommt kein frischer Sauerstoff in Ihr Blut. Schon nach einigen Minuten bewirkt das Zerstörungen im Gehirn, die irreparabel sind. Sie sterben dann an einer Anoxie. – Da wir bis heute keinerlei Möglichkeit haben, auf irgendeine Art zu messen, wieviel Prozent Sauerstoff in einem Gasgemisch enthalten sind – ich meine, bei einem Tauchgerät, denn an Land können wir das natürlich schon –, muß aller Stickstoff vor dem Tauchen eliminiert werden. Sie müssen den Atemsack leersaugen und auch Ihre Lunge völlig entleeren. Wenn Sie das tun, kann nichts passieren. Das Atmen von reinem Sauerstoff ist bis zu einer gewissen Tiefe durchaus unschädlich.“

„Bis zu welcher Tiefe?“

„Nun, darüber sind wir uns noch nicht ganz einig. Mit Tieren wurde da schon eine Reihe von Versuchen gemacht. So ertrugen etwa Ratten und Hunde reinen Sauerstoff bei fünf Atmosphären Überdruck – das entspricht 40 Meter Wassertiefe – zwei bis sechs Stunden lang. Sie können Näheres darüber in meiner ‚Tauchertechnik‘ nachlesen. Am Menschen sind solche Versuche bisher naturgemäß nur bis zum Auftreten von gefährlichen Symptomen ausgeführt worden. Kapitänleutnant Bräutigam und unser Tauchermeister Gottlebsen atmeten in der Druckkammer neunzigprozentigen Sauerstoff unter drei Atmosphären Überdruck – was 30 Meter Wassertiefe entspricht – 29 Minuten lang, dann wurde Bräutigam bewußtlos. Ich selbst war im Meer mit siebzigprozentigem Sauerstoff 80 Minuten lang in 25 Meter Tiefe, dann stellten sich im Ohr eigentümliche klopfende Geräusche ein, und ich brach den Versuch ab. Meine Arbeit bestand damals in bloßem Umhergehen. Sie müssen jedoch berücksichtigen, daß Sie beim Schwimmtauchen wahrscheinlich viel weniger angestrengt sind, also weniger Arbeit leisten als wir in einem Skaphander. Nach einer amerikanischen Veröffentlichung halten Benke, Shaw und einige andere bei Ruhe einen halbstündigen Aufenthalt in 30 Meter Tiefe bei Atmung von reinem Sauerstoff für durchaus möglich – Prof. Héderer in Toulon, dem ich diese Mitteilung verdanke, hält das aber bereits für gefährlich. Wenn Sie mich so nach Gefühl fragen, würde ich sagen: zwanzig Meter Tiefe sind mit diesem Gerät Ihre Sicherheitsgrenze."

Warum Sauerstoff unter erhöhtem Druck giftig wird, ist bis heute nicht eindeutig geklärt. Eine plausible, jedoch strittige Theorie stützt sich darauf, daß jede Flüssigkeit unter höherem Druck Gase löst, also auch das Blut. Während normalerweise der Sauerstofftransport von der Lunge zu den Körperzellen durch die roten Blutkörperchen besorgt wird, würde also bei hohem Druck die Blutflüssigkeit selbst mit so viel gelöstem Sauerstoff angereichert, daß die Zellen schon allein dadurch befriedigt würden und die roten Blutkörperchen daher ihren Sauerstoff nicht loswürden. Nun haben diese aber zusätzlich noch die Aufgabe, auf ihrem Rückweg zur Lunge das in den Geweben anfallende Kohlendioxyd abzutransportieren. Blieben sie mit Sauerstoff beladen, dann könnten sie das nicht. Das giftige Kohlendioxyd würde also nicht abtransportiert – somit wäre die Sauerstoffvergiftung praktisch eine Kohlendioxydvergiftung.

„Und wenn ich Preßluft verwende . . ."

„In diesem Fall atmen Sie einfach ins Wasser aus – Sie brauchen somit einen ziemlich großen Luftvorrat, müssen also ein oder zwei ziemlich umfangreiche Flaschen auf dem Rücken tragen. Ein solches Gerät können wir Ihnen auch anfertigen. Durch Abänderung unseres ,Taucherautomaten', der in zwei Stufen das Gas auf den richtigen Druck bringt, läßt sich das wohl unschwer erreichen. Ein ähnliches Gerät haben die Japaner bereits 1919 entwickelt und damit über 100 Meter Tiefe erreicht. Im Prinzip genügt jedoch bereits eine Modernisierung des schon zu Mitte des vergangenen Jahrhunderts von Rouquayrol und Denayrouze entwickelten Lungenautomaten . . ."

Ich entschied mich für das Kreislaufgerät. Für unsere Zwecke hatte es entscheidende Vorteile. Es war so klein, daß man es in einer Aktentasche unterbringen konnte, und reinen Sauerstoff bekamen wir überall, da man ihn für alle Schweißarbeiten brauchte. Wir konnten also aus den großen Flaschen umfüllen, außerdem lieferte Draeger noch eine Umfüllpumpe, so daß wir den Inhalt der kleinen Flaschen auf 200 Atmosphären Druck bringen konnten. Wir brauchten also bloß entsprechend viel Atemkalk mitzunehmen, für 100 Tauchstunden etwa 80 Kilo, was wir jeweils per Schiff vorausschicken konnten. Ganz besonders wichtig schien mir, daß dieses Gerät unter Wasser keine Geräusche verursachte. In den beiden Atemschläuchen waren Ventile eingebaut, die leicht klickten, das war alles. Für Tierbeobachtungen schien mir das viel besser als das regelmäßige Ausstoßen von Luft ins Wasser. Und was die Tiefengrenze betraf, so genügten 20 Meter fürs erste durchaus. In den Korallenriffen spielte sich das Leben genau in diesem Tiefenbereich ab. Wenn wir nur fotografierten oder beobachteten, konnten wir, nach allem Gesagten, wahrscheinlich auch 30 Meter erreichen. „Was außerdem noch für das Kreislaufgerät spricht", sagte Stelzner, „ist die Möglichkeit, statt reinem Sauerstoff ein Helium-Sauerstoff-Gemisch zu atmen. Im Augenblick ist Helium kaum zu bekommen, alle Quellen befinden sich in den USA. Bei uns kann man es nur teuer aus der Luft gewinnen. Aber eines Tages wird dieser Krieg ja hoffentlich vorbei sein, und vielleicht haben wir bis dahin auch schon ein sicher arbeitendes Dosierventil, das Ihnen je nach Tiefe das richtige Helium-Sauerstoff-Gemisch liefert. Mit einem solchen Gerät, in dem der Stickstoff durch Helium ersetzt wird, können sie dann bei richtiger Dosierung wahrscheinlich bis 250 Meter tief tauchen, vielleicht noch mehr. Es gibt bereits einen von Moschini patentierten Helium-Sauerstoff-Tauchretter, der mit drei verschiedenen am Gürtel getragenen Flaschen arbeitet. Davon würde ich jedoch abraten – interessant wird die Sache erst, wenn ein Weg gefunden ist, den Sauerstoffgehalt im Gasgemisch ständig zu überprüfen. Aber hier steckt zweifellos die Zukunft – und die Technik schreitet sehr schnell fort." Stelzner starb bereits ein Jahr später, inzwischen haben sich seine Prophezeiungen erfüllt. Was er nicht ahnen konnte, war, daß wir diese notwendigen technischen Fortschritte ausgerechnet der Raumforschung, also dem Versuch, den Mond zu erreichen, verdanken würden.

An dem Draeger-Tauchretter – auch „Gegenlunge" genannt – hatte ich zwei Dinge auszusetzen, die man nach meinem Wunsch umändern wollte. Erstens war der wie ein Rettungsring um den Kopf liegende Atemsack für unsere Zwecke ungeeignet. Um eine gute Schwerpunktlage beim Tauchen zu gewährleisten, mußte er sich auf dem Rücken befinden. Und zweitens mißtraute ich dem automatischen Dosierventil. Wir schwammen ja nicht aus einem U-Boot hoch, sondern arbeiteten in sehr verschiedener Tiefe, und zwar manchmal mit geringer und dann wieder mit mehr Anstrengung. Dem konnte die automatische Dosierung nicht gerecht werden. „Das lassen wir einfach weg", sagte ich. „Mir genügt ein Druckknopf. Ist zuwenig Luft im Atemsack, dann drücke ich auf den Knopf – und kann so auch meinen Auftrieb je nach Tiefe regulieren."

Im Frühjahr 1942 erprobte ich das Gerät bei der Insel Ägina in Griechenland. Vor dem Einmarsch der deutschen Truppen hatte man dort die Pulverstangen der Küstengeschütze ins Meer geworfen, wo sie nun in 20 Meter Tiefe lagen. Das Meer war klar. Anfangs noch durch eine Sicherheitsleine mit dem Boot verbunden, schwamm ich ohne Schwierigkeit hinab. Ich verzichtete dann auf diese Leine, tauchte mehrmals auf und nieder, brachte mehrere Dutzend solcher Stangen herauf. Wir entzündeten sie dann am Ufer. Ohne Luftabschluß explodiert Pulver nicht, sondern verbrennt in einer lodernd heißen Flamme. „Das ist ein schöner Auftakt für eine neue Epoche", sagte ich mir.

Drei Monate später kamen wir sechs Mann hoch mit umfangreichem Gepäck nach Griechenland zurück. Die Ägäis war damals Kriegsgebiet, und die deutschen Marinestellen waren über unsere Tätigkeit alles eher denn erbaut. Aber durch meine Veröffentlichungen war ich fast jedermann bekannt geworden und hatte mir viele Freunde geschaffen. Wie ich später erfuhr, hatte sogar Hitler mein Buch

„Unter Korallen und Haien" gelesen. Jedenfalls stießen wir nicht bloß auf saure Gesichter, sondern fanden Freunde in einflußreicher Position, die uns zu helfen bereit waren. Jörg Böhler und Alfred von Wurzian, die mich schon auf meiner Expedition ins Karibische Meer begleitet hatten, waren wieder dabei. Nach anfänglichen Schwierigkeiten bekamen wir schließlich die Erlaubnis, das ehemalige Forschungsschiff der Wiener Universität, die „Universitas", für einen Monat zu benützen – es diente als Erholungsschiff für Offiziere. Anschließend erhielten wir für zwei weitere Monate die „Sultana", ein eher merkwürdiges Gefährt, das wegen seiner geringen Breite schon zweimal umgekippt, gesunken und dann wieder gehoben worden war.

Den ersten Forschungsabstieg mit dem neuen Tauchgerät führte ich am 12. Juli 1942 bei der kleinen Insel Ari Ronisi im Kanal von Euböa aus. Ich war von dieser ersten Stunde einer echten Verwandlung in ein fischartiges Wesen völlig überwältigt. In meiner Verrücktheit stand ich in 15 Meter Tiefe auf dem Kopf, schlug Purzelbäume, schoß wie ein verrückt gewordener Raubfisch durch Fischschwärme hindurch, die ein erschrecktes und ehrfurchtsvolles Spalier bildeten. Ich kam zu einem Felsen, wo ein weißes Etwas auf und nieder tanzte. Wie ich feststellte, war es der Köder eines Fischers, der weit oben in einem Boot schwebte und einen Oktopus aus seiner Höhle hervorzulocken versuchte. Er blickte durch das Rund eines Guckzylinders herab – hatte mich aber noch nicht erblickt. Ich hielt inne und sah zu. In der dunklen Spalte sah ich die Augen des Oktopus; bald kam ein Arm zum Vorschein, der sich lüstern in Richtung auf den tanzenden Köder vorstreckte. Sogleich tanzte der Köder ein Stück weiter davon. Der Krake folgte – so lockte der Fischer ihn aus dem Loch. Die Haut des kleinen Kraken verfärbte sich: er war erregt. Plötzlich schoß er vor und umschlang den Köder. Der Fischer oben riß an – aber nicht schnell genug. Eine Tintenwolke explodierte ins Wasser – und als sie sich klärte, führte die Leine straff unter den Felsen. Dem Oktopus war die Flucht in sein Loch geglückt. Er hing zwar fest, doch dem Fischer nützte das wenig. Ich schwamm hin, um ihm zu helfen. Ich versuchte, den Kraken hervorzuziehen: leider verfuhr ich dabei ungeschickt, und der Haken riß aus. Ich sah, wie oben zwei Gesichter abwechselnd im Rund des Guckzylinders auftauchten. Die Fischer blickten auf ein Wesen, wie sie desgleichen noch nie gesehen hatten. Ich winkte nach oben . . .

Schon bei diesem Abstieg schwamm ich unter die Zwanzig-Meter-Grenze. Ich fühlte mich unbeschreiblich wohl. Durch die Dynamitfischerei gab es oben nur noch wenig Fische, hier unten, am Abhang, sah ich dicke Zackenbarsche und ein ganzes Rudel großer Schattenfische – sie sahen aus wie auf einen Vorhang gemalt, der von einer leichten Brise bewegt wurde. Alles war unwirklich und wunderbar. Später habe ich diese Symptome der einsetzenden Sauerstoffvergiftung an mir sehr genau studiert. Sie sind ähnlich dem Tiefenrausch bei Preßluftatmung. Man verliert die normalen Hemmungen, verfällt in eine herrliche Euphorie. Eine kleine

Felsnische, von Korallen, Schwämmen und sonstigen Gebilden bunt bewachsen, sah wie ein kleiner Altar aus. Ein Stück weit daneben in einer Spalte stand ein Zackenbarsch von gut sechs Kilo Gewicht. Hätte ich die Harpune dabeigehabt, er hätte mir nicht entrinnen können. Ich hätte ihn mit der Spitze bis in die hinterste Ecke zurückgedrängt und dann einfach in seinen Körper hineingestochen. An dem bunten Altar legte ich das Gelübde ab, niemals im Tauchgerät zu jagen. Es war zu unfair. Als Fischmensch wurde man den Tieren allzu überlegen. Ich gebe zu, ich habe dieses Gelübde später gebrochen – doch nur dann, wenn die Küche dies gebot.

Ich schwamm wieder empor. Wie in einem seligen Flug kehrte ich an die Oberwelt zurück. In den folgenden Wochen schwamm ich mit der Filmkamera neben riesigen Stachelrochen, die sich in 20 Meter Tiefe im Sand einwühlten und für die ich nicht zu existieren schien. Zunächst hatten wir nur das eine Gerät, und ich tauchte stets allein. Meine Kameraden benützten einen Taucherhelm oder sahen mir von oben her zu. Bei der Insel Giura in den nördlichen Sporaden suchten wir in Felshöhlen nach vereinzelten Seehunden, die es dort noch geben sollte; dabei entdeckte ich eine unterseeische Grotte. Sie war von gewaltigen Ausmaßen und sah, sobald sich meine Augen an die Dunkelheit gewöhnt hatten, wie ein merkwürdig verzierter indischer Tempel aus. Den Zierat bildeten Schwämme, Korallen, Bryozoen, Kalkalgen – eine damals noch völlig unbekannte Gemeinschaft wirr ineinander verflochtener, einander überwuchernder Lebewesen. Bei der Insel Pelagonisi fanden wir dann eine ähnliche, besser zugängliche Grotte, und hier meißelten wir zahlreiche große Felsbrocken mit allen darauf festsitzenden Tier- und Pflanzenformen los. In mehreren Dutzend Blechkanistern eingelötet und in zahlreichen mit Alkohol gefüllten Gläsern verwahrt, gelangten diese Sammlungen später nach Berlin, wo sie am Naturkundemuseum näher untersucht werden sollten. Daraus wurde jedoch leider nichts: diese ersten Dokumente einer noch unerforschten Höhlenfauna gingen beim Einmarsch der russischen Truppen verloren. Der Alkohol wurde ausgetrunken, das weniger gut schmeckende Formol ärgerlich weggegossen. Unversehrt blieb dagegen unsere Filmausbeute, aus der dann der abendfüllende Dokumentarfilm „Menschen unter Haien" gestaltet wurde. Das letzte Fünftel dieses Filmes zeigte nichts als Haie jeder Größe, wie sie nach Dynamitexplosionen in den Silberregen verletzter oder betäubter Fische hineinschossen und einen Fisch nach dem anderen aufschnappten. Dieser also schon 1942 gedrehte Film kann sich auch heute noch sehen lassen. Wir hatten inzwischen noch ein weiteres Gerät und filmten die Unterwassersituation nach solchen Explosionen zuerst im Kanal zwischen den Inseln Skiathos und Skopelos und dann an der Küste von Santorin. Obwohl das Fischen mit Dynamit streng verboten war, wurde es von den einheimischen Fischern eifrig betrieben. Dieses Unwesen ist leider bis heute weit verbreitet.

Zwei Unfälle gab es während dieser viermonatigen Expedition. Als ich bei Trikeri in dreißig Meter Tiefe Sammelarbeiten durchführte, traten bei mir

Sehstörungen auf. Es geschah dies schon zum zweitenmal; beim erstenmal war ich dann höhergeschwommen, woraufhin die Symptome schwanden. Diesmal blieb ich unten und beobachtete mich wie ein Versuchskaninchen. Klüger wäre gewesen, hochzuschwimmen, mir eine Sicherheitsleine umzubinden und dann erst meinen heldenhaften Versuch steigen zu lassen. Aber mein Handeln war schon von der Sauerstoffvergiftung beeinflußt. Ich konnte Teile in meinem Gesichtsfeld nicht mehr sehen. Ein bedrückendes Angstgefühl beschlich mich . . . Und damit war es aus. Übergangslos verlor ich das Bewußtsein. Ich stieß mich noch ab, wurde so leichter als das Wasser, trieb empor. Ich wurde aufgefischt, und als ich erwachte, hatte ich mein Gedächtnis verloren. Nach einem Tag kehrte es stückweise zurück. Der zweite Unfall ereignete sich gegen Ende der Expedition, das Wasser war schon empfindlich kalt. Ich zwang mich noch zu letzten Aufnahmen. Mein Atem wurde auffällig schneller – und auch diesmal verlor ich plötzlich das Bewußtsein. Unsere Ergebnisse wurden ab Dezember 1942 in der „Berliner Illustrierten" in Fortsetzungen veröffentlicht, anschließend im „Signal", das in allen von Deutschland damals besetzten Gebieten in der jeweiligen Landessprache herausgebracht und in großer Auflage vertrieben wurde. 1943 arbeitete ich dann an der Zoologischen Station in Neapel und fügte meiner Doktorarbeit über das Wachstum der Reteporiden einen Abschnitt bei, in dem ich die Möglichkeiten des Schwimmtauchens mit dem Kreislaufgerät ausführlich erörterte. Für diese Arbeit bekam ich im April 1944 mein Diplom, sie wurde jedoch erst nach Kriegsende, im Frühjahr 1947, in der „Zoologica" bei Schweizerbarth in Stuttgart veröffentlicht. Mein im gleichen Jahr in der Schweiz veröffentlichtes Buch „Menschen und Haie" wurde 1948 in den USA und England veröffentlicht, ebenso in Frankreich, Italien, Spanien und weiteren Ländern. Ich erwähne dies, weil in diesem erfolgreichen und weitverbreiteten Buch in allen Einzelheiten dieser tatsächliche Beginn des Schwimmtauchens geschildert ist, bei dem das Gerät sowohl für wissenschaftliche als auch filmische Zwecke eingesetzt wurde.

1943, etwa zur gleichen Zeit, als ich in der Blauen Grotte von Capri Reteporiden untersuchte, erprobte Jacques Cousteau sein Preßluftgerät. Er war den anderen Weg gegangen; auch er hatte, was er benötigte, fast fertig entwickelt vorgefunden. Der französische Ingenieur Emile Cagnan hatte in Paris für Gasbrenner ein Reduzierventil entwickelt, das mit geringen Änderungen genau den für das Tauchen mit Preßluft gegebenen Erfordernissen entsprach. Die ersten Erlebnisse Cousteaus, später in seinem Buch „Die schweigende Welt" veröffentlicht, glichen den meinen. Auch er war außer sich vor Vergnügen, sich in ein fischartiges Wesen verwandelt zu sehen. Er drang in eine Höhle ein, an deren Decke zahlreiche Langusten saßen. Er pflückte zwei davon ab, schwamm hinaus und übergab sie seiner Gattin Simone, die an der Oberfläche schwamm und ihm entgegenkam. Ein auf einem Felsen sitzender Fischer – der ebenso ahnungslos war wie mein Oktopodenfischer – sah mit Erstaunen, wie Frau Simone mit diesen prächtigen

Langusten hochkam. Damals war Hungersnot in Frankreich. „Können Sie bitte auf sie aufpassen?" sagte die Meernixe und tauchte wieder unter. Noch zweimal kam sie hoch, jedesmal mit zwei weiteren Langusten. „Behalten Sie doch eine", sagte sie schließlich, „ich finde sie so leicht." Ich nehme an, die Augen des Mannes blickten ähnlich erstaunt wie die, die ich damals im Guckzylinder von der Oktopushöhle aus gesehen hatte.

Nach dem Krieg brachten Cousteau und Cagnan die „Aqualunge" auf den Markt. Sie gelangte 1950 in die USA und wurde bald von Sporttauchern in aller Welt verwendet. Ich hatte durch das Kriegsende so ziemlich alles verloren und konnte erst wieder im Herbst 1949 mit einem einzigen mir verbliebenen Gerät einen neuen Anfang machen. Ich fuhr nach Port Sudan im Roten Meer, wo noch niemand getaucht hatte. 1950 kam ich mit einer sechsköpfigen Mannschaft ins gleiche Gebiet zurück – ein weiblicher Teilnehmer, Lotte, meine spätere Frau, war auch dabei. Wir drehten dort in fünf recht schwierigen Monaten den Film „Abenteuer im Roten Meer", der bei der Biennale 1951 in Venedig den ersten Preis für Großdokumentarfilme erhielt. Er wurde dann in alle Welt verkauft, und die Einkünfte ermöglichten es mir, das Forschungsschiff „Xarifa" auszurüsten. Auch auf der ersten Expedition mit diesem Schiff im Jahre 1953, ins Karibische Meer und zu den Galapagos-Inseln, verwendeten wir noch hauptsächlich unsere Kreislaufgeräte und gingen erst dann zu Preßluftgeräten über. Insgesamt haben wir mit den Sauerstoffgeräten in der Ägäis, im Roten Meer, bei den Azoren, im Karibischen Meer und an den Küsten von Galapagos etwa 2000 Tauchstunden unter Wasser verbracht, wobei wir uns an die Sicherheitsgrenze von 20 Metern hielten. Allein meine Frau führte über 250 zum Teil recht schwierige Abstiege aus.

Zwei Todesfälle, die wir zu beklagen hatten, gingen nicht auf Konto des Gerätes. Klaus Wissel, der im Roten Meer den Tod fand, hatte einen kompensierten Herzfehler, der infolge Hitze und Überanstrengung in kaum zwei Meter tiefem Wasser zum Herzversagen führte. Lt. Comm. Jimmy Hodges erlag im Karibischen Meer einer Anoxie. Es war während der Osterfeiertage, und er hatte verschiedenen Besuchern an Bord das Tauchgerät vorgeführt und schließlich irrigerweise geglaubt, der Atemsack wäre leergesaugt. Wir tauchten gemeinsam, führten getrennte Arbeiten aus, und ich fand ihn dann mit ausgespucktem Mundstück leblos auf dem Grund. Ich brachte ihn hoch, doch er war bereits tot. Er verlor sein Leben durch jene bei Kreislaufgeräten gegebene Gefahr, vor der uns Stelzner so eindringlich gewarnt hatte.

Mit der Kommerzialisierung der Preßluftgeräte ging Hand in Hand, daß mögliche Konkurrenzprodukte eifrigst bekämpft wurden. Ich selbst brachte nie unser Kreislaufgerät auf den Markt, doch gab es auch in Italien ähnliche Geräte, die im Krieg von den Kampfschwimmern verwendet worden waren. Um Sporttaucher nicht zu ermutigen, unternahm ich darum nichts dagegen, als die Gefahr der Sauerstoffvergiftung, uns aus so vielen Stunden praktischer Arbeit wohlbekannt, stark übertrieben und Sauerstoffgeräte mit allen Mitteln verteufelt wurden. Heute gilt in der Fachliteratur als die für Taucher mit reinem Sauerstoff zulässige Tiefengrenze sieben Meter, was einen nach allen unseren Erfahrungen zu hohen Sicherheitsquotienten ansetzt. Ich bin durchaus der Ansicht, daß diese Geräte für Sporttaucher nicht geeignet sind, möchte aber doch darauf hinweisen, daß sie uns in den genannten Bereichen treu und vorzüglich gedient haben. Ihnen und nicht der Aqualunge fällt die Ehre zu, das Schwimmtauchen eingeleitet zu haben; sowohl auf dem Gebiet der Forschung als auch auf jenem der Unterwasserfilm- und -fotoarbeit wurden damit umfangreiche Arbeiten erfolgreich ausgeführt. Ich selbst bin nicht selten bis auf 25, ja 30 Meter Tiefe gegangen, doch reagiert wohl nicht jeder Organismus gleich. Außerdem kannte ich die Gefahrensymptome an mir sehr genau.

Inzwischen ist die Zeit gekommen, da sich die Voraussicht von Oberingenieur Stelzner erfüllt hat. Durch die Raumforschung wurden Sensoren entwickelt, welche die Bestimmung des Sauerstoffgehaltes in einem Gasgemisch ermöglichen. Die in den USA auf den Markt gebrachte „Elektrolunge", der inzwischen weitere, noch verbesserte Schwimmtauchgeräte gefolgt sind, ist eine eindeutige Weiterentwicklung des von uns ab 1942 eingesetzten Kreislaufgerätes. Dem Taucher wird, durch Computer gesteuert, ein für die jeweilige Tauchtiefe richtiges Helium-Sauerstoff-Gemisch zugeführt. Mit diesen Geräten sind Tauchtiefen bis zu 300 Metern und Tauchzeiten bis zu 6 Stunden möglich geworden. Äußerlich sehen sie insofern anders aus, als die entsprechend größeren Flaschen so wie bei der Aqualunge auf dem Rücken getragen werden. Der Atemsack befindet sich vorne auf der Brust (Abb. 14).

Von der Evolution her gesehen, ist jedes Tauchgerät ein künstliches Organ, das nicht durch Zelldifferenzierung, sondern über Intelligenzakte aus körperfremdem Material geformt wird. „Künstliche Lungen" sind Tauchgeräte jedoch insofern nicht, als durch diese funktionellen Einheiten weder unsere Lunge ersetzt noch verbessert wird. Sie sind vielmehr dem Körper angefügte Gasbehälter – allen jenen tierischen und pflanzlichen Organen verwandt, in denen vom Körper benötigte Stoffe gespeichert werden. Bei den modernen Helium-Sauerstoff-Geräten stellen die Computer (zur Sicherheit sind es meist zwei) eine unser Zentralnervensystem erweiternde Einheit dar. Die den Sauerstoffgehalt ermittelnden Sensoren sind zusätzliche innere Sinnesorgane; die Computer ersetzen Ganglienzellen, indem sie die von den Sensoren kommenden Meldungen einstufen, verarbeiten und daraufhin sinnvolle Steuerungen veranlassen.

Die Entfaltung des Fischmenschen

Das Meer glitzert, ein Boot schaukelt. Zwei Männer helfen einem dritten beim Anschnallen von allerlei Geräten. Er dreht und wendet sich, wird zu einer unförmigen Gestalt. Schließlich streift er eine Maske über die Augen, hält sie mit einer Hand fest, läßt sich rücklings ins Wasser plumpsen. Er verschwindet unter den Wellen. Dann erscheint er wieder, und weiteres Gerät wird ihm gereicht. Er nimmt es entgegen und verschwindet unter Wasser ...

Jedes neue Organ, das einem Lebewesen zur Eroberung weiterer Gebiete verhilft – also die Lebensentwicklung in bisher unerschlossene Räume trägt –, zieht ganz automatisch die Entstehung zusätzlicher Organe nach sich. Als die ersten Lungenfische an Land stelzten, hatten sie nur eben das neue Atemorgan als Anpassung an den neuen Raum. Im Verlauf der daraufhin einsetzenden Weiterentwicklung kamen Beine hinzu, Tatzen, Krallen; Haare als Wärmeschutz; ein beweglicher Kopf; spezialisierte Freß- und Fangwerkzeuge – Anpassungen, durch die immer neue Lebensmöglichkeiten genützt, immer höhere Leistungen ermöglicht, immer neue „ökologische Nischen" erobert werden konnten.

Die ersten Taucher mit autonomen Schwimmgeräten hatten, neben Maske und Flossen, auch nur eben diesen neuentwickelten Atembehelf. Sehr schnell setzte nun aber auch hier diese Weiterentwicklung ein, die letztlich vom Funktionellen her gesteuert ist. Bei den Pflanzen und Tieren konnte es immer nur durch schrittweise Änderungen im Erbgut zu Neuerungen und Verbesserungen kommen; bei den künstlich gebildeten, zusätzlichen Organen des Menschen geht es erheblich schneller. Neubildungen oder Verbesserungen können in Wochen, Tagen oder Stunden erreicht und über Sprache und Schrift an andere beliebig weitergegeben werden. Und ist für ein neues Gerät, für eine neue Einrichtung – also für ein neues künstliches Organ – erst einmal ein Bedarf gegeben, dann bedeutet dies einen „Markt", eine mögliche Erwerbsquelle für Produktionsunternehmen und Industrien, die dies alsbald wahrnehmen und dann solche Einheiten herstellen und anbieten.

Zunächst die Tauchmaske: künstliches Organ zur Verbesserung unserer Sicht unter Wasser. In Dutzenden von Ausführungen – „Fabrikaten" – finden wir sie, der Kopfform angepaßt, neuerdies mit einer der Nasenform entsprechenden weichen Unterseite, die es der menschlichen Hand ermöglicht, beim Tiefertauchen die Nasenlöcher zuzuhalten und durch gleichzeitiges Gegenpressen von Luft den Druckausgleich zu bewerkstelligen. Die Tauchmaske zog wieder die Entwicklung des Schnorchels nach sich, der zunächst unter das Gummiband der Tauchmaske geschoben, bald aber auch mit dieser verbunden worden ist. Es gibt Maskenfabrikate, bei denen der Innenraum mit ein oder zwei Schnorcheln in Verbindung steht, manche umschließen nur die Nase, andere auch den Mund; ja bei manchen haben die Schnorchel oben Ventile, die sich beim Tauchen schließen: vorzugsweise durch einen Pingpongball in einem Gehäuse. Aber nicht nur für Freitauchen war dieser Schnorchel von Bedeutung – und Verkaufswert –, sondern auch für das Tauchen mit Preßluftgeräten. Sind die Flaschen leergeatmet und man schwimmt an der Oberfläche, dann drücken sie den Taucher durch ihr Gewicht unter Wasser, und man bekommt, besonders bei Wellengang, Wasser in den Mund. Ein mitgeführter Schnorchel war die erste Lösung dieses oft recht kritischen Problems. Das Mundstück wird ausgespuckt, der Schnorchel in den Mund genommen. Während des Tauchens kann er seitlich unter dem Gummiband der Maske getragen werden – oder er wird gemeinsam mit dem Tauchermesser am Unterschenkel festgeschnallt. Die Tauchflaschen machen eine Trägervorrichtung nötig, außerdem, wegen ihres Auftriebes, einen Bleigürtel. Im Notfall muß es möglich sein, diesen schnell abzuwerfen. Also muß er – ähnlich wie der Sicherheitsgurt im Flugzeug – eine Schließe haben, die sich durch eine einzige Bewegung öffnen läßt. Die Schließe muß aber auch wieder verläßlich sein, darf sich nicht von selbst öffnen. Bei den Preßluftgeräten besteht das Problem, daß zwei Schnallen nötig werden: eine, um die Trägergurte der Flaschen zu schließen, und eine weitere für den Bleigürtel. Dies war bei unserem Sauerstoffgerät einfacher. Die Gewichte waren in die Weste eingenäht und brauchten nie abgeworfen zu werden. Wollte man leichter sein, dann genügte ein Druck auf das Ventil, und mehr Sauerstoff schoß in den Atemsack. Neuerdings wird mit den Preßluftgeräten noch zusätzlich eine Sicherheitsweste getragen, welche die gleiche Funktion erfüllt. Sie hat die Form eines Rettungsringes, der umgeschnallt und – wenn es nötig ist – entweder mit dem Mund oder durch eine kleine Druckluftpatrone aufgeblasen wird. So wird es möglich, den Auftrieb der Flaschen unter Wasser auszutarieren: denn je nachdem ob sie voll oder leer sind, haben sie verschiedenes Gewicht. Kehrt der Taucher zur Oberfläche zurück, dann hält die Rettungsweste seinen Kopf über Wasser. Das macht nun aber eine dritte Schnalle – eben zum Umgürten der Rettungsweste – nötig. Zunächst wird das Gerät umgeschnallt: erste Schließe vor dem Bauch. Sodann die Rettungsweste: zweite Schließe vor dem Bauch. Drittens der Bleigürtel: dritte Schließe vor dem Bauch. Zu nicht wenigen Unglücksfällen dürfte es auf Grund dieser Komplikation gekommen sein. Manchmal wurde zuerst der Bleigürtel angelegt und dann erst das

Gerät. Wenn dann der Taucher in Schwierigkeiten kam, konnte er den Bleigürtel nicht abwerfen.

Die Sicherheitsweste zieht weitere „künstliche Organe" nach sich. Sie ist eine wichtige, wesentliche Hilfe, kann aber auch den Tod durch Lungenriß oder Embolie verursachen. Kommt nämlich ein Taucher in Schwierigkeiten und bläst er durch Öffnung der Druckflasche die Sicherheitsweste auf, dann trägt ihn diese wohl hoch, doch die darin befindliche Luft dehnt sich immer mehr aus. Je mehr der Wasserdruck abnimmt, desto mehr wird sie ein zum Platzen gefüllter Ballon. Sie muß also ein Sicherheitsventil haben, das Luft abbläst. Und sie muß darüber hinaus eine Vorrichtung haben, damit man auch mit der Hand Luft ablassen kann. Der aus größerer Tiefe hochsteigende Taucher muß auf zwei Dinge achten: Erstens muß er aus dem Mund die sich in seiner Lunge ebenfalls ausdehnende Luft ausströmen lassen – sonst gibt es einen Lungenriß. Zweitens muß er je nach Tauchzeit und Tauchtiefe in vorgeschriebenen Tiefenbereichen innehalten, um zu dekomprimieren. Daran darf die Weste ihn also nicht hindern. Nicht wenige Taucher verunglückten tödlich, weil sie bei Panik in der Tiefe den Knopf an der Preßluftflasche der Sicherheitsweste betätigten. Sie schossen dann wie ein Pfeil nach oben. Folge: Lungenriß oder Caissonkrankheit. Die Dreiheit Preßluftgerät, Bleigürtel und Sicherheitsweste muß also in bestimmter Anordnung am Körper festgeschnallt werden, und die Sicherheitsweste bedarf auch noch zusätzlicher Einrichtungen.

Wichtigster Bestandteil am Preßluftgerät ist der Lungenautomat. Bei den ersten Modellen wurde dieser direkt an das obere Ende der Flaschen angeschraubt und somit hinter dem Kopf getragen. In der Blechkapsel befanden sich die Reduzierventile – zwei Stufen –, und aus dieser Kapsel wurde durch einen Faltenschlauch eingeatmet. Ausgeatmet wurde durch einen zweiten, der auf der anderen Kopfseite zur Kapsel zurückführte. Solche Schläuche müssen entsprechend lang sein, damit der Taucher den Kopf frei bewegen kann. Da das Reduzierventil auf die Wassertiefe anspricht, in der es sich befindet, beeinflußt die Lage des Tauchers den Atemwiderstand. Schwimmt man horizontal, dann liegt das Ventil höher als die Lunge, steht also unter geringerem Druck. Die praktische Konsequenz ist, daß man dann gegen etwas Widerstand Luft einsaugen muß. Dreht man sich dagegen auf den Rücken, dann ist es umgekehrt, dann liegt das Ventil tiefer, steht also unter größerem Wasserdruck als die Lunge. Bei jedem Atemzug zischt dann die Luft geradezu in den Mund. Deshalb ging man bei neueren Modellen dazu über, das zweite Reduktionsventil vom Rücken zum Mundstück hin zu verlegen. Mund und Lunge liegen näher beisammen, korrespondieren also druckmäßig besser miteinander. Demgemäß haben diese Geräte ein größeres Mundstück, in dem sich das zweite Reduktionsventil befindet. So wird geringer Atemwiderstand in praktisch jeder Stellung geboten. An die Stelle der Faltenschläuche tritt hier *ein* dünner, widerstandsfähiger Schlauch, und die ausgeatmete Luft strömt direkt beim Mundstück aus. Nachteil: Beim Filmen kann dies die Sicht behindern und Luftblasen vor die Kamera bringen. Der Vorteil: Ein einziger Schlauch anstelle von zweien gibt eine weitaus bessere Beweglichkeit für den Kopf.

Nächstes künstliches Organ: eine gegen Kälte schützende zweite Haut. Zunächst wurde sie aus Gummi gefertigt, später aus einem geeigneteren Stoff: Neopren. Zwei Typen gibt es: den „trockenen" und den „nassen"Neoprenanzug. Der nasse besteht aus einer Hose (kurz oder lang) und aus einer Jacke (mit kurzen oder langen Ärmeln). Er liegt dem Körper fest an, ist nicht wasserdicht, vermittelt aber trotzdem guten Kälteschutz. Für Tauchen in Gewässern bis zu 16 Grad Celsius ist er geeignet. Das zwischen Anzug und Haut eindringende Wasser wird vom Körper gewärmt und so zur isolierenden Schicht. Weitere Isolation liefern die im Neoprengewebe enthaltenen Luftblasen. Diese werden allerdings in zunehmender Tiefe vom Wasserdruck zusammengepreßt. Das hat wieder zweierlei zur Folge: erstens nimmt mit zunehmender Tiefe der Kälteschutz ab, zweitens verliert sich die Auftriebswirkung, denn die zusammengepreßten Luftblasen im Neoprengewebe schaffen nur noch geringen Auftrieb. Umgekehrt ist es bei den Tauchflaschen. Komprimierte Luft ist schwerer; je mehr man wegatmet, um so größer wird der Auftrieb. Allerdings übertrifft der Auftriebsverlust durch das Zusammenpressen des Neoprengewebes – er macht 2 bis 4 Kilo aus – den Auftrieb durch Leerwerden der Tauchflaschen. Schon manchem Taucher wurde dieser Vorgang zum Verhängnis. In größerer Tiefe fühlte er sich plötzlich wie von magischen Händen abwärts gezogen, wurde unruhig, atmete schneller, wurde aufgeregt, geriet in Panik – beging Fehler. Hier zeigt sich der zusätzliche Vorteil der Rettungsweste, die in zweiter Funktion als Auftriebsregulator dient. Taucht man tiefer und wird der Neoprenanzug stärker zusammengepreßt, dann kann man durch Einblasen in die Rettungsweste das zusätzliche Gewicht ausgleichen.

Bei den „trockenen" Tauchanzügen kommt keinerlei Wasser zwischen Haut und Anzug. Sie sind meist einteilig, mit wasserdichtem Reißverschluß, oder bestehen aus zwei Stücken, die sich über einem Bauchring wasserdicht verbinden lassen. Mit solchen Anzügen, die meist noch mit einer dichtanliegenden Kopfkappe, manchmal sogar mit einem die Maske enthaltenden Kopfstück versehen sind, kann man auch bei kältestem Wasser, also auch in den Polarmeeren oder in zugefrorenen Seen, tauchen. Auch bei ihnen wird der Auftrieb mit zunehmender Tiefe geringer, doch lassen sich manche zugleich als Auftriebsregler verwenden. Haben sie ein entsprechendes Ventil, dann kann man Luft in sie einblasen. Eine Rettungsweste ist dann nicht mehr nötig. Freilich muß dann auch wieder ein Überdruckventil vorhanden sein, damit man beim Hochschwimmen nicht zu einem Ballon wird – plus einer Vorrichtung zum Auslassen der Luft mit der Hand, damit man beim Höherschwimmen auf den Dekompressionsstufen abbremsen kann. Wie man sieht, hat ein Taucher allerlei zu beachten. Er muß lernen, in aller Ruhe seinen künstlich mitgetragenen Luftvorrat und Hautschutz sinnvoll zu bedienen.

Nun sind aber die Hände meist nicht frei. Will der Taucher jagen, dann trägt er eine Harpune mit sich und muß beim Abtauchen und Schwimmen darauf achten, daß er sich nicht in die eigene Hand sticht. Erst recht muß er vorsichtig sein, wenn es eine Harpune mit Feder oder Gummizug ist, damit er nicht irgendwo anstößt und sie unversehens losgeht. Schon in mehreren Fällen sind so statt der Fische Tauchkollegen harpuniert worden. Oder man trägt eine Kamera mit sich. Meist hat man sie an einer Schlinge um den Hals. Dann aber muß die Schlinge unterhalb der Atemschläuche liegen; dreht man sich in einer Grotte auf den Rücken, so besteht bei Geräten mit Faltenschlauch die Gefahr, daß die Schlaufe den Schlauch abklemmt. Ist die Kamera mit einer Blitzlichtvorrichtung versehen, die mit Birnen arbeitet, dann muß man auch diese auf irgendeine Weise mit sich führen. Heute bringt man sie meist in kleinen Gummiringen am Arm des Blitzlichtreflektors unter; wir gaben sie meist in ein an der Kamera hängendes Netz. Die kleinen Birnen, die ja Auftrieb haben, schwebten dann als glitzernde Traube über der Kamera. Um Notizen zu machen, verwendete ich eine Aluminiumtafel, auf die man auch unter Wasser mit einem gewöhnlichen Bleistift schreiben kann. Dieser ist aus Holz, hat also Auftrieb; ich band ihn daher mit einer kurzen Schnur an die Schreibtafelplatte und diese wieder befestigte ich am linken Handgelenk. Der Bleistift schwebte dann über der Tafel; brauchte ich ihn, griff ich nach ihm wie nach einem Schmetterling. Auch dieser Bleistift, ebenso wie das Netz mit den Birnen, kann, wenn man unter Felsen oder durch Höhlen schwimmt, irgendwo hängenbleiben oder mit dem Atemschlauch in Konflikt geraten. Am Gürtel trägt der Taucher, falls er Muscheln oder ähnliches sammelt, meist noch ein Sammelnetz oder zum Transport harpunierter Fische eine Leine mit querstehendem Metallstift am Ende. Den Metallstift zieht man den Opfern durch Maul und Kiemen, er stellt sich dann quer, und die Beute ist auf der Fangschnur aufgereiht. Da das Blut Haie anlocken kann, ist es günstig, wenn die Leine nicht allzu kurz ist. Oder aber der Taucher zieht an einer langen Leine eine an der Oberfläche schwimmende Boje hinter sich nach, an der er dann die Fische festmacht. Falls diese Boje ein mit Netz ausgespannter Ring ist, kann er auch andere Beuteobjekte oder die Kamera hineinlegen. In manchen Ländern, etwa in Jugoslawien, ist es behördliche Vorschrift, daß jeder Taucher eine Boje hinter sich nachzieht. So kann von Booten aus beobachtet werden, wo er sich gerade befindet, und man ist nicht auf das Beobachten der aufsteigenden Luftblasen angewiesen, die bei stärkeren Wellen und größerer Tauchtiefe oft schwer wahrgenommen werden können.

Weitere Organe, die der Taucher benötigt, sind Tauchuhr und Tiefenmesser – funktionell gesehen sind das künstliche Sinnesorgane. An den Tauchuhren ist meist ein Ring angebracht, mit dem der Taucher den Zeitpunkt seines Abtauchens markieren kann. Also eine Vorrichtung zur Verbesserung unseres Gedächtnisses.

Tauchuhr und Tiefenmesser werden ebenfalls am Handgelenk befestigt; hat man am linken die Schreibtafel, dann ist es von Vorteil, sie beide am rechten Handgelenk zu tragen. Zuletzt, ebenfalls von Wichtigkeit, ist eine auf Plastikfolie gedruckte Austauchtabelle, welche dem Taucher die genauen Dekompressionszeiten angibt. Auch sie wird häufig am Unterarm befestigt; sie ist eine Art Rezept für auszuführende Handlungen, also eine die koordinierende Tätigkeit unserer Ganglienzellen unterstützende Einheit. In Italien wurde ein Dekomprimeter erfunden, das wie eine Uhr oder ein Tiefenmesser aussieht und dem Taucher das für die Rückkehr nach oben notwendige Auftauchtempo anzeigt. Trägt der Taucher schließlich für Arbeiten in trübem oder dunklem Wasser außerdem noch einen Kompaß und eine Lampe mit sich, dann ist sein genetischer, aus Zellen bestehender Körper durch eine ganz beträchtliche Anzahl von Einheiten erweitert, die ebenso wie die körpereigenen Organe bestimmte Dienste verrichten – jedoch anderseits auch betätigt, gesteuert und koordiniert werden müssen.

Bei allen höheren Tieren erfolgt die Steuerung und Koordination aller körpereigenen Organe durch die Zellstrukturen des Rückenmarks und des Gehirns. Die dazu nötigen „Rezepte" sind uns entweder angeboren (etwa jene der inneren Funktionen), oder sie müssen durch Lernen und Üben erst aufgebaut werden. Das gilt beim Taucher für alle zusätzlichen Einheiten. Nun wird aber gerade dieses Organ bei zunehmender Tiefe in seiner Leistungsfähigkeit nicht unerheblich beeinträchtigt. Beim Atmen von Preßluft wird es ab 40 oder 50 Meter Tiefe kritisch. Dann tritt der sogenannte Tiefenrausch auf, der in seiner Auswirkung einem Alkoholrausch gleicht: Man gerät in einen euphorischen Zustand, findet alles selbstverständlich und wunderschön, verliert Hemmungen, Angst und Vorsicht. Als ich bei einem Außenriff der Malediven zu Forschungszwecken bis auf 80 Meter Tiefe tauchte, schrieb ich mir vorher auf die Aluminiumplatte der Reihe nach auf, was ich unten zu tun hatte. Als letzten Punkt schrieb ich: „Schwimm wieder hoch." Das klingt wie ein schlechter Witz, ist aber Wahrheit. Gerade darauf vergißt man nämlich – und auch erfahrene Taucher haben auf diese skurrile Weise ihr Leben verloren. Man sieht irgend etwas Interessantes unter sich – wohlan! Warum nicht noch ein Stückchen tiefer? Und dann ist es plötzlich aus, vorbei. Das zentrale Organ, das die natürlichen und künstlichen Organe steuern muß, ist dazu einfach nicht mehr fähig, ist ausgeschaltet. Schon mancher, den die Nachwelt betrauert, ist so in einem Zustand völliger Freude, völligen Ausgeglichenseins, völliger Angstlosigkeit in den Tod gegangen. Er verlor

1 Der Unterwasserjäger in der Karikatur. Der Unterwasser-Jagdhund, ebenfalls luftversorgt, begleitet seinen Herrn. Heute ist der Delphin als Zukunftsgenosse des Unterwassermenschen mehr aktuell. („Life"/August 1954)

2 Unterwasser-Matterhorn. Etwa zwanzig Meilen von der kalifornischen Küste entfernt nähert sich die schroffe Felsspitze eines aus großer Tiefe aufsteigenden Unterwasserberges bis auf vierzig Meter der Wasseroberfläche. Amerikanische Taucher bezwangen diesen einsamen Gipfel – von oben her. – 3 *(rechts)* Die Felsspitze ist mit farbenprächtigen Seeanemonen bewachsen und – statt von Wolken – von Fischen eingehüllt. – 4 *(Folgende Doppelseite)* Die dschungelartigen Tangwälder entlang der kalifornischen Küste sind ein Dorado für Fische und Taucher. Heute ist ihre Existenz durch die Abwässer der Küstenstädte ernsthaft bedroht.

5 *(links)* Unterwasserhöhlen mit Tropfsteinen gibt es in den „Blauen Löchern" an der Küste der Bahama-Inseln. Sie entstanden während der letzten Eiszeit, als der Meeresspiegel ca. 100 Meter tiefer lag; heute sind sie mit Wasser gefüllt und bilden weitverzweigte Labyrinthe unter dem Meeresboden. — 6 *(oben)* Durch ein ins Eis gehacktes Loch gelangen mit Trockenanzügen bekleidete Fischmenschen unter die Eisdecke zugefrorener Seen und der Polarmeere. „Eistauchen" ist heute ein sehr beliebter Sport.

das Bewußtsein und trieb in die Weiten der Meere hinab. Das Steuerungsorgan war ausgefallen, versah nicht mehr seinen Dienst. Er kehrte zum Ursprung allen Lebens zurück – und beendete dabei das eigene.

Ich habe diesen Zustand oft genug erlebt – und glaube, daß niemand ihn besser beschrieben hat als die mutige Biologin Eugenie Clark. Neben zahlreichen Expeditionen in tropische Meere nahm sie auch an der Untersuchung von „Süßwasserbrunnen" im Gebiet von Florida teil. Diese Teiche haben an der Oberfläche einen Durchmesser von 50 bis 100 Meter und gleichen einer bis in große Tiefen hinabführenden senkrechten Röhre, die sich unten oft noch erweitert. Manche verzweigen sich in seitlich führende Höhlensysteme – sie entstanden in der letzten Eiszeit, als der Meeresspiegel wegen der anwachsenden Polkappen ca. 100 m absank. Sie lagen damals trocken und waren eine gute Zufluchtsstätte für Urmenschen. Sie heute zu untersuchen ist somit für Archäologen von großem Interesse. In ihrem Buch „The Lady and the Sharks" beschreibt Eugenie, wie sie 1955 mit Bill Royal, einem erfahrenen Taucher, im 65 Meter tiefen Little Salt Spring tauchte und einen Tiefenrausch erlebte. Das Wasser war dort so trübe, daß die Taucher einander kaum ausnehmen konnten. Die Sichtweite lag unter einem Meter. An einem Seil entlang schwamm sie hinter Bill abwärts. Bald wurde es völlig dunkel: „Ich erreichte einen Schlammboden, der sich wie Samt anfühlte. Bill war plötzlich verschwunden. Dann sah ich eine Hand, die aus dem Schlamm hervorsah. Sie hielt das Seil. Millionen winziger schwarzer Pünktchen tanzten im Kegel meiner Lampe. Die Hand bewegte sich nicht. Nur andeutungsweise sah ich den um das Gelenk geschnallten Tiefenmesser. Aha, das ist Bills Hand, folgerte ich nach ziemlich anstrengender Überlegung. Und Bill ist tot, so folgerte ich. Dieser Gedanke bedrückte mich nicht besonders. Ich empfand eine eher ruhige, fast freundliche Traurigkeit. Ich bemühte mich, seine Hand zu berühren – ähnlich wie einmal in einer großen Kirche, als ein Mann vor mir von einem in einem Sarg liegenden Toten Abschied nahm. Aber ich fühlte keine Berührung. Und plötzlich fühlte ich, daß ein rhythmisches Erlebnis von mir Besitz ergriff, mich mehr und mehr in Anspruch nahm, und ich kam zur angenehmen Vorstellung, daß ich ein Baby erwarte und gerade das Bewußtsein verlöre. Der Rhythmus wurde zu einer Stimme, die ich schon irgendwo gehört hatte. Sie sagte: „Atme tief ein, und wir werden uns jetzt alle gemeinsam entfernen." Eigentlich sagte die Stimme bloß „Atme tief ein!" Es war genau das gleiche Erlebnis, das ich in der Gebärklinik des Buffalo Hospitals hatte, als ich mein erstes Kind gebar und durch das in die Maske

7 Der Unterwasser-Sonntagsausflügler wird bald dem Unterwasser-Pionier folgen. An Land wird die Welt langsam zum Ameisenhaufen, hier unten gibt es – einstweilen noch – Ruhe, Frieden und Beschaulichkeit. („Lui"/Juli 1968)

eindringende Gas allmählich das Bewußtsein verlor. Mir wurde plötzlich klar, daß mit meinem Denken etwas radikal falsch war, daß ich unmöglich ein Baby bekommen konnte. Ich war unter Wasser und eben dabei, das Bewußtsein zu verlieren. Ich blickte aufwärts, ob Bill Stephens ober mir war. Er war nirgends zu sehen, und die Bewegung meines Kopfes machte mich schwindlig. Das Wort „Stickstoffnarkose" kam mir in den Sinn, und ich legte meine Hände über mein Mundstück und hielt es krampfhaft fest. Offenbar erinnerte ich mich an etwas, das mir im Sinn geblieben war, seitdem ich über Stickstoffnarkose gelesen hatte, daß der Taucher dann glaubt, das Mundstück aus dem Mund nehmen und ohne es atmen zu können. Meine linke Hand hielt immer noch das Seil. „Ich darf es nicht verlieren", sagte ich zu mir selbst. Ich glitt das Seil entlang aufwärts, so schnell mich meine Flossen hochtrugen. Die merkwürdig rhythmische Empfindung hämmerte in meinem Kopf, ich dachte, daß ich jeden Augenblick das Bewußtsein verlieren würde. Ich nehme an, ich schloß meine Augen, denn ich habe keine optischen Erinnerungen über die folgenden Sekunden. Es war mir nicht einmal bewußt, daß ich ein Licht trug – aber ich muß es wohl in der rechten Hand gehalten haben, mit dem Griff am Seil, während ich daran höherschwamm . . ."

Dann kehrte Eugenies Fähigkeit, klar zu denken, zurück. Wie sich herausstellte, war soweit alles in Ordnung. Bill Stephens war wohl außer Sicht, doch in Sicherheit. Die Hand, die sie aus dem Schlamm hervorragen sah, war nicht die Hand eines Toten gewesen. Bill Royal, als erfahrener Taucher an manchen Tiefenrausch gewöhnt, hatte sich völlig in den Schlamm des Brunnenbodens einsinken lassen und wühlte mit der anderen nach fossilen Resten, die es dort gab. Ich habe in ähnlichen Situationen ähnliche Gedankenfolgen erlebt. Die Welt, die Probleme, die Einzelheiten – alles das entfernt sich. Freud sprach von einem Todestrieb des Menschen – eine heute nicht mehr haltbare Hypothese. Und doch: in diesem Augenblick ist man dem Tod, dem Ende freundlich gesinnt. Wozu Schmerz und Freude? Der gläubige Buddhist sehnt sich nach dem Ende des „Samsara", der bunten Sinneseindrücke, die vom Wesentlichen ablenken. Sein Ziel, das Nirwana, ist freundliches Nichts. Auch über manche Drogen kann man zu solchen Empfindungen gelangen. Vielleicht wird der Mensch, der nach immer neuen, angenehmeren Empfindungen sucht, eines Tages diesen Tiefenrausch künstlich kultivieren. Schädliche Nachwirkungen hat er offenbar nicht.

Eine zweite, fast noch größere Gefahr tragen wir als Erbe aus unserer Tiervergangenheit mit uns herum. Diese Gefahr heißt „Panik". Bei allen höheren Tieren tritt Panik auf, wenn sie in kritische Konfliktsituationen geraten und ihre angeborenen oder erworbenen Verhaltenssteuerungen nicht mehr ausreichen, um die Situation zu meistern. Wenn in einem Zoo Antilopen in Panik geraten, rennen sie gegen die Gitter und töten sich selbst. Alle Erfahrung, alle „Vernunft" fällt dann von ihnen ab. Nicht mehr von der Außenrinde ihres Gehirns sind ihre Handlungen gelenkt, sondern von Zentren, die allein blindes Fluchtverhalten auslösen. Die entwicklungsgeschichtlich ältesten Steuerungen werden dann so stark, daß sie die höheren Leistungen einfach ausschalten. Fast jeder Taucher mit einiger Erfahrung hat ähnliches an sich selbst bereits erlebt. Das primitive „Tier im Menschen" tritt dann in Erscheinung. Sämtliche Alternativen fallen weg. Panisches Verhalten wird übermächtig – selbst wenn es geradewegs in den Tod führt.

Als wir 1953 mit der „Xarifa" im Karibischen Meer bei der Insel Bonaire Untersuchungen durchführten, erlebten wir dieses Phänomen bei Georg Scheer, einem der uns begleitenden Biologen. Mit einem Preßluftgerät war er auf kaum mehr als 15 oder 18 Meter Tiefe getaucht, hatte dort mit einem Meißel Korallen abgeschlagen. Er hatte sie sorgfältig in einen Eimer gebettet, den wir als Sammelbehälter verwendeten. Nachdem er seine Aufzeichnungen beendet hatte, kam er mit dem vollen Behälter nach oben. Inzwischen aber hatte sich durch einen plötzlich aufkommenden Wind der Anker unseres Bootes vom Grund gelöst, und dieses war ziemlich weit abgetrieben. Mit leergeatmeten Flaschen befand sich Scheer nun an der Oberfläche: in der Rechten hielt er den mit Korallen gefüllten schweren Eimer. Das Boot war plötzlich nicht da. Rettungswesten gab es damals noch nicht. Eine Welle schlug ihm Wasser in den Mund, er hustete, drehte sich, um das Boot zu finden: geriet in Panik. Praktisch äußerte sich das darin, daß er den Eimer, der ihn abwärts zog, nicht losließ. Er schluckte Wasser, war am Ertrinken. Zum Glück waren Eibl-Eibesfeldt und ich in der Nähe, konnten ihm helfen. Mit Gewalt entrang ich den Kübel seinen Händen, ließ diesen versinken. Alles ging gut aus – es hätte aber auch anders enden können.

Ein andermal, während der gleichen Expedition, lag die „Xarifa" an einem Riff verankert, bei dem wir mit großen Scheinwerfern Filmaufnahmen drehten. Das elektrische Hauptkabel war fast 4500 Meter lang und wurde durch daran befestigte Glaskugeln an der Oberfläche schwimmend erhalten. Es führte zu unserem Boot, in dem sich ein großer Schaltkasten befand – und von diesem wieder gingen die 120 Meter langen, dünneren Nebenkabel ab, welche die einzelnen, von den Tauchern getragenen Scheinwerfer speisten. Unglücklicherweise – wieder durch einen Windstoß – rutschte der Anker an dem ziemlich steilen Riff ab, und der Wind trieb die „Xarifa" aufs offene Meer. An ihr hing nun – über das lange Kabel – das Beiboot und an diesem, über die dünnen Kabel, die Scheinwerfer und die Taucher. Auch die Scheinwerfer waren mit Glaskugeln versehen, um ihr Gewicht zu vermindern, trotzdem waren sie noch recht schwer. Am Riff spielte das jedoch keine Rolle. Waren wir erst mit ihnen auf dem Meeresboden, dann waren sie leicht zu bedienen. Jetzt aber trieb das Schiff – und trieben wir alle – hinaus über das abgrundtiefe Meer. Normalerweise waren ja zwei Taucher an einem Scheinwerfer; in diesem Fall jedoch hing Lotte allein an einem. Ich sah, wie sie, eifrig flossenschlagend, immer tiefer mit ihm absank. Sie hatte stets den Ehrgeiz, uns zu beweisen, daß eine Frau unter Wasser ebensoviel wert ist wie ein Mann, und das mochte wohl der erste Grund ihrer eher verzweifelten Bemühungen gewesen sein.

43

Dann aber kam Panik hinzu. Ich kam ihr gerade noch rechtzeitig zu Hilfe. Ich mußte mit aller Gewalt ihre über dem Bügel des Scheinwerfers verkrampfte Hand lösen – ganz ähnlich wie bei Scheer. Sie jagte hoch, und alles war in Ordnung. Anderenfalls wäre sie wahrscheinlich ertrunken.

In Los Angeles sprach ich vor nicht langer Zeit mit Tom Ebro, einem erfahrenen Taucher und Deputy Coroner dieser Stadt. Er erzählte mir, daß sein besonderes Anliegen die Aufklärung zahlreicher, durchaus rätselhafter Tauchunfälle sei. In diesem Bezirk rechnet man mit zwei Toten pro Monat. Mit Hilfe genauer Situationsanalysen und eines Computers versucht er die Sache zu klären. Sein Ergebnis, das für mich nicht überraschend ist, lautet: An etwa 50 Prozent aller Unfälle ist Panik schuld. In diesem so schwer beeinflußbaren Zustand erfolgen Handlungen, die völlig unvernünftig sind.

„Wir haben in mehreren Fällen festgestellt, daß der in Schwierigkeit geratene Taucher einfach nicht in der Lage war, seinen Bleigürtel abzuwerfen. Die Äußerungen lauten etwa so: ‚Ich war einfach am Ertrinken, du mußt verstehen, da mußte ich alles daran setzen, mich an der Oberfläche zu halten!‘ Ich habe die Leute gefragt: ‚Wenn ihr in der Lage gewesen wäret, den Gürtel zu lösen und dabei doch die Hände oben zu behalten – wäre es euch dann möglich gewesen?‘ ‚Ja, dann wohl schon‘, war die Antwort. ‚Aber wenn du am Ertrinken bist, kannst du einfach nicht mehr die Hände herunternehmen und den Bleigürtel öffnen. Auch wenn du es weißt, daß es notwendig ist. Du kannst es einfach nicht. Es ist unmöglich!‘ “

Ebro bemüht sich um eine Lösung, wie man durch eine technische Vorrichtung das Abwerfen des Bleigürtels im Notfall auch dann bewerkstelligen kann, wenn die Hände oben sind. „Vielleicht durch einen Druckknopf! Aber Tatsache ist jedenfalls, daß die Leute praktisch ertrinken, weil sie die Hände nicht herunterbekommen.“

Ich kann dazu eine eigene Erfahrung beisteuern, eine der merkwürdigsten, die ich jemals hatte. Es war 1939, der Krieg war ausgebrochen, zahlreiche deutsche Schiffe hatten im neutralen Hafen von Willemstad in Curaçao Zuflucht gesucht. Die holländische Polizei hatte uns Befehl gegeben, die Nacht auf diesen Schiffen, die zu einer Insel zusammengekettet waren, zu verbringen. Tagsüber mochten wir an der Küste tauchen, jagen, fotografieren, soviel wir mochten, aber während der Nacht waren wir auf Deck verbannt. Man hatte Angst, wir könnten Spione sein, vielleicht mit deutschen U-Booten in Verbindung stehen. Sogar Roosevelt machte damals in einer seiner Kaminreden eine Bemerkung, die sich auf uns bezog.

Eines Nachts kam der Barbier des Schiffes zu uns und bat uns um Hilfe. Er hatte Farbtöpfe in einem kleinen Kanu an Land schmuggeln wollen, dieses war umgekippt, und die Farbtöpfe lagen nun auf dem Grund. Den Vorschuß auf diese Lieferung hatte er bereits zum Teil mit einem Mädchen an Land verjubelt – kurz und gut, wir waren die einzigen, die ihm helfen konnten. Jörg Böhler, Alfred von Wurzian und ich zogen also um Mitternacht los. In Badehosen, mit geschulterten

Speeren. Die wachhabenden Polizisten waren bei uns allerhand gewohnt, also konnten wir sie davon überzeugen, daß wir auf nächtliche Fischjagd gehen wollten. Der Barbier führte uns über den Kai und zeigte uns genau die Stelle. Etwa 30 Meter von der Kaimauer entfernt war er mit seinem Boot umgekippt, dort mußten also die Kübel liegen. Der Boden des Hafens lag etwa 8 oder 10 Meter tief. Es war stockdunkel, kein Mond, nur blinkende Sterne. Wir schwammen hinaus: im Wasser blinkten ebenfalls Sterne auf. An diesem Tag herrschte Meeresleuchten. Das Meer war vom Einzeller Noctiluca erfüllt: bewegten wir die Hände, dann leuchtete es auf. Ich tauchte am angegebenen Platz in die schwarze Tiefe. Wo ich meine Hände bewegte, strahlte das Wasser in Tausenden von Funken auf. Da ich keine Ahnung hatte, was da am Hafengrund lag – und insgeheim an einen Riesenkraken dachte, der mich dort erwartete –, wurden meine Bewegungen langsamer. Plötzlich wurde es rings um mich hell. Die vielen kleinen Lichtblitze wurden vom flachen sandigen Grund reflektiert, erzeugten über diesem eine etwa 1,5 Meter hohe Zone, in der ich, wie bei künstlicher Beleuchtung, recht gut sehen konnte. Ich sah drei der Kübel, packte zwei mit der einen, den dritten mit der anderen Hand. Ich stieß mich ab. Es wurde um mich dunkel – dann wieder hell. Das Gewicht war zu schwer, hatte mich in die beleuchtete Zone zurückgezogen. Ich ließ einen Eimer los und schwamm mit den beiden anderen hoch. Ich umklammerte sie mit der Linken und ruderte mit der Rechten. Mit den Flossen schlug ich so stark ich konnte. Es begann in meinen Ohren zu brausen. Ich wußte nicht, ob ich höher kam oder nicht. Rings um mich blitzten Funken auf, doch nichts zeigte mir an, ob ich mich nach oben bewegte oder nicht. Ich kam in Atemnot. Meine Gedanken waren ähnlich wie die von Eugenie Clark. Es hallte um mich wie in einem Spital, in meinem Gehirn blitzte der Gedanke auf: Warum läßt du denn die beiden Kübel nicht los? Es war grotesk, aber das war einfach nicht mehr möglich. Ich hatte praktisch nur noch einen „Willen", nur noch eine Steuerung. Die lautete: Nach oben! Ich ruderte mit der freien Hand, schlug verzweifelt mit den Flossen. Dann verlor ich das Bewußtsein. Als ich wieder erwachte, lag ich am dunklen Kai, mit einem öligen Geschmack im Mund. Ich hatte Wasser geschluckt. Jörg hatte mich kurz auftauchen sehen, ich war sofort wieder versunken. Er eilte mir nach, bekam mich zu fassen, brachte mich hoch. Gemeinsam mit Alfred schleppte er mich an Land. Wie in einer Totenstarre hielt meine linke Hand die Griffe der beiden Farbeimer umklammert. Das ist Panik.

Im Zustand der Panik geschehen die meisten Unfälle. Nicht Haie und Kraken bedrohen den Taucher – die größte Gefahr liegt in ihm selbst, im eigenen Kopf, im eigenen Rückenmark. Dort liegt der eigentliche Feind. Darum ist es so ungemein wichtig, durch richtiges Training Sicherheit zu gewinnen, auf jede Eventualität vorbereitet zu sein, so daß Panik nicht auftritt. Die vielen künstlichen Organe, die der Taucher seinen natürlichen hinzufügt, müssen sinnvoll bedient, gesteuert, koordiniert werden. Das erfordert Übung.

Zum Abschluß dieser Betrachtung noch ein Erlebnis, das Paolo Querzola, der italienische Handelsdelegierte an der japanischen Botschaft in Tokio, hatte. Er ist ein ausgezeichneter, erfahrener Taucher. Gemeinsam mit drei Freunden tauchte er in der Nähe der Tokio-Bucht, wo es starke Strömung gibt. Sein Partner, ein Amerikaner, ermüdete beim Tauchgang, konnte gegen den Strom nicht mehr zum Boot zurück. Da auch Paolo ihn nicht zurückbringen konnte, entschloß er sich, mit ihm gemeinsam abzutreiben. Die beiden warfen die Bleigürtel ab. „Ich dachte, wenn die anderen auftauchen, werden sie uns sehen und mit dem Boot holen." Als diese beiden jedoch auftauchten, waren Paolo und sein Freund bereits außer Sichtweite. Sie warteten eine halbe Stunde und alarmierten dann über den Leuchtturmwächter, der gerade fischen war und auch erst gesucht werden mußte, die Behörden an der Küste. Paolo und sein Freund banden sich mit einer Leine aneinander und trieben im Strom. Sie schwammen so, daß sie mit einiger Wahrscheinlichkeit nach acht oder neun Stunden in der Nähe eines Kaps vorbeikommen mußten. Es wurde Nacht. Sie blieben 14 Stunden im Wasser. Sie sahen die Lichter einiger Schiffe, doch man hörte sie nicht. Endlich ein Schiff, das sie hörte, man fischte sie auf. Querzola erzählte mir: „Die ganze Zeit über verbot ich mir, daran zu denken, was geschehen würde, wenn man uns nicht fände." Wegen dieser Äußerung erzähle ich die Geschichte. Paolos bemerkenswerte Leistung bestand darin, daß er sich verbot, Gedanken nachzugehen, die ihn in Panik bringen konnten.

Die Gefahr „Panik" kann den Menschen auch in Oberwassersituationen überfallen. Unter Wasser jedoch ist sie der ärgste Feind. Jeder, der tauchen will, muß sich dies einprägen: Das uns angeborene Verhaltensinventar ist nicht dem Wasserleben angepaßt. Der Aufenthalt unter Wasser ist für den Menschen neu und fremd. Darum ist es erste und wichtigste Aufgabe für jeden Tauchlehrer, seine Schüler auf jede Eventualität vorzubereiten. Ruhe, Gelassenheit ist das wichtigste Rüstzeug des Fischmenschen. Gegenüber dem plötzlichen Umschalten auf archaische Verhaltensmuster ist alles übrige sekundär. Vor der Gefahr des Tiefenrausches und des Auftretens von Dekompressionsunfällen kann uns bei den neuen Kreislaufgeräten der Computer helfen. Er ist selbst keinem Tiefenrausch unterworfen, ersetzt kühl und maschinenhaft unser Gehirn, mischt die für uns nötigen Gase. Die Gefahr der Panik dagegen kann durch kein künstliches Organ ausgeschaltet werden; nur durch richtige Schulung und durch viel Übung können wir ihr entgegenwirken. Bei den Froschmännern der US-Navy gibt es eine sogenannte „Hell-Week" – eine „Höllenwoche" –, in der die Ausbilder alles daransetzen, den Rekruten seelisch zu vernichten. Nur ein geringer Prozentsatz steht diese Woche durch. Für den zivilen Sektor gilt im Prinzip das gleiche. Nur wen nichts mehr überrascht, nur wer in eiserner Gelassenheit seine Organe betätigt, der ist auch in Extremsituationen vor diesem ärgsten Unterwasserfeind, der Panik, gefeit.

Donna Aquatica

Kürzlich, in Los Angeles, war ich bei Jack McKenney, dem Schriftleiter des „Skin Diver", zu Gast, und Pat, dessen Frau, legte mir einen ganzseitigen Artikel der „Los Angeles Time" im Fremdenzimmer auf den Kopfpolster. Es war eine Besprechung des Buches „The Descent of Woman" von Elaine Morgan, von dem ich bereits gehört hatte. Sie wollte sich das Buch unbedingt kaufen und wissen, was ich von diesen Thesen hielte. Sie fände sie sehr einleuchtend, ja überzeugend. Ich war gerade auf dem Weg nach Bali, wo ich zusammen mit Eibl-Eibesfeldt auf dem Gebiet der menschlichen Verhaltensforschung eine Arbeit vorbereiten sollte, und versprach ihr, mit ihm gemeinsam die einzelnen Punkte zu diskutieren.

Es ging hier um eine Idee, die der englische Biologe Sir Alister Hardy 1960 im „New Scientist" veröffentlicht hatte. Desmond Morris hatte sie in seinem Buch „Der nackte Affe" kurz erwähnt, und so war Elaine Morgan, eine schriftstellerisch tätige Hausfrau, darauf aufmerksam geworden. Die Theorie besagte, der Mensch sei schon einmal zu einem Meereswesen geworden – freilich nicht mit Hilfe von künstlichen Organen. In der Zeit des Überganges vom Affen zum Urmenschen hätten unsere Vorfahren etwa zehn Millionen Jahre lang als Wassertiere gelebt.

Meines Erachtens wird dieser Übergang vom Affen zum Menschen heute viel zu sehr hochgespielt. Ob das nun gerade so oder anders erfolgte, ist zweifellos interessant, aber schließlich doch nur noch ein Detail. An der Tatsache dieser Abstammung können wir heute nicht mehr zweifeln, und was nach meiner Ansicht viel bedeutsamer ist, das ist der Umstand, daß wir, samt den Affen und übrigen Säugetieren, von Echsen abstammen – und diese wieder von Lurchen. Und daß, wenn wir noch weiter zurückgehen, ausgerechnet die Haie mit in unsere Ahnenreihe gehören – und noch weiter zurück die Würmer und schließlich die Einzeller. – Ich sagte das am nächsten Morgen beim Frühstück zu Pat.

„Das schon", entgegnete sie. „Aber der Unterschied zwischen Tier und Mensch ist eben doch ungeheuer. Ich finde, daß Elaine Morgan recht hat, wenn sie sagt, daß die Evolution immer nur vom Manne her betrachtet wurde. Ich möchte jedenfalls hören, wie Sie die einzelnen Behauptungen widerlegen. Dann bin ich auch gerne bereit, mich mit den Eidechsen und Würmern zu beschäftigen – die Haie interessieren mich sowieso."

Bevor ich zum Flughafen fuhr, kaufte ich mir das Buch. Es war ebenso wie das von Desmond Morris auf den Augenblicksgeschmack zugeschnitten – und ebenfalls zum Bestseller geworden. Der Titel lehnte sich mit Absicht an Darwins „The Descent of Man" an. Während Hardy sich nur eben mit der Möglichkeit einer Wasserperiode unserer menschlichen Vorfahren befaßt hatte, ging Elaine Morgan ein gutes Stück weiter. Die Menschwerdung sei nicht über den männlichen Wasseraffen erfolgt – sondern über die Wasseräffin. Dem weiblichen Geschlecht gebühre also die Ehre der erwachenden Intelligenz. Ich hielt von Hardys Hypothese wenig, beschloß jedoch, sie mit Eibl-Eibesfeldt als Denkmodell durchzuspielen. Immerhin wäre ja kurios, dachte ich, wenn das heutige menschliche Vordringen ins Meer gar nicht das erste gewesen wäre – wenn also das Meer schon einmal unser Schicksal bestimmt hätte.

In der Zeitspanne, da der Übergang vom Affen zum Urmenschen stattfand, vor 1,5 bis 2 Millionen Jahren, kam es im sogenannten Pliozän zu einer außerordentlichen Trockenperiode, die Urwälder Afrikas wurden davon betroffen, die Bäume wurden spärlicher, Savannen breiteten sich zwischen ihnen aus. Die dem Leben in den Urwaldbäumen angepaßten Affen verloren den Lebensraum. Für sie war nicht mehr genug Nahrung vorhanden. Unter diesem Druck der Verhältnisse – in der Biologie spricht man von „Selektionsdruck" – hatten solche Affen bessere Überlebenschancen, die fähig waren, sich in der Savanne ihre Nahrung zu suchen. Schon vorher waren die Affen auf dem Boden vielfach – zumindest für kurze Strecken – auf den Hinterbeinen gelaufen: in der Savanne wurde diese Fähigkeit bedeutsam. Um Beute und Feinde auszumachen, war es wichtig, über das hohe Gras hinwegschauen zu können. Die Fortbewegung auf den Hinterbeinen – so nimmt man heute an – hatte nun aber zwei sehr wesentliche Konsequenzen. Erstens: der Kopf wurde nunmehr vom Rückgrat getragen, und die bisher dafür zuständigen Nackenmuskeln wurden überflüssig. So konnte der Hinterkopf sich erweitern, das Gehirn sich vergrößern. Zweitens wurden die Vorderbeine, schon bei den Affen für sehr verschiedene Tätigkeiten verwendet, zur Handhabung von Werkzeugen und Waffen frei. Man nimmt an, daß dieser Urvorfahre sich darauf spezialisierte, durch Steinwurf schnellaufende Tiere zu erlegen. Der Pelz war dabei hinderlich, zu heiß, wurde deshalb rückgebildet. Außerdem wird angenommen, daß die sexuelle Beziehung zwischen männlichem und weiblichem Partner damals die sekundäre Funktion der Bandbildung hinzugewann, daß also Sex nicht nur zur Hervorbringung von Nachkommen diente, sondern außerdem zur Bindung des jagenden Mannes an die in einem Schlupfwinkel der Horde zurückbleibende, mit der Bewachung und Erziehung der Kinder betreute Frau. Das menschliche Kind braucht eine sehr lange „Brutpflege", ehe es zu einem selbsterhaltungsfähigen Individuum wird. Für diesen Brutschutz wiederum ist wichtig, daß die Partner bzw. Rudel fest zusammenhalten. Der mit so starken Lustgefühlen verbundene Geschlechtsakt, so vermutet man, war ein geeignetes Mittel, das Fortdauern der Partnerschaft zu gewährleisten.

Alister Hardy – und ihm folgend Elaine Morgan – sahen diesen Übergang etwas anders. Sie stützen sich darauf, daß man aus dieser Periode noch keine Fossilfunde hat, und bieten als Erklärung dafür an, daß dieser Übergang eben gar nicht in der Savanne stattgefunden habe. Vielmehr glauben sie, daß mit Einsetzen der Trockenheit und dem Spärlichwerden der Wälder einige Affen im Küstengebiet des Atlantik eine Zufluchtstätte – eine für sie offene „ökologische Nische“ – fanden, in der sie sowohl Nahrung als auch Schutz vor den großen Raubkatzen fanden. In der seichten bis brusttiefen Küstenzone hätten sie von Muscheln, Krebsen und sonstigen Meerestieren gelebt – vor Raubkatzen der Savanne ebenso sicher wie vor den Haien des tieferen Meeres. Dort, im brusttiefen Wasser watend, hätten sie sich allmählich an das Gehen auf den Hinterbeinen gewöhnt. Hier hätten Steine dicht neben Muscheln gelegen, und so wäre die Entdeckung, daß man mit Steinen Muscheln aufschlagen konnte, für sie naheliegend gewesen. Elaine Morgan, der besonders die Stellung der Frau ein Anliegen war, wies darauf hin, daß die männlichen Urmenschen (oder Spätaffen) mit ihren großen, hauerartigen Eckzähnen die Muscheln (und auch Krebspanzer) sehr gut aufbeißen konnten – die hauerlosen Weibchen dagegen nicht. Also hätten notwendigerweise diese die Entdeckung machen müssen – und der Werkzeuggebrauch hätte also beim weiblichen Wasseraffen seinen Anfang genommen. Die männlichen Partner hätten es dann eben den Weibchen nachgemacht. Durch das Leben im Wasser hätte diese Zwischenstufe zwischen Affe und Mensch dann auch ihren Pelz verloren – gleich anderen Säugern, die ins Wasser zurückkehrten, etwa Nilpferd, Walroß, Seekuh. Später, nach etwa 10 Millionen Jahren, als wieder Regen einsetzte, wären dann diese werkzeuggebrauchenden Affen-Menschen an Land zurückgekehrt – und zu Jägern der Savanne geworden. Der eigentliche Übergang hätte sich jedoch in dieser 10 Millionen Jahre währenden Periode im Meer vollzogen.

Um dieser Problematik näherzutreten, muß man zunächst in Rechnung stellen, daß auch zahlreiche andere Landtiere sekundär wieder zu einem Wasserleben zurückkehrten, sich also wieder einem Leben im und *unter* dem Wasser anpaßten. Bei den Säugetieren waren es die Wale, Robben und Seekühe, bei den Vögeln die Pinguine, bei den Reptilien die Krokodile, die Wasserschildkröten und Wasserschlangen. Ebenso gibt es bei den Schnecken und Insekten viele Rückkehrer ins Wasser – schließlich auch solche unter den Pflanzen. In jedem Fall – das ist wichtig – war es nicht allein freier Wille, der solche Entwicklungen einleitete, sondern eine irgendwo noch vorhandene „freie Planstelle“, die ausgefüllt werden konnte.

Nach religiöser Vorstellung ist jedes Tier und jede Pflanze gewolltes Werk eines überirdischen Willens. Nach allem, was die Wissenschaft bisher weiß und entdeckt hat, ist es indes so, daß sich der Lebensprozeß wie eine Art Feuer ausbreitete, stets weitergetragen von Körpern, die so beschaffen waren, daß sie sich nicht bloß erhalten, sondern auch vergrößern und vermehren, also fortpflanzen konnten. Wo sie das nicht konnten, endete dieser Prozeß, wo sie es konnten, floß er weiter. Freie Planstellen – „ökologische Nischen" – waren jeweils dort gegeben, wo ein Lebewesen, wenn es über das erforderliche Rüstzeug verfügte, Nahrung gewinnen und sich fortpflanzen konnte. Im Laufe des Vermehrungsvorganges entstanden immer wieder Formen, die auf Grund ihrer leicht veränderten Eigenschaften in einer noch „unbesetzten ökologischen Nische" Unterkunft fanden.

Eine Landpflanze, die auf Grund solcher Erbänderungen wieder ins Meer zurückkehrte, ist zum Beispiel das Seegras (Zostera). Man findet es auf sandigem Meeresboden – wo es sonst keine Algen gibt. – Warum finden wir ausgerechnet dort diesen Rückkehrer aus der Luftwelt so stark verbreitet?

Die Antwort ist einfach. Normale Algen können sich auf Sand nicht entwickeln – sie können sich dort nicht verankern, nicht gegen das Überdecktwerden von Treibsand schützen. Deshalb finden wir sie nur dort, wo Felsen oder abgestorbene Korallen ihnen eine feste Unterlage bieten. Im Lauf der Evolution entstanden jedoch auch solche, die sich an Land auszubreiten vermochten und dort Wurzeln entwickelten, mit denen sie Wasser aus dem Boden gewinnen konnten. Das war die Voraussetzung, um dort zu bestehen – und je wirksamer solche Wurzeln waren, um so besser konnten sie sich verbreiten. Auf manchen Böden mußten solche Wurzeln tief hinabreichen, um zwischen Gesteinsritzen oder Geröll auf Wasser zu stoßen. In sekundärer Funktion wurden sie dann auch zu Verankerungsorganen, welche überhaupt erst die Bildung von Stielen und Stämmen ermöglichten. An diesem Entwicklungspunkt angelangt, war nun plötzlich für solche Pflanzen im Meer (und in sonstigen Gewässern) eine bisher ungenutzte „ökologische Nische" frei. Auf sandigem, schlammigem Boden, wo bis dahin keine Wasserpflanze gedeihen konnte, konnten sie nun sehr wohl gedeihen. Auf Grund ihrer leistungsfähigen Wurzeln reichten sie ja tief in den Boden hinab, dort konnten sie sich fest verankern, konnten auf Stielen Blätter tragen, die sich über die Gefahrenzone des Treibsandes erhoben.

Bei den Rückkehrern unter den Säugetieren war es ähnlich. Auch sie hatten an Land – unter dem „Selektionsdruck" der dortigen Verhältnisse – eine funktionelle Besonderheit hinzugewonnen, die ihnen nun, bei der Rückkehr ins Meer, zustatten kam, sie dort konkurrenzfähig, ja konkurrenzüberlegen machte. Es war dies die Warmblütigkeit. Während Kaltblüter – oder genauer „wechselwarme Tiere" – von der jeweiligen Temperatur abhängig sind und sich bei Kälte nur noch recht langsam und träge bewegen können, tragen alle Warmblütler einen „inneren Ofen" mit sich. Dieser Vorteil eröffnete den Tieren auch im Meer neue Möglichkeiten. Besonders in den kälteren Zonen wurden sie dadurch den bei niederen Temperaturen nur noch langsam reagierenden Fischen überlegen. Allerdings mußten sie sich – wegen des starken Wärmeverlustes im Wasser – entsprechend isolieren. Die dicke Speckschicht der Wale zeigt uns die funktionelle „Antwort" auf dieses Problem. Sodann mußten sie möglichst wieder Stromlinienform erlangen und ihre Gliedmaßen in Flossen zurückverwandeln. Das neuerliche Hervorbringen von Kiemen war über Erbveränderungen (Mutationen) offenbar nicht mehr möglich. Dagegen entwikkelten die Meeressäuger verschiedene Einrichtungen, die es ihnen gestatteten, den Atem „recht lang anzuhalten" – also möglichst lange mit einem an der Oberfläche gewonnenen Atemvorrat auszukommen. Der Pottwal kann bis zu 90 Minuten unter Wasser bleiben, der Seelöwe bis zu 15 Minuten, der Otter bis zu 5 Minuten. Bei den Vögeln besetzte der Pinguin, ein in ein Wassertier umgewandelter Vogel, diese ökologische Nische. Auch er wurde stromlinienförmig, auch er ist durch eine Fettschicht gegen Wärmeverlust geschützt, auch seine Gliedmaßen sind in Flossen rückverwandelt; auch er vermochte nicht nochmals Kiemen zu bilden.

Die interessantesten Rückkehrer ins Meer sind die Knochenfische (sämtliche heutigen Fische, ausgenommen die Rochen und Haie), von denen kaum jemand weiß, daß sie ihre Existenz einem Umweg über das Landleben verdanken. Gleich zu Anfang der Entwicklung, als einige in der Strandzone lebenden Vorfahren durch Vergrößerung des stark durchbluteten Gaumendaches eine Urlunge entwickelten (die sich dann immer mehr faltete, immer mehr an Oberfläche gewann und also leistungsstärker wurde), kehrte ein Teil dieser ersten Landwirbeltiere wieder ins Meer zurück. Man vermutete lange, daß die Schwimmblase Ausgangspunkt zur Lungenbildung gewesen sei (daß also aus der Schwimmblase die Lunge wurde); doch haben genauere Untersuchungen ergeben, daß es gerade umgekehrt vor sich ging. Durch Rückbildung der Urlunge entstand die Schwimmblase der heutigen Knochenfische. Auch hier wirkte sich wieder ein in einem anderen Lebensbereich gewonnener Vorteil aus. Von Muskeln umgeben, konnte dieser Sack unter Wasser als Auftriebsregulator dienen. Die Knorpelfische – Haie und Rochen – haben kein derartiges Organ. Und sie konnten über Änderungen im Erbrezept auch offenbar zu keiner solchen Einrichtung gelangen. Über den Umweg der Landanpassung kam dagegen eine dafür geeignete Bildung zustande – so wie beim Seegras die an Land allmählich entwickelten Wurzeln. Die gesamte Gruppe der Knochenfische, die heute jeden Winkel der Meere, Seen und Flüsse besiedelt, ist somit eine nach kurzem Luftbesuch ihrer Vorfahren ins Wasser zurückgekehrte Gemeinschaft. Bei der Dosenschildkröte *(Terrapene)* ist es so, daß sie wie alle Wasserschildkröten von Landschildkröten abstammt – die ihrerseits im Meer beheimatete Urvorfahren haben. Sie lebt jedoch nicht mehr im Wasser – sondern ist neuerlich zum Landleben zurückgekehrt. An ihrer Gestalt und anderen Merkmalen ist dies deutlich zu erkennen.

Wer diese und ähnliche Vorgänge durchdenkt – die durch langwierige und sorgfältige Forschungen rekonstruiert wurden, kann sich kaum mehr der Einsicht verschließen, daß der Weg der Evolution *nicht* zielhaft vorbestimmt ist. Ebenso wie mit dem Feuer, das sich immer dorthin ausbreitet, wo es gerade „Nahrung" findet, verhält es sich mit dem Prozeß, den wir „Leben" nennen, der durch die sogenannten „Lebewesen" weitergetragen wird. Wo er hinfließen kann – wo er also zu Strukturen gelangt, die in einem bestimmten Bereich existenz- und fortpflanzungsfähig sind –, dorthin fließt er. Dabei können Fortschritte über die merkwürdigsten Umwege oder Zufälle erreicht werden.

Im Flugzeug über all das nachsinnend, betrachtete ich meine Hand, so gut dafür geeignet, einen Bleistift zu halten, mich am Kopf zu kratzen oder unter Wasser Schwimmbewegungen zu vollführen. Dieses Universalwerkzeug, das für die Menschwerdung ebenso wichtig war wie unsere gesteigerte Intelligenz, gewannen wir über den Umweg des Kletterlebens unserer Vorfahren. Um sich an Ästen festzuhalten, mußten sie den gegenständigen Daumen entwickeln. Und diesen entwickelten sie damals sicherlich nicht zu dem *Zweck*, daß der Mensch heute Klavier spielen oder ein Flugzeug steuern kann . . .

Im Prinzip war es also durchaus möglich, daß unsere Vorfahren weitere Eigentümlichkeiten über irgendeinen merkwürdigen Umweg erworben hatten – nach Hardy und Elaine Morgan durch eine Zwischenperiode im Meer. Praktisch gesehen, fiel es mir allerdings schwer, mir diesen 10 Millionen Jahre währenden Affenausflug vorzustellen. Ich dachte an Wellen und Brandung, an Fische mit giftigen Flossenstacheln, an Spalten, in die man mit dem Fuß geraten konnte, an Seeigel. Ich dachte an die sengende Sonne in Verbindung mit der ständigen Benetzung der Haut: also an Sonnenbrand – und ebenso an Verletzungen durch die scharfen Klippen, in denen ein Kurzhaarpelz weit günstiger gewesen wäre als die nackte Haut. Wie jeder Schwimmer weiß, wird die Haut schon nach einigen im Wasser verbrachten Stunden weich und gefühllos – leicht verletzbar. Ich dachte an die Nacht und an das zu schützende Baby. Auch in den Tropen wird es bitter kalt, wenn man im Wasser herumpaddelt; und bei Nacht kommen die Haie ziemlich weit ins Seichte herein. Ich dachte an Sturm und Strömung. Mit bestem Willen gelang es mir nicht, die Vision Elaine Morgans mit der mir so vertrauten Wirklichkeit der Strandzone in Einklang zu bringen. Während die Mutter Muscheln suchte und aufschlug, sollte das Kind im halbseichten Wasser spielen. Gewiß, im Sommerurlaub, an einer nett geschützten Stelle, ist das möglich. An einer tropischen Küste mit Wellen und Strömungen, bei Nacht, wenn vom Land her die Raubkatzen und vom Meer her Haie drohen, schien mir dieses in so netten Pastellfarben gemalte Bild denn doch etwas unwahrscheinlich. Ich nahm mir vor, in Bali die Rolle des Advocatus diaboli zu spielen.

Der Zufall wollte, daß Eibl-Eibesfeldt und ich in einem Bungalow wohnten, in dessen Gästebuch sich sechs Monate zuvor Cousteau eingetragen hatte. Nur ein Wort hatte er zur Kennzeichnung seiner Eindrücke hingeschrieben: „Heu-reux". Nun, auch wir beide hätten es so bezeichnet. Auch wir waren in dieser zauberhaften Umgebung glücklich, mit diesem herrlichen Blick aufs Meer, diesen so einmalig liebenswerten Menschen rings um uns, ohne Telefon und Postbelastung, einer interessanten Aufgabe vor uns – und endlich wieder einmal allein, wie in der Zeit unserer Reisen auf der „Xarifa".

Wir saßen in gemütlichen Stühlen auf unserer Terrasse, jenseits einer niederen Mauer das strahlendblaue Meer; rings um uns Palmen und Blüten, vor uns auf dem Tisch zwei Gläser mit einem balinesischen Spezialgetränk. „Der Ufergürtel ist keineswegs günstig für einen Primaten", sagte Eibl-Eibesfeldt. „Es gibt in Japan Makaken, die in der Uferregion nach Krabben suchen – aber die haben immer Uferwälder als Rückzugsgebiet und somit reiches vegetatives Nahrungsangebot im Wald. Wenn es sich um ein Austrocknungsgebiet handelt, weißt du ja, wie trocken die Uferregion ist, weil dort durch die Thermik am wenigsten Regenbildung zustande kommt. Du mußt auch bedenken, daß sie Süßwasser brauchen."

„Vielleicht an Flußmündungen . . .?"

„Um die Art zu erhalten, muß es schon eine Population von mehreren Hundert Exemplaren sein – dafür wieder ist das Nahrungsangebot in der Uferzone für einen Großprimaten viel zu gering. Die Muscheln, Seeigel, Seesterne haben sie bald aufgegessen – und Fische zu erwischen ist für sie fast unmöglich."

„Und in der Savanne ist es besser?"

„Natürlich, weil sie da weite Gebiete abstreifen können. Dort finden sie unter jedem Stein Skorpione. Die Paviane haben ja, wie wir wissen, in der Savanne sehr gut überlebt. Die Pavianherden gedeihen doch prachtvoll – und die leben nur im Busch. Wäre das Litoral so ergiebig, dann gäbe es auch Litoralspezialisten. Aber gerade die findest du nicht. Entweder sie sind völlig ins Wasser gegangen, wie etwa Seeottern, Robben oder Delphine, oder die Uferzone ist bestenfalls eine zusätzliche Nahrungsquelle für Proteinerwerb. – Dann aber hast du keinerlei Selektionsdruck, um zur aufrechten Haltung oder zur Haarlosigkeit zu kommen . . ."

Elaine Morgan stellt sich vor, daß das Kind entweder im Seichten herumkrabbelte oder sich an den langen Haaren der Frau – und eben darum seien diese so lang geworden – festhielt. Die im Gegensatz zu den Affen große Brust hätten die Urmenschenfrauen entwickelt, damit das Kind in sitzender Stellung (am Ufer) diese Brust umklammern und mit dem Mund an die Brustwarze gelangen konnte. Die großen Hinterbacken der Frau seien eine Anpassung an das Sitzen auf den spitzen Ufersteinen, auf dem Geröll. Die Vagina hätte sich wegen Sand und dergleichen entsprechend zurückgezogen, das Hymen wäre für das Kind ein Schutz gegen eindringenden Sand. Durch all dies sei es dann nötig geworden, daß der männliche Penis besonders lang wurde, um sein Ziel zu erreichen . . . Damit ging Elaine Morgan auf einen der publikumswirksamsten Punkte in der Schrift von Desmond Morris ebenfalls ein. Weiters: Die menschlichen Tränendrüsen wären Vorrichtungen zur Salzabscheidung. Der starke Aggressionstrieb des Menschen sei letztlich darauf zurückzuführen, daß der männliche Urmensch zum Sexualverkehr von vorne die menschliche Urfrau auf den Rücken legen mußte, was ihrem angeborenen Verhaltensmuster widersprach und wogegen sie sich entsprechend wehrte. Auch das heute so vielbesprochene vielfache Ausbleiben des Orgasmus bei der Frau hätte darin seine Wurzel – schließlich aber auch die „Liebe", die sich eben als besondere Einrichtung entwickelt hätte, um die auf den Rücken gedrehte Urfrau – all dies geschah dann wohl doch an Land – zu beschwichtigen und trotzdem in Paarungsbereitschaft zu versetzen.

„Besonders schwach ist das Argument mit dem aufrechten Gang", sagte Eibl-Eibesfeldt, nachdem wir uns ein weiteres Getränk kommen ließen. „Viel besser wäre da noch das vierfüßige Schwimmen, wobei sich das Kind am Rücken festhalten kann. Oder es schwimmt daneben und hält sich an den Haaren fest. Aber beim aufrechten Gang schwabbern immer wieder Wellen über dich hinweg, und wenn du ins erste Loch hineinsteigst, bist du auch schon mit dem Kind ein Stück unter Wasser und kommst prustend heraus. – Laß ein ein- oder zweijähriges Kind im Seichten herumkrabbeln: auf einem Sandstrand bei ruhigem Meer geht das schon – aber an der Sandküste findest du wieder keine Nahrung. Und wie unangenehm es ist, durch ein seichtes Korallengebiet zu waten, wissen wir ja. Das Kind ist ja auch zu keinerlei Anpassung gelangt, um die Nase auch nur vorübergehend schließen zu können. Jedesmal würde es einen Schwall Salzwasser in die Nase bekommen.

Auf nicht weniger schwachen Beinen steht das Argument für den Haarverlust. Gerade im seichten Wasser mit den vielen Korallenspitzen und Seeigeln wäre ein kurzer Pelz, ähnlich wie bei den Robben, der beste Schutz gewesen. Auch gegen Sonnenbrand und ebenso auch gegen Kälte bei längerem Aufenthalt im Wasser. Nicht zu vergessen die Perioden auf den Uferfelsen am Land."

„Wie ist es mit dem 12-Millionen-*gap* zwischen dem Proconsul und dem Australopithecus?" fragte ich. „Ist es nicht wirklich auffallend, daß man für diese lange Periode noch keinerlei Fossilien gefunden hat?"

Eibl-Eibesfeldt zuckte die Achseln: „Diese *gaps* hat es immer gegeben, und sie werden immer kürzer. Bevor man um den Proconsul wußte, war der *gap* größer, und bevor man den Australopithecus hatte, war der *gap* noch größer. Das ist kein wirkliches Argument – aus dem einfachen Grund, weil man bei der Rekonstruktion von Fossilketten auf Zufallsfunde angewiesen ist. Und würde diese Theorie stimmen, dann hätte man sicher in den Riffen einzementierte Zähne gefunden. Zähne halten sich sehr gut, und Riffe sind für Deposite sehr geeignet. Die Anthropologen haben sich da schon überall umgesehen."

„Und der Gedanke, daß sich die weibliche Brust als Haltevorrichtung für das Kleinkind entwickelt hat . . ."

„ . . . ist genausowenig plausibel wie die Behauptung von Morris, daß eine Umprojizierung stattgefunden habe. Er hat das von Wickler übernommen, der es aber auch nur dort konstatierte, wo man eindeutige Evolutionsreihen feststellen kann."

Morris hatte behauptet, daß die Hinterbacken beim weiblichen Affen als Sexauslöser fehlten, als der Urmensch beim Geschlechtsverkehr auf die Gesicht-zu-Gesicht-Orientierung überging. Es wäre dann zu einer ähnlichen Ausbildung an der weiblichen Vorderseite, mit analoger Auslösewirkung, gekommen ... nämlich zur Ausbildung der ebenfalls rundlichen Kugeln der weiblichen Brust.

„Morris hat dies einfach gefallen – und er hat es auf den Menschen übertragen. *He is jumping to conclusions.* – Wenn die Ähnlichkeit größer wäre, würde ich vielleicht noch zustimmen. Aber denk bloß an ein junges Mädchen und wie dann die Brüste, wenn sie älter sind, herunterhängen. Da kann man wirklich von einer Ähnlichkeit nicht mehr sprechen. – Und bei der Erklärung von Elaine Morgan ist es nicht anders. Sie nimmt da eine Notwendigkeit an, die nicht gegeben ist. Es ist ja nicht so, daß die Affenmutter nur dasitzt und das Kleine mühsam sich am Fell hochkrallt und trinkt, sondern sie werden gestützt, umarmt und gehoben. Nur im Zoo gab es bei Orangs Schwierigkeiten, wenn die Mutter keine Erfahrungen hatte, weil sie als Jungtier in Gefangenschaft aufgewachsen war und so einfach nie gelernt hatte, wie man ein Kind hielt. Auch beim behaarten Affen muß die Mutter den Säugling stützen."

In seiner kurzen Abhandlung schrieb Alister Hardy: „Die graziöse Gestalt des Mannes – oder der Frau! – ist höchst auffallend, wenn man sie mit der plumpen Gestalt eines Affen vergleicht. Alle Rundungen des menschlichen Körpers haben die Schönheit eines wohlgestalteten Bootes. Der Mensch ist in der Tat stromlinienförmig ...‟

Elaine Morgan ging so weit, auch den Ursprung der menschlichen Sprache auf das Wasserleben zurückzuführen. In der Savanne wäre es zur Entwicklung einer Zeichensprache durch Gesten gekommen – im Wasser dagegen sei das nicht möglich gewesen. Hier konnte die Verständigung nur über Rufe mit dem ober der Wasserfläche befindlichen Kopf erfolgen – und so sei es zur Lautsprache gekommen.

Unter den Tauchern, die tropische Küsten kennen, dürften wohl nur wenige der Theorie von Alister Hardy und der so redegewandten englischen Hausfrau zustimmen. Selbst die Behauptung, die Biologen hätten die Evolution des Menschen allzusehr aus der männlichen Perspektive gesehen, trifft nicht zu. Die Evolution „setzt überall an", wo sich für die Lebensentfaltung Vorteile ergeben, wird überall gebremst, wo Nachteile auftreten. Im Zentrum des Prozesses steht immer der Energie- und Stofferwerb, dazu kommt, nicht minder wichtig, das Problem, die jeweilige Lebensstruktur zu vergrößern oder zu vervielfältigen. Da beim Menschen das Kind so lange hilflos ist und Fürsorge benötigt, ist das Zusammenspiel der Aktionen der Eltern bzw. des Rudels von großer Wichtigkeit. Hätten unsere Vorfahren mehr als 10 Millionen Jahre im Meer gelebt, dann hätten sich bestimmt Anpassungen ergeben, die uns heute als Taucher zugute kämen.

Auch die instinktive Angst vor dem Wasser wäre kaum so stark ausgebildet – und damit auch nicht unsere so starke Gefährdung durch unkontrollierbare Panik.

Daß es durch brusttiefes Waten im Wasser zur Aufrechthaltung kam, ist äußerst unwahrscheinlich, ja mit praktischer Erfahrung kaum vereinbar. Denn jeder Taucher weiß, wie groß der Wasserwiderstand ist, wenn man sich auf diese Weise fortbewegen will. Ganz automatisch nimmt man im seichteren Wasser die Schwimm- oder Krabbelstellung ein – und sobald das Wasser etwas tiefer wird, geht man erst recht nicht aufrecht, sondern schwimmt an der Oberfläche, und will man zum Boden, dann taucht man.

Mensch und Hai

Bei den Prince-of-Wales-Inseln in der Torresstraße, südlich von Neuguinea, sprang ein Perlentaucher von einem Kutter aus ins Meer. Ob er das in Verfolgung seiner Berufstätigkeit tat oder um sich abzukühlen, ist nicht bekannt – jedenfalls führte dieser Sprung zu einer recht ungewöhnlichen Situation. Treacle, so hieß der Mann, landete mit seinem Kopf in dem geöffneten Rachen eines Hammerhaies, der vielleicht schon manches, das von Schiffen über Bord geworfen wurde, verschlungen hatte. Den Kopf von Treacle konnte er jedoch nicht abbeißen. Dieser wieder war geistesgegenwärtig genug, nach den Augen des Tieres zu tasten – die beim Hammerhai an den Außenenden des hammerartigen Kopfes liegen. Er fand eines davon und drückte es ein. Draufhin spuckte der Hai seinen Kopf wieder aus. Treacle gelangte zu seinem Schiff zurück, er überlebte den Unfall – und läßt sich seither auf Jahrmärkten für Geld sehen. Die scharfen Zahnreihen des Haies hinterließen auf beiden Seiten des Halses und des Kinns höchst eindrucksvolle Spuren.

Andern erging es schlechter. An den Küsten Australiens und Südafrikas kam es zu zahlreichen Unglücksfällen mit tödlichem Ausgang. Und auch überall sonst gelten die Haie als „mordlustige Bestien" ... Um so mehr ist jeder Schwimmtaucher erstaunt, der die Unterwasserwelt selbst kennenlernt und an den besonders berüchtigten tropischen Küsten taucht. Falls er überhaupt Haie zu Gesicht bekommt, lernt er sie als eher scheue und durchaus nicht angriffslustige Tiere kennen. Graziös und elegant tauchen sie auf – eine Augenweide, die meist schnell wieder verschwunden ist. Die immer wiederkehrende ängstliche Frage „Glauben Sie nicht, daß es hier am Ende Haie gibt?" impliziert einen Tatbestand, der praktisch nicht gegeben ist. Jede solche Frage setzt nämlich gleichsam als selbstverständlich voraus, daß schon die Nähe eines Haies eine Gefahr darstellt – oder, krasser ausgedrückt, daß für Haie der Mensch ein Leckerbissen ist, auf den sie sehnlichst warten und auf den sie sich sofort stürzen, falls er ihnen vor Augen kommt.

Nichts ist irriger als dies. Als ich 1939 mit Jörg Böhler und Alfred von Wurzian im Karibischen Meer tauchte, hielt man uns damals für Selbstmörder. Wir waren die ersten, die an diesen „haiverseuchten Küsten" tauchten, und lernten die „Tiger des Meeres" recht genau kennen. Fast täglich sahen wir große und kleine Exemplare, insgesamt hatten wir sicher nicht weniger als 500 Begegnungen. Besonders frühmorgens oder in den späteren Nachmittagsstunden kamen sie aus dem offenen Meer in unser Gesichtsfeld, umkreisten uns, hielten sich aber meist in respektvoller Entfernung. Tatsache ist: sie verhalten sich dem Menschen gegenüber fast durchwegs scheu. An sie näher heranzukommen, um sie zu fotografieren, ist gar nicht einfach. Die gleiche Erfahrung machte ich dann auch auf weiteren Expeditionen ins Rote Meer, zum Großen Barriereriff von Australien, in den Indischen Ozean, in den Pazifik. An jedem dieser Plätze erzählten die Eingeborenen die gleichen blutrünstigen Geschichten, aber nur in ganz seltenen Fällen kamen Haie nahe an uns heran. Unprovozierte Angriffe habe ich im Lauf von 20 Jahren – obwohl ich solche geradezu herausforderte – fast überhaupt nicht erlebt. Und die unzähligen Taucher, die seither unserem Beispiel folgen, haben die gleiche Erfahrung gemacht. Das Problem für den Fischmenschen lautet nicht: Wie kann ich Haie von mir abhalten? Es lautet vielmehr: Wo kann ich überhaupt Haie finden? Wie komme ich allenfalls an sie heran?

Victor Coppleson, ein australischer Arzt, der in seinem Buch „Shark Attack" einen recht umfassenden Überblick über die bisher erfolgten Haiangriffe gibt, schreibt: „Im Hinblick auf die immense Zahl von Menschen, die heute in allen Teilen der Welt aus verschiedensten Motiven ins Wasser gehen, ist die Anzahl von nachgewiesenen Angriffen und Todesfällen so gering, daß man sie beinahe als Zufall bezeichnen kann." In British Columbia gab das Safety Council den dort tätigen 10.000 Sporttauchern den Rat, gelbe oder rote Gummianzüge zu tragen – denn es hatte sich gezeigt, daß die Gefahr, von Haien angefallen zu werden, weit geringer war als die, daß Unterwasserjäger einander gegenseitig harpunierten. Taucher mit grauem Schwimmanzug wurden in dem oft trüben Wasser von Kollegen für Robben, solche mit Aqualunge für Walbabys gehalten. Wer die Wahrheit kennen will, braucht bloß einen Blick in die Fachzeitschriften für Unterwassersport zu werfen. Ich wähle hier zwei ganz beliebige Beispiele. So schreibt etwa ein deutscher Taucher im Juni 1972 im „Delphin" über seine Erfahrungen im Karibischen Meer: „Zu der auch in Florida oft beschworenen Haifischgefahr möchte ich bemerken, daß ich bei fünfwöchigem Aufenthalt keinen einzigen Hai erblickte, geschweige denn habe fotografieren können." Und zwei Seiten weiter erzählt ein erfahrener Tauchlehrer über seinen Aufenthalt an der Küste von Sinai: „Vor einigen Monaten war eine große italienische Tauchgruppe hier. Die Taucher führten Dynamit und Kannen voller Blut und Innereien mit sich, um die Tiere damit anzulocken, sollen aber trotzdem während ihres dreiwöchigen Aufenthaltes keinen einzigen Hai zu Gesicht bekommen haben."

Wie also kommt es, daß alle diese Erfahrungen so wenig ins Allgemeinbewußtsein eingedrungen sind? Nach meiner Ansicht liegt das an der menschlichen Eigenart, sich nicht nur am Schönen, sondern auch am Schrecklichen zu erfreuen. Zeitungsberichte, Romane, Filme, in denen blutrünstige Haiattacken vorkommen, sind beliebt, bringen Geld. Bei Unterwasserfilmen ist das Publikum – und damit auch der Filmverleiher – geradezu enttäuscht, wenn nicht irgendwann, von drohender Musik untermalt, das Schreckgespenst Hai auftaucht. Bei einem meiner eigenen Filme, mit dem ich die erste „Xarifa"-Expedition finanzierte, wurde dies geradezu zur Voraussetzung gemacht. Jeder Taucher, der von Haiangriffen zu berichten weiß, findet einen willigen Zuhörerkreis, in dem er ganz automatisch zum Helden wird. John D. Craig, ein amerikanischer Taucher, der berufsmäßig Filme produzierte, erklärte: „Jeder Hai greift den Menschen an, wenn er hungrig oder ärgerlich oder beides zugleich ist." Das ist einfach falsch. Cousteau wurde bei seinem ersten Tropenbesuch bei den Cap Verdeschen Inseln im offenen Meer von Haien behelligt, was ihm offenbar einen Schock hinterließ. In einem Buch erklärte er dann, je besser man mit Haien bekannt würde, um so weniger wüßte man von ihnen. Man können nie vorhersagen, was ein Hai im nächsten Augenblick tun werde. Auch diese Mär wurde von vielen übernommen, ja sie wird heute nicht selten zur Quintessenz der Erfahrungen eines Experten gemacht.

In einem amerikanischen Film wurde einmal der Held, es war Gary Cooper, von zwei alten Jungfern vor Gericht beschuldigt, daß er „pixilated" sei und deshalb für unmündig erklärt werden müsse. Die beiden Damen meinten damit, in seinem Kopf liefen nicht alle Räder richtig – doch der Verteidiger kam auf die Idee, sie zu fragen, ob sie denn sonst noch jemanden als „pixilated" ansähen. Sie erklärten sofort: „Natürlich: alle. – Mit Ausnahme von uns beiden." – „Also auch den Herrn Richter?" – „Ja, auch er ist pixilated." Daraufhin wurde der Mann freigesprochen. Mit der „Unberechenbarkeit" der Haie ist es nicht anders. Natürlich gibt es Überraschungen – aber sie sind äußerst selten und bestimmt kein Charakteristikum dieser Tiere. Auf Cousteaus wirkungsvollen Orakelspruch möchte ich darum antworten: „Je gründlicher man Haie untersucht, um so besser kennt man sie."

Das Verhalten der Haie – wie aller übrigen Tiere – wird durch Triebe gelenkt, die durch optische, akustische, geruchliche oder sonstige Schlüsselreize ausgelöst werden. Konrad Lorenz spricht von einem „Parlament der Triebe", in dem, je nach augenblicklicher „Gestimmtheit", einmal der eine und dann wieder der andere das Verhalten lenkt. Das bedeutet praktisch, daß die Tiere einmal auf diesen, dann wieder auf jenen Schlüsselreiz stärker ansprechen bzw. aktiv nach ihm suchen. Ein hungriges Tier spricht in erster Linie auf jene Schlüsselreize an, die ihm Beute erkenntlich machen, ein sexuell gestimmtes in erster Linie auf solche des Geschlechtspartners. Bei den Haien sind es vier Gruppen von Schlüsselreizen, die sie zu ihrer Beute hinführen.

Erschütterungen des Wassers, also Druckschwingungen, nehmen sie auf große Entfernung wahr. Das kann man beobachten, wenn man in der Nähe von

Riffabstürzen den Anker wirft oder ins Wasser springt. Oft dauert es nicht länger als einige Sekunden, und Haie sind im Sichtfeld. Sie halten sich jedoch meist in beträchtlicher Entfernung, ziehen einen oder zwei Kreise, sind dann aber – wenn kein weiterer Reiz hinzutritt, in der Regel gleich wieder verschwunden. Wie ich in meinen ersten Berichten schrieb, benehmen sie sich wie „Polizisten, die nachsehen, was los ist". Handelt es sich um eine Dynamitexplosion, bei der Fische gelähmt und getötet werden, dann tritt ein visueller Reiz hinzu, und wenn sich das öfters wiederholt, schnappen sie nach den Fischen und assoziieren diese mit der Detonation. Als wir 1942 in Griechenland an Plätzen, wo häufig mit Dynamit gefischt wurde, gleich nach den Explosionen ins Wasser sprangen, waren wir erstaunt, wie schnell Haie zur Stelle waren. Normalerweise bekommt man als Taucher dort nie Haie zu Gesicht, an diesen Plätzen aber sahen wir, daß es bis über vier Meter lange Exemplare in diesen Gewässern gab.

Besonders empfindlich reagieren Haie auf jene Wasserschwingungen, die ein verletzter oder sonst in Not befindlicher Fisch durch sein Gezappel verursacht. Dieser Schlüsselreiz hat zur Folge, daß Haie nicht selten in direktem Ansturm bis dicht an das zappelnde Tier heranschwimmen. Wie jedem Angler bekannt ist, muß man in den Tropen einen gefangenen Fisch schnell einbringen, sonst zieht man oft nur noch den Kopf aus dem Wasser. Den Rest haben schnell heranschießende Haie weggeschnappt. Für Unterwasserjäger bedeutet das – wie wir erstmals 1939 erlebten – eine ernst zu nehmende Gefahr, und so kam es auch bereits zu Unfällen. Zielpunkt solcher Angriffe ist wohl der Fisch, doch hält der Unterwasserjäger ihn in der Hand, dann kann natürlich auch er selbst gebissen werden.

Ehe Jack McKenney Schriftleiter des „Skin Diver" wurde, lebte er drei Jahre als Tauchlehrer in Freeport auf Grand Bahama bei Florida. In dieser ganzen Zeit, so erzählte er mir, sah er nur etwa 15 Haie. In der allerletzten Woche ging er dann mit einem Freund auf Fischjagd. Es war Nachmittag, nach 3 Uhr, und sie harpunierten mehrere Fische. Plötzlich tauchte ein Grauhai auf. Jack: „Ich hatte die Kamera mit und dachte mir: Fein, jetzt bekomme ich endlich ein gutes Bild!" Aber der Hai schwamm wieder weg. Jack harpunierte nun einen weiteren Fisch – da kam der Hai zurück und schnappte nach diesem. „Ich konnte seine Zähne an dem Eisen knirschen hören und dachte mir: O weh! Er kam dann direkt zu mir herauf, ich hatte nur die Harpune – die stieß ich ihm gegen den Kopf. Er schwamm weg und kam wieder zurück. Beim dritten Mal verfehlte ich ihn, und er packte die Harpune nur eben so weit von meiner Hand –" Jack zeigte es, es waren etwa zwanzig Zentimeter. „Ich bekam fast einen Herzschlag!" Der Freund ließ inzwischen das Netz mit den Fischen fallen. Zwei weitere Grauhaie tauchten auf. „Der, der meine Harpune im Maul hatte, dachte sich wahrscheinlich, ich schmecke nicht gut. Er schwamm hinunter und kümmerte sich nur noch um das Netz mit den Fischen. Inzwischen schwammen wir an Land."

Das Harpunieren von größeren Fischen in Gebieten, wo Haie vorkommen, ist somit nicht ungefährlich. Sogar im Mittelmeer gab es schon Angriffe, deren einer besonders tragisch endete. Der italienische Tauchpionier und hervorragende Unterwasserfotograf Maurizio Sarra harpunierte am 2. September 1962 bei Terracina an der italienischen Küste mehrere große Zackenbarsche und wurde dabei von einem Hai tödlich verletzt. Ein anderer Fall:

Im Sommer 1964 tauchten Al Giddings und French Le Roy, zwei hervorragende amerikanische Taucher, bei den Forlon-Inseln nördlich von San Franzisko. Sie waren die Leiter einer Gruppe von Sporttauchern, und man ging in mehreren Gruppen unter Wasser. Zahlreiche Fische wurden harpuniert. Plötzlich hörte Al Giddings, der sich gerade vom Boot die Kamera holte, schrille Schreie und sah jemanden an der Oberfläche herumschlagen. So schnell er konnte, schwamm er in die betreffende Richtung – und sah zu seiner Verblüffung, daß es nicht einer der Schüler, sondern sein Partner Le Roy war. Ein Hai hatte ihn verletzt. Das Meer war glatt, und gerade als er zu Le Roy hinkam, tauchte eine riesige Schwanzflosse direkt hinter diesem auf. Al Giddings: „Wie mir Le Roy später sagte, war das für ihn der schrecklichste Augenblick. Denn in meinen Augen konnte er sehen, was ich sah." Der große Hai packte Le Roy noch einmal am Bein und zog ihn unter Wasser. Als Le Roy wieder hochkam, faßte Al Giddings seinen Kameraden hinten an den Tauchflaschen, denn Le Roy schlug jetzt wie von Sinnen wild um sich. Er hatte die Ruhe, auch seinen Bleigürtel zu lösen, und schleppte Le Roy zum Boot zurück. Jeden Augenblick erwartete er einen neuen Angriff – aber es erfolgte keiner. Le Roy wurde auf das Deck hochgezogen: an seinem Oberschenkel fehlte ein ziemliches Stück. Ein Tourniquet wurde angebracht und über Funk ein Helikopter herbeigerufen. Den Hai selbst hat niemand gesehen, denn Le Roy war bereits an der Oberfläche, als er unverhofft von hinten angegriffen wurde, und Al Giddings verlor, als er zu Hilfe eilte, seine Tauchmaske. Auch hier hatten ohne Zweifel die harpunierten Fische den großen Hai herangelockt, und durch den Blutgeruch war dieser in Angriffsstimmung versetzt worden.

Blutgeruch ist der zweite Schlüsselreiz, der bei Haien Beutefangverhalten auslöst. Gemeinsam mit Eibl-Eibesfeldt habe ich diesen Vorgang 1957 bei den Malediven eingehend studiert. Bei einem steilen Abhang, wo wir wußten, daß es Haie gab, schlachteten wir Fische und versteckten sie zwischen den Korallen. Es dauerte etwa fünf Minuten, ehe sich der Blutgeruch so weit ausgebreitet hatte, daß er Haie, die außerhalb unserer Sichtweite waren, aus dem offenen Meer heranlockte. Sie verhielten sich sichtlich erregt, bewegten sich entsprechend schnell und suchten, die Schnauze dicht über den Korallen, nach der Quelle des Blutes. Sehr zielstrebig fanden sie meist das Versteck. Wie starr der Hai durch diesen geruchlichen Schlüsselreiz fixiert ist, zeigten Fälle, bei denen Badende gebissen wurden und mutige Helfer den jeweils Verletzten aus dem Wasser holten. Fast nie wurden solche Helfer dabei verletzt. Der angreifende Hai biß – wenn überhaupt – nur immer wieder die schon verletzte Person. Auch bei unseren Experimenten machten wir eine ganz analoge Erfahrung. Wir waren zunächst vorsichtig, doch bald sahen wir, daß die meist nur zwei oder drei Meter von uns entfernt in den Korallen versteckten blutenden Fische uns gleichsam schützten. Bis zu zehn Haie waren schließlich zur Stelle, rauften sich um die Beute – und kümmerten sich überhaupt nicht um uns. Die Ruhe, mit der ich das damals filmte, ist der beste Beweis dafür, wie sicher wir uns fühlten. Eibl-Eibesfeldt erklärte zwar, daß die Haie sich ihm gegenüber angriffsbereiter zeigten – aber das mag damit zusammenhängen, daß er es war, der die Fische harpunierte und vom Speer losmachte, und somit also Blutgeruch an seinen Händen war.

Für Schiffbrüchige sind diese Beobachtungen von Bedeutung. In Gebieten, wo es Haie gibt, sind verletzte, blutende Personen zweifellos in Gefahr, angegriffen zu werden, besonders in tropischen Gewässern. Nichtverletzte, die sich in der Nähe befinden, brauchen jedoch nicht zu verzweifeln. Erfolgen in ihrer Nähe Angriffe, dann bedeutet das durchaus nicht, daß sie unbedingt als nächste darankommen.

In diesem Zusammenhang ist der Bericht des Fliegerleutnants A. A. Reading, der nach einem Absturz östlich der Wallis-Insel im Zentralpazifik 16 Stunden lang im offenen Meer trieb, aufschlußreich. Er war beim Aufschlagen des Flugzeuges bewußtlos geworden, doch hatte ihn sein Funker, E. H. Almond, aus dem Flugzeug gerettet. Das Rettungsboot hatte er allerdings nicht bergen können; die beiden banden sich mit einer Schnur aneinander. Almond hatte nur kurze Hosen an. „Bereits nach etwa einer halben Stunde" – so berichtete Reading – „schwammen Haie um uns herum. Eine Stunde lang geschah jedoch nichts. Plötzlich sagte Almond, er hätte gespürt, wie etwas gegen sein rechtes Bein gestoßen sei, und es würde schmerzen. Ich sagte ihm, er solle auf meinen Rücken klettern und das Bein aus dem Wasser halten, doch bevor er es tun konnte, hatten die Haie ihn wieder angegriffen. Wir wurden beide für eine Sekunde unter Wasser gedrückt." Fünf Haie umgaben jetzt die beiden, und das Wasser war vom Blut gerötet. Reading: „Er zeigte mir sein Bein, die Bisse bedeckten nicht nur seinen rechten Fuß, sondern auch die linke Hüfte war arg zugerichtet. Er fühlte aber keinen sonderlichen Schmerz, nur ich spürte, wie sein Körper jedesmal, wenn ihn die Haie trafen, zusammenzuckte. Ich packte schließlich mein Fernglas und hieb damit nach den vorbeischwimmenden Tieren. Innerhalb von Sekunden griffen sie neuerlich an. Wir wurden abermals untergetaucht, und diesmal wurde ich von Almond getrennt." Reading bekam von einem der Haie einen Schlag über die rechte Wange, aber mehr passierte ihm nicht. Er sah noch, wie sein Gefährte von den Haien herumgestoßen wurde; der Kopf befand sich bereits unter Wasser. Dann trieb der Körper ab, Haie umkreisten ihn. „Hin und wieder fühlte ich einen an meinen Füßen . . ." So trieb Reading mehrere Stunden bis Mitternacht und wurde dann von einem Patrouillenboot aufgefischt – unverletzt. Andere Berichte von Schiffbrüchigen und abgeschossenen Fliegern lauten recht ähnlich. Wenn man bedenkt, daß Haie Raubtiere sind und über ein wirklich mörderisches Gebiß verfügen, darf man wohl eher erstaunt sein, wie zögernd sie von ihren Waffen Gebrauch machen. Im Fall von Reading und Almond dürfte von Einfluß gewesen sein, daß Almond kurze Hosen trug. Er wurde angegriffen, Reading dagegen nicht. Für die so dicht heranschwimmenden Haie fehlte offenbar der den Angriff auslösende Hautgeruch.

Weitere Schlüsselreize für Angriffshandlungen dürften auch im Bereich der optischen Wahrnehmung liegen. Die Behauptung, daß Haie schlecht sähen, hat sich bei genaueren Untersuchungen als irrig erwiesen, und ebenso ist man heute nicht mehr der Ansicht, daß diese Tiere farbenblind sind. Neger, so wurde behauptet, sollen weniger häufig angegriffen werden als hellhäutige Menschen. Aber Experimente des amerikanischen Biologen Hobson im Eniwetok Atoll haben bei drei verschiedenen Haiarten das genau entgegengesetzte Ergebnis erbracht. Von einem Floß aus ließ er zwei gleichartige Köder ins Meer sinken, einer jedoch dunkel gefärbt – und zwar mit einem Färbemittel, auf das Haie, wie vorhergegangene Versuche ergeben hatten, nicht ansprachen. Bei 172 Versuchen wurde in insgesamt 72 Prozent der Fälle der dunkle Köder zuerst geschnappt, bei klarem sonnigem Himmel sogar in 82 Prozent der Fälle. Allerdings erklärte der auf dem Grund in einem Käfig befindliche Beobachter, daß unter den gegebenen Verhältnissen der schwarze Köder sich besser vom Hintergrund abhob. Die Haie kamen, der Strömung entgegengesetzt, immer aus einer ganz bestimmten Richtung aus dem tiefen Wasser. Jedenfalls zeigen diese Ergebnisse, daß optische Eindrücke ebenfalls eine Rolle spielen. Ist ein Hai durch Druckschwingungen oder Geruch bis auf Sichtweite an ein Objekt herangeführt, dann werden in seinem Beutefangverhalten auch solche Reize ausschlaggebend. Trifft dagegen ein Hai zufällig auf einen Taucher, ohne daß Blut oder Fischgezappel seine Angriffslust stimulieren, dann hält er sich in der Regel von ihm fern, beäugt ihn, zieht vielleicht einen Kreis und schwimmt dann weiter seines Weges.

Der letzte für Angriffsverhalten maßgebende Schlüsselreiz ist schließlich der Geschmack des attackierten Objektes. Hobson legte Fische vier Tage lang in Äthylalkohol und spülte sie dann drei Stunden in Seewasser ab. Dann bot er sie, wieder durch Absenken vom Floß, gleichzeitig mit normalen Fischen gleicher Größe den Haien an. In sämtlichen Fällen wurden beide Köder aufgeschnappt – und stets der dem Geschmack beraubte wieder ausgespuckt. Nachdem also Wasserschwingung, Geruch und optische Reize beim Hai Beutefangverhalten auslösen, entscheidet letztlich der Geschmack darüber, ob dann das Raubtier wirklich zubeißt und verschlingt. In älteren Berichten wurde behauptet, daß Haie alles verschlängen und man auch Bürsten und ähnliches im Magen von Haien gefunden hätte. Das mag wohl sein, wenn sie von Schiffen ins Meer geworfene Abfälle aufschnappen, die Regel ist das aber wohl nicht. Wenn Hobson aus Holz oder anderem Material gefertigte Fische den Haien anbot, betasteten sie diese bloß mit der Nase und wiesen sie dann zurück.

Wie soll sich nun ein Taucher nach all dem Gesagten verhalten, wenn ein Hai – was nur in seltenen Ausnahmsfällen vorkommt, falls nicht gerade gejagt wird – sich ihm nähert. Vielfach wurde empfohlen, sich dann ruhig zu verhalten: auch Perlentaucher tun das. Es ist hier nicht anders als bei den meisten Landraubtieren. Was sich nicht bewegt, erregt selbst bei auffallender Form oder Färbung kaum Interesse. Schon 1939, in Westindien, stellten wir fest, daß man näherkommende Haie in die Flucht jagen kann, indem man geradewegs auf sie losschwimmt. Diese Methode mag nicht nach jedermanns Geschmack sein, doch funktioniert sie ausgezeichnet. Auch sehr große, über vier Meter lange Haie habe ich auf diese Weise in die Flucht gejagt. Es handelt sich hier um die gleiche Reaktion, die auch Landraubtiere zeigen. Ein schnell und zielhaft herankommender Körper löst Fluchtverhalten aus – auch der Mensch verhält sich so.

Eine andere „Waffe", die wir in jener Zeit entdeckten, hat sogar in Witzblättern Eingang gefunden. Durch Zufall stellten wir fest, daß man Haie, die nach dem Harpunieren eines Fisches in hoher Geschwindigkeit heranstürmten, durch einen ins Wasser ausgestoßenen Schrei abschrecken konnte. Als ich später den Tod des australischen Premierministers Harald Holt, der 1967 bei Melbourne im Meer verschwand, untersuchte, fand ich in seinem Haus eine gerahmte Karikatur, die ihn unter Wasser schwimmend zeigte, wie er einen Hai anschrie, der die Aufschrift „Steuerzahler" trug. Darunter stand: „Aber diesen kannst du durch Schreie nicht verjagen!" Im Roten Meer, im Indischen Ozean und im Pazifik haben wir dann auch bei den dortigen Riffhaien diese Wirkung beobachtet, und auch viele bekannte Taucher haben unsere Erfahrung bestätigt – etwa Jim Oetzel, Ron Clark, Rodney Jonklaas, R. H. Burton und andere. Wally Gibbins, einer der ältesten und verwegensten Tauchpioniere Australiens, spezialisierte sich auf das Harpunieren von Haien, wobei er den Harpunenkopf durch ein längeres Seil mit einem an der Oberfläche schwimmenden Autoreifen verband. Den zog der harpunierte Hai hinter sich nach, ermüdete sich so selbst, während die Taucher ihm folgten. Daß Gibbins und seine Begleiter dabei nicht selten angegriffen wurden, liegt auf der Hand. Gibbins schrieb: „An der Art, wie sich ein Hai verhält, kann man deutlich sehen, wann es ernst wird. Nach meiner Erfahrung ist es dann das beste, in Stellung zu gehen, abzuwarten, bis der Hai etwa eindreiviertel Meter weit entfernt ist, und dann plötzlich Arme und Beine auszustrecken und zu schreien. Je näher der Hai ist, um so wirkungsvoller der Schrei." Dies deckt sich genau mit unserer Erfahrung. Wenn dagegen jemand versucht, einen in zehn Meter Entfernung vorbeischwimmenden Hai durch einen Schrei zu erschrecken, dürfte das kaum gelingen.

Allerdings stellten wir schon 1942 fest, daß es da Ausnahmen gibt. Die in Griechenland nach Dynamitexplosionen heraneilenden Haie reagierten auf Schreie überhaupt nicht. Das hing jedenfalls damit zusammen, daß diese Tiere an weit stärkere Geräusche gewohnt waren. Ebensowenig ist zu erwarten, daß Haie, die sich in der Nähe von öffentlichen Bädern aufhalten, wo häufig ins Wasser geschrien wird, oder die hinter Schiffen nachschwimmen, an deren Schraubengeräusche sie sich gewöhnen, auf Schreie reagieren. Bei Verwendung von Tauchgeräten hindert das Mundstück am Schreien und dämpft den Laut. Bei den Kreislaufgeräten, die keine Geräusche verursachen, fällt das weniger ins Gewicht als bei den Preßluftgeräten, bei denen regelmäßig Luftblasen ins Wasser austreten. Auch diese Blasen, die gemeinsam mit dem Schrei plötzlich in Erscheinung treten (beim Tragen eines Mundstücks treten sie bei den Mundwinkeln aus), mögen an der abschreckenden Wirkung beteiligt sein. In den älteren Tauchberichten wird öfters erwähnt, daß Haie über Luftblasen erschraken.

1953 stellten wir bei den Azoren fest, daß die im offenen Meer lebenden Hochsee-Weißflossenhaie generell nicht auf Schreie reagierten. Dasselbe beobachtete ich bei dem seltenen Weißen Hai und auch bei Tigerhaien. Philippe Cousteau schrieb in einem gemeinsam mit seinem Vater verfaßten Buch über Haie, daß der Rat, Haie durch einen Schrei abzuschrecken, „kriminell" wäre. Dazu kann ich nur sagen, daß außer uns sehr viele diese Wirkung beobachtet haben – allerdings mit den soeben erwähnten Einschränkungen.

Unerwartetes Verhalten gibt es bei Haien ebenso wie bei jedem anderen Tier. So haben wir in manchen Fällen erlebt, daß Haie – sogar ganz kleine – ohne ersichtlichen Grund plötzlich auf uns losschwammen. Bleibt man dann ruhig am Ort stehen – auch meine Frau hat diese Regel befolgt –, dann dreht der Hai ganz von selbst wieder ab. Es handelt sich hier ganz offensichtlich um keinen wirklichen Angriff – was also wollen sie? Meiner Ansicht nach geht es hier um das Territorium. Eindringlinge werden erschreckt, aus dem Erwerbsgebiet verjagt. Auch hierzu hat Hobson eine aufschlußreiche Erfahrung gemacht. In mehreren Fällen beobachtete er, daß Haie gegen Zackenbarsche und Schnapper, die ihnen Beute streitig machten – *aber auch gegen Taucher* – Abschreckungsbewegungen ausführten. Er nannte das „warning passes".

Eine völlig überraschende Reaktion beobachteten die beiden amerikanischen Taucher Ron Church und James Stewart bei La Jolla an der Küste von Südkalifornien. Die beiden schwammen in einem Riffkanal, als von der Küste her ein Hai direkt zwischen sie kam. Erst wandte sich das Tier gegen Ron, der es fotografierte, dann gegen Jimmy – erschrak erneut, schwamm ein Stück weg, drehte um, blickte zurück und sauste dann geradewegs auf Stewart los und biß ihn in den Arm. Dieser Hai war kaum mehr als zwei Meter lang.

Wie Untersuchungen bei Landtieren gezeigt haben, treten solche unerwarteten Reaktionen auf, wenn entweder ein Trieb nicht abreagiert werden kann oder wenn zwei Triebe einander gegenseitig blockieren und das Tier so in eine Konfliktsituation gerät. Es kommt dann zu „Übersprungshandlungen". Die Energie des gestörten Instinktverhaltens springt gleichsam in andere Bahnen über. Das Tier führt dann Handlungen aus, die aus der gegebenen Situation durchaus nicht motiviert sind.

Schon in meinen ersten Büchern wies ich darauf hin, daß Haie recht sensibel, ja beinahe nervös sind. Eugenie Clark, eine amerikanische Biologin, die zehn Jahre lang ein auf das Studium des Verhaltens von Haien ausgerichtetes Institut in Florida leitete, machte bei ihren Experimenten eine Beobachtung, die meine Ansicht recht anschaulich stützt. Bei Versuchen im Freiwassertank, die Intelligenz von Haien zu testen, dressierte sie ein weibliches und ein männliches Tier darauf, mit dem Kopf gegen ein jeweils herabgelassenes Brett zu stoßen, was über einen Mechanismus eine Glocke zum Läuten brachte. Die Haie bekamen beim Brett – und später an immer weiter entfernten Plätzen – ihr Futter. Die beiden – der eine zweieinhalb, der andere drei Meter lang – gewöhnten sich an diese Prozedur und ließen regelmäßig die Glocke erklingen. „Dann, eines Tages", schreibt Eugenie Clark, „traf ich, ohne es zu wollen, eine Entscheidung mit tragischer Konsequenz." Da es immer noch Streitfrage war, ob Haie farbenblind waren oder nicht, malte sie das weiße Brett gelb an. Als es hinabgelassen wurde, jagte der männliche Hai in gewohnter Weise auf das Ziel los, bremste jedoch in 60 Zentimeter Entfernung plötzlich durch Absenken der Brustflossen ab und sprang rücklings aus dem Wasser. Die übrigen im Aquarium befindlichen Haie schwammen daraufhin wie rasend kreuz und quer, stießen aneinander. „Der Hai erholte sich nie mehr von diesem Erlebnis. Er wies jede Nahrung zurück, in welcher Weise auch immer sie ihm geboten wurde. Er ging nicht einmal mehr in die Nähe des herabgelassenen Brettes und starb nach drei Monaten."

Eine weitere Beobachtung von Clark ist nicht minder aufschlußreich. Am 27. Juli 1958 biß unweit von ihrem Institut ein nur 1,80 Meter langer Hai einen achtjährigen Jungen, dem daraufhin ein Bein amputiert werden mußte. Wie sie feststellte, ereignete sich der Unfall bei besonders niederem Wasser, in einer Lagune, in der der Hai sich offenbar gefangen hatte. Als tiefe Ebbe eintrat, konnte er über die Sandbarre nicht mehr zurück ins Meer. Diese Konfliktsituation mag, so meint sie, der Anlaß gewesen sein, daß er, als er dann im trüben Wasser die hellen Beine des Jungen sah, dieses Objekt anschwamm und zubiß. Der Fall wäre somit der Attacke auf Jim Stewart – der seine glitzernde Maske für den auslösenden Faktor hielt – entfernt vergleichbar.

Eine Haiart, die man wohl mit Recht als „Mörderhai" bezeichnen kann, dürfte mit ziemlicher Sicherheit vom Menschen früher oder später ausgerottet werden. Es ist der Weiße Hai (Carcharodon). Auf Grund einer von den anderen Haiarten verschiedenen Verhaltensweise ist dieses Tier dem Menschen wirklich gefährlich – und darum voraussichtlich dem Untergang geweiht. Der Weiße Hai lebt im offenen Meer und kommt nur gelegentlich an die Küste. Wie selten diese Haiart in Erscheinung tritt, geht daraus hervor, daß Peter Gimbel, Ron Taylor und Stan Waterman, die einen Film über den Weißen Hai drehten, ein halbes Jahr lang zwischen Afrika und Australien kreuzten und zahllose Ködertiere schlachteten, ehe sie endlich ein Exemplar aus den Tiefen emporlocken konnten.

Ein durch einen Weißen Hai verursachter tödlicher Unfall ereignete sich am 14. Juni 1959 in der Nähe des Scripps-Instituts bei La Jolla. Das Opfer, Robert Pamperin, war ein 33jähriger Ingenieur, ein begeisterter Unterwasserjäger und Taucher. Gemeinsam mit einem weniger erfahrenen Kameraden tauchte er nach Abalone-Muscheln, die man mit einem flachen Eisenstab vom Grund losreißt. Man schiebt den Stab schnell unter die geöffnete Schale, ehe sich diese schließen und so am Felsen anhaften kann. Pamperin zog einen aufgeblasenen Autoreifen mit sich, an dem ein Sack hing, in den er die Muscheln hineingab. Er hatte eine rosa Badehose an, trug eine schwarze Gesichtsmaske und blaue Flossen. Die beiden starteten von einem Felskap und entfernten sich etwa 50 Meter von der Küste. Hier entschied sich der Partner, der weniger gut tauchte, im Seichteren zu arbeiten. Etwa 18 Meter von Pamperin entfernt, hörte er diesen plötzlich um Hilfe rufen. Schnell drehte er den Kopf und sah, wie Pamperin aufrecht aus dem Wasser geworfen wurde – die Gesichtsmaske hatte er bereits verloren. Dann verschwand der Körper unter Wasser. Schnell schwamm er in die Richtung, blickte abwärts – die Sichtweite betrug nur etwa sieben Meter. Zu seinem Entsetzen sah er einen riesigen Hai, den er auf über sechs Meter Länge schätzte. Das Tier hielt Pamperin mitten um den Bauch in seinem Maul, schüttelte ihn hin und her und schlug heftig mit der Schwanzflosse. Durch Schreie und Bewegungen versuchte er das Tier zu erschrecken: umsonst. Dann verlor er die beiden aus der Sicht und schwamm so schnell er konnte zum Ufer, wo er Alarm schlug. Conrad Limbaugh, Tauchleiter des Scripps-Instituts, war mit neun Freiwilligen schnell zur Stelle. Viereinhalb Stunden lang suchten sie mit Tauchgeräten die Umgebung ab – ohne Erfolg. Später entdeckte ein Helikopter eine an der Oberfläche schwimmende blaue Flosse. Und auch Pamperins Reifen mit zwei Abalones im Sack wurde im Meer treibend aufgefunden. Wie Conrad Limbaugh, der damals vielleicht erfahrenste Gerätetaucher der USA, feststellte, waren kurz vorher in der Gegend Fische harpuniert worden.

Am 14. Juni 1950 wurde ich selbst nahe der Landungsbrücke des Sanganebriffes im Roten Meer – elf Meilen nordöstlich von Port Sudan – von einem Weißen Hai attackiert. Dieses Exemplar war vier Meter lang und kam ruhig und maschinenhaft auf mich zu. Da ich einen anderen, kleineren Hai gefilmt hatte, sah ich das Tier erst, als er schon dicht neben mir war. Ich befand mich am Absturz einer senkrechten Riffwand, wo ich in etwa 15 Meter Tiefe auf einer vorspringenden Koralle hockte. Wir hatten, um Haie anzulocken, Fische zerstückelt und an der Riffkante ins Meer geworfen. Als ich das Tier bemerkte, war es bereits zu spät, um nach meinem Speer zu greifen, der, mit einer Schlinge an meiner Schulter befestigt, ober mir schwebte. Ich stieß einen Schrei aus, so fest ich konnte – doch dieser Hai reagierte nicht. Mir blieben also nur die Hände, um den großen Kopf von mir abzuwehren. Hervorzuheben ist, daß das Tier keinerlei Erregung zeigte. Der massige, hellgraue Koloß schwamm eher langsam und geradlinig die Wand entlang, direkt auf mich los – nicht anders, als wäre ich eben ein beliebiger Fleischbrocken, den er da aufschnappen wollte. Als die Nase dicht vor mir war, schlug ich mit der Faust hinter sein Maul in die Gegend der Kiemen. Er drehte ab, schlug einen Kreis. Die unerwartete, gegen ihn gerichtete Bewegung hatte diese Fluchtreaktion ausgelöst. Ruhig und geradlinig kam er dann wieder auf mich zu. Weder langsamer noch schneller. Inzwischen aber hatte ich Zeit gehabt, nach meinem Speer zu greifen: Ich stieß ihm die Spitze gegen den Kopf. Er drehte ab. Nun aber attackierte mich der andere Hai, den ich vorher gefilmt hatte und der bis dahin nur neugierig, aber durchaus nicht angriffslustig gewesen war. Er war etwa drei Meter lang und wollte nun auch ein Stück von mir haben – ein Beispiel für Stimmungsübertragung, für die mitreißende Wirkung einer Beutefanghandlung. Ich konnte mich unmöglich nach zwei Seiten verteidigen und jagte deshalb, so schnell mich meine Flossen trugen, an der Wand hoch, wo drei Mitarbeiter, darunter Lotte, oben an der Kante schwebten und den ganzen Vorfall mit angesehen hatten. Meine Flucht hatte zur Folge, daß die beiden Haie mir ebenso schnell folgten. Wir hatten aber das Glück, daß gerade tiefe Ebbe war und über der Riffplatte das Wasser nur knappe 50 cm hoch stand. Alle vier flüchteten wir in diese seichte Zone – dorthin konnten uns die Tiere nicht folgen. Sie schwammen sichtlich erregt dicht vor der Kante auf und ab – dann beruhigten sie sich wieder und entschwanden aus unserer Sicht.

Beim Weißen Hai dürften die angeborenen Reaktionen anders ausgebildet sein als bei den übrigen. Das mag einerseits mit der Größe dieser Tiere zusammenhängen, andererseits aber auch mit ihrem Leben im offenen Meer. Für diese Art von Raubtier brauchen die auslösenden Schlüsselreize kaum differenziert zu sein, und Hemmechanismen zur vorsichtigen Annäherung an fremde Objekte sind bei ihnen überflüssig. Wie aus fossilen Zahnfunden bekannt ist, erreichten die heute wohl ausgestorbenen Vorfahren dieser Haigattung die unglaubliche Größe von über 25 Meter Länge. Nach Rekonstruktionen muß deren Maul so groß gewesen sein, daß ein Mensch aufrecht darin stehen konnte. Für einen so machtvollen Räuber ist praktisch jedes ihm in den Weiten der Ozeane begegnende Objekt eine potentielle Beute. Das wäre eine Erklärung dafür, warum dieses Tier – im Gegensatz zu den Küstenhaien – sich so maschinenhaft benimmt und auch das ihm fremde Wesen Mensch ohne weiteres anschwimmt und attackiert.

Weitere Haiarten, die in Australien und Südafrika nachweislich Unglücksfälle verursacht haben, sind der Tigerhai, der Mako-Hai, der Blaue Hai und der Hammerhai. Auch sie erreichen besondere Größe, auch sie sind nur selten in Küstennähe zu sehen. Im Vergleich zu der heute an Land gegebenen Quote für Verkehrsunfälle ist die durch diese Haie gegebene Gefahr jedoch sehr gering. Um stark besuchte Strände zu schützen, wurden in beiden Gebieten Beobachtungstürme errichtet; wird von dort ein größerer Hai gesichtet, dann ertönt eine warnende Glocke. Mit Haifischstöcken, die einen Explosivkopf tragen, haben Unterwasserjäger in den letzten zehn Jahren – besonders an den australischen Küsten – sehr viele Haie, darunter auch Exemplare von beachtlicher Größe, getötet. Sehr wirksam erwiesen sich auch grobmaschige Netze aus feinem Nylon, welche die Haie nicht bemerken und in denen sie mit dem Kopf steckenbleiben, sich verheddern und schließlich verenden. Vermutlich wurden auf diese Weise zu 90 Prozent harmlose Haie getötet. Immerhin: Während in Australien früher zwei Tote pro Jahr zu beklagen waren – in Anbetracht der Hunderttausenden von Schwimmern, Tauchern und Surfern ein äußerst geringer Prozentsatz –, sind die Haie dort nun über weite Strecken hin ausgerottet. Der Hai als Schreckgespenst, ein in Zeitungsberichten, Filmen und Abenteuerbüchern liebevoll gehütetes Requisit, wird jedoch nach wie vor publikumswirksam eingesetzt. Das mochte bisher angehen, doch heute, da Sporttaucher in so großer Zahl ins Meer vordringen, hat sich die Situation geändert. Was dem einen Geld einbringt, kann andere gefährden, ja ihnen sogar das Leben kosten.

Denn Panik ist, wie schon gesagt, die größte Gefahr für den Taucher, und diese Reaktion wird durch Angst vorbereitet. In diesem Sinne ist irreführende Information – um Philippe Cousteau noch eine weitere Antwort zu geben – nicht nur gefährlich, sondern wirklich „kriminell". In Filmen, die er und sein Vater produzierten, wurden rings um Käfige, in denen sich Taucher befanden, richtige Blutbäder inszeniert. In Großaufnahme wurde dann gezeigt, wie die so angelockten Haie – nicht anders zu erwarten – gierig angriffen. So wird das Image des Haies als „blutrünstiger Mörder" wachgehalten und damit nicht zuletzt den Publikumswünschen entsprochen. Die Gefahr solcher Darbietungen liegt darin, daß bei Haien – ebenso wie bei Landraubtieren – Angst und Flucht Interesse und Fangverhalten auslösen. Während nach heutiger Erfahrung Taucher kaum in Gefahr sind, selbst wenn einmal ein größerer Hai in ihr Sichtfeld kommt, kann panisches Verhalten diese Tiere geradezu anlocken, ja ihren Angriffsinstinkt wecken.

Aus diesem Grund ist es auch wichtig, Trickaufnahmen entgegenzutreten. So veröffentlichte „Life" am 10. Juni 1968 eine groß aufgemachte Reportage (Abb. 40–44), die höchst überzeugend zeigte, wie ein Taucher von einem Hai in die Brust gebissen wurde. In Deutschland wurde sie vom „Stern" übernommen, in England von „Weekend Mail". Diesem Bericht zufolge hatte sich der Unfall bei den Islas de Muheres an der Küste von Mexiko bei Filmaufnahmen zugetragen. Ich erhielt von dort Zuschriften, daß kein Wort davon wahr sei, und wie sich dann herausstellte, dienten diese Aufnahmen zur Reklame für einen Film. Ein toter Hai wurde in entsprechenden Stellungen an einem Taucher befestigt, gleichzeitig ließ man aus einem Beutel roten Farbstoff ausströmen. Dewey Bergmann, ein amerikanischer Taucher und Leiter einer Organisation für Tauchfahrten, verwendete ein Jahr dazu, diesen Fall aufzuklären – und schließlich mußte „Life" im „Skin Diver" den Schwindel zugeben. Der Redakteur schrieb: „Was wir für einen ungewöhnlichen Bildbericht hielten, hat sich als Fälschung herausgestellt . . ." Charakteristisch jedoch ist, daß „Life" in der eigenen Zeitschrift nie darauf hinwies, ebensowenig der „Stern" und „Weekend Mail". Der Film dagegen, bei dessen Dreharbeiten sich der Unfall ereignet haben sollte, brachte durch diese Publicity volle Kassen.

Auch in Peter Gimbels Film über den Weißen Hai wurden Taucher in Käfigen gezeigt, die von zahlreichen durch Blut angelockten Haien umgeben waren. Diesem Film ist jedoch hoch anzurechnen, daß anschließend auch gezeigt wurde, wie diese Taucher – Ron und Valerie Taylor, Stan Waterman und Gimbel selbst – die Käfige verließen und recht unbekümmert zwischen Dutzenden dieser erregten Haie umherschwammen, ihnen auf die Nase klopften und sie nicht weiter ernst nahmen. Bei den Fütterungsversuchen, die ich mit Eibl-Eibesfeldt ohne Käfige anstellte, haben wir die gleiche Erfahrung gemacht, nämlich, daß die Tiere ganz auf die Blutquelle konzentriert sind. Ich möchte damit nicht den außerordentlichen Mut der genannten Taucher einschränken – denn bei ihren Aufnahmen waren noch weit mehr Haie zugegen, außerdem filmten sie im offenen, abgrundtiefen Meer. Was indessen bei allen derartigen Filmen hervorgehoben werden muß, ist, daß es sich bei solchen Freßorgien um total untypische, künstlich geschaffene Situationen handelt, die keinesfalls über das Normalverhalten der Haie Auskunft geben.

Eine Waffe, die jeder Taucher mit sich tragen sollte, ist ein etwa 1,30 m langer Stock mit mäßig scharfer Spitze, den er mit einer Schlinge an der Schulter bfestigt. Tritt tatsächlich der ungewöhnliche Fall ein, daß ein Hai zudringlich wird, dann kann das Tier damit abgewehrt werden. Zusammenfassend aber kann ich nur wiederholen, daß der Sporttaucher, der an tropischen Küsten unter Wasser geht, sofern er nicht größere Fische harpuniert, kaum eine Belästigung durch Haie zu fürchten braucht. Weit eher wird der Fall eintreten, daß er enttäuscht ist, keinen Hai gesehen zu haben.

Forschung mit Flossen

An welchem Punkt man sich dem Geheimnis „Leben" nähert, ist beinahe gleichgültig. Hat man Interesse und Ausdauer genug, diesen Punkt genauer aufs Korn zu nehmen, dann führt das Schritt für Schritt immer tiefer in eine Problematik, die heute – durch die vielen Fachwissenschaften – auf hundert Schubladen verteilt ist, deren jede aber letzten Endes doch wieder das gleiche enthält.

Noch bis vor dreißig oder vierzig Jahren beschränkte sich das Wissen um das Leben im Meer in der Hauptsache auf das, was mit Netzen oder sonstigen Fanginstrumenten aus der Tiefe hochgebracht wurde. Wäre jedes Tier und jede Pflanze eine isolierte Einzelschöpfung – wie etwa Linné noch glaubte –, dann hätte man auch auf diese Art sowie durch Aquariumbeobachtungen erschöpfende Auskunft über das Leben im Meer bekommen. Ob man nun selbst hinunterstieg und das Tier dort unten fing oder ob man es durch ein Netz in die Hand bekam, war für diese Betrachtungsweise eher gleichgültig. Der Organismus blieb der gleiche, ob mit der Hand oder mit dem Netz heraufgeholt, und nun konnte man ja darangehen, ihn im Labor eingehend und genau zu studieren. Seitdem sich jedoch die Entwicklungslehre durchgesetzt hat, sehen die Dinge anders aus. Sind die Organismen nicht Einzelschöpfungen, sondern augenblickliche Entwicklungspunkte innerhalb einer stattfindenden Evolution, dann genügt es ganz und gar nicht, den jeweiligen Körper im Labor zu sezieren oder sein Verhalten in Gefangenschaft zu prüfen. Sind die „Arten" nichts Endgültiges und eindeutig Abtrennbares, dann läßt sich jede Form und jedes Verhalten nur durch Studium der jeweiligen Umwelt verstehen.

In diese Betrachtungsweise wurde ich bei meinem Universitätsstudium besonders durch das grandiose Werk „Tierbau und Tierleben" von Richard Hesse und Franz Doflein eingeführt. Hesse lernte ich noch persönlich in Berlin kennen. Er war ein gütiger alter Mann mit weißem Bart, genau wie man sich einen Naturforscher vorstellt. Meine Unterwasserbilder interessierten ihn sehr, und er nahm auch eines in die neue Auflage des genannten Werkes auf. Den unmittelbaren

Kontakt zu den Tieren hielt er für überaus wichtig. In seinem Schreibtisch lagen Stapel kleiner Kärtchen auf, in die er jede Information, die ihm zukam, notierte und das Kärtchen sogleich nach festgelegtem Schema an bestimmter Stelle seiner Kartothek einordnete. Mehr als ein Dutzend kleiner Zettelchen mit Angaben, die ich ihm machen konnte, wanderten in diese oder jene Abteilung dieser großen Kartothek. Später, auf der Insel Capri, lernte ich auch Uexküll kennen, der mich ebenfalls in meinem Vorhaben bestärkte: Nur durch unmittelbare Naturbeobachtung auf dem Meeresgrund konnten die dort relevanten Zusammenhänge erkannt werden, sonst kam es zu Fehlschlüssen, für die man selbst die Voraussetzungen schaffte.

Ich sah mich damals einer ganz unermeßlichen Vielheit gegenüber, mußte schließlich die Entscheidung treffen, wo ich mit meiner ersten Untersuchung ansetzen sollte. Der Zufall enthob mich dieser Entscheidung und führte mich in ein Gebiet – also in eine Schublade –, das zweifellos als das trockenste und uninteressanteste gilt: nämlich die Systematik.

In den unterseeischen Grotten, die wir 1942 in den nördlichen Sporaden erkundeten, stieß ich im bunten Bewuchs der düsteren Wände zwischen seltsam geformten Schwämmen, Korallen und sonstigen festsitzenden Organismen auch auf eine korallenähnliche Bildung, die mir als das Schönste und Zierlichste erschien, was ich je gesehen hatte. Es sah aus wie eine Rose aus feinstem Tüll. Dabei war die Struktur hart, offensichtlich aus Kalk, jedoch ziemlich fein und zerbrechlich. Da in diesen Grotten keine stärkeren Strömungen herrschten, konnten sich hier Gebilde von so erlesener Zartheit und Schönheit entfalten. Einige Wochen später, als wir in der Meerenge bei Trikeri tauchten, entdeckte ich dort ganz ähnliche Bildungen – inzwischen wußte ich auch, daß es sich um Bryozoen, deutsch „Moostierchen", handelte. Hier war die Wuchsform wesentlich derber und robuster. Die Blätter dieser Meeresrosen waren hier um vieles kleiner, solider und stärker gekraust. Die Maschen des Spitzengewebes, aus dem sie bestanden, waren kleiner. Unter der binokularen Prismenlupe konnte ich deutlich sehen, wieso es zu diesem Unterschied kam. Die Maschen wurden von nebeneinander wachsenden Polypen gebildet, genauer: von ihren Gehäusen, in die sie sich zurückziehen konnten. Aus Reihen solcher Gehäuse waren die einzelnen Maschen gefügt. Bei den in den Grotten gefundenen Exemplaren waren es Zweier- oder Dreierreihen, und die Öffnungen, die das Netzwerk bildeten, waren ziemlich groß. Hier dagegen waren die Öffnungen klein, und die Gehäuse saßen in Vierer- und Fünferreihen nebeneinander. Waren das nun verschiedene „Arten" oder gehörten sie, trotz des äußerlichen Unterschiedes, zu ein und derselben? Hier die starke Strömung – dort völlig stilles Wasser: führte das zur Bildung so verschieden aussehender Tierstöcke, oder handelte es sich um Organismen mit ungleichem Erbrezept, mit voneinander verschiedenen angeborenen Gesetzmäßigkeiten in der Architektur? – Damit war ich an einem jener unzähligen Punkte angelangt, von denen aus man einen Blick in

8 Unterwasserjagd auf Jacks 1939 an der Küste von Curaçao im Karibischen Meer. Damals war dieser Sport noch fair. Sich mit dem Handspeer bis auf Stichweite an Fische heranzupirschen und sie mit blitzschnellem Stoß zu durchbohren ist äußerst schwierig. Die seither entwickelten Unterwasserschleudern und Gewehre haben diese Jagd allzusehr vereinfacht. Viele prominente Taucher teilen heute unsere Ansicht, daß sämtliche mechanischen Unterwasser-Sportwaffen verboten werden sollten, da sonst Küsten und Riffe in Kürze „leergeschossen" würden.

9 *(links oben)* Die ersten Schwimmtauch-„Scuba"-Geräte setzten wir 1942 in der Ägäis ein. Es waren Kreislaufgeräte. Der erste Prototyp. Die 0,6 l Sauerstoffflasche genügte für eine Tauchdauer von einer Stunde. — 10 *(rechts oben)* Untersuchung mit dem Sauerstoffgerät („Gegenlunge") im Innenkrater von Santorin. — 11 *(links unten)* Besuch eines vor 60 Jahren gesunkenen Wracks im Roten Meer. — 12 *(rechts unten)* Unterwasser-Schallaufnahmen mit einem Hydrophon zur künstlichen Anlockung von Haien. — 13 *(oben)* Filmen eines Stachelrochens in 20 m Tiefe bei Skiatos im Sommer 1942.

14 Mit der modernen Elektrolunge sind Tauchtiefen bis zu 300 Metern und Tauchzeiten bis zu 6 Stunden möglich; sie ist eine Weiterentwicklung unserer Kreislaufgeräte. Der Atemsack befindet sich — wegen der Größe der Flaschen — vor der Brust. Der Taucher atmet ein Helium-Sauerstoff-Gemisch, dessen Zusammensetzung über Sensoren und Computer je nach Tauchtiefe automatisch geregelt wird.

das Geheimnis „Leben" tun konnte. Das Thema für meine Doktorarbeit stand damit fest – sie ist insofern von historischem Interesse, als sie die erste mit Hilfe eines autonomen Schwimmtauchgerätes ausgeführte wissenschaftliche Untersuchung war.

Ebenso wie Böhler und von Wurzian hatte ich das Glück, für mein Studium vom Militärdienst freigestellt zu sein, und auf mein Ansuchen hin wurde mir von der Kaiser-Wilhelm-Gesellschaft (später in Max-Planck-Gesellschaft umbenannt) ihr Arbeitsplatz an der Zoologischen Station in Neapel überlassen. Infolge der Kriegsumstände war ich der letzte noch dort tätige Gast und arbeitete teils im Labor, teils drüben auf Capri, wo ich in der berühmten Blauen Grotte auch wieder die gleichen Organismen fand. Ihr wissenschaftlicher Name war mir inzwischen bekannt: es waren „Reteporiden". Doch wehe dem Biologen, der glaubte, damit dem Wesentlichen nähergekommen zu sein! Denn Namen sind ja nichts anderes als Etiketten auf vom Menschen selbst geschaffenen „Schubladen".

Mit Vergrößerungsglas, Pinzette, einem feinen Skalpell und anderem wissenschaftlichen Werkzeug schwebte ich in das Dunkel der Blauen Grotte hinab und konnte nun sehr genau die Umweltbedingungen studieren, die bei dieser hochentwickelten Tiergruppe die Bildung ihrer Kalkgehäuse – ihrer „Zoarien" – beeinflußte. Drüben in Neapel, wo inzwischen schon heftig bombardiert wurde, untersuchte ich dann mittels Mikroskop, Feinschnitten usw. die Strukturbildungen bis in die feinsten Details. Ich war damals mit mir und diesem Problem völlig allein und überaus glücklich. Jeden Abend wanderte ich durch das nächtliche Neapel zur „Casa Dohrn", in der ich Gast war. Die Amerikaner waren inzwischen bereits südlich von Neapel gelandet, ich zögerte Tag um Tag, mich aus dieser Umgebung, und damit von mir selbst, zu lösen. Es gelang mir dann gerade noch, mit all meinen Sammlungen heil aus Neapel herauszukommen, ehe die amerikanischen Truppen dort einmarschierten. In Berlin erhielt ich im Jahr darauf für meine ziemlich umfangreiche Arbeit ein Summa cum laude – als ich mir jedoch das Diplom abholen sollte, war in der Nacht zuvor die Universität durch Bomben zerstört worden. Einem Panzerschrank, den Löschmannschaften aus dem Fenster geworfen hatten und der sich wie eine Bombe tief in den weichen Boden eines Grasbeets gebohrt hatte, entnahm dann, nach Freilegung der Tür mit einer Schaufel, der Dekan sowohl die Arbeit als auch mein Diplom. Soweit dies in der Kriegssituation überhaupt noch möglich war, erregte meine Arbeit insofern Interesse, als ich die Gesetzmäßigkeit des Wachstums dieser Tiergruppe auf mathematische Grundgesetze zurückführte. Bei Tieren und Pflanzen war das bisher kaum je gelungen. Im Labor allein wäre ich nie zu meinen Ergebnissen gekommen.

Damals teilte sich mein Leben. Einerseits nützte ich die mir zum Studium gewährte Frist nach besten Kräften, gleichzeitig aber setzte ich auch alles daran, Geld zu verdienen. Denn mir war inzwischen klargeworden, daß die neue Forschungsmethode des autonomen Schwimmtauchens unbedingt ein besonders eingerichtetes Schiff als Basis für die im Tauchen zu schulenden Wissenschaftler notwendig machte. Und ebenso, daß es, wie bei jeder neuen Idee und Methode, fünf oder zehn Jahre dauern würde, ehe sich der träge Apparat staatlicher Geldgebung dazu durchringen würde, ein solches Projekt zu ermöglichen. Durch meine Berichte in der „Berliner Illustrierten" war ich in aller Munde und hielt vor allem in Deutschland und Österreich, aber auch im neutral gebliebenen Ausland sehr viele Vorträge. Allein im Berliner Planetarium sprach ich vor stets ausverkauftem Haus nicht weniger als 200mal, jeweils am Nachmittag und am Abend, an Sonn- und Feiertagen zusätzlich sogar am Vormittag. Im Anschluß an diese so erfolgreiche Reihe mieteten wir die Deutschlandhalle für zwei aufeinanderfolgende Tage, und auch dieser größte Saal, der 20.000 Menschen faßte, war beide Male ausverkauft. Ich verdiente damals im Schnitt je Vortrag 600 bis 1000 Mark, manchmal auch wesentlich mehr. Außerdem verkaufte ich an das Publikum Unterwasserbilder, die ich signierte, das Stück zu 1 Mark, das Dutzend zu 10 Mark. Auch das ergab pro Vortrag zwischen 100 und 200 Mark. Dazu kamen die Einkünfte aus meinen ersten drei Büchern – der abendfüllende Film „Menschen unter Haien", den wir in Griechenland gedreht hatten, wurde zwar gerade noch fertig, kam jedoch erst nach dem Krieg in die Kinos. Jeder Pfennig, den ich so verdiente, kam auf ein steuerfreies Konto; das Geld durfte nur für Kauf und Ausrüstung eines Forschungsschiffes verwendet werden. Ich selbst entnahm daraus 300 Mark im Monat, wovon ich lebte.

Schon 1943 hatte ich es geschafft. Ich kaufte von Graf Felix von Luckner das berühmte Schiff „Seeteufel", auf dem dieser seine letzte Weltumseglung gemacht hatte. Dieser große Seeheld aus dem Ersten Weltkrieg, ein ungewöhnlicher Mensch und Charakter, wurde in dieser Zeit zu meinem väterlichen Freund. Wenn ich mich bei diesem Schiffskauf – und dann später auch beim nächsten – für einen Segler entschloß, dann war Luckners Einfluß dabei sicherlich maßgebend. Sein Sinn für Romantik fand bei mir nur allzu bereitwillige Aufnahme. Gemeinsam mit ihm rüstete ich das Schiff für den neuen Spezialzweck aus. Es bot sechs Wissenschaftlern Unterkunft und Arbeitsplätze und wurde mit allen für Tauchen und Unterwasserfotografie nötigen Geräten versehen. Anfang 1944 war es seeklar – was jetzt bloß noch fehlte, war der Friede. Über das Ziel der ersten Fahrt bestand bereits volle Klarheit, und auch in diesem Punkt hatte Luckner wesentlichen Einfluß gehabt. Sein Lieblingsplatz waren die Galapagos-Inseln – für mich als Biologen natürlich ebenfalls von höchstem Interesse. Denn gerade dort hatte Darwin – auf der Forschungsreise der „Beagle" – jene Eindrücke empfangen, die ihn schließlich zur Abstammungslehre führten. Da sich bei diesen genau am Äquator gelegenen einsamen Inseln das kalte Wasser des aus der Antarktis kommenden Humboldt-stromes mit warmen äquatorialen Strömungen vermengt, gibt es bei diesen Inseln polare und tropische Lebewesen dicht beieinander: Robben und Pinguine – aber auch Korallen. Da das im Humboldtstrom reichlich vorhandene Plankton den

Aufprall auf das warme Wasser nicht verträgt, gibt es dort einen unablässig in die Tiefe rieselnden Regen toter Organismen. Das Meer ist daher besonders fischreich.

Ich hatte meine Bedenken, was die Klarheit des Wassers betraf, und plante, auf dem Weg dorthin vorher ausgiebig im Karibischen Meer zu arbeiten. Möglichst wieder bei Curaçao und Bonaire – außerdem wollten wir im Atlantik auch noch bei den Azoren Station machen, um dort unter Wasser an Pottwale, die größten Raubtiere der Welt, heranzukommen. Daß Luckner Kapitän dieser Fahrt sein würde, stand fest. Auch die Auswahl der Mannschaft würde selbstredend er übernehmen.

Es kam anders. Bei Kriegsende wurde der „Seeteufel" von den russischen Truppen beschlagnahmt und von Stettin, wo das Schiff lag, nach Stralsund abtransportiert. Dort endeten alle Spuren. Da ich Österreicher und das Schiff somit gemäß Nachkriegsrecht nicht deutsches Eigentum war, wollte ich meine Ansprüche geltend machen – doch hatte dies so lange keinen Sinn, als wir nicht feststellen konnten, wo sich das Schiff tatsächlich befand. Ein Heimkehrer wollte es an der polnischen Küste gesehen haben; aus anderer Quelle erfuhren wir, daß es in der Deutschen Demokratischen Republik einer Jugendorganisation als Schulschiff diene. Aber alle diese Nachrichten führten ins Leere. Gleich dem Fliegenden Holländer löste sich das erste für Unterwasserforschung mit autonomem Tauchgerät ausgerüstete Schiff in nichts auf und ward nie mehr gesehen. Der Großteil der Ausrüstung hatte sich nicht an Bord befunden, ging aber dann in den Wirren des Kriegsendes verloren. Mir blieb ein einziges Tauchgerät, das ich wie einen Teil meines Körpers sorgfältig hütete. In Zinkenbach am Wolfgangsee nützte ich die Zeit, um zwei Bücher zu schreiben. Ich war ohne Geld, hatte nicht einmal einen Paß. Später übersiedelte ich nach Wien, eröffnete dort in kleinstem Rahmen ein Institut, verdiente wieder etwas Geld mit Vorträgen – auch mein Film kam jetzt auf den Markt. Es dauerte jedoch bis Ende 1949, ehe ich wieder einen neuen Anfang machen konnte.

Inzwischen fand Jacques Cousteau im Siegerland Frankreich günstigere Bedingungen für seine Tätigkeit vor. Noch gegen Kriegsende hatte er mir über seine eigenen Interessen und Arbeiten eine Nachricht zukommen lassen, wir hatten uns treffen wollen, doch kam es dann nicht mehr dazu. Nach Beendigung der deutschen Besetzung Frankreichs gründete er zusammen mit Philippe Taillez und Frederic Dumas in Toulon die „Groupe de Recherches Sousmarines", die dann der französischen Marine unterstellt wurde und vor allem die Aqualunge und deren Einsatzmöglichkeit erprobte und weiterentwickelte. Zunächst ging es um die Beseitigung störender Wracks in den Häfen und die Entschärfung von Minen; daneben untersuchte man, wie der menschliche Körper auf den Druck in größerer Tiefe und auf Unterwasserexplosionen reagiert. Geheime Unterwasserwaffen wurden erprobt und gefilmt, Cousteaus Team konnte sich bei der Marine die besten Arbeits- und Entwicklungsmöglichkeiten schaffen. Als Schiff stand der „Groupe" alsbald die aus Deutschland stammende „Elie Monnier" zur Verfügung, zunächst unter dem Kommando von Taillez. Cousteau verfolgte ganz analoge Ziele wie ich – mit dem Unterschied, daß sein Interesse mehr technischer Natur war und er mehr die allgemeine Verbreitung des autonomen Schwimmtauchens im Auge hatte. Er interessierte sich für Unterwasserarchäologie, erkundete auch Süßwasserhöhlen, brachte die von ihm entwickelten Geräte in England und Amerika sowohl für Marine- als auch Sportzwecke auf den Markt, drehte bei einem Wrack den sehr künstlerischen Film „Epave", und als Auguste Piccard bei den Kapverdischen Inseln den ersten Tauchversuch mit dem Bathyskaph ausführte, stellte die französische Marine ihm die „Elie Monnier" zur Verfügung, und Cousteaus Team half bei diesem Versuch nach besten Kräften mit. In diesem Gebiet kam Cousteau – das war im Herbst 1948 – mit tropischer Meeresfauna in Berührung und geriet, mit Dumas im offenen Meer schwimmend, an Hochseehaie, die ihnen arg zusetzten. Sie waren außerdem weit vom Schiff abgetrieben, und befanden sich in einer prekären Lage. Dieses Erlebnis hat ihm, glaube ich, einen nachhaltigen Eindruck hinterlassen und war für manche seiner späteren Äußerungen über Haie ausschlaggebend.

Für den Marineoffizier Cousteau war es eine Selbstverständlichkeit, ein eigenes Schiff haben zu wollen. Während mein Interesse in erster Linie der Meeresbiologie galt – und das notwendige Schiff immer nur Mittel zum Zweck blieb –, strebte er nach einem Schiff von möglichst vielartiger Anwendbarkeit, das sich durch Aufträge, die durch Schwimmtaucher gelöst werden konnten, laufend finanzierte. Cousteau hat mir später erzählt, wie er das Meisterstück fertigbrachte, drei verschiedene französische Ministerien zur Unterstützung zusammenzuspannen. Schließlich fand er auch noch einen Engländer, der ihm bei der Finanzierung half. 1951 hatte Cousteau sein Ziel erreicht und rüstete die „Calypso", ein ehemaliges Minenräumboot, als Tauch- und Forschungsschiff aus. An der Unterseite des Schiffes ließ er einen Einstiegskanal anbringen, so daß die Taucher bei schlechtem Wetter das Schiff durch den Einstieg verlassen und wieder in dieses zurückkehren konnten. Am Bug ließ er eine Beobachtungskammer anbauen, die sich später, auch bei Filmaufnahmen, als sehr praktisch erwies. 1951 machte die „Calypso" ihre Jungfernfahrt ins Rote Meer – wohin ich damals bereits zwei Expeditionen unternommen hatte.

Im November 1949 fuhr ich zunächst allein nach Port Sudan, wo mich der britische Commissioner Bill Clark sehr herzlich aufnahm und bei sich einquartierte. Er war begeisterter Angler und an meinem Vorhaben sehr interessiert. Daß ich in diesen Gewässern herumschwimmen und gleichzeitig am Leben bleiben wollte, hielt er für eher erstaunlich, doch echter Sportsmann, der er war, ließ er mich gewähren und half mir in jeder möglichen Weise. Für mich wurde diese Expedition zu einer der schönsten, weil ich im Meer mit mir völlig allein war und nur eben für mich selbst die Verantwortung zu tragen hatte. Ich mietete mir eine Feluke, und von dieser aus tauchte ich in den umliegenden Riffen – zunächst im

Umkreis von Port Sudan, dann auch bei den Riffen vor Suakim und bei Mohammed Ghul. Wie ich schnell feststellte, war die Situation hier nicht anders als im Karibischen Meer. Auch hier wurde die Gefährlichkeit der Haie äußerst überschätzt. Sie verhielten sich nicht anders als ihre Kollegen in Westindien. Die Korallenriffe waren noch prächtiger – die weichen schwingenden Gorgonien fehlten hier, dafür gab es, besonders in Tiefen über zehn Meter, sehr prächtige, ebenfalls weiche Lederkorallen. Während in Westindien die Fächerkorallen grünlich oder gelblich gewesen waren, erglühten sie hier in leuchtendem Rot. Die Architektur mancher Riffe, die ich erkundete, war geradezu atemberaubend. Zwischen Türmen und Zinnen gab es Stellen, wo die Außenriffe gleich senkrechten Mauern abfielen. Erst dreißig oder vierzig Meter tiefer – ich selbst hielt mich strikt an meine Tauchgrenze von 20 Metern – gingen sie dann in weniger steil abfallende Schutthalden über. Direkt vor Port Sudan, nur wenige Meilen davon entfernt, lag ein riesiges Wrack: das italienische Schiff „Umbrea", das sich bei Kriegsausbruch selbst versenkt hatte. Obwohl es erst 10 Jahre unter Wasser lag, hatten sich bereits überall am Rumpf Korallen angesetzt. Mir wurde sofort klar, daß solche Wracks für künftige Forschungen interessante Objekte darstellten. Hier ließ sich sehr einfach die Wachstumsgeschwindigkeit der einzelnen Korallenarten bestimmen; außerdem fanden sich hier seltene Korallenarten, die es in den umliegenden Riffen nirgends gab. Auf den Wrackteilen hatten die frei im Wasser schwimmenden Larven eine Möglichkeit, sich festzusetzen und zu entwickeln, während ihnen dies an den lebenden Riffen sowie auf Steinen und Sand nur schwer gelang. Ich entdeckte dann noch das Wrack eines weiteren Schiffes, das bereits über 60 Jahre unter Wasser lag und wie von einer Dornröschenhecke mit Korallen überwuchert war. In den sechs Wochen meines Aufenthaltes führte ich mit dem Sauerstoffgerät Abstiege aus und tauchte, besonders im Seichten, auch sehr viel ohne Gerät.

Meine beste Chance, abermals ein Forschungsschiff auszurüsten, war ein erfolgreicher Film, das war mir klargeworden. Von österreichischen und deutschen staatlichen Stellen hatte ich jetzt, nach dem Krieg, weniger zu erwarten denn je. Zu viele andere, dringendere Probleme standen jetzt im Vordergrund. Um jedoch einen Film zu drehen, brauchte ich mehrere Mitarbeiter, ein entsprechendes Fahrzeug und umfangreiche Ausrüstungen. Das wieder konnte ich nur durch gute Fotos finanzieren. Da ich der erste war, der im Roten Meer als Fischmensch in die Riffe vordrang, hatte ich hier eine einmalige Chance. Schwierigkeiten, Pannen und auch ungünstiges Wetter blieben mir nicht erspart, trotzdem glückten mir gute Bilder. Besonderer Erfolg: Nahaufnahmen von Mantas, damals noch höchst sagenumwobene Tiere. Ich kam so dicht an sie heran, daß ich auch das Innere ihres riesigen Maules fotografierte. Pilotenfische tummelten sich darin – nach meiner Beobachtung eine Symbiose. Sie putzten den Riesen die spärlichen Zähne, säuberten die Maulhöhle von Parasiten.

Meine Rechnung ging auf. Von Wien aus gingen dann diese Bilder in alle Welt.

Als besondere Hilfe stand mir nun Lotte, erst Mitarbeiterin in meinem kleinen Institut und später Gattin, zur Seite. Wenn unser schon ein halbes Jahr darauf – in der Zeit von März bis September 1950 – gedrehter Film „Abenteuer im Roten Meer" auf der Biennale in Venedig den ersten Preis gewann und anschließend in praktisch allen Ländern der Welt gezeigt wurde, dann hatte sie an diesem Erfolg einen bedeutenden Anteil.

Das Fahrzeug, das wir damals im Roten Meer verwendeten, konnte sich mit dem verlorenen „Seeteufel" wohl in keiner Weise vergleichen. Es war eine 100 Jahre alte sudanesische Dow, ein malerischer Segelkutter ohne Motor, bisher zum Fischen von Perlenmuscheln eingesetzt und dementsprechend riechend. Dieses Schiff war nichts als ein großer hohler Rumpf mit einem kleinen Hinterdeck, auf dem wir, fünf Mann und Lotte, so gut es ging hausten, und einem vorderen Deck, auf dem die achtköpfige, aus Arabern bestehende Mannschaft lebte.

Wir konzentrierten uns hauptsächlich auf den Film, trotzdem wollte ich auch im Forschungsbereich ein klein wenig weiterkommen. Da wir in Westindien gesehen hatten, daß Haie durch Fischgezappel angelockt wurden, war ich auf den Gedanken gekommen, ob sich das nicht für Zwecke der Fischerei praktisch verwerten ließe. Wenn wir das Gezappel auf Band aufnahmen und mit einem Unterwasserlautsprecher ins Meer abstrahlten, sollte es möglich sein, Haie an einen bestimmten Punkt zu locken. Dort konnte man sie dann auf konventionelle Art mit Ködern oder Netzen oder auch mit Hilfe von elektrischen Fangmethoden erbeuten. Aber das war längst nicht alles. Meine Beobachtungen hatten mich immer wieder in der Ansicht bestärkt, daß Fische Wasserschwingungen gegenüber ungemein empfindlich waren, sie nahmen diese mit dem besonderen Organ der „Seitenlinie" wahr, wodurch sie sich in trübem und dunklem Wasser nicht nur orientierten, sondern einander auch gegenseitig erkannten. Nur so konnten Raubfische bei Nacht ihre Beute finden, nur so bei trübem oder dunklem Wasser die Geschlechtspartner und Rudelgenossen zueinanderfinden. Vielleicht war es auf diese Weise auch möglich, andere Fische an einen bestimmten Punkt zu locken – oder schwarmbildende Fische zu *führen*, indem man das Schwarmgeräusch aussandte und den Schwarm dann, wieder per Lautsprecher, in eine Fangvorrichtung dirigierte.

Ich hatte diesen Gedanken in zahlreichen Ländern zum Patent angemeldet. Auf der „El Chadra", einem alten Segelschiff, bauten wir nun eine Magnetophonanlage auf und installierten einen Generator für ihren Betrieb. Unterwassermikrophone und Lautsprecher hatte eine Wiener Firma für uns entwickelt und mir einen ihrer Techniker auf die Reise mitgegeben. Die Versuche schlugen jedoch fehl. Die erste Schwierigkeit bestand bereits darin, daß unser Kapitän nirgends an den Außenriffen, wo wir größere Fische harpunierten und damit Haie anlocken konnten, ankern wollte. Dazu kam, daß in unserer Aufnahme- und Abstrahlungstechnik noch einiges nicht stimmte. Drei Jahre später, auf der „Xarifa", haben wir dann in Westindien unter weit besseren Bedingungen diese Versuche wiederaufgenommen, doch auch dort waren wir mit der Hypothek eines Filmes, durch den wir hauptsächlich finanziert waren, zeitlich belastet. Dazu kam der tragische Tod von Jimmy Hodges. Ich gab die Versuche daraufhin auf – stellte sie auf eine Zeit zurück, da wir uns einmal ganz diesen Arbeiten würden widmen können, eine Zeit, die leider nicht kam. Inzwischen wurde dann in Miami durch Gruber und Myrberg nachgewiesen, daß, zumindest was die Haie betraf, mein Konzept stimmte. Es gelang, Haie anzulocken – und wie mir kürzlich Myrberg berichtete, konnte er Haie sogar zwischen zwei Lautsprechern, die in einiger Entfernung von verschiedenen Schiffen aus ins Meer gesenkt waren, buchstäblich hin- und herjagen. In der Nähe jedes der Schallsender war in einem versenkten Käfig ein Taucher postiert, so daß die Vorgänge gut beobachtet werden konnten. Wurden die Schwingungen von dem einen Lautsprecher ausgesandt, kamen die Haie zu diesem geeilt; dann schaltete man hier ab und sandte die Schwingungen vom anderen aus – daraufhin eilten die Tiere dorthin.

In allerjüngster Zeit ist über ein kleines Gerät, das generell Fische anlocken soll, sogar ein heftiger Rechtsstreit entbrannt. Das Ding kostet bloß 9,90 Dollar und ist eine Kapsel, von der aus Lichtimpulse, Duftstoffe, vor allem aber künstliche Schwingungen ausgesendet werden. Das Gerät TR VII, Fish Call genannt, wurde, wie die Firma in ihrem Prospekt mitteilte, in dem von Cousteau geleiteten „Center of Advanced Marine Studies" getestet, und der Prospekt zeigt ein dort aufgenommenes Bild des im Wasser hängenden Instruments, mit Fischen, die neugierig dicht heranschwimmen – „während vor Einschaltung des Geräts kein Fisch in der Nähe gewesen war". Die amerikanische Firma erwähnte in ihrer Werbung, vor allem im Fernsehen, dieses positive Urteil und somit auch Cousteaus Namen – und darüber kam es zum Streit. Cousteau, der weder um Erlaubnis gefragt worden war noch ein Honorar bekommen hatte, klagte die Firma auf 5 Millionen Dollar Schadenersatz. Meine Patentansprüche auf diesem Gebiet ließ ich schon nach einigen Jahren wieder verfallen. Die Kosten stiegen allzusehr an, dabei sah ich damals keine Möglichkeit, schnell zu Resultaten zu kommen.

Die „Calypso" hatte 1951 bei ihrer Jungfernfahrt ins Rote Meer Wissenschaftler verschiedener Disziplinen an Bord; sie standen unter Leitung von Pierre Drach, einem französischen Biologen. Die Expedition arbeitete mehrere Monate lang zuerst an der ägyptischen und sudanesischen Küste, dann auf der anderen Seite, bei den Riffen vor Saudi-Arabien. Sie erbrachte interessante Ergebnisse – Cousteau hat darüber und auch über die folgenden Unternehmungen mit der „Calypso" in seinem Buch „Das lebende Meer" berichtet. Er spricht dort auch von der Grundeinstellung des Wissenschaftlers, die diesen – wie auch wir feststellten – oft zu einem weit sichereren und mutigeren Taucher macht, als es seiner körperlichen Kondition und sportlichen Vorbildung entsprechen würde. Von den ihn fesselnden Forschungsproblemen völlig in Anspruch genommen, hat er zu Bedenken und

Überlegungen, die manchem Sporttaucher zu schaffen machen, gar nicht Zeit. Cousteau erzählt über Drach: „Das Gesicht dem Riff zugewandt, ließ er sich langsam abwärts sinken und sah zum erstenmal Lebewesen, die er nur aus Büchern kannte oder als Präparate, entstellt und farblos geworden in den Gläsern mit Formalinlösung, wo sie aufbewahrt wurden. Er war in einen Faunabereich gekommen, der ihm vertraut und zugleich neu war, und blieb nicht länger in unserer Nähe. Ich empfand Unbehagen dabei und machte Dumas seinetwegen ein Zeichen. Wir blickten uns an und bestätigten uns, daß wir sorgfältig auf ihn aufpassen müßten."

Cousteau erzählt weiter, wie es ihm dann doch langweilig wurde, Leibwache zu spielen, und er Schluchten, Grotten und den Abhang eines Riffes – Shab Suleim – erkundete. Dabei sah er Haie: „Als ich tiefer hinunterkam, drehten sie sich schneller und machten mich, als ich sie im Auge zu behalten versuchte, schwindelig. In welche Richtung ich auch blickte, ich sah einen oder zwei von ihnen, und jetzt begannen sie näher heranzukommen. Ein paar schwammen mit ausdruckslosen Augen direkt auf mich zu und zogen sich dann wieder zurück." In 45 Meter Tiefe, so erzählte er, sah er ein Dutzend über sich schwimmen und unten noch weitere, in blassen Konturen. Er schwamm zu Drach zurück: „Aus dem umherziehenden Rudel näherte sich der größte Hai, ein Tier von ungefähr drei Meter fünfzig Länge, scheinbar bedächtig dem Professor. Ich war an die neun Meter von Drach entfernt, und der Hai näherte sich ihm auf der Höhe seines Knöchels. Der Anblick eines Mannes, der liebevoll ein Riff betrachtete, während ein Carcharhinus an seinen Beinen schnupperte, war einfach gräßlich. Ich stürzte mich auf sie und knurrte dabei so laut, wie ich es durch mein Mundstück fertigbrachte. Aber ich hatte keinerlei Hoffnung, daß es irgendeine Wirkung hätte. Drach hörte nichts. Als ich noch drei Meter von ihnen weg war, wälzte sich der große Hai schwerfällig herum und schwamm fort. Ich klopfte Drach auf die Schulter und versuchte ihm durch ein Zeichen zu erklären, was geschehen war. Er blickte mich streng an und wandte sich wieder dem Riff zu. Er wollte nicht noch einmal gestört werden. – Die Kaltblütigkeit des Gelehrten wirkte ansteckend. Ich hatte bei der ganzen Sache plötzlich ein merkwürdiges Gefühl der Sicherheit. Ich ließ mich tiefersinken und fühlte mich erleichtert und aufnahmebereit."

Was die Haie betrifft, so scheint mir die Erzählung etwas ausgeschmückt, aber die Essenz dieser Episode ist sehr treffend. Als ich Eibl-Eibesfeldt und Scheer im Karibischen Meer zum erstenmal unter Wasser führte, war es ebenso. Die beiden waren kaum zu halten. Obwohl Scheer Wasser in die Maske bekam und bei Eibl-Eibesfeldt das Mundstück nicht richtig saß und er darum Wasser in den Mund bekam, war das den beiden völlig egal. Scheer leerte seine Maske, so ganz nebenbei, als hätte er es schon hundertmal getan, Eibl schluckte das Wasser und schwamm weiter. Auch bei diesem ersten Abstieg tauchte, wenn auch kein ganzes Rudel, so doch immerhin ein Hai auf. Er schnupperte zwar nicht an einer Ferse – kam aber zielstrebig und neugierig heran, kreiste zweimal in drei oder vier Meter Entfernung und blieb dann noch eine Weile an der Grenze unseres Sichtbereichs. Die beiden waren nicht nach oben zu bekommen, ehe ihr Sauerstoffmanometer völlig auf Null stand. Dabei hatten sie verschiedene Interessen, die Objekte, die sie in Augenschein nahmen, waren etwa 30 Meter weit voneinander entfernt. Der Aufgeregteste war dabei ich. Wie eine ängstliche Glucke bewegte ich mich immer einmal zu diesem und dann wieder zu jenem. Tatsache jedenfalls war: die Zeit, Sicherheit zu gewinnen, war bei ihnen praktisch Null. Sie brauchten sie nicht. Denn ihr Interesse ließ ihnen gar nicht Zeit, über sich selbst nachzudenken und dadurch unsicher zu werden.

Durch den Erfolg von „Abenteuer im Roten Meer" und durch einen weiteren Filmvertrag konnte ich erneut das so ersehnte Forschungsschiff ausrüsten. Die „Xarifa" war erheblich größer als der „Seeteufel" – 50 Meter lang und 8 Meter breit, ein Dreimastschoner, den der amerikanische Nähmaschinenkönig Singer sich als Luxus- und Rennjacht hatte bauen lassen. Sie war dann durch mehrere Hände gegangen und im Krieg in Dänemark zum Transport von Kohlen verwendet worden. Den 60 Tonnen schweren Bleikiel hatte sie längst nicht mehr, ebensowenig die Masten. Hinten hatte man auf das Deck ein erhöhtes Ruderhaus aufgesetzt – alles in allem ein sehr trauriger Anblick. Doch das wertvollste, der Stahlrumpf, in der Linie vollendet schön, war erhalten. Ich konnte das Schiff verhältnismäßig billig kaufen, hatte jedoch – zum Glück – nur eine recht nebelhafte Vorstellung davon, was es kosten würde, es wieder in seinen ursprünglichen Zustand zu versetzen und für unsere Zwecke auszurüsten. Auch über diesen Kreuzweg habe ich bereits in einem anderen Buch erzählt. Entgegen der Meinung aller vernünftigen Geschäftsleute gelang es mir am Ende wirklich. Luckner war inzwischen schon zu alt geworden – aber sein Geist lebte und webte von Anbeginn in diesem Unternehmen. Schon die neuerliche Wahl des Segelschiffes (550 m Segelfläche) war problematisch. Denn ein Segelschiff ist wesentlich langsamer und hat weniger Platz für Deckaufbauten. Anderseits aber, und das war schließlich das Hauptargument, interessierten uns in erster Linie die tropischen Meere, und wir mußten darauf vorbereitet sein, monatelang in Gegenden zu arbeiten, wo kein Brennstoff nachgebunkert werden konnte. Mit unserem Hilfsmotor konnten wir immerhin sechs Knoten laufen, und wir führten Brennstoff für 4000 Seemeilen mit. Die großen Passagen über den Atlantik, den Indischen Ozean oder den Pazifik wollten wir mit den Passaten oder Monsunen mit Segelkraft zurücklegen. Segel plus Motor konnten uns bis auf 12 Knoten Geschwindigkeit bringen.

Das Schiff bekam geräumige Schlaf- und Arbeitsplätze für acht mitfahrende Wissenschaftler und Techniker, zusätzlich einer zwölfköpfigen Besatzung. Unsere erste Reise führte uns – genau nach dem ursprünglich ausgearbeiteten Plan – 1953/54 in achtmonatiger Fahrt zu den Azoren, ins Karibische Meer und zu den Galapagos-Inseln. Auch der winzigen Kokosinsel, auf der mehrere bedeutende

Schätze vergraben sein sollen, statteten wir einen Besuch ab und sahen dort im Meer viel Interessantes. 1955 und 1956 setzten wir, während wir die Ergebnisse ausarbeiteten, die „Xarifa" für Touristenfahrten im Roten Meer ein. 1957/58 folgte eine einjährige Expedition in den Indischen Ozean, vor allem zu den Malediven und Nikobaren. Auch dieses Unternehmen war überaus ergiebig – die wissenschaftlichen Resultate in den verschiedenen Fachgebieten erschienen in über 200 Publikationen.

In anderen Ländern, besonders in den USA, waren inzwischen ähnliche Unternehmen gestartet worden, das autonome Schwimmtauchen setzte sich als Forschungsmethode überall durch. Heute ist es geradezu Selbstverständlichkeit, daß bei jeder meeresbiologischen Station Professoren und Studenten mit Atemgeräten unter Wasser gehen.

Jagd mit der Kamera

Jeder, der zum erstenmal mit einer Maske taucht, blickt mit Erstaunen auf die eigenen Arme und Hände. Die Arme sind weit kürzer, dicker, die Hände sind riesengroß. Versucht man irgendwo hinzugreifen, dann greift man zu kurz. Dies liegt an der Brechung der Lichtstrahlen, und vom genau gleichen optischen Effekt ist auch jede in ein Gehäuse eingeschlossene und aus einem Luftraum heraus fotografierende Kamera betroffen.

Ein anderes Problem ist die Klarheit des Wassers und die Vermischung von wärmerem Wasser mit kälterem oder salzigem mit süßem. Bei jeder Flußmündung und bei Süßwasserquellen, die aus dem Meeresgrund austreten, stellt sich dieses eigenartige Phänomen ein. In der Vermischungszone erscheint dem Blick alles verzerrt, wie durch eine gewellte, mit Öl bestrichene Gelatinefolie. Ganz ähnlich ist es an Riffabstürzen – etwa im Roten Meer. Tagsüber erwärmt sich dort das Wasser über der seichten Riffplatte bis auf 35, ja manchmal bis auf 40 Grad und strömt dann, bei eintretender Ebbe, wie ein Wasserfall über die Riffkante. Wo sich das herabstürzende Warmwasser dann mit dem kühleren Tiefenwasser mischt, schwimmt man durch Wolken, in denen man nur ganz unscharf sieht. Auch bei den „Sprungschichten" in größerer Tiefe, wo man ganz unmittelbar in kälteres Wasser hinabtaucht, tritt dieses Phänomen auf. Die Kamera reagiert auch hier so wie das Auge.

Dagegen kann die Kamera die Trübheit des Wassers ganz wesentlich entschärfen. Normalerweise sehen im trüben Wasser aufgenommene Bilder ähnlich aus wie an Land im Nebel gemachte Aufnahmen. Unter Wasser ist es jedoch über technische Kniffe möglich, auf dem späteren Bild eine Klarheit zu schaffen, wie sie das menschliche Auge gar nicht wahrnimmt. Mit Filtern und besonderen Objektiven kann man hier Wunder erzielen.

Die moderne Kamerajagd unter Wasser gehört zu den merkwürdigsten und faszinierendsten Tätigkeiten, die es gibt. Gleich einem lauernden Vogel schwebt man durch Landschaften, wie man sie sonst nur im Traum erlebt. Für den künstlerisch Empfindenden gibt es hier Motive von ganz unirdischem Reiz – und dies um so mehr, je mehr er sich auf das Detail konzentriert. Fische mit der Kamera zu jagen ist noch weit erregender – allerdings auch schwieriger – als mit der Harpune. Da genügt es nicht, bloß nahe genug heranzukommen und dann loszudrücken: man muß den Tieren oft endlos lange folgen, ehe man sie endlich einmal richtig ins Bild bekommt. Oft wird man von der Strömung abgetrieben oder von der Wellenbewegung geschaukelt, stößt mit dem Bauch gegen Felsen oder Korallen, sticht sich an Seeigeln, verbrennt sich, muß sich zu den merkwürdigsten Verkrümmungen bereitfinden, um das Tier richtig vor die Kamera zu bekommen, wartet verbissen darauf, daß das Jagdobjekt sich endlich so herumdreht, wie man es möchte. Wird die Aufnahme später veröffentlicht, dann ahnen wohl nur die wenigsten, unter welcher Mühe sie oft zustande gekommen ist. Aber diese Mühe – trotz aller damit verbundenen Unannehmlichkeiten – lohnt sich. Man wird unmittelbar Teil einer unberührten Natur, schauend, forschend und gestaltend zugleich. Das Jagen und Überwältigen von Fischen, mit dem der Unterwassersport seinen Anfang nahm, muß heute eingeschränkt, ja möglichst verboten werden, weil sonst die Küsten veröden. An vielen Punkten ist das leider schon geschehen. Die Jagd mit der Kamera ist hier jedoch nicht bloß Ersatz, sondern weit mehr. Das beweist sehr deutlich die Tatsache, daß fast alle namhaften Taucher nach ein oder zwei Jahren die Harpune mit der Kamera vertauschten.

Für jeden kommt wohl einmal der Punkt, da er vor einer echten Krise steht. Meiner Krise als Fotograf näherte ich mich, ohne es zu ahnen, als ich mich an einer felsigen Küste – damals noch ohne Tauchgerät – ins Meer gleiten ließ. Es empfing mich warm und freundlich wie immer, und mit der um meinen Hals baumelnden Unterwasserkamera schwamm ich über die seichten Riffe hinweg zum tieferen Wasser hinaus. Zierliche Hornkorallen, ihre hellgrünen Äste wie zarte Seidenfäden ins Wasser ausgespannt, luden mich ein, sie in einem Bild festzuhalten. Ein großer Hornfisch gaukelte vor mir hin und her, beäugte mich – schien beinahe erstaunt, daß ich ihn nicht fotografierte. Aber diesmal wollte ich jede Aufnahme für die unglaubliche Fischwelt am Außenriff reservieren. Um dies zu erreichen, mußte ich ein Stück über ziemlich tiefes Wasser schwimmen, dann sah ich es schräg unter mir auftauchen. Sein höchster Punkt lag gute zwölf Meter tief: ein langgestreckter Rücken, mit unzähligen Fischen übersät. Da hier eine beträchtliche, zur Küste parallel verlaufende Strömung herrschte, standen sie alle, gleichmäßig schwänzelnd, mit dem Kopf in die gleiche Richtung. Was schon in den nächsten Augenblicken geschehen würde, wußte ich genau. Wie auf ein Kommando würde ein Stoßtrupp großer silberner Jacks wie ein Geschwader von Kampfflugzeugen zu mir hochschwimmen. Tauchte ich ihnen entgegen, dann würden sie bis auf etwa zwei Meter Entfernung an mich herankommen und dann wie bei einer perfekten Parade alle gleichzeitig wieder kehrtmachen. Wir hatten das hier schon öfter erlebt, doch noch nie hatte ich es fotografiert. Außerdem gab es auf diesem Riff einen über zwei Meter langen Judenfisch, der, wenn man zu ihm hinabtauchte, sich hochstellte und dann mit großen Glotzaugen und schwingenden Brustflossen langsam emporkam. Auch den wollte ich diesmal porträtieren. Schließlich aber gab es hier einen Hammerhai von sicher vier Meter Länge. Als Jörg, Alfred und ich hier zuletzt gewesen waren, hatte ich ihn aus der Ferne fotografiert. Er war in großer Tiefe direkt unter uns hinweggezogen: auf meinem Bild war er leider reichlich klein geraten und zwischen den vielen Gorgonien auch nicht besonders deutlich zu erkennen.

Jörg und Alfred jagten irgendwo im Seichten, ich spähte wie ein lauernder Raubvogel hinab. Die Jacks ließen auf sich warten. Ich stellte an der Kamera die Blende ein, prüfte, ob die Entfernung stimmte. Der Zeiger stand auf zwei Meter, ich hatte also zwischen eineinhalb und vier Meter Entfernung Tiefenschärfe. Ich atmete oben mehrmals tief ein und aus, dann ließ ich mich sinken und schwamm schräg hinab. Halb von der Strömung getrieben, schwamm ich auf das mit Hunderten von Schnappern gepolsterte Riff zu. An seinem gewohnten Platz stand der Judenfisch, ich schwamm weiter, weiter, es war schon reichlich tief. Erst jetzt bemerkte er mich, drehte, sah mich kommen, wandte sich mir zu. Mein Atem war völlig am Ende. Die Schnapperherde wich nach beiden Seiten hin aus, ich biß die Zähne zusammen, ließ mich noch ein klein wenig näher herantreiben. Immer größer wurde der Judenfisch in meinem Sucher – ein perfektes Bild. Ich knipste – aber irgend etwas stimmte nicht, ich hörte kein Klicken. So schnell mich meine Flossen trugen, sauste ich wieder empor. Meine Augen tränten, ich sah nicht ganz klar: ich drehte die Kamera herum, blickte von vorne in das Fenster des wasserdichten Gehäuses. Es war fast zur Gänze mit Wasser gefüllt! Undeutlich sah ich, wie jetzt von links die Kompanie der Jacks mir nachkam. Ich hätte weinen mögen. Weil ein so besonders schöner Tag war, hatte ich mich am Ufer etwas beeilt, hatte offensichtlich den Deckel des Gehäuses nicht richtig geschlossen. Die Gummidichtung war offenbar eingeklemmt. Wie in einer Badewanne schwamm nun meine wertvolle Kamera. Im Rekordtempo, völlig außer Atem, kraulte ich zurück an Land. Dort öffnete ich so schnell ich konnte die Schraube des Bügels, der den Deckel an das Gehäuse drückte. Was sollte ich nun um Himmels willen tun! Mit dieser Kamera stand und fiel die Expedition; verlor ich sie, dann waren meine Pläne zum Teufel. Weder gab es eine andere dieses Typs hier zu kaufen, noch hatten wir das dafür nötige Geld. Ein Auto kam die Landstraße herangefahren, ich hielt es auf, sprang hinein. Ich sah noch, wie Jörg, der draußen tauchte, den Kopf aus dem Wasser hielt und mir erstaunt nachsah. Beim ersten Haus von Willemstad ließ ich mich absetzen, eilte hinein, bat um Wasser. Erst spülte ich die Kamera in Süßwasser aus. Ich öffnete sie, der Film war total verklebt, ich zog ihn heraus, warf ihn weg. Auch in das Objektiv war Wasser eingedrungen. Das ältere Ehepaar, das in dem Haus wohnte, ein weißhaariger Neger und eine dicke Mulattin, sah mir mit großen Augen bei meinem Tun zu. Ob Sie mir vielleicht Öl borgen könnten? Gewiß, sie hatten Öl! Wir fanden auch eine alte Konservenbüchse, die gerade groß genug war, um die Kamera hineinzulegen. Wir füllten sie mit dem Öl – ich versprach, es den Leuten wiederzugeben. Und darin lag nun die Kamera – und die Zukunft meiner weiteren fotografischen Tätigkeit.

Ich brachte dann Tage damit zu, die Kamera Stück für Stück zu zerlegen. Überall war Lack abgegangen, alles klebte in einem Klumpen zusammen. Und wer hat auch nur die entfernteste Ahnung, aus wie kleinen Rädchen und Federchen ein Rotationsverschluß besteht! Ohne Spezialschlüssel, nur mit einem kleinen Schraubenzieher, einer viel zu großen Zange und einem gebogenen Draht arbeitete ich mich Stück für Stück weiter in die Innereien dieses Mechanismus vor. Plötzlich löste sich ein Teil, und mehrere winzige Federn sprangen in die Gegend. Nach langem Suchen fanden sie sich in Ritzen des Fußbodens. Aber wie gehörten sie zusammen – wie funktionierte dieser Mechanismus überhaupt?

Als wir ein Jahr später wieder in Europa waren, wurde diese Kamera dem Museum der Herstellerfirma einverleibt. Ich setzte nämlich zwei Teile ganz anders zusammen, als sie eigentlich zueinander gehörten – trotzdem aber funktionierte der Mechanismus. Mein großes Problem war nun allerdings: Wie sollte ich feststellen, ob die Verschlußgeschwindigkeiten, die mein Mechanismus hervorzauberte, $\frac{1}{10}$, $\frac{1}{100}$ oder $\frac{1}{250}$ Sekunde waren? Das mußte ich natürlich wissen, sonst belichtete ich alles falsch. In meiner Verzweiflung fand ich schließlich auch hier einen Ausweg. Ich borgte mir ein altes Grammophon, montierte eine mit dem Licht nach oben leuchtende Taschenlampe auf die Außenseite der Platte, stoppte genau ab, wie oft sich die Platte in 30 Sekunden drehte, und fotografierte den Weg der Taschenlampe von oben. Am Bild war dann das Licht als Kreissektor zu sehen, und aus dessen Länge konnte ich meine Verschlußzeit errechnen. Ich glaube, diese Woche damals hat viel dazu beigetragen, daß die Unterwasserfotografie für mich zu einer solchen Leidenschaft wurde. In den folgenden Monaten wußte ich bei jeder Aufnahme bis in die letzte Einzelheit, was im Inneren meiner Kamera vor sich ging. Die erste wasserdichte Unterwasserhülle für eine Kamera hatte ich ein Jahr vorher nur deshalb anfertigen lassen, weil meine Freunde mir meine Unterwassererlebnisse nicht glaubten. Ich wollte, was ich sah und erlebte, auch beweisen können. Jetzt indes hatte mich die Fotoleidenschaft voll in ihren Krallen, und dazu kam bald das noch weitaus interessantere und faszinierendere Filmen unter Wasser.

Eine Kamera ist nicht eigentlich ein zweites Auge, sondern eine Erweiterung des eigenen Gehirns, der eigenen Sprache. Äußerlich sieht dieser technische Behelf wohl wie ein Auge aus, aber seine Funktion ist eine andere. Mit Hilfe des Fotos verbessern wir unser Gedächtnis, können Eindrücke, die wir einmal wahrnehmen, bis in die kleinste Einzelheit festhalten und später analysieren. Und wir können diese auf Papier genagelte Erinnerung jedem anderen vor die Nase halten, und alle darauf festgehaltenen Einzelheiten gehen unmittelbar in dessen Vorstellungsbild über. Wie langatmig ist da unsere Sprache, wie ärmlich diese Form der Verständigung. Und mehr noch: sowohl im Foto als auch im Film können wir die

Essenz eines Erlebnisses, eines Eindruckes festhalten, das *Symbol* der Situation, und es in ein anderes Gehirn übertragen. Im Foto, weil dieses stillsteht, ist diese Möglichkeit begrenzt, im Film dagegen kann durch Führung der Szenen, durch Schnitt und Hinzufügung von Geräusch, Musik und sonstiger Effekte im fremden Gehirn eine Essenz dessen geschaffen werden, was man in Monaten erlebt hat. Über dieses Medium kann der Filmende, der Cutter, der Regisseur in der Phantasie anderer eine Welt zur Wirklichkeit machen, die es in dieser Konzentration meist gar nicht gibt: die Gesamtheit von Erlebnissen und Eindrücken, befreit von allen sich wiederholenden und nicht relevanten Einzelheiten. Gerade hier liegt die besondere Faszination. Nicht bloß festhalten, was ist, sondern darstellen, was wir begriffen haben. Die unmittelbare, durch Worte kaum zu erreichende Übertragung von Empfindungen, Erkenntnissen, Schlußfolgerungen, Zusammenhängen . . .

Unter Wasser steht dieses besondere Instrument zur Verbesserung unseres Gedächtnisses und zur Erweiterung unserer Verständigung einer durchaus anderen Situation gegenüber als oben an Land. Die schon erwähnte Lichtbrechung bewirkt, daß die normalen Schärfeeinstellungen unter Wasser nicht stimmen. Filme ich etwa ein Objekt in einer Entfernung von vier Metern, dann muß ich auf drei Meter scharf einstellen. Später entwarf ich dann eine Kamera – die „Rolleimarin" –, die es möglich machte, unter Wasser auf einer Mattscheibe scharf einzustellen. Damit fiel diese Schwierigkeit weg. Was auf der Mattscheibe scharf war, erschien auch später auf dem Film scharf. Besonders für Nahaufnahmen, bei denen die Tiefenschärfe sehr gering wird, bewährte sich dieses besondere System.

Eine Schwierigkeit: die Farben stimmen nicht. Das Wasser filtert aus dem Sonnenlicht die roten und gelben Farbteile aus, so daß schon in fünf oder acht Meter Tiefe alles nur noch in grünen, braunen und vor allem blauen Tönen erscheint. Nur durch künstliches Licht kann man die echten – „wahren" – Farben der Fische, Korallen und Schwämme sichtbar machen. Beim Fotografieren verwendet man Blitzlicht, beim Filmen mehr oder minder große Scheinwerfer. Wo deren Strahl hinfällt – besonders in Tiefen über zwanzig Meter –, erlebt man immer neue Überraschungen. Ganz phantastische Farbsymphonien treten dann in Erscheinung. Und als Biologe fragt man sich: Warum? Was haben diese Farben, die auch kein Meerestier sehen kann, für einen Zweck? Verwundet man sich in vierzig Meter Tiefe an einer Koralle und betrachtet man das austretende Blut, dann ist es grau, ja schwarz. Von Rot keine Spur. Betrachtet man in dieser Tiefe eine reife Tomate, dann ist sie ebenfalls schwarz. Schwimmt man mit ihr langsam zur Oberfläche empor, dann kann man miterleben, wie sie allmählich braun wird, dann gelblich, dann tritt der erste matte Rotschimmer in Erscheinung, und erst unter der Oberfläche wird sie leuchtendrot. Bei Blitzlichtaufnahmen in größerer Tiefe oder in Grotten weiß man vorher fast nie, was die Aufnahme später zeigen wird. Im Augenblick des aufflammenden Blitzes erscheint gegen das umgebende Blau und Grün alles in Rot gehüllt, aber das dauert eben nur eine Sekunde. Oft erst Monate später, wenn man von der Expedition wieder heimkommt und die inzwischen im Eiskasten wohlverwahrten Filme entwickeln läßt, stellt sich heraus, was man fotografiert hat. Eine verborgene Wahrheit kommt dann an den Tag. Manche der prächtigsten Farbbilder, die Unterwasserfotografen je aufgenommen haben, entstanden durch reinen Zufall. Im Augenblick der Aufnahme sah alles düster aus.

1953 gelang es uns, mit großen Unterwasserscheinwerfern die verborgene Farbenpracht in den karibischen Korallenriffen erstmalig zu filmen. Sir Arthur Benjamin hat später zu diesen Szenen in unserem abendfüllenden Dokumentarfilm „Unternehmen Xarifa" symphonische Musik geschrieben – das biblische Wort „Es werde Licht!" drängte sich wohl jedem, der diese Sequenz sah, machtvoll auf. Besonders unter Korallenüberhängen traten Farben in Erscheinung, so leuchtend und satt, als hätten sie seit dem Jüngsten Tag darauf gewartet, endlich einmal in ihrer wahren Schönheit erstrahlen zu können. Im Film zeigten wir immer erst das Bild, wie es sich normal dem Auge darbot, also alles in Blau, Grün, Grau, Schwarz, und bewegten dann den Scheinwerfer näher, worauf sich die erstaunliche Verwandlung vollzog. Zwei Jahre später hat dann Cousteau im Roten Meer für seinen Film „Die Welt des Schweigens" in einem versunkenen Schiff ähnliche Aufnahmen von die Wrackteile überwuchernden Korallen gemacht. Außerdem drehte er dort auch sehr wirkungsvolle Aufnahmen von Tauchern, die mit Unterwasserfackeln in die Tiefe schwammen.

Die Frage, welchen „Zweck" die in der Tiefe verborgenen Farben haben, ist bis heute nicht geklärt worden; es gibt hier verschiedene Theorien, die aber alle nicht wirklich überzeugen. Grundsätzlich ist es so, daß bei den diversen Lebewesen nicht alles einen „Zweck" – oder, wie der Biologe sagt, einen „Selektionswert" – haben muß. Nicht jede Struktur muß unmittelbar dazu beitragen, daß ein Lebewesen im „Kampf ums Dasein" effizienter wird – also besser Nahrung erwirbt, sich besser verteidigt und sich besser fortpflanzt. Bei Veränderungen im Erbgut – „Mutationen" – kommen nicht selten Besonderheiten gleichsam als Begleiterscheinungen anderer, wichtigerer Eigenschaften zustande. Stören sie nicht wesentlich, vermindern sie also nicht merkbar die Effizienz der betreffenden Art, dann bleiben sie oft über Tausende von Generationen hinweg erhalten – als Nebenerscheinung und ohne eigentlichen „Zweck".

Ein natürlicher Feind des Unterwasserfotografen ist die oft auftretende Trübheit. Bei Schwarzweiß-Aufnahmen hilft hier ein gelbes oder orangefarbiges Filter, durch welches das blaue Streulicht ausgeschaltet wird. Die Szene erscheint dann klarer, als das Auge sie sah. Ein anderer, auch bei Farbaufnahmen möglicher Weg ist die Verwendung von Weitwinkelobjektiven, wie man sie gerade für die Unterwasserfotografie entwickelt hat. Im Extremfall haben sie einen Sichtwinkel von 180 Grad – man nennt sie „Fischauge": sie zeigen ein in der Perspektive sehr verzerrtes, aber wirkungsvolles Bild in einem dunklen Kreis (Abb. 51). Andere Weitwinkelobjektive mit weniger extremem Aufnahmewinkel können jedoch

15 Preßluftgeräte haben den Vorteil einfacher Handhabung. In der Tauchschule wird das Auswechseln des Mundstückes („Buddy-Breathing") geübt. — 16 Geht einem Taucher der Luftvorrat aus (Überanstrengung, Nichtfunktionieren der Reserve), dann teilt sein Tauchkamerad mit ihm den eigenen Luftvorrat, während die beiden gemeinsam zur Oberfläche hochschwimmen.

17 *(links)* Die japanischen „Amas", die ohne Atemgerät nach Abalone-Muscheln tauchen, erreichen bis über 40 Meter Tiefe. Sie lassen sich, durch Gewichte beschwert und an einem Seil hängend, schnell absinken und werden nach beendeter Sammeltätigkeit von einem Mitglied der Familie wieder zum Boot hochgezogen. — 18 *(oben)* Im Mittelmeer gehen Korallentaucher mit Preßluftgeräten für ca. 8 Minuten bis auf über 100 Meter Tiefe — obwohl dies weit jenseits der Sicherheitsgrenze liegt. Die lange Dekompressionszeit verbringen sie dann am Seil hängend mit dem Lesen von Krimis, während ihnen vom Schiff aus durch einen Schlauch warmes Wasser in den Neoprenanzug gepumpt wird.

optisch so gut korrigiert sein – sie sind dann auch entsprechend teuer –, daß die Perspektive durchaus normal erscheint (Beispiele: Abb. 2 und 57). Objekte, die man mit solcher Optik beispielsweise aus drei Meter Entfernung aufnimmt, sehen dann im Bild so aus, als wären sie zehn oder zwanzig Meter weit weg. Dadurch sieht dann aber auch das Wasser wesentlich klarer aus, als es tatsächlich war. Fast alle wirkungsvollen Bilder, die Taucher in Korallenlandschaften oder Unterwasserfahrzeugen zeigen, werden heute mit solchen Spezialobjektiven aufgenommen. Gestochen scharf sieht man die Taucher, die wie Mücken in der Gegend schweben, bekommt den Eindruck einer Klarheit, die es in Wirklichkeit überhaupt nie gibt. Denn bei allergünstigsten Sichtverhältnissen kann man bestenfalls 50 Meter weit sehen – und dann erscheint bereits alles, was mehr als 20 Meter weit entfernt ist, recht blaß und unscharf.

In den ersten Jahren der Unterwasserfotografie bemühten wir uns alle, möglichst klare und scharfe Aufnahmen zu machen. Was mich selbst betrifft, so machte ich jedoch bei Lichtbildvorträgen die Entdeckung, daß trübe und unscharfe Aufnahmen oft weit stärkere Wirkung erzielten. Warum? Offenbar deshalb, weil sie der Phantasie mehr Spielraum ließen, weil sie eher der düsteren und unheimlichen Vorstellung entsprachen, die sich der Alltagsmensch von der Unterwasserwelt machte. Noch bis 1948 konnte man an „Life" kein Bild verkaufen, wenn es nicht wie mit der Nadel gestochen scharf war. Das änderte sich später gründlich. Sowohl bei Aufnahmen ober Wasser als auch bei Unterwasserfotos wurden unscharfe, verschwommene oder verwackelte Bilder immer populärer. Unter Umständen vermitteln sie den Eindruck der Gefahr, des Dramas, der sich dem Betrachter des gestochen scharfen Bildes nicht aufdrängt. Auch bei Filmaufnahmen lassen sich auf diese Weise starke Effekte erzielen. Das unscharfe Bild erregt unsere Neugier – das Gehirn bemüht sich, es zu entziffern. Also ist der Zuschauer erhöht aufmerksam, und es bereitet ihm Lust, wenn sich die verwischten Konturen langsam zu ordnen beginnen und sich ihm schließlich die Lösung des Rätsels offenbart. Ähnlich ist es bei Fahrtaufnahmen in trübem Wasser. Wird die Kamera fachmännisch geführt, dann verfolgt der Zuschauer gespannt, wie aus dem Nichts immer neue Gestalten auftauchen, verschwommen und rätselhaft zunächst, dann immer klarer und schärfer konturiert. Eine Mischung von Spannung und Unbehagen begleitet dann den Weg der Kamera. Besonders unter Wasser weiß man ja nie, was hinter dem nächsten Felsen verborgen ist, was hinter der nächsten Ecke lauert. Darum ist auch für den Taucher trübes oder dunkles Wasser beängstigend

19 Für Arbeiten in Tiefen bis zu 300 Metern werden heute Klein-U-Boote entwickelt. Im vorderen, druckfesten Abschnitt befinden sich zwei Navigatoren, im hinteren zwei Taucher, die dem Tiefendruck ausgesetzt sind und das Schiff durch eine auf der Unterseite gelegene Luke verlassen können. Nach erfolgter Arbeit dient ihnen dieser Raum als Dekompressionskammer. Das Bild zeigt den von Bruker-Physik entwickelten Prototyp der „Mermaid", die bei geringen Kosten große Sicherheit bieten soll. Sie kann per Flugzeug zum Einsatzort gebracht werden.

und unangenehm. An diesem Vordringen ins Ungewisse nimmt dann der Zuschauer gleichsam direkt teil.

Mit Kurt Hirschel tauchte ich bei den Riffen von Singapur, und wir gerieten dort bei recht trübem Wasser in Strömungen von vier bis fünf Knoten Geschwindigkeit. Wenn wir an einem Punkt ins Wasser gingen, mußte uns das Boot meist ein oder zwei Meilen vom Eintauchort entfernt wieder auffischen. Hier gelangen mir die besten Fahrtaufnahmen bei trübem Wasser. Die Strömung trieb uns die Riffe entlang, so daß ich die Flossen nur noch zum Steuern verwenden mußte. Wir hielten uns dicht an die dort sehr bizarr geformten Korallen, „flogen" im Eilzugstempo dahin. Da ich mit einer elektrisch betriebenen Filmkamera arbeitete, konnte ich Szenen von fast drei Minuten Dauer drehen. Ich ließ einfach die Kamera schnurren, und die Strömung trieb mich durch die düstere Landschaft, vorbei an schroffen Korallentürmen, durch Schluchten und über „Gebirge", an verblüfft näherkommende und erschreckt abdrehende Schildkröten heran, durch Riesenschwärme von kleinen und größeren Fischen. Einmal war plötzlich auch ein großer Hai vor mir, blickte neugierig in mein Objektiv, und schon ging meine Fahrt weiter.

Als ich 1940 in Deutschland meine ersten Unterwasseraufnahmen von Fischen veröffentlichte, schrieb die damals angesehene Hamburger Zoologin Erna Mohr in der Zeitschrift „Zoologischer Garten": „Ich muß sagen, daß ein gutes, klares, im Aquarium aufgenommenes Bild, das mir alle nötigen Einzelheiten zeigt, von unendlich höherem wissenschaftlichem und didaktischem Wert ist als diese im Meer gewonnenen Naturkunden, selbst wenn diese unter Lebensgefahr beschafft sein sollten."

Freilich, auf meinen Bildern konnte man nicht jeden Flossenstrahl und jede Schuppe zählen – trotzdem war dieses Urteil nicht nur gehässig, sondern einfach falsch. Denn die Naturforschung beschränkt sich längst nicht mehr darauf, neue Arten zu finden und möglichst genau zu beschreiben, sondern versucht jedes Lebewesen – als Weiterträger des Lebensprozesses – in seiner Wechselwirkung zu der jeweiligen Umwelt zu verstehen. Die Arten sind ja nichts Starres und Unveränderliches, sondern haben sich im Laufe der Erdgeschichte immer wieder verändert, immer wieder neuen Umweltbedingungen und Lebensmöglichkeiten angepaßt – so strömte die Evolution weiter, so kam es zur Entstehung immer neuer Strukturen. Nur vom Tier in seiner natürlichen Umwelt können wir Hinweise dafür erhalten, warum es gerade so geformt ist und nicht anders, warum es gerade diese bestimmte Verhaltensweise zeigt. Somit ist das Studium in der natürlichen Umwelt entscheidend wichtig – und die Fotografie als Dokumentationsbehelf von großer Bedeutung. Schon diese ersten Bilder gaben, obwohl ich mich erst nach meiner Rückkehr dem Zoologiestudium zuwandte, manchen Hinweis von bedeutendem wissenschaftlichem Wert.

So bewiesen sie schlagend, wie fehlerhaft die bisherigen Abbildungen verschiedener Fischarten in den wissenschaftlichen Standardwerken gewesen waren. Im natürlichen Lebensraum zeigten viele dieser Fische andere Farben und Musterungen als auf den so prächtig ausgeführten Farbtafeln. Die Ursache lag auf der Hand: diese Malereien waren meist nach toten oder in Becken gehaltenen Fischen angefertigt worden. Viele Arten aber zeigen einen erstaunlichen Farbwechsel. Ein ruhig über dem Grund stehender Barrakuda hat dunkle Querstreifen, die er, sobald er wegschwimmt, sofort verliert. Manche silbriggefärbten Schnapper zeigen, wenn man sie tötet, ein prachtvolles Rot. Bei Kofferfischen beobachtete ich, wie sie im Liebesspiel leuchtendblau wurden. Einen großen flachen Hornfisch hatte ich in vier völlig verschiedenen Färbungen und Musterungen fotografiert.

Die von mir damals festgehaltenen Farben waren freilich – wegen der Filterwirkung des Wassers – auch nur beschränkt richtig. Erst durch die spätere Verwendung von Blitzlicht wurde es möglich, die wahre Färbung der einzelnen Fischarten festzuhalten – wobei jedoch auch wieder zur Diskussion steht, ob man diese als das eigentliche Kriterium ansprechen kann. Denn sie zeigen das Tier ja nicht so, wie es sich den übrigen in seinem Lebensraum darbietet. In Tiefen, wo es keine Rotstrahlung mehr gibt, können auch Tiere keine Rotfärbung sehen. Das *relevante* Kleid wird somit durch die Farbaufnahme ohne künstliches Licht besser wiedergegeben. Aber auch hier hängt es wieder von der jeweiligen Gestimmtheit des Tieres ab, welche Färbung oder Musterung für die Art dann typisch ist. Ein hungriger Fisch kann anders gefärbt oder gemustert sein als ein satter, ein ungestörter anders als ein erschreckter oder einer in Paarungsbereitschaft, und viele Fische passen sich auch zur Tarnung in Farbe und Musterung dem jeweiligen Untergrund an. Um genau zu sein, müßte man alle diese diversen „Kleider" festhalten, welche die gleiche Fischart unter diesen oder jenen Umständen trägt – wobei noch weiter zu berücksichtigen ist, daß bei manchen Arten sich auch mit dem Alter Farbe und Musterung ganz entscheidend ändern. Hier bietet sich dem biologisch interessierten Unterwasserfotografen ein weites, äußerst faszinierendes Arbeitsfeld.

Eine weitere Erkenntnis, die sich erst allmählich durchgesetzt hat, ist die, daß Bewegungen und Verhaltensweisen nicht weniger typisch für manche Art sind als etwa die Gestalt ihres Körpers oder ihrer Organe. Den Tieren sind die im Gehirn sitzenden Steuerungsmechanismen angeboren, die ähnlich wie bei automatisch arbeitenden Maschinen entsprechend koordinierte Bewegungsvorgänge lenken. Die Hauptbewegungen für Aktion und Reaktion lernen die Tiere nicht etwa in der Jugend, sondern sie sind das Werk von Zellstrukturen, die vom genetischen Code (Erbgut) ebenso aufgebaut werden wie der Kopf, die Augen oder die Schuppen. Ich ersann eine besondere Filmkamera, um diese arttypischen Schwimm- und Flossenbewegungen bei verschiedenen Fischarten festzuhalten – eine Kamera, die ich als meine persönliche „Geheimwaffe" ansah und die darum auch nie auf den

Markt kam. Um so schnelle und differenzierte Bewegungen festzuhalten und später genau analysieren zu können, mußte ich in Zeitlupe und Großaufnahme filmen. Die Verwendung von Zeitlupe ist bei jeder besseren Filmkamera möglich, dagegen ist die Scharfeinstellung bei Großaufnahmen im Makrobereich bereits recht schwierig. Die Tiefenschärfe wird dann schon sehr gering; entfernt sich also der Fisch auch nur um zwei Zentimeter, dann muß ich am Objektiv die Entfernungseinstellung „nachziehen", sonst erhalte ich ein unscharfes Bild. Dazu kam noch, daß ich mit der Kamera nicht allzu nahe an die Fische heranschwimmen konnte – einerseits, weil sie es nicht zuließen, anderseits, weil dadurch ihre normale Bewegungsweise gestört war. Ich verwendete darum ein Teleobjektiv und erreichte durch eine zusätzliche Vorsatzlinse, daß ich schließlich aus eineinhalb Meter Entfernung Flossen bildfüllend aufnehmen konnte. Daraus ergab sich eine neue Schwierigkeit. Bei solchen Aufnahmen muß man die Kamera ungemein ruhig halten, denn schon bei der geringsten Bewegung schwankt das auf weite Entfernung aufgenommene Bild später störend hin und her. Also ließ ich mir für eine Arriflexkamera ein Gehäuse bauen, dessen Schwerpunktlage im Wasser optimal war und bei dem ich auch unter Wasser durch das Objektiv schauend die Schärfe einstellen konnte. Da dies jedoch keinerlei Rucken an der Kamera verursachen durfte, ließ ich am rechten Griff einen Kipphebel anbringen, durch den ein elektrischer Motor im Inneren des Gehäuses die Schärfe kontinuierlich auf näher oder ferner verstellte. Zahnräder drehten also den Einstellring hin und her. In wochenlanger Bemühung lernte ich dann auf diesem Hebel so zu „spielen" wie auf einem Klavier. Die Schwierigkeit dabei war, jeweils zu erkennen, ob das Tier näherkam oder sich entfernte. Mein Objekt mußte ständig „in der Schärfe bleiben". Da während des Filmens meine Maske gegen das an der Rückseite des Gehäuses befindliche Fenster gepreßt war, sah ich immer nur, was gerade meine Optik „sah", blieben mir Hindernisse rechts und links verborgen. Folgte ich Fischen, dann stieß ich nur zu oft gegen diese oder jene Koralle; ich schwamm ja völlig ins Blinde, sah vor mir nur eben eine stark vergrößerte Flosse. Selbst auf die Gefahr hin, für verrückt gehalten zu werden, muß ich sagen, daß dies die schönsten und faszinierendsten Stunden waren, die ich unter Wasser erlebte. Ich wurde während dieser Aufnahmen – und bei späterer Betrachtung der Filme – auf Details aufmerksam, die ich sonst kaum bemerkt hätte. Je mehr man aber in der Natur ins Detail, ins Kleine geht, um so erstaunlicher und vielfältiger wird, was man zu sehen bekommt. Auch rein körperlich waren diese Aufnahmen ein Höhepunkt, denn sie erforderten eine Anpassung des ganzen Körpers an das Wasser, an jede Strömung, jede Bewegung.

Seither hat das Fotografieren und Filmen unter Wasser einen ungeheuren Aufschwung genommen; es gibt bereits an die 100 verschiedene Unterwasserge-häuse im Handel. Ich selbst baute eines für die Leica, das jedoch durch die Nikonos längst überholt ist, die nicht mehr eine in ein Gehäuse gestellte Kamera ist, sondern eine bereits an sich wasserdichte Kamera, ebenso ober wie unter Wasser verwendbar. Die von mir gemeinsam mit den Technikern der Firma Rolleiflex entwickelte „Rolleimarin" erwies sich dagegen als ungewöhnlicher Erfolg. Sie kam 1953 auf den Markt und wird bis heute – praktisch unverändert – von fast allen professionellen Unterwasserfotografen verwendet. Es war die erste Kamera mit Scharfeinstellung auf der Mattscheibe, Blitzlicht, Vorsatzlinsen und anderen technischen Vorzügen. Erst seit kurzem gibt es Gehäuse für die Hasselblad-Kamera, die in dieser Hinsicht noch perfekter sind.

Der französische Tauchpionier und Techniker Dimitri Rebikoff entwickelte einen Unterwasser-Elektronenblitz, dessen besonders starke Batterie gleich dazu verwendet wird, den Taucher, der sich an dem torpedoförmigen Körper anhält, durchs Wasser zu ziehen. Er nannte diese Verbindung von Blitzlicht und Scooter „Torpille". Cousteau entwickelte Kameras, die man an einem Stiel vor sich schiebt und wie ein Gewehr handhabt. Ein Blick auf Abb. 49 zeigt, mit wie vielen Kameras der amerikanische Unterwasserfotograf Jerry Greenberg auf Fotojagd geht. „Wenn ich tauche", sagt er, „lasse ich oft acht oder zehn an Leinen vom Boot herunterhängen. So kann ich mir dann immer die, welche ich gerade brauche, nehmen, ohne hochschwimmen zu müssen." Auf die Entwicklung von automatisch arbeitenden Tiefseekameras, die an entsprechenden Kabeln in die Tiefe gelassen werden, spezialisierte sich mit großem Erfolg Harold E. Edgerton. Unterwasserfernsehkameras wurden von der englischen Marine bereits 1951 zur Suche des gesunkenen U-Bootes „Affray" eingesetzt. Für meereskundliche Arbeiten in den Tropen verwendeten wir 1957 erstmals eine solche Ausrüstung, zusammen mit einer synchronisierten Telerekordinganlage, durch die wir an Bord ohne Auftreten von Interferenzen das Fernsehbild technisch einwandfrei filmen konnten.

Viele wissenschaftlich wertvolle Dokumentationen sind durch überaus geduldiges Warten und Beobachten zustande gekommen, nicht wenige aber auch durch glücklichen Zufall. Letzteres trifft etwa auf die preisgekrönten Aufnahmen von Sepias bei der Paarung zu, die dem hervorragenden italienischen Unterwasserfotografen Paolo Curto bei Ras Filu an der Küste von Italienisch-Somaliland gelangen (Abb. 52–54). „Ich war ungeheuer beeindruckt von diesem Fischleben, es war mein erster Aufenthalt in den Tropen. Und gleich in den ersten Tagen sah ich dann diese Sepias, und zwar in ganz seichtem Wasser, nur etwa drei oder vier Meter tief auf den Felsen." – „Waren es mehrere?" – „Ja, aber ehrlich gesagt, sie interessierten mich nicht. Sie bewegten sich nicht, rührten sich nicht vom Fleck. Ich schwamm weiter und machte eine ganze Reihe anderer Aufnahmen – das Boot war etwa 500 Meter entfernt. Dann schwamm ich hin, wechselte die Filme und schwamm zurück – aber nicht wegen der Sepias, sondern weil ich zum Strand wollte. Ich arbeitete mit zwei Rolleimarins, und mein Glück war, daß ich nun beide voll geladen hatte. Und plötzlich sah ich sie wieder – aber jetzt waren sie ganz verfärbt. Sie waren jetzt in

Paaren." – „Wie viele?" – „So etwa sechs bis acht – ich glaube sechs. Und da begann ich dann mit den Aufnahmen und schoß ein Bild nach dem anderen. Nicht alle gut – aber doch die meisten. Sie verhielten sich ganz grotesk. Ich war erstaunt, weil sie überhaupt keine Angst vor mir hatten. Die eine stieg auf eine andere, dann umarmten sich zwei, dann waren wieder welche, die ganz allein wegschwammen . . . Nun, ich hatte eben das Glück, daß ich zwei volle Kameras hatte. Und das hat mir dann den ersten Preis beim ‚Premio Sarra' eingebracht."

Eine ähnliche Szene von Sepiaschwärmen hat Philippe Cousteau bei Nacht an der kalifornischen Küste festgehalten. Ebenfalls eine Sternstunde, zu der es ganz unverhofft kam. Er befand sich an Bord der „Calypso", in deren Scheinwerferlicht die unzähligen Tiere sichtbar wurden. Das Wasser ist dort ziemlich kalt, Philippe und einer seiner Kameraden zogen sich schnell ihre Neoprenanzüge an und sprangen mit ihren Kameras ins Wasser. „Die Tiere waren in solchen Massen versammelt, daß ich kaum einen halben Meter weit sehen konnte. Zwischen ihnen waren Haie, die uns überhaupt nicht beachteten. Wenn einer von ihnen versehentlich an uns anstieß, drehte er ab und schwamm in eine andere Richtung weiter. Sie stopften sich ununterbrochen mit diesen Tintenfischen voll, die ihnen oft zum Maul heraushingen." „Die langsam dahintreibenden Paare hielten sich in vielfachen Umarmungen umschlungen, ihre durchsichtigen, phosphoreszierenden Körper warfen in rhythmischer Bewegung das Licht der Scheinwerfer zurück. Manchmal klammerten sich zwei oder drei Tiere an ein anderes wie Schiffbrüchige an ein Floß. Einzelgänger schwammen quer durch diese Gruppen, schlangen ihre Fangarme sogar um unsere Köpfe und Hände, auch um die Kameras und Scheinwerfer, die wir trugen."

Ruhige und konzentrierte Arbeit eines Assistenten beim Filmwechseln – selbst wenn alles in höchster Aufregung ist – kann darüber entscheiden, ob man mit einer Aufnahme noch zurechtkommt oder nicht. Ebenso hängt viel an der eigenen Ruhe und Beherrschung. Bei Los Roches, einem Riff vor der venezolanischen Küste, hatte ich nur noch ein Bild in der Kamera. Ein prachtvoller Hai kam herangeschwommen – ich hob die Kamera, doch da sah ich einen Barrakuda, der sich von der anderen Seite näherte. Ich fürchtete, die Aufnahme mit dem Hai zu verpassen – doch hatte ich gleichzeitig die Hoffnung, vielleicht beide Tiere – die beiden gefürchtetsten Räuber des Meeres – aufs gleiche Bild zu bekommen. Ich biß also die Zähne zusammen und ließ den Hai vorbeischwimmen. Er zog einen Kreis – drüben wendete der Barrakuda und kam genau in unsere Richtung. Mein Herz klopfte zum Zerspringen. Von rechts kam jetzt der Hai, von links der Barrakuda – ganz so als hätten sie ein Stelldichein. Natürlich wußte ich, daß der Barrakuda abdrehen würde, trotzdem wartete ich, bis beide Tiere in ihrer ganzen Länge im Bild waren. Dann knipste ich. Im nächsten Augenblick drehten beide ab, und jeder schwamm seines Weges. Ich kann schwer beschreiben, mit welchem Triumphgefühl ich wieder zum Boot zurückkam.

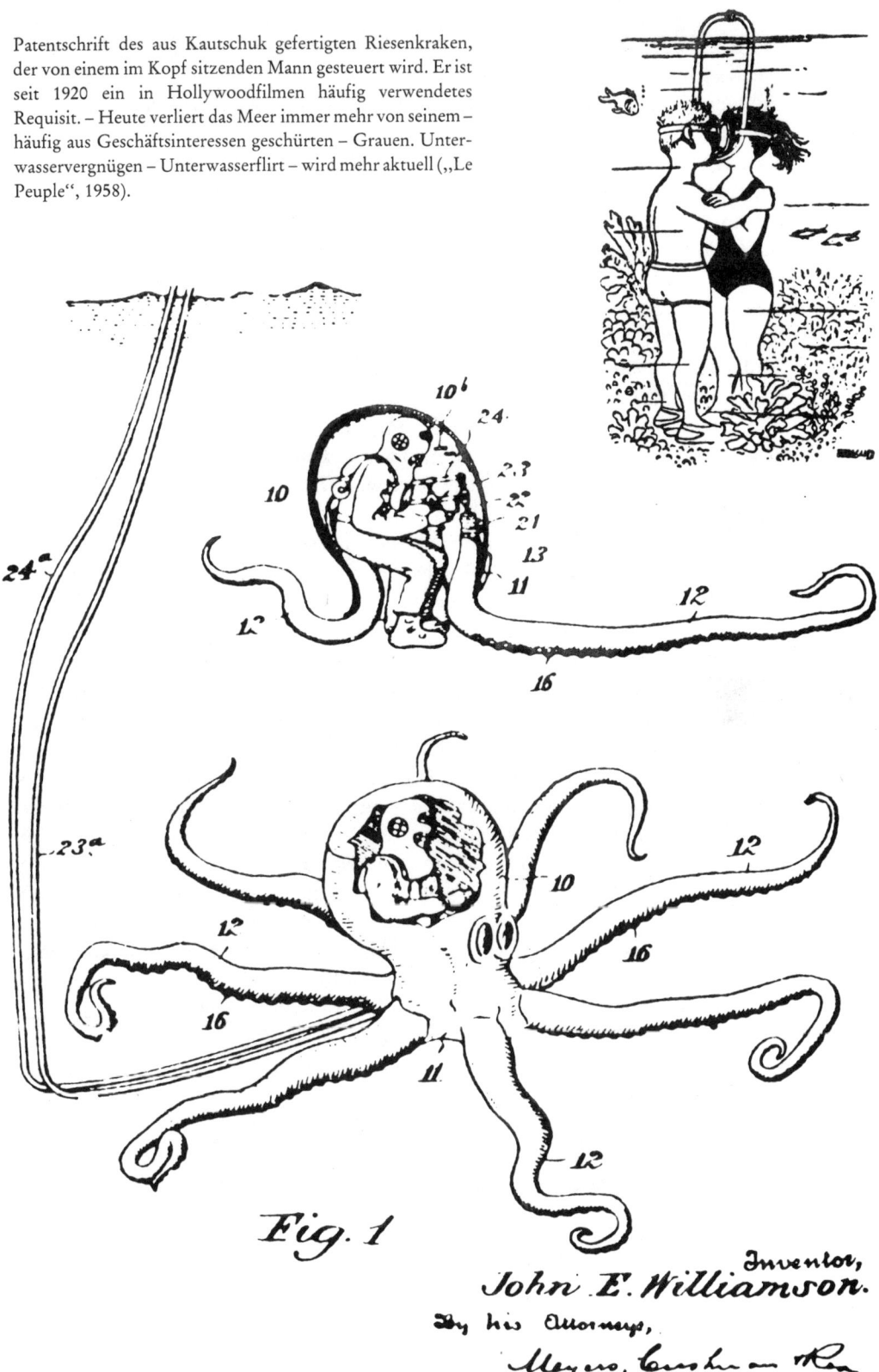

Patentschrift des aus Kautschuk gefertigten Riesenkraken, der von einem im Kopf sitzenden Mann gesteuert wird. Er ist seit 1920 ein in Hollywoodfilmen häufig verwendetes Requisit. – Heute verliert das Meer immer mehr von seinem – häufig aus Geschäftsinteressen geschürten – Grauen. Unterwasservergnügen – Unterwasserflirt – wird mehr aktuell (,,Le Peuple", 1958).

Fig. 1

Inventor,
John E. Williamson.
By his Attorneys,
Meyers, Cushman Rea

Wie es leider überall so ist, wird auch bei der Unterwasserfotografie nicht selten der Wahrheit „etwas nachgeholfen". Nicht wenige der wirkungsvollsten Bilder, die Mensch und Hai auf ein und demselben Bild zeigen, wurden mit Tieren gemacht, die man vor die Kamera hielt oder künstlich bewegte, während vom Hintergrund her ein mit Speer oder Kamera bewaffneter Taucher heranschwamm. Bei der Herstellung von Spielfilmen gibt es in dieser Hinsicht naturgemäß keinerlei Hemmung. Jede Spielhandlung ist schließlich „Schauspiel", also kommt es nicht auf die Art des Zustandekommens, sondern ausschließlich auf die erzielte Wirkung an. Der von Williamson 1915 konstruierte und zuerst in seinen eigenen Filmen verwendete Riesenkrake, der aus Kautschuk besteht und von einem darin sitzenden Mann gesteuert wird, ist noch bis heute eine in Hollywood oft verwendete Requisite. In dem so gelungenen Film „20.000 Meilen unter dem Meer" war er ebenso Filmheld wie in vielen anderen. Die meisten für Spielfilme gedrehten Szenen – Taucher am Wrack, Kämpfe unter Wasser, Liebesszenen usw. – werden meist gar nicht im Meer oder in Seen, sondern im Aquarium gedreht. Die Technik der Rückprojektion wird auch für solche Unterwasseraufnahmen eingesetzt. Eine Seite des Aquariums ist dann eine Milchglasscheibe, auf die von hinten schwimmende Fische, Haie oder sonstiges projiziert werden. Dieser sich bewegende Hintergrund wird dann samt der sich davor abspielenden Handlung gefilmt, und wenn das gut gemacht ist, erkennt niemand den Trick.

Als John Huston Herman Melvilles berühmten Roman „Moby Dick" verfilmte und die dramatische Jagd des Kapitän Ahab auf den weißen Wal auf Zelluloid bringen mußte, hatten wir gerade die ersten Unterwasseraufnahmen von Pottwalen bei den Azoren zustande gebracht, und Huston lud uns nach Elstree in England ein, wo sich die Ateliers befanden, in denen dieser Film mit einem kolossalen Aufwand an Geld und Material gedreht wurde. In mehreren der Riesenhallen waren Teile des gigantischen Moby Dick aufgebaut, die mit besonderen Eisenkonstruktionen gedreht und geschaukelt werden konnten. Wir sahen selbst zu, wie die Szene gedreht wurde, in der Kapitän Ahab oben auf dem mit Harpunen gespickten Riesenwal steht und ihm wild eine weitere Harpune in den Leib rennt. Vom Dach der Halle strömte ein ganzer Wasserfall nieder, der künstliche Riesenleib schwang machtvoll vor einem weiten blauen Panorama hin und her, während Gregory Peck als Kapitän Ahab seine wilden Kunststücke ausführte. Im Film sah das dann alles wirklich perfekt aus. Huston ließ sich alle unsere Aufnahmen vorspielen und war sehr darauf bedacht, daß bei seinen künstlichen Walen – er hatte auch kleinere, die elektronisch gesteuert im Becken herumschwammen – in den anatomischen Details wirklich alles stimmte.

Einige Jahre später, als De Laurentiis den Mammutfilm „Die Bibel" drehte, trat er an mich heran, ob er verschiedene meiner Aufnahmen verwenden könne. Ich hatte damals einen geschickten Agenten, der zur Bedingung machte, daß bei einem vereinbarten Meterpreis ein Minimum von 1000 englischen Pfunden bezahlt werden müßte. Später verwendete dann Laurentiis bloß eine einzige Walszene gleich am Anfang des Filmes. Sie dauerte nur sechs bis acht Sekunden – der nach dem Vertrag fällige Preis dürfte wohl einer der höchsten für einige Meter Unterwasserfilm gezahlten Beträge gewesen sein.

Heute sind wir soweit, daß sich frei bewegende Filmkameras konstruiert werden, die von der Oberfläche aus wie U-Boote künstlich gesteuert werden und mit Scheinwerfern und Fernsehauge ausgerüstet sind. Mit solchen Robotern wird es bald möglich sein, an Bord eines Schiffes vor einem Fernsehschirm zu sitzen und durch bloßes Betätigen von Tasten das sich in der Tiefe bewegende künstliche Organ zu bedienen. Mit dem Menschen steht es nur noch drahtlos in Verbindung, dreht und wendet sich nach Wunsch oder legt sich auf den Grund, schaltet Lichter ein oder aus, macht Nah- und Fernaufnahmen, folgt Fischen bis in die tiefsten eisigen Abgründe, untersucht Wracks oder Bodenbeschaffenheit – und bringt dann wie ein treuer Hund sein Tagewerk wieder nach oben: Informationen für Wissenschaft und Meereswirtschaft – oder Material für künstliche Träume.

Der trockene Kollege

Obwohl der neugeborene Fischmensch bisher erst verhältnismäßig selten – mit Hilfe der amerikanischen computergesteuerten Helium-Sauerstoff-Kreislaufgeräte – tiefer als 150 Meter ins Meer vorgedrungen ist, wissen wir dennoch bereits genau, wie es in allen Winkeln der ungeheuren Meeresabgründe aussieht, wie der Grund dort beschaffen ist, welche Temperaturen herrschen, welche Strömungen dort auftreten und noch viele andere Details. Dies verdanken wir der Tätigkeit eines Kollegen des Fischmenschen, der das alles herausgefunden hat, ohne auch nur naß zu werden. Er ist für die vom Menschen weitergetriebene Evolution der Lebensentwicklung weit mehr charakteristisch als der tauchende Mensch und hat mit seiner Tätigkeit auch schon wesentlich früher eingesetzt.

Einer der prominentesten Vertreter dieser besonderen Gilde – gleichzeitig aber auch ein begeisterter Taucher – ist der in Miami tätige Ozeanograph Robert Dietz. Er war an den letzten, zu so spektakulären Erkenntnissen führenden Untersuchungen entscheidend beteiligt.

Noch bis vor hundertfünfzig Jahren hatte man von der Tiefe der großen Ozeane kaum irgendeine Vorstellung. Sie galten als unermeßlich tief, vielleicht überhaupt ohne jeden Boden. 1521 ließ Magellan im Bereich der Touamotus im Pazifik sechs Seillängen aneinanderknüpfen – was etwa 800 Meter Länge ergab –, ließ sie mit einem Gewicht in die Tiefe, ohne jedoch auf Grund zu stoßen. Der französische Astronom Laplace schätzte die Tiefe der Ozeane aus dem Handgelenk auf 20.000 Meter, andere spekulierten, daß sie wahrscheinlich ebenso tief seien wie die Berge hoch. 1854 stellte der amerikanische Küstenvermesser A. D. Bache anläßlich einer durch ein japanisches Erdbeben ausgelösten Riesenwelle („Tsunami") mit Hilfe eines neu aufgestellten Gesetzes, das die Geschwindigkeit so großer Wellen mit der Wassertiefe in Relation brachte, Berechnungen an. Die Ausläufer dieses Tsunami erreichten etwa 12 Stunden später San Diego, daraus errechnete er eine Tiefe von 14.000 bis 18.000 Fuß, was der durchschnittlichen Tiefe des Pazifik von 16.000 Fuß sehr genau entspricht.

Wirklich aktuell wurde das Problem der Meerestiefen erst in der zweiten Hälfte des vergangenen Jahrhunderts, als man die ersten transozeanischen Kabel zur direkten Telegrammverbindung zwischen England und den USA legte. Jetzt wurde es wichtig, möglichst genaue Informationen über den Meeresgrund zu erhalten, nicht nur über dessen Tiefe, sondern auch über die Beschaffenheit des Bodens, die dort unten herrschenden Strömungen, über Temperatur, Salzgehalt und vieles andere mehr. Durch dieses zunächst aus praktischen Gründen geweckte Interesse kam es zur Ausrüstung der ersten ozeanographischen Schiffe, und auch die berühmte „Challanger-Expedition", die ab 1872 dreieinhalb Jahre lang die Tiefen der Weltmeere erforschte, verdankte ihre Finanzierung dieser Entwicklung.

Die damals verwendeten Lote, Netze, Thermometer, Strömungsmesser waren noch recht primitiv. Nicht selten hängten die Schiffsoffiziere eine Sektflasche daran, um sie im kalten Wasser in 1000 oder 2000 Meter Tiefe zu kühlen. Seither hat sich die Technologie ungemein verfeinert, und zum Instrumentarium eines ozeanographischen Forschungsschiffes gehören die raffiniertesten Greif-, Fang- und Meßgeräte, um in jeder Tiefe Temperatur, Salzgehalt, chemische Eigenschaften, Strömung und sonstige Daten zu ermitteln wie auch nach Möglichkeit die dort lebenden Tiere zu erbeuten. Die Erfindung des Echolots durch Alexander Behm im Jahr 1920 erleichterte die bis dahin so langwierige Tiefseelotung. Durch Sonden, die in den Meeresboden gestoßen wurden, konnten immer längere Profile der übereinander abgelagerten Sedimente gewonnen werden – was wieder wertvolle Rückschlüsse auf urzeitliches Leben und Klimaschwankungen erlaubte. Durch Unterwasserexplosionen, deren Echo gemessen wurde, konnten Rückschlüsse darüber gewonnen werden, wie dick die Sedimentschichten sind und wie mächtig die darunterliegenden Gesteinsschichten. Heute ist das modernst ausgerüstete Spezialschiff, die „Glomar Challanger", ein schwimmender Bohrturm mit geradezu unglaublichen Fähigkeiten. Das Schiff wird durch Echomarken auf dem Grund automatisch über einem bestimmten Punkt gehalten – auch bei Sturm und Strömung – und kann mit seiner Bohrvorrichtung bis auf 6000 Meter tiefen Grund gelangen. Das größte in solcher Tiefe gebohrte Loch hatte eine Tiefe von nicht weniger als 1000 Metern. Wie ein schwimmender Moskito mit einem gigantischen Stachel dringt dieses vom Menschen gebildete künstliche Organ bis weit in das Innere des Tiefseebodens vor und bringt getreulich Sedimente und Gesteine, so wie sie übereinanderliegen, nach oben.

Wie alle diese Untersuchungen gezeigt haben, sieht es unter dem endlosen

Der größte Gebirgszug der Welt wurde erst in jüngster Zeit entdeckt – auf dem Tiefseeboden. Der „mittelatlantische Rücken" ist 18.000 km lang und liegt in der Mitte zwischen Amerika, Europa und Afrika. Aus der Schlucht auf dem Gipfel des Gebirgszuges tritt Lava aus, breitet sich nach beiden Seiten aus und schiebt wie auf Fließbändern allmählich die Kontinente auseinander (zwei Zentimeter pro Jahr). Noch vor 200 Millionen Jahren gab es den Atlantik nicht, Afrika und Europa waren damals mit Amerika verbunden. Die vom deutschen Geophysiker Alfred Wegener bereits 1925 aufgestellte Theorie der Kontinentaldrift wurde durch die moderne Ozeanographie als richtig erkannt.

Horizont der Meere völlig anders aus, als man ursprünglich dachte. Es beginnt bereits mit der Gestalt der Kontinente. Entlang der Küsten fällt der Grund allmählich bis etwa 200 Meter Tiefe ab. Diese rings um die Kontinente sich erstreckenden Plattformen werden Kontinentalschelf genannt. Hierauf folgt ein ungemein steiler Absturz bis auf 4000 Meter Tiefe. Kein Gebirge dieser Welt – mit Ausnahme der Südfront des Himalaya – kann sich mit diesen ungeheuren Wänden messen. Im Falle einer Austrocknung des Meeres stünden die Kontinente wie gigantische, kaum zu erklimmende Tafeln über dem Meeresgrund.

Entlang dieser Abhänge gibt es – wie die Lotungen zeigten – senkrecht hinabführende Schluchten, deren Dimensionen oft den berühmten Grand Canyon in den Schatten stellen. Solche Schluchten befinden sich in erster Linie dort, wo größere Flüsse münden – aber auch an anderen Stellen. Natürlich fragte man sich, wie sie entstanden seien, welche Kräfte sie geformt hätten. Wie man inzwischen festgestellt hat, sind es Schlammströme, die im Laufe der Jahrmillionen ebenso tief in den Meeresboden einschneiden wie Bäche und Flüsse oben an Land. Diese Lawinen erreichen eine Geschwindigkeit von 33 Metern pro Sekunde, das sind immerhin 119 Stundenkilometer. Daß Schlammlawinen tatsächlich eine solche Kraft haben, zeigte sich am 18. November 1929 nach einem schweren Erdbeben südlich von Neufundland. Dort lagen transatlantische Kabel in verschiedener Tiefe, die alle zerrissen wurden – wie man zuerst dachte, durch das Erdbeben. Eine genauere Untersuchung brachte dann eine überraschende Tatsache ans Licht. Da genau feststellbar war, zu welcher Zeit die einzelnen Kabel gerissen waren, also die über sie laufende Verbindung unterbrochen wurde, konnte nachgewiesen werden, daß die meisten nicht während des Bebens selbst rissen, sondern in den folgenden 13 Stunden, eines nach dem anderen – und zwar um so später, je tiefer sie lagen. Damit war erwiesen, daß die durch das Erdbeben ausgelöste Schlammlawine bei ihrem Weg in die Tiefe die Kabel nacheinander zum Bersten brachte.

Den Boden der Ozeane stellte man sich früher als endlos öde Fläche vor, auf die seit Urzeiten wie in ewigem Schneefall Sedimente herabrieselten. In der Tat gibt es solche Tiefsee-Ebenen – und zwar sind sie hauptsächlich dort zu finden, wo durch Canyons immer wieder Schlammlawinen ihren Weg nehmen. Der Schlamm breitet sich dann in weitem Umkreis aus. Insgesamt machen diese Ödzonen jedoch nur einen geringen Teil des Tiefseebodens aus. Charakteristisch für den Meeresboden ist ein Profil, wie es oben auf den Kontinenten kaum seinesgleichen hat: Gebirgszüge von gigantischen Dimensionen erheben sich hier, unzählige, ebenfalls riesige Vulkane, und Schluchten von einer niemals vermuteten Tiefe durchfurchen den Tiefseeboden. Die entlang der Philippinen und Marianen verlaufenden „Gräben" sind mehrere tausend Kilometer lang und schneiden 4000 Meter tief in den Tiefseeboden ein. Zur tiefsten bis heute bekannten Stelle im Marianengraben, dem „Challanger-Tief", ist bereits ein menschliches Fahrzeug vorgedrungen: die „Trieste", mit Jacques Piccard und dem US-Marineoffizier Don Walsh an Bord.

Auch „trockene Kollegen", die jedoch immerhin unter Wasser gehen. Hier hat sich der Mensch entsprechende Panzer, die dem Tiefendruck widerstehen, samt geeigneter Antriebsmittel als künstliche Erweiterung des genetischen Körpers geschaffen.

Was bedeuten diese Schluchten? fragten sich die Ozeanographen. Und was bedeutet vor allem eine ganz besonders merkwürdige Schlucht, die etwa 2 Kilometer tief ist und genau am Kamm des größten unterseeischen Gebirges – des „mittelozeanischen Rückens" – verläuft?

Dieses Gebirge ist überhaupt die gewaltigste geologische Formation auf unserem Planeten. Es verläuft, bei Island beginnend, zunächst nach Süden und führt in einer großen S-Kurve genau zwischen Afrika und Südamerika hindurch bis in die Nähe der Antarktis. Hier schlägt es ostwärts einen Bogen, umrundet die Südspitze von Afrika, durchquert den Indischen Ozean in östlicher Richtung, läuft südlich von Australien vorbei, sodann quer durch den südlichen Pazifik, um sich schließlich wieder nach Norden zu wenden und in der Nähe von Kalifornien zu enden. Die Gesamtlänge dieser Gebirgskette beträgt über 75.000 Kilometer. Im Atlantik hat sie eine Breite von durchschnittlich 150 Kilometern, und viele ihrer Gipfel ragen 3000 Meter hoch vom Meeresboden empor – und sind dann immer noch 1000 Meter unter der Wasserfläche. An einigen Stellen erheben sich allerdings die Gipfel dieser Kette über Wasser – so etwa die uns als Inseln bekannten Azoren. Der Pico Alto, ihr höchster Gipfel, hat, vom Meeresboden aus gemessen, eine Höhe von 9000 Metern.

Und auf dem Grat dieser endlosen Bergeskette verläuft nun diese seltsame Schlucht von zumeist 2000 Meter Tiefe, sie läßt sich entlang des ganzen Rückens verfolgen. Was hat sie zu bedeuten? Erfahrungen an Land, auf den Kontinenten helfen nicht – denn nirgends auf diesen steilaufragenden Riesenschollen gibt es eine auch nur entfernt ähnliche Bildung ...

Die erst im letzten Jahrzehnt gefundene Erklärung für diese Rinne – und auch für die gigantischen Tiefseeschluchten – haben einen deutschen Geophysiker rehabilitiert, der 1915 eine von den meisten als völlig verrückt angesehene Hypothese aufstellte.

Alfred Wegener promovierte 1905 in Berlin. 1909 habilitierte er sich für praktische Astronomie, Meteorologie und kosmische Physik in Marburg. Später lehrte er Geophysik, zuerst an der Universität Hamburg, dann in Graz. Wegener war ein kluger Denker und gleichzeitig ein mutiger Draufgänger. Schon 1906/08 machte er eine Forschungsreise nach Ostgrönland. 1912/13 gelang ihm, nach einer Überwinterung an der gleichen Küste, gemeinsam mit einem zweiten Wissenschaftler eine Durchquerung Grönlands, bei welcher erstmals Beobachtungen über das Inlandeis angestellt wurden. Er schrieb ein Lehrbuch über die „Thermodynamik der Atmosphäre", dann folgte sein umstrittenes Werk „Die Entstehung der Kontinente und Ozeane" (1915). Was darin behauptet wurde, war allerdings kühn, wendete sich kraß gegen das herkömmliche Denken. Schon einigen vor ihm – auch Francis Bacon – war die erstaunliche Übereinstimmung der Küstenlinie des afrikanischen und südamerikanischen Kontinents aufgefallen. Schneidet man diese mit einer Schere aus einem Atlas, dann kann man sie wie die Steine eines Puzzles aneinanderfügen. Wegener erklärte, daß die Kontinente nicht stabil seien, sondern wie Schiffe an der Erdoberfläche trieben. Während der eigentliche Erdmantel, der am Boden der Ozeane in Erscheinung tritt, aus schwererem Gestein besteht – vorwiegend aus Silizium und Magnesium („Sima" genannt) –, sind die Kontinente aus leichterem Material: aus Eruptivgesteinen und kristallinen Schiefern („Sial" genannt). Nach Wegeners Theorie verschoben sich die Sial-Schollen der Kontinente auf dem eigentlichen Mantel der Erdkugel, dem Sima-Untergrund. Ursprünglich – so nahm er an – habe eine Sial-Rinde die Erdkugel umschlossen, diese sei dann auf der einen Seite aufgeplatzt und auf der anderen zusammengeschoben worden – so daß eine große verdickte Scholle daraus wurde: die Gesamtheit der heutigen Kontinente. Dieses in einem Stück zusammenhängende Festland nannte er „Pangaea"; es war ringsum vom Pazifik umgeben. Dann, vor etwa 200 Millionen Jahren, spaltete sich diese Riesenscholle in mehrere Teile: Südamerika löste sich vom heutigen Afrika, nach Süden drifteten die Antarktis und Australien – damals noch miteinander verbunden –, an der Ostseite riß eine weitere Spalte auf, durch die Vorderindien entstand, das sich ebenfalls von Afrika entfernte. Dieser Prozeß setzte sich dann weiter fort: die Antarktis und Australien wurden zu einer eigenen Scholle, die selbständig weitertrieb, während Nord- und Südamerika immer weiter von Afrika plus Europa und Asien wegrückten. Auf diese Art entstanden auf der einen Seite der Atlantik, auf der anderen der Indische Ozean und das Rote Meer – während der Pazifik entsprechend kleiner wurde.

Wegeners Theorie wurde von vielen belächelt, von den meisten rundweg abgelehnt. Wie Dietz mir erzählte, gab es in Chikago zu jener Zeit einen Professor, der, wenn er von der Kontinentaldrifttheorie bloß hörte, so in Ärger geriet, daß er für mehrere Tage völlig aus dem Gleichgewicht kam. Ein anderer, sehr bedeutender Professor in Stanford veröffentlichte eine wissenschaftliche Schrift mit dem nicht eben sehr wissenschaftlichen Titel „Die Kontinentaldrift: ein Märchen".

Die Idee für seine Theorie mag Wegener in Grönland bei Betrachtung der großen, sich langsam bewegenden Eisschollen gekommen sein. Die Hauptschwierigkeit, der er sich gegenübersah, war die Erklärung für diese merkwürdige Wanderung. Ganz ungeheure Kräfte mußten am Werk sein, um so gewaltige

Nicht nur die Kontinente, sondern auch die unterseeischen Berge und Inseln ruhen auf Platten, die auf dem zähflüssigen Erdinnern wie Flöße schwimmen und sich verschieben („Drifte"). Bewegen sich solche Platten gegeneinander, dann wölbt sich die eine auf, während die andere sich unter sie schiebt. So entstanden die Tiefseegräben – etwa der besonders tiefe Marianengraben südöstlich von Japan. Die Pfeile im Bild zeigen die Bewegungsrichtung der Platten an. Die am Rande gelegenen unterseeischen Vulkane wandern langsam in die Tiefseegräben hinein und verschwinden dort schließlich.

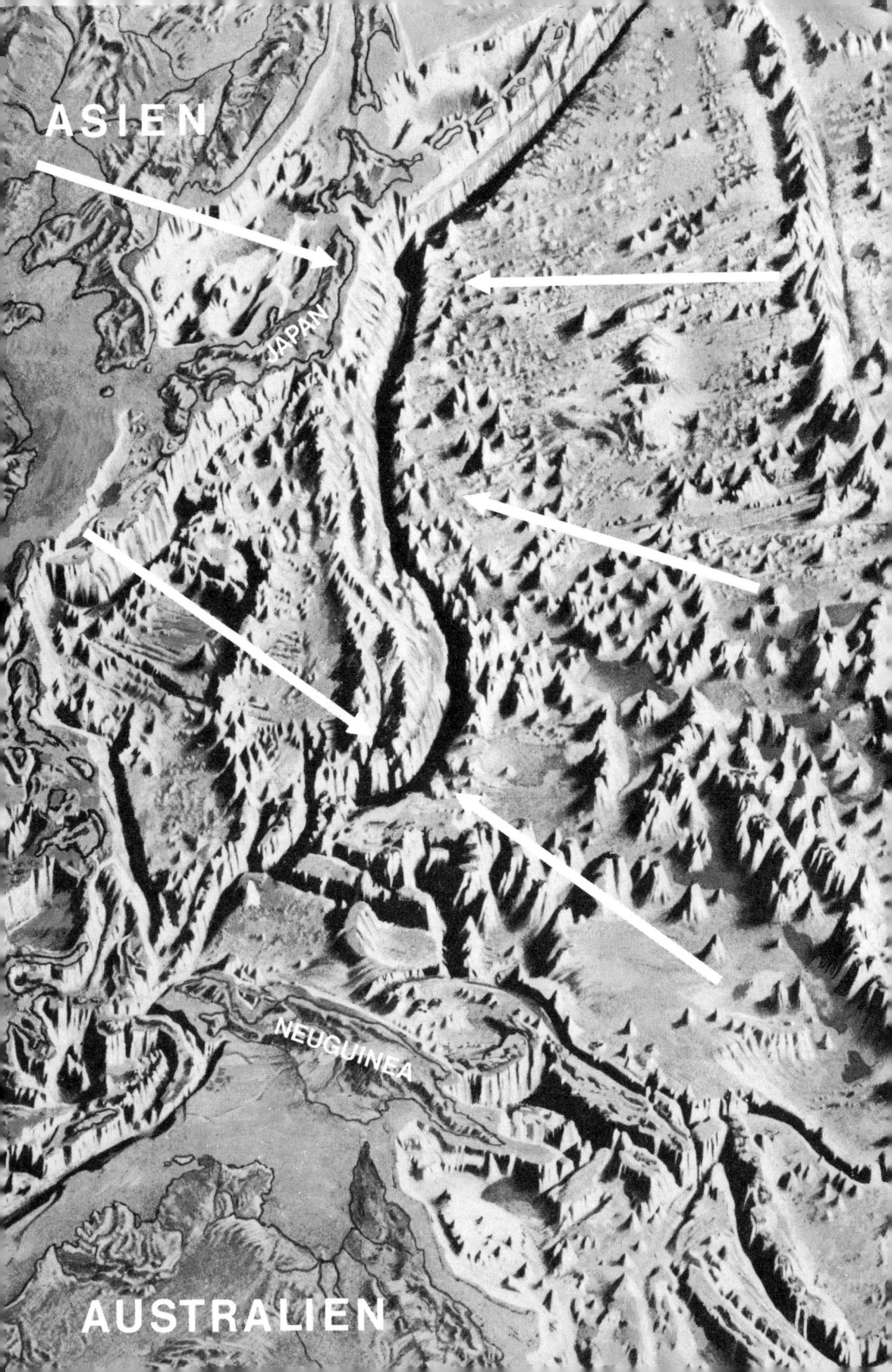

ASIEN

JAPAN

NEUGUINEA

AUSTRALIEN

Massen zu verschieben. Er begründete sie mit einer „Polflucht" und einer „Westdrift" der Landmassen. Daß tatsächlich solche Verschiebungen stattgefunden haben mußten, zeigten deutlich geologische und biologische Übereinstimmungen an den Kanten, die ursprünglich einmal vereint gewesen waren. 1930 starb Wegener auf einer Expedition nach Westgrönland. Von der Station „Eismitte" brach er am 1. November nach der Küste auf, erlag jedoch den Anstrengungen der winterlichen Schlittenreise. Die Anerkennung seiner Theorie hat er nicht erlebt.

Die Antwort nach den Kräften, welche die Kontinente verschieben, liefert jene geheimnisvolle Schlucht, die am Grat der untermeerischen Gebirgsgiganten entlangführt. Es ist eine Spalte, durch die aus dem Erdinneren stetig Lava austritt. Die ganze riesige Gebirgskette ist durch ebendiese Spalte entstanden, indem die ausfließende Lava sich hochtürmte und nach beiden Seiten hin abfloß. Wieso weiß man das heute so genau? Die Ozeanographen haben dafür einen sehr schlüssigen Beweis gefunden. Wenn die Lava erstarrt, dann stellen sich kurz vor dem Erkalten die in ihr enthaltenen winzigen eisenhaltigen Einschlüsse wie Magnetnadeln nach dem Magnetfeld der Erde ein. Sie sind sozusagen ein „eingefrorener Kompaß". Nun hat man festgestellt, daß Nord- und Südpol ungefähr alle 500.000 Jahre Platz tauschen. Erstarrt Lava also 500.000 Jahre später, dann zeigen die eingefrorenen Magnetnadeln nach der entgegengesetzten Seite. Das Alter eines Gesteins läßt sich wiederum über den radioaktiven Zerfall sehr genau feststellen. Eine Untersuchung von Gesteinsproben rechts und links von der Schlucht – von der „Glomar Challenger" ans Tageslicht gefördert – hat nun ergeben, daß in regelmäßigen Abständen die Magneteinstellung wechselt, was beweist, daß der Meeresboden rechts und links von der Spalte von der ausströmenden Lava nach den beiden Seiten weggedrückt wurde und wie ein Fließband in Bewegung geriet. Der Vergleich mit dem Fließband trifft um so mehr zu, als die Oberschicht des Meeresbodens gegenüber dem zähflüssigen Zentrum verhältnismäßig dünn ist (nur ca. 20–40 km). Nach heutiger Vorstellung treiben die Kontinente und ebenso auch Inseln und Unterwassergebirge auf großen Platten wie auf „Fließbändern" dahin. Wobei es drei Möglichkeiten gibt – erstens: ihre Ränder gleiten aneinander entlang; zweitens: sie entfernen sich voneinander – dann tritt aus dem zwischen ihnen entstandenen Riß neue Lava aus; drittens: sie bewegen sich aufeinander zu – dann schiebt sich eine Platte unter die andere.

Schon Wegener hatte sich vorgestellt, daß der Himalaya dadurch entstand, daß die indische Kontinentaltafel sich unter die asiatische schob. Auch die übrigen Gebirgsbildungen auf den Kontinenten werden durch die Kontinentaldrift erklärt.

Hatte man früher noch geglaubt, die sich abkühlende Erde habe sich zusammengezogen und so wie ein vertrockneter Apfel eine runzelige Schale bekommen, so erkannte man jetzt, daß die großen Gebirgszüge sich immer an jener Seite der Kontinentalplatten befanden, in deren Richtung diese drifteten. Durch den Widerstand bei der Fortbewegung wurden sie dort aufgewölbt.

Noch bis vor kurzem beschäftigte man sich in der Geologie hauptsächlich mit Hebungen und Senkungen. Wie geringfügig diese gegenüber den seitlichen Verschiebungen sind, hat Dietz in einer seiner jüngsten Schriften am Beispiel der Bahama-Inseln gezeigt. Durch Untersuchung mittels Bohrung heraufgeholter Schichten von organischen Resten stellte man fest, daß diese Plattform in den letzten 140 Millionen Jahren etwa 6 Kilometer abgesunken ist; durch Korallenwachstum wuchs sie gleichzeitig höher und blieb so an der Oberfläche. In der gleichen Zeitspanne aber hat sich diese Plattform nach heutigen Berechnungen 5000 km nach Norden bewegt. Ursprünglich befand sie sich etwa in der Gegend der Ascension-Insel im Zentralteil des Atlantik nahe dem Äquator.

Die Antarktis gilt heute als die einzige Kontinentalplatte, die sich fast überhaupt nicht bewegt. Australien löste sich erst vor 55 Millionen Jahren von der Antarktis ab. Jetzt bewegen sich sowohl Australien wie auch der indische Subkontinent in Richtung Norden. Südamerika driftet nach Westen, Nordamerika ebenfalls, doch um einige Grade mehr in nördlicher Richtung. Afrika wandert nördlich und dreht sich gleichzeitig im entgegengesetzten Sinn des Uhrzeigers. Europa und Asien drehen sich im Uhrzeigersinn, so daß England aus den Tropen in nördliches Klima kam, während Japan sich nach Süden bewegte. Das Mittelmeer wird schmaler, der Pazifik kleiner, Atlantik und Indischer Ozean werden größer. Die tiefen Schluchten im Pazifik, etwa jene, in welche die „Trieste" hinabtauchte, sind Stellen, wo eine Platte unter einer anderen verschwindet.

Ein besonderes Problem waren für die Ozeanographen die zahllosen Vulkane, die vom Grund des Pazifischen Ozeans aufragen. Bisher hat man über tausend gefunden, die sich mehr als 1000 Meter über den Meeresgrund erheben. Der höchste unter ihnen ist die Insel Hawaii, die vom Meeresgrund an gerechnet über 10.000 Meter hoch und somit der höchste Berg auf der Erde ist. Manche andere Vulkane, die bis an die Oberfläche aufragten, wurden zu Atollen. Wie Darwin sehr richtig erkannte, entstanden sie – zumindest in diesem Gebiet – durch Absinken von Inseln, die von Korallenriffen umgeben waren. Allmählich verschwand die Insel, das ringförmig sie umschließende Riff jedoch wuchs in gleicher Geschwindigkeit ständig höher und blieb zu'etzt als einsamer Riffring zurück. Großes Kopfzerbrechen verursachten unterseeische Vulkane, die bis maximal 1000 Meter an die Oberfläche heranreichen und dabei doch oben völlig abgeflacht sind, als wären ihre Spitzen einst über Wasser gewesen und durch Erosion abgetragen worden. Während der Eiszeiten sank der Meeresspiegel, so wissen wir heute, um 100 bis 200 Meter, weil sehr viel Wasser sich in Form von Eis über die Kontinente ausbreitete. Nie jedoch bildete sich so viel Eis, daß der Meeresspiegel auf 1000 Meter abgesunken wäre. Auch aus dem Erdinneren kommt ständig Wasser, doch auch nicht genug, um solche Niveauunterschiede zu erklären. Wie kommt es also zu diesen oben flachen Vulkanen? Ihre Gipfelflächen liegen durchaus nicht in gleicher Tiefe – sind aber alle zur Oberfläche parallel.

Eine plausible Erklärung besagt, daß die feste Kruste des Erdmantels auf dem Meeresgrund ziemlich dünn ist. Diese Vulkane aber bedeuten ein ganz erhebliches Gewicht. Konversionsströmungen im Inneren der Erde können dazu führen, daß einmal diese, dann jene Gegend heißer – und somit die Rinde entsprechend dünner und weniger tragkräftig wird. Man darf also annehmen, daß diese Kegel nach ihrer Bildung auf Grund ihres Eigengewichtes später wieder absanken, wofür auch das Auftreten von Vertiefungen rings um die Sockel solcher Vulkane spricht.

Besonders interessant, so erklärte mir Dietz, sei das verhältnismäßig geringe Alter all dieser untermeerischen Vulkane im Pazifik. „Keiner von ihnen ist mehr als 225 Millionen Jahre alt – daraus ergibt sich die Frage: Wo sind jene, die in früheren Zeiträumen entstanden sein müssen, also vor 300 bis 600 Millionen Jahren? Im Gegensatz zu den Gebirgen an Land sind sie kaum irgendeiner Erosion ausgesetzt. Wir nehmen heute an, daß ihre Spuren vernichtet wurden, indem die Fließbänder des Meeresbodens sie langsam weitertrugen – bis sie schließlich in den Abgründen der großen Tiefseegräben verschwanden. Zwei solche Vulkane im Golf von Alaska legen eine solche Deutung nahe. Beide sind sie bereits bis dicht an den Aleuten-Graben herangedriftet. Es sind ‚Guyots‘ – also Vulkane mit oben abgeflachter Kuppe. Der eine liegt dicht am Graben, seine Gipfelfläche ist zum Graben hin um 8 Grad geneigt; diese Neigung scheint uns ein deutlicher Hinweis dafür, daß er in den Graben hineinwandert. Der andere sitzt bereits tief unten, in der Mitte der Schlucht, und steht offenbar direkt vor seinem Verschwinden. Sein Gipfel liegt jetzt 1400 Faden tief – eine Tiefe, in der man normalerweise keine Guyots findet.“

Noch vor fünfzig Jahren hielt man unsere Kontinente für etwas absolut Solides, seit Urzeiten so Gewesenes – ganz so wie man noch vor hundertfünfzig Jahren die einzelnen Tier- und Pflanzenarten als etwas so Geschaffenes und durchaus Unveränderliches ansah. Diese Vorstellung, tief in der menschlichen Überzeugung verwurzelt, ist nun niedergebrochen. Nicht unwesentlich dazu beigetragen hat unser „trockener Kollege“.

EXPANSION

Cooper: „*Hallo, Sealab – hier ist Gemini 5.*"

Carpenter: „*Hallo, Gemini 5 – Ihr seid ja fabelhaft.
             Hoffentlich habt ihr eine angenehme Rückkehr!*"

Cooper: „*Ja, sehr bald. – Und wie geht es euch da unten?*"

FUNKGESPRÄCH WELTRAUM–MEERESGRUND

Ins Unbekannte

In einer seiner ersten Nummern, im November 1952, veröffentlichte der „Skin Diver" einen psychoanalytischen Fragebogen, mit dem alle jene Taucher erfaßt werden sollten, bei denen der neue Sport sich negativ ausgewirkt hatte. Darin hieß es:

1. Kommt Ihnen Ihre Gattin manchmal wie ein gut zubereitetes Abalone-Steak vor?
2. Bewegt sich der Schalthebel Ihres Autos ähnlich wie eine Harpune?
3. Ziehen Sie, bevor Sie ein Bad nehmen, die Flossen an und fühlen Sie einen unwiderstehlichen Drang unterzutauchen?
4. Kommt es vor, daß Sie statt des Handtuchs Ihr Unterwassergewehr nehmen und damit auf die Erscheinung im Spiegel schießen?
5. Tragen Sie, wenn Sie zur Arbeit gehen, Ihre Froschmannausrüstung unter dem Anzug?
6. Versuchen Sie, wenn Sie an Ihrem Auto den Reifen wechseln, diesen abzuschuppen und zu entgräten?

Für den Fall, daß alle Fragen mit ja beantwortet wurden, bot der Autor zwei Ratschläge an: A) Gib das Tauchen auf. B) Stirb. Er fügte dann noch hinzu, daß viele „Patienten" sich wohl lieber für den zweiten Ausweg entschließen würden.

Wen das Tauchen einmal gepackt hat, den läßt es nicht mehr los. Ich erinnere mich, daß die Gattinnen etlicher Freunde sich mir gegenüber sichtlich abweisend verhielten, weil sie mich für die psychische Veränderung ihres Gatten und die Unsicherheit, die in ihrer Ehe Platz griff, verantwortlich machten. Mittlerweile haben sich Gattinnen beziehungsweise Freundinnen den neuen Verhältnissen angepaßt, nehmen diese als Naturereignis hin – oder tauchen selbst mit. Denn weder über gute Worte noch über Intrigen läßt sich gegen diese „Verrücktheit" etwas erreichen.

Inzwischen hat die Tauchbesessenheit mehrere Millionen erfaßt. Es gibt kaum mehr eine Küste, wo nicht Tauch-Enthusiasten ihrem Sport frönen, und selbst im Binnenland hat schon fast jeder Ort seine Taucher, die umliegende Seen, Flüsse oder Unterwasserhöhlen erkunden und eifrig sparen, um in den Ferien ans Meer fahren zu können. Kein Winkel scheint mehr vor den Fischmenschen sicher zu sein, kein Spalt, keine Höhle zu tief oder zu dunkel. Am ehesten scheint Verwandtschaft zwischen ihnen und der Gilde der Bergsteiger zu bestehen. Auch diese setzen für ein Erlebnis besonderer Art ihr Leben aufs Spiel – ohne konkreten und ersichtlichen Grund. Auch für sie ist es nicht eigentlich die Felswand oder der Berg, die bezwungen werden wollen, sondern das eigene Ich.

In den ersten Jahren der Entwicklung war es das Unbekannte, das eine so magische und lockende Kraft ausübte. Die Felsabstürze und ihre Grotten – Meter um Meter wagte man sich weiter; die Korallenriffe – nie wußte man, was sich hinter der nächsten Ecke verbarg; die Tangwälder – wie in einen Urwald drang man in ihnen vor; die Wracks – da gab es keinen, dessen Herz nicht schneller geschlagen hätte, wenn er in den Schiffsrumpf, in einstige Gänge, in einstige Kajüten vordrang. Und jedes neue Tier, dem man begegnete, war eine Herausforderung, ein neues zu lösendes Rätsel.

Wellengang oder Strömung waren die größten Hindernisse. Aber gerade diese Schwierigkeiten übten hypnotische Anziehungskraft aus. In Curaçao standen wir an der schroffen Nordküste, wo, vom Nordostpassat getrieben, fast immer meterhohe Wellen heranbrandeten. Mit den Flossen an den Füßen, der Tauchmaske am Kopf, einer Kamera um den Hals oder einem Speer in der Hand standen wir auf den nadelscharfen, überhängenden Felsklippen, wagten schließlich den Sprung. Das war noch verhältnismäßig einfach – weniger einfach war es, dann wieder aufs Trockene zu gelangen. Inmitten der Brandung studierten wir dann die Wellen, warteten auf die richtige, ließen uns hochtragen, klammerten uns fest, kletterten so schnell wir konnten hoch – oder wurden von der nächsten Welle wieder hinuntergespült.

In der Meerenge von Euböa, 1942, entdeckten wir auf 12 Meter tiefem Grund eine Schwelle, unter der sich eine tiefe Höhlung befand. In dieser hatte sich eine Schwamm- und Bryozoenfauna entwickelt, an die wir herankommen wollten. Praktisch gab es dazu nur einen Weg. Wir fuhren mit dem Schiff ein Stück weit gegen den Strom, ankerten dort, banden uns dann eine Leine um und hantelten uns an der Ankerkette in die Tiefe. Wie in einem Sturm raste das Wasser an uns vorbei. Unten ließen wir los, wurden im Eilzugstempo über den Grund getragen, und sobald wir zu der Schwelle kamen, tauchten wir schnell über die Kante hinab – und waren in völlig ruhigem Wasser. Wir hatten damals bereits Atemgeräte und konnten uns in Muße die Höhlen ansehen. Dann schwammen wir wieder hinauf in die Strömung, hingen jedoch fest an der Leine und wurden nun vom Boot aus mitsamt unserem Sammelbehälter zurückgezogen.

In Australien, am großen Barriereriff, gelangte ich mit Lotte zu Öffnungen in den äußeren „Ribbonreefs", wo bei Ebbe und Flut das Meer mit unwiderstehlicher Kraft ein- oder auswärts floß. Gegen diesen Strom zu schwimmen oder sich auch nur am Ort zu halten war ganz unmöglich. Wir verankerten deshalb das Boot über der Riffplatte, in der Löcher abwärts führten. Durch diese hinabtauchend, gelangten wir in das völlig ruhige Wasser eines verzweigten Höhlensystems, das in 10 Meter Tiefe am Absturz eines dieser Kanäle mündete. Dort saßen wir dann am Eingang, völlig im Stromschatten, während Fische und Haie im Eilzugstempo an uns vorbeitrieben. Über den gleichen Weg und an der Ankerkette empor gelangten wir wieder ins Boot.

Auf Canton, einem pazifischen Atoll, konnten Lotte und ich nur zum Außenabfall gelangen, wenn wir irgendwie durch die meterhohen Brecher hindurchkamen. Über der Riffplatte ist dort das Wasser kaum einen Meter tief, doch steht man am Rande schließlich drei Meter hohen Wellenwänden gegenüber. An der Farbe ist jedoch zu erkennen, wo es Rinnen gibt, durch die das Wasser ins Meer zurückströmt. Mit Tauchgerät, Kamera und Harpune sprangen wir in eine solche Rinne hinein. Dumpf grollend zogen zwei Brecher über uns hinweg, während die Gegenströmung im Kanal uns unter diesen Brechern hinweg ins Meer hinauszog. Dort war dann das Wasser eher friedlich: klare Sicht, schöne Korallen, mäßig bewegte See. Doch auch der Rückweg mußte durch diese Kanäle erfolgen. Und jetzt hatten wir den Strom gegen uns! Wir mußten uns also auf dem Boden der Rinnen an Steinvorsprüngen und Vertiefungen festklammern, während das Wasser uns die Maske vom Gesicht zu reißen drohte und die Brecher donnernd über uns drüberrollten. Von solchen Brechern erfaßt zu werden, besonders wenn man noch durch die Ausrüstung beschwert ist, ist lebensgefährlich. Man wird mit ungeheurer Gewalt herumgewirbelt und gegen die Felsen geschleudert. Hatten wir das Ende unseres Kanals glücklich erreicht, dann warteten wir unter Wasser den richtigen Augenblick ab, tauchten rasch hoch, kletterten auf die Platte und liefen möglichst schnell einige Schritte weit, um aus dem Machtbereich des nächsten Brechers zu kommen. Als ich viele Jahre später die Cheviot Bay untersuchte, wo der australische Premierminister Harold Holt spurlos verschwunden war, erlebte ich Brecher von sechs, ja acht Meter Höhe und Strömungen, die völlig unberechenbar waren. An diesem Platz fand ich dann ebenfalls beinahe den Tod. Konkrete Motive, sich in Gefahr zu begeben, waren in keinem dieser Fälle gegeben. Weder lockte da Gold noch Geld. Alle diese Handlungen waren im Lichte normaler Bewertung unvernünftig.

1971 entdeckte Gene Bascovitch, Präsident eines sehr aktiven kalifornischen Unterwasserklubs, auf einer Seekarte ein bis 40 Meter unter die Oberfläche emporragendes nadelartiges Riff. Man taufte es später „Matterhorn II". An der einen Seite fällt es bloß 300, auf der anderen ganze 2000 Meter tief hinab. Den Fischern war die unterseeische Bergspitze bekannt, sie nannten sie „das verborgene Riff". Es war indes schwer zu finden. Mehrere Fahrten wurden organisiert, an denen auch Jack McKenney teilnahm. Bei der ersten konnte das Riff, das etwa 20 Meilen von Santa Barbara entfernt im offenen Meer liegt, nicht gefunden werden, bei der zweiten war das Wasser so trüb, daß es keinen Sinn hatte zu tauchen. Erst bei der dritten Fahrt, an der 20 Taucher teilnahmen, gelang die „Erstbegehung", die in diesem Fall von oben her stattfand. Der in seiner Gestalt dem Matterhorn tatsächlich ähnelnde Felsen war mit Seeanemonen farbenprächtig überwachsen und von Millionen von Fischen umschwärmt. Einmal stand Jack auf der Spitze, als weit oben zwei Seelöwen auftauchten, die fröhlich spielend herabschwammen. „Es war irgendwie seltsam, daß dieses Matterhorn nicht mit Schnee, sondern mit einer leuchtendroten Schicht lebender Organismen bedeckt war, jeder von ihnen ein eigenes Individuum mit einem Maul und einem Magen. Insgesamt mußten es wohl Millionen sein. Verglichen mit den Kelp-Kathedralen bei Catalina, den Robben-Felsen bei Santa Barbara oder einer richtigen Jagd nach Langusten oder Abalones, mag dieser Platz für den Taucher einiges zu wünschen übrig lassen. Doch für alle, denen an neuen Eindrücken liegt, bietet sich hier ein wirklich ehrfurchtgebietendes Erlebnis." (Abb. 2, 3.)

In einem seiner klassischen Bücher schilderte William Beebe, wie er auf den Galapagos-Inseln vom Schiff aus einen Vulkanausbruch auf der Insel Albermarle miterlebte. So weit wie möglich ließ er das Schiff an die ins Meer fließenden Lavaströme heranfahren –

„Der tolle Wind, der landeinwärts raste, übertönte alles Zischen und Brüllen, Gurgeln und Krachen. Es war eine Schlacht, ein Weltallskampf zwischen Feuer, Wasser, Erde und Luft. Schon bald nachdem wir in das grüne Wasser eingefahren waren, kam eine schwarze Welle von Fischen an uns vorbei, ein Schwarm oder besser ein Pöbelhaufen großer Thunfische, die dicht zusammengedrängt mit aller Kraft dem kühleren Wasser zustrebten, wobei ihre Bewegungen unverkennbaren Schrecken ausdrückten. Dicht am Fallreep trieb ein großer Krake vorüber, er war etwa 90 Zentimeter lang und mehr tot als lebendig, seine Arme bewegten sich nur noch schwach. Lebhafte Farbwellen spielten über seinen Körper. Auch kleine Fische trieben bauchoben vorbei, ebenso Seewürmer, die sich drehten und wanden." Dann sah Beebe etwas, was er zunächst für schrapnellähnliche Geschoße hielt. „Beim Näherkommen bemerkten wir, daß es Fregattvögel und Wasserscherer waren, die herabschossen, zwar nicht in das kochende Wasser hineintauchten, es aber beinahe berührten. Später trieben die Leichen zweier Sturmschwalben und eines Sturmtauchers vorbei: einige hatten also doch die Freßgier mit dem Leben bezahlen müssen. Am traurigsten war das Schicksal eines ausgewachsenen Seelöwen, der plötzlich in unmittelbarer Nähe der Küste in die Höhe schnellte. Er übersprang mehrmals das siedende Wasser in zweieinhalb bis drei Meter weitem Bogen und steuerte schließlich, offenbar blind vor Schmerz, direkt auf das rotflammende Lavadelta zu."

Wer würde glauben, daß es einen Fischmenschen locken könnte, sich dieses Schauspiel einmal von unten her anzusehen? Aber auch dies geschah. Der amerikanische Geologe James Moore hatte mit einer Tiefseekamera in über 2000

Meter Tiefe Lavaformationen auf dem Meeresboden studiert; ihn interessierte die „kissenartige" Struktur der einzelnen Klumpen. Er rief Lee Tepley an, als Physiker bei Lockhead tätig und nebenbei begeisterter Taucher. Auf Hawaii wäre gerade der Uldu Caldera in Eruption, ob er dort nicht das Verhalten der ins Wasser einfließenden Lava von unter Wasser her filmen wolle? Tepley war etwas unschlüssig: „Wie verhält sich denn diese Lava unter Wasser?" – Moore: „Tja, genau das wollen wir ja wissen." Tepley schlug als Begleiter Richard Grigg vor, einen erfahrenen Taucher, der auch als Surfer bereits mehrere Preise gewonnen hatte. Gemeinsam flog die Gruppe nach Hilo auf Hawaii. Tags darauf näherte man sich in einem Boot der Stelle, wo die Lava ins Meer floß. Tepley: „Da meiner Ansicht nach hier ein geistig Normaler nicht ins Wasser gehen konnte, meinte ich, daß vielleicht morgen das Meer etwas ruhiger sein würde. Diesem Tag sah ich mit einiger Besorgnis entgegen."

Tepley und Grigg gingen dann doch unter Wasser. Tepley: „Wir waren in 20 Meter Tiefe unter einer sehr bewegten Oberfläche. Schräg über uns flossen zwei Lavaströme ins Meer. Während ich die schwere Filmkamera vor mir durchs Wasser schob, bemühte ich mich, mit Rick auf gleicher Höhe zu bleiben. Der jetzt aus schwarzem Lavasand bestehende Abhang war mit größeren Trümmern bedeckt, die eben erst abgekühlt waren: sie rollten über den Hang hinunter. Ich filmte dies und alles, was sonst von Interesse sein konnte. Weiter unten, auf dem 30 Meter tief gelegenen Sandboden, bekam ich dann ein Korallenriff ins Bild. Es war von einer Wolke von Fischen umgeben. Als ich näherschwamm, sah ich, daß sich in dem Loch unter der Koralle nicht weniger als fünf Langusten und zwei Muränen befanden. Durch den herabrieselnden schwarzen Sand filmte ich das Riff, letzte Zuflucht für all diese Tiere, das wahrscheinlich auch bald unter der Lava begraben sein würde." Ebenfalls auf dem Sandboden entdeckte er eine Lavaröhre von einem Meter Durchmesser. An Land waren solche röhrenförmigen Gebilde nicht ungewöhnlich, doch wie sie hier unter Wasser entstanden, war zunächst rätselhaft. Tepley beschäftigte sich etwas zu lang mit diesem Problem – und stellte plötzlich fest, daß er allein war, sein Luftvorrat zu Ende ging und die Dünung ihn gegen das kochende Wasser trieb. Er hatte immerhin noch die Ruhe, zu überlegen, daß das Tauchgerät 200 Dollar wert war, die Kamera hingegen 4000. Also warf er das Gerät ab und gelangte mit knapper Not samt Kamera und den wertvollen Aufnahmen wieder ins Boot.

Bei einem weiteren Abstieg konnte er filmen, wie sich aus der nahen Lavawand plötzlich rotglühende Lava ergoß. Es zischte und heulte, das Wasser wurde plötzlich sehr heiß, kühlte aber schnell wieder ab. Er filmte weiter und war sich gar nicht bewußt, daß er die Entstehung eines jener Lavapolster, die Moore so interessierten, festhielt. Eineinhalb Jahre später machte er bei dem gleichen Vulkan weitere Aufnahmen und konnte nun auch die Bildung der Lavaröhre festhalten. Wenn aus einer Öffnung Lava ausströmte, erstarrten die Ränder, wodurch eine immer länger werdende Röhre entstand. Diese brach dann ab und rollte über den Hang. In einem Fall war Tepley einem rotglühenden Lavastrom so nah, daß er diesen „dicht an seiner Flosse vorbeifließen sah". Über das Verhalten der Meerestiere enthält sein Bericht keine weiteren Einzelheiten. Nun läßt sich Hawaii in Hinblick auf Tierreichtum mit den Galapagos-Inseln in keiner Weise vergleichen. Die Fische waren wohl aus der Zone, in der Tepley und Grigg filmten, bereits entflohen. Dazu kam, daß das Hauptinteresse der beiden der Lava galt.

1968 kam ich auf einer Vortragsreise nach Mexiko, wo mich am Flughafen die Mitglieder zweier Tauchklubs empfingen. Sie hatten sich in 50 Meter Abstand voneinander postiert, und von beiden erhielt ich die Klubehrennadel und die Klubfahne überreicht. Wie sich herausstellte, waren sie verfeindet – selbst in der großen Gemeinschaft der Taucher gibt es das. Die eine Gruppe lud mich zu einem hohen Vulkan ein, auf dessen Gipfel sich zwei Seen befanden, in welche die Tolteken einst ihre Opfergaben warfen. Die zweite hatte ein Privatflugzeug und wollte mich zu den Islas de Muheres fliegen. Abends, beim Vortrag in der Universität, hatte ich die Freude, einen alten Freund wiederzusehen, der sich zufällig in Mexiko City aufhielt und von dem Vortrag gehört hatte: Thor Heyerdahl. Er war der Ansicht, ich sollte mich für den Vulkan entscheiden. Also sagte ich, da meine Zeit beschränkt war, den Flug ab und fuhr mit zehn mexikanischen Tauchern, fast alle begleitet von ihren Frauen, zum Vulkan. Es gibt auf seinem Gipfel einen „Sonnensee" und einen „Mondsee". Wenn Trockenheit herrschte, wanderten die Tolteken auf den erloschenen Kegel und opferten hier den Göttern, baten um Regen. Kugeln aus Kopalharz wurden am Ufer verbrannt oder in den heiligen See geworfen. Dort also tauchten wir. Das Wasser war kristallklar, der Schlammboden lag 20 Meter tief. Wir schwammen dort hinab und begannen im Schlamm zu wühlen. Auf diese Weise hatten die Taucher des Klubs schon allerlei zutage gefördert, doch wie ich mit Freude feststellte, war immer noch einiges vorhanden.

Kaum näherte man sich diesem Schlamm, war man bereits in eine Wolke eingehüllt, in der man nicht mehr die Hand vor den Augen sah. Die Schlammdecke war ganz weich und gerade so tief, daß man den eigentlichen Grund, wenn man sich kräftig einwühlte, mit den Fingern erreichen konnte. Meine Finger gelangten sehr bald an einen runden Gegenstand, kurz darauf auf einen länglichen mit Spitze. Die Taucher hatten mich nicht nur mit aller nötigen Ausrüstung, sondern auch mit einem großen Sammelkorb versehen, und dieser füllte sich bald mit mehreren solchen Objekten. Erst als ich aus der Finsternis der Schlammwolke wieder ans Tageslicht zurückkehrte, konnte ich meine Beute in Augenschein nehmen. Es waren faustgroße Kugeln, leuchtendgelb, aus kleineren flachen Harzstücken zusammengeklebt. Das Objekt mit Spitze war eine Nachbildung des Vulkans; wie ich erfuhr, hatte ich sogar das bisher schönste Objekt dieser Art gefunden. Das leuchtende Gelb verblaßt später, und die Kugeln verlieren dann auch ihren intensiven Geruch. Eine von ihnen liegt vor mir, während ich dies schreibe, daneben liegt eine fast genauso große Kugel aus Quarz. Sie stammt aus der Oldowayschlucht und diente einem ganz anderen – und letzten Endes doch verwandten Zweck. Die Kugel aus Quarzgestein, über eine Million Jahre alt, schleuderten unsere Urvorfahren gegen Gazellen. Sie sind roh zugehauen, der menschlichen Hand angemessen, vielleicht das erste „künstliche Organ" überhaupt. Genau das gleiche gilt aber für die Kopalharzkugeln: auch ihre Form ist der Größe der menschlichen Hand angepaßt. Beides sind Wurfobjekte, die einen zur Erlegung von Gazellen, die anderen . . . zur Erlangung von Regen. Nun liegen sie, funktionslos geworden, einträchtig nebeneinander.

Gegenüber den Schätzen, die Edward H. Thompson aus dem Opferbrunnen von Chizén Itza heraufholte, sind meine Funde freilich von geringem Wert. Dort, auf der Halbinsel von Yukatan, waren es die Mayas, die einem Gott opferten – auch einem Regengott. Dieser hieß „Chak" und begnügte sich nicht mit Kopal, sondern legte Wert auf junge, mit Goldschmuck behangene Mädchen. Der Franziskaner- mönch und Bischof von Merida, Diego di Landa, berichtete von diesen Opferungen, doch lagen seine Schriften sehr lange unbeachtet im Madrider Archiv. Niemand nahm sie ernst. Thompson dagegen hatte sie aufgestöbert und fuhr zu diesem Brunnen, einer fast senkrecht abfallenden Höhle im Kalkgestein. Das war im Jahr 1885. Thompson wurde sofort klar, daß ohne entsprechendes Gerät hier kaum etwas zu erreichen war. Es gelang ihm, das für eine Baggereinrichtung nötige Geld aufzutreiben, kam später wieder und stieg schließlich mit einem griechischen Schwammtaucher in einem Skaphander hinunter in den Schlamm. Auch hier kamen erst Kopalkugeln zum Vorschein, dann jedoch auch Goldschmuck, Jade, Tongefäße, Waffen, Werkzeuge. Außerdem Skelette junger Mädchen. Wie berichtet wird, erkaufte sich Thompson diese Schätze mit einer Chaissonkrankheit und dadurch verursachten Lähmungen. Jahrzehnte später nahmen Sporttaucher die Untersuchung auf. Der Amerikaner Ed Link brachte einen Schlammsauger mit. Kräne wurden in dem düsteren, vom Urwald umschlossenen „Brunnen" aufgebaut, der Schlammsauger auf einem Floß installiert. Sport- und Marinetau- cher, Wissenschaftler aus Mexiko und den USA nahmen an den Arbeiten teil. Wieder kam als erstes Kopal zum Vorschein, dann eine Tonschale, sodann eine Statuette, die offensichtlich aus Gummi gefertigt war. „Einer der ersten Gummigegenstände der Welt!" rief einer der Wissenschaftler begeistert. Es folgte eine hölzerne Figur, die interessanterweise nicht ein Künstler der Mayas, sondern der Tolteken geschaffen haben mußte. Auch Taucher wurden nun wieder eingesetzt, allerdings erschwerte das trübe Wasser die Arbeiten.

1967 wurde dann in noch größerem Stil mit Pumpen und Tauchern gearbeitet. Thompson war gründlich gewesen, trotzdem war noch viel Wertvolles in dem Brunnen verblieben. Weitere Kostbarkeiten aus Gold und Silber kamen an den Tag, Korallen, Kristalle, Edelsteine, Schnitzereien aus Muscheln, bemalte Tongegenstände – und nicht zuletzt Kindersandalen aus Gold. Insgesamt wurden die Skelette von 250 Kindern geborgen. Die Indios der Umgebung wunderten sich, daß Gott Chak dies alles so widerspruchslos hinnahm. Er nahm es jedoch nicht widerspruchslos hin. Nicht lange darauf starben der Leiter der Expedition, der Chef der mexikanischen Tauchergruppe, der Direktor des mexikanischen Nationalmuseums und der Hauptfinanzier des Unternehmens.

Meine Kopalkugel hat mir noch kein Unheil gebracht. Wahrscheinlich fanden die Toltekengötter ihre Entwendung für nicht bedeutend genug.

Es gibt unter Wasser wohl nichts, was den Fischmenschen nicht interessiert. Die Donau, Symbol meiner Heimatstadt Wien, hat in ihrem oberen Verlauf sozusagen einen schwachen Punkt. Im „Brühl", zwischen Immerdingen und Möhringen, verschwindet der bereits stattliche Fluß in Löchern und Spalten. Schon der römische Geograph Strabo vermutete, daß das Wasser auf unterirdischen Wegen nach Süden fließe und 13 Kilometer weiter, im sogenannten „Aachentopf", wieder ans Licht komme, von wo aus es dann, als Nebenfluß des Rheins, in den Bodensee gelange. 1877 wurde diese Vermutung durch Versetzen des Wassers mit Farbstoffen bestätigt.

In unserer Zeit ist nun der Fischmensch am Zug. Eine Darmstädter Sporttauchergruppe und eine Tauchergruppe aus Singen stießen in eine vom Aachentopf wegführende 2 bis 4 Meter breite und etwa 8 Meter hohe Unterwasserklamm vor. Dabei fand ein 23jähriger Taucher, wahrscheinlich infolge Unterkühlung, in der Höhle den Tod. Erfolgreicher war Jochen Hasenmeyer, der allen Regeln zum Trotz im Alleingang tauchte. Ein sich abspulendes Stahlkabel verband ihn mit einem Sicherungsmann auf dem Steg über der Quelle. Auf dem Helm seiner Tauchausrüstung hatte er vier Taschenlampen montiert. Die Wassertemperatur betrug 10 Grad, die Sichtweite eineinhalb bis zwei Meter. Nachdem er etwa 30 Meter in den dunklen Schacht vorgedrungen war, sah er eine Forelle. Nach weiteren 20 Metern stieß er auf einen Aal. Durch eine Rettungsweste konnte Hasenmeyer seinen Auftrieb austarieren; er trug zwei Preßluftgeräte mit einem Inhalt von je 2500 Liter mit sich. Während er seinen „Ariadnefaden" sorgfältig abspulte, drang er weiter in die Dunkelheit vor. Es ging ein Stück senkrecht hinab, dann gelangte er über eine Felsstufe zu einem „düsteren Tunnel", einer Düse, in der die Strömung außerordentlich stark wurde. Laut Kompaß führte der Weg nach Norden, in eine sich flaschenartig erweiternde Höhle. Die Strömung nahm jetzt ab. Die Tiefe betrug 17 Meter. „Ohne Aufenthalt, mit gleichmäßigen Flossenschlägen gleite ich durch den großräumigen, kluftartigen, doch im trüben Wasser völlig unübersichtlichen Gang." Bei 110 Meter gelangt er zu einer Gabelung. Der eine Gang ist schmal, mit verschlammtem Boden, diesen wählt er. Eine Kontrolle ergibt, daß er erst 15 Prozent der mitgeführten Luft verbraucht hat. Lampen und Drahtrolle sind in Ordnung. Trotzdem tritt Angst bei ihm auf. Er überwindet sie, schwimmt weiter. Zweimal verengt sich die Gangspalte auf Schulterbreite. Jetzt zeigt der Tiefenmesser nur noch 2,5 Meter Wassertiefe an, der Grund steigt schnell an. Aber die Freude ist verfrüht, ein Durchschlupf nach oben ist nirgends zu entdecken. „Ich frage mich, ob ich aus diesen mit Finsternis und trübem strömendem Wasser erfüllten Gängen wieder herausfinden werde." Er schwimmt zurück, versucht es durch eine 14 Meter tief gelegene Höhle. „Abhängig von der Stärke der Strömung, sind die Wände entweder glatt und mit Korrosionsdellen überzogen oder rauh und zerfressen." Die Gegenströmung nimmt jetzt zu. Er hat das Gefühl, irgendwo eine Abzweigung verpaßt zu haben. 305 Meter seines Stahlkabels sind abgelaufen. Der Gang endet als Sackgasse. Er ist nun eine halbe Stunde unterwegs. Nun kommt es zu einem Zwischenfall, der die Gefahr einer solchen Einzelaktion deutlichmacht. „Im aufgewühlten Schlamm hantierend, praktisch ohne Sicht, trenne ich mir den zurückführenden Draht ab!" Von Wand zu Wand tastet er den Grund ab, sucht nach dem dünnen, ihn durch Dunkelheit und Strömung zurückführenden Faden, schließlich findet er ihn – er war 20 Meter weit abgetrieben. Den Draht entlang schwimmt er zurück. 100 Meter vom Ausgang entfernt überlegt er, ob er noch durch einen anderen, durch Strömungen schwer zu passierenden Schacht einen Versuch machen soll. Er wagt es, tastet Griff um Griff die Wand entlang. Die Strömung nimmt zu, er verliert den Kontakt zum Boden. Vielleicht gibt es hier eine Düse nach oben? Überraschenderweise gelangt er in den Hauptgang zurück, wo er erneut auf seinen Draht stößt. Nach einstündigem Tauchgang kehrt er ans Tageslicht zurück. Sein stolzes Resümee: „Mit 350 Meter Länge ist die Aachentopfquellhöhle die längste bisher erforschte Unterwasserhöhle."

Die Donau ist noch nicht erreicht, doch daß Strabo recht hat, ist jetzt noch wahrscheinlicher als bisher. Der Fischmensch, in seinen Extremen ein beinahe pathologischer Fall, läßt sicher nicht locker. Vielleicht gibt es noch Tote, aber der geheimnisvolle weitere Weg der versickernden Donau wird sicher noch enträtselt werden.

Unter dem Meeresboden liegende Grottensysteme entdeckte der kanadische Chemiker George J. Benjamin 1960 an den Küsten der in den Bahamas gelegenen Insel Andros. Sie enden oben als kreisrunde Löcher im Meeresboden, die oft von Korallenringen umgeben sind, so daß sie vom Flugzeug aus wie Miniaturatolle aussehen. Sie führen senkrecht in die Tiefe und verzweigen sich dort. Bei Ebbe und Flut entstehen periodisch starke Strömungen, einmal in die Löcher, dann wieder aus den Löchern heraus. Zwischendurch steht das Wasser etwa 20 Minuten lang still. Wenn das Wasser aufhört, in die Löcher zu strömen, ist für den Taucher der rechte Augenblick gekommen vorzudringen. Er kann dann bei ruhigem Wasser hinunterschwimmen und wird mit der einsetzenden Auswärtsströmung von selbst wieder aus der Tiefe emporgetragen. Wie mir Jack McKenney auf Fotos zeigte, sind vor den Eingängen meist große Fischschwärme versammelt, in den Grotten selbst gibt es Zackenbarsche, Schnapper, Langusten und allerlei Krabben; an einer Stelle eine Ansammlung von Seelilien, wie er desgleichen noch nie gesehen hatte. Die Höhlen bildeten sich in der Eiszeit, als der Meeresspiegel viel tiefer und die gesamte Riffbank hoch über Wasser lag. Ähnlich wie bei den Karsthöhlen wurden dann durch Regen und Sickerwasser diese Höhlen aus dem Kalkgestein gelaugt. Auch prächtige Stalaktiten und Stalagmiten finden sich in manchen dieser Höhlen (Abbildung 5).

„Es ist ein richtiges Labyrinth, in dem man sich leicht verirren kann, mit senkrechten Schluchten, Irrwegen und Schächten – wie in einem Schweizer Käse." Obwohl die Eingänge dieser „Blue Holes" manchmal nur 100 Meter weit voneinander entfernt sind, ist es Benjamin noch in keinem einzigen Fall gelungen, einen Verbindungsweg zwischen zwei von ihnen zu finden. Einmal stießen Benjamin und ein Begleiter in einem Tunnel auf zwei Haie, die über die Lampen erschraken, zurückjagten, dann aber, da es eine Sackgasse war, in Panik gerieten und auf die Taucher losschossen und zwischen ihnen durchsausten. Obwohl die Tiere nur zwei Meter lang waren, war dies bestimmt eine riskante Situation. „Oft fragen mich Leute, was ich in diesen Grotten zu finden hoffe und warum ich die Gefahr, sie zu erkunden, auf mich nehme", schrieb Benjamin in einem Bericht für das „National Geographic Magazine". „Ich hoffe so, ein wenig zum Gesamtwissen der Welt beizutragen, dazu kommt das lockende Abenteuer und dieses einfach unbeschreibliche Erlebnis, den Fuß – oder die Flosse – auf eine Stelle zu setzen, wo noch nie vorher ein Mensch gewesen ist. All das ergibt für mich diese Anziehungskraft, die mich nun schon zehn Jahre in Atem hält. Seit dem Tag, da ich zum ersten Mal in eine dieser Höhlen hinuntertauchte, zieht es mich geradezu mit unwiderstehlicher Gewalt die schwarzen Schlünde hinab."

Eine ähnliche Faszination übt auf immer mehr Taucher das Vordringen unter die Eisdecke zugefrorener Gewässer aus. Bei vielen Tauchklubs im Binnenland ist das „Eistauchen" zu einer Lieblingsbeschäftigung für den Winter geworden. Mit einer Axt werden in die Eisdecke ein oder zwei Löcher geschlagen, und durch diese verschwinden dann die schwarzgekleideten Gestalten mit Flossen und Preßluftflaschen. Scheint die Sonne und liegt kein Schnee auf der Eisdecke, dann sind die Sichtverhältnisse relativ gut; ansonsten dringt auch hier der Fischmensch in eine eher düstere und unheimliche Welt vor (Abb. 6). Bei dieser Tätigkeit, die nicht nur als reiner Sport ausgeführt wird, sondern auch bereits manche biologisch interessante Beobachtung eingebracht hat, ist allerdings die Gefahr gegeben, daß der Lungenautomat einfriert. Die einstufigen Automaten sollen davon mehr betroffen sein als die neuen zweistufigen Typen. Zur Frage, ob die Taucher Sicherheitsleinen verwenden sollen oder nicht, gibt es verschiedene Ansichten. So schreibt etwa der erfahrene Eistaucher Holger Teichel im „Delphin": „Als eiserne Regel gilt für uns, daß sich kein Taucher allein und ohne Sicherungsleine unter das Eis begibt." Hermann Gruhl, in dieser kalten Kunst nicht minder zu Hause, schrieb in der gleichen Zeitschrift: „Von Sicherheitsleinen halte ich nicht viel.

20 (*rechts*) Die „Xarifa" –
21 (*unten*) Die „Calypso". Auf
den Expeditionen beider Forschungsschiffe wurde die Methode des
Schwimmtauchens für wissenschaftliche Zwecke erprobt und vervoll-
vollkommnet. Während die privat
finanzierte „Xarifa" hauptsächlich in
tropischen Gebieten tätig war (Karibi-
sches Meer, Galapagos, Rotes Meer,
Indischer Ozean), stieß die mit Hilfe
der französischen Marine ausgerüstete
„Calypso" auch noch in arktische
Gewässer vor.

22 *(oben)* Dem Schiffshalter ist angeboren, dicht am Körper größerer Fische zu schwimmen, wo er vor Räubern geschützt ist. Hier schwimmt er irrtümlicherweise mit einem Schiff. — 23 *(unten)* An den Rücken harmloser Fische geschmiegt, gelangt der Trompetenfisch in die Nähe von Kleinfischen, denen er nachstellt. Hier „reitet" er irrtümlicherweise auf einem Raubfisch. — 24 *(rechts)* Wenn ein Fisch im Riff stillsteht, die Kiemen spreizt und das Maul öffnet, dann löst dies bei den „Putzerfischen" die Putzreaktion aus: auf dieses Signal hin säubern sie ihn von Parasiten. — 25 *(folgende Doppelseite)* An der Nordspitze von Sardinien ziehen alljährlich junge Riesenhaie vorbei. Sie sind harmlos und lassen Taucher dicht an sich heranschwimmen.

26 *(links)* Der „Blattfisch" von Fiji zeigt eine ungewöhnliche Schutzanpassung an ein Leben zwischen Algen. – 27 *(unten)* Eine Meduse mit langausgezogenem Magenstiel und verzweigten „Mundarmen", mit denen sie Kleinlebewesen erbeutet. – 28 *(rechts oben)* Eine Seekuh „auf der Weide". – 29 *(rechts unten)* Eine durch eine Schiffsschraube verletzte Seekuh. Die meist in trüben Lagunen lebenden Seekühe sind heute von der Ausrottung bedroht.

30, 31 Der Seeotter erfaßt mit den Vorderbeinen größere Steine und schlägt damit Muscheln auf. Dieser Werkzeuggebrauch ist dem beim Menschen nicht vergleichbar. Er ist keine Intelligenzleistung, sondern angeborenes Verhalten, über Veränderungen im Erbgut entstanden. Ron Church schoß diese ungewöhnlichen Aufnahmen im Gebiet von Monterey an der kalifornischen Küste.

Wenn mehrere Taucher mit Sicherheitsleinen umherschwimmen, gibt es stets Verwirrung."

Selbst unter die Eisdecke der Antarktis sind Schwimmtaucher in Trockenanzügen und mit reichlicher Wollunterwäsche versehen bereits vorgedrungen. Am McMurdo Sound nahe der Ross-Insel unterhalten die Amerikaner eine Forschungsstation. Die Dicke der Eisdecke beträgt dort eineinhalb bis zwei Meter. Nicht weit von der Station klafft in dieser Decke ein Spalt, den die Robben nicht zufrieren lassen, indem sie das sich in der Nacht bildende Eis stets mit den Oberzähnen wieder wegnagen.

Carlton Ray und Michael de Camp verbrachten dort mehrere Monate, um das Verhalten der Robben ober und unter Wasser zu studieren. Nach ihrer Angabe tauchen die Tiere bis in 600 Meter Tiefe hinab und sollen 45 Minuten lang den Atem anhalten können. Besonders die Weibchen kamen oft ohne jede Furcht unter dem Eis an die Taucher herangeschwommen und blickten ihnen aus nächster Nähe in die Masken. Ähnliches hatten auch Lotte und ich in den düsteren Gewässern der Galapagos-Inseln bei Seelöwenweibchen erlebt. Wie John Bunt und C. C. Lee von der Universität Miami feststellten, gibt es unter der Eisdecke in beträchtlichem Ausmaß planktonische Algen. Trotz der Dicke der Eisschicht und der meist darauf liegenden Schneedecke gelangt immer noch genügend Licht in die Tiefe, um die Energiegewinnung über Fotosynthese zu ermöglichen.

Ein anderes, bisher nicht bekanntes Phänomen wurde ebenfalls enträtselt. An der meist gewellten Unterseite der Eisdecke entstehen zapfenartige Gebilde, die wie kleine Stalaktiten herabhängen. Sie sind im Inneren hohl und bestehen aus einer Vielzahl von Eisplättchen. Sie entstehen folgendermaßen: Wenn sich an der Unterseite der Schollen weiteres Eis bildet, tropft die abgeschiedene Salzlösung herab, und rings um sie bilden sich feine Blättchen und Kristalle. Das in den Hohlräumen der zierlichen Zapfen eingeschlossene Wasser zeigt demgemäß einen erheblich höheren Salzgehalt.

Bei Spitzbergen im nördlichen Eismeer gelang es Bruno Vailati und einem mexikanischen Taucher erstmals, unter Wasser an einen Eisbären heranzukommen. Wie die Aufnahmen zeigten, schwimmt das Tier nur mit den Hinterbeinen, bewegt sich aber trotzdem sehr geschickt und schnell unter Wasser fort, schneller als ein Mensch, kann jedoch nicht länger als eine Minute lang unter Wasser bleiben. Die beiden Taucher folgten dem Eisbären zwischen den Eisschollen, wobei Vailati mit einer Filmkamera ausgerüstet war, sein Kollege mit einer Fotokamera. Vailati: „Wir waren so in unsere Arbeit vertieft, daß wir auf die elementarsten Sicherheitsmaßnahmen vergaßen. So geschah es, daß unser Fotograf, der Mexikaner Ramon Bravo, zu nahe an die Bestie heranschwamm und sie durch eine Blitzlichtaufnahme erschreckte. Daraufhin wurde plötzlich der Verfolgte zum Verfolger. Ramon versuchte zu entfliehen, wurde aber sofort eingeholt, und der Bär packte ihn an der Flosse. Aber vielleicht wegen des üblen Gummigeschmackes oder weil Ramon ihm mit dem anderen Fuß gegen die Nase stieß, gab der Bär seine Beute gleich wieder preis und entfernte sich – ganz so, als hätte dieser Angriff nur den Charakter einer Demonstration und Warnung gehabt."

Wird man von einem Eisbären angegriffen, dann ist es das beste, sofort senkrecht abwärts zu schwimmen. Denn mehr als fünf Meter tief kann das Tier nicht tauchen.

Das nächtliche Meer, nächtliche Seen, nächtliche Gewässer üben große Anziehung auf den Tauchsportler aus. Schon in meinem ersten Buch (1939) erwähnte ich am Schluß die Absicht, mit einer auf den Kopf geschnallten Lampe auch bei Nacht auf Unterwasserjagd zu gehen. In der Tat haben das dann aber andere weit früher getan als ich. Ich gebe offen zu, daß mir das nächtliche Tauchen immer noch Angst einflößt. Den ersten Abstieg führten wir 1954 im Karibischen Meer aus, wo wir mit 5-Kilowatt-Scheinwerfern an einem Riff tauchten. Ich kannte dieses Riff von häufigen Abstiegen wie meine Westentasche, doch bei Nacht war alles verwandelt. Wir sahen nur den schmalen Kegel, den die Scheinwerfer beleuchteten; insgesamt waren wir jedoch von pechschwarzer Finsternis umgeben. Wie sich tagsüber die Haie verhielten, wußten wir genau, doch wer konnte wissen, was bei Nacht aus den Tiefen emporkam? Lotte hielt sich in meiner Nähe. Wir entfernten uns etwa 20 Meter von den Männern mit den Lampen, und obwohl wir nun weiter von den Lichtquellen entfernt waren, bekamen wir einen besseren Überblick. Dann schwammen wir mit den Scheinwerfern durch die Riffe und betrachteten Fische, die ruhig schlafend auf dem Grund lagen. An manche kamen wir so nahe heran, daß wir sie mit der Hand berühren konnten. Andere Meeresbewohner, die wir tagsüber kaum zu Gesicht bekamen, hatten jetzt ihre Schlupfwinkel verlassen und bewegten sich emsig über den Boden.

Es gibt heute kaum mehr einen Tauchklub, der nicht regelmäßig nächtliche Ausflüge veranstaltet, und es sind dabei viele hochinteressante Beobachtungen und Aufnahmen gemacht worden. Hier scheiden sich die Gemüter. Was mich betrifft, so macht sich, wenn ich nicht klar um mich sehen kann, meine Phantasie allzusehr selbständig. Wahrscheinlich bin ich nicht der einzige, dem das so ergeht.

Ähnlich ergeht es mir mit trübem Wasser. Ich schwamm einmal im Karibischen Meer, einige harpunierte Fische hinter mir nachziehend, gegen die Küste, während mir zwei Haie, die der Blutgeruch anlockte, dichtauf folgten. Da ich für diese faszinierenden Tiere immer eine Art von Sympathie empfand, gab mir dies eine Sicherheit ihnen gegenüber, die die Tiere offenbar fühlten. Ich ließ sie bis dicht an die Fische herankommen, dann machte ich einen Flossenschlag oder zog ihnen den Bissen vor der Nase weg. Etwa fünfzig Meter vor der Küste wurde das Meer dann total trübe. Es war Ebbe, und aus einer Lagune strömte schlammiges Wasser, wurde von der Strömung die Küste entlanggespült. Das veränderte die Situation radikal. Die Haie tauchten dicht neben mir, hinter mir, vor mir auf – zum Teil bildete ich es mir wohl auch nur ein. Die gewohnte Sicherheit war plötzlich beim

Teufel. So schnell ich konnte eilte ich in steigender Unruhe durch diese Brühe. Die Haie spürten das sofort, wurden frech, versuchten nach den Fischen zu schnappen. Schließlich erreichte ich die Felsen, kam mit meiner Beute unversehrt an Land, doch was eben noch amüsantes Spiel gewesen war, hinterließ mir nun einen Schock, der mir noch eine ganze Weile in den Gliedern saß.

Es ist noch nicht lange her, da besuchte ich die Isles de Salut an der Küste von Französisch-Guayana, wo sich die berüchtigten Bagnos befanden. Ich drehte einen Film über das Schicksal von Dreyfus, der dort vier Jahre unschuldig festgehalten wurde, und über die abenteuerliche Flucht von Henri Charrière, der in seinem Bestseller „Papillon" behauptet, er sei auf einem mit Kokosnüssen gefüllten Sack von der Teufelsinsel entflohen. Um letzteres nachzuprüfen, sprang ich an der gleichen Stelle von den Felsen ins Meer und ließ mich auf dem Sack dahintreiben. Nun gilt gerade die Gegend um Cayenne als besonders haiverseucht; nach allen Erfahrungen in den übrigen Meeren durfte ich jedoch annehmen, daß auch hier wieder kräftig übertrieben worden war. Immerhin hatte man alle auf der Insel verstorbenen Sträflinge – es sollen über 10.000 gewesen sein – an einer bestimmten Stelle, und zwar im Kanal zwischen den Inseln Royal und St. Joseph, im Meer bestattet; man hatte sie dort ins Meer geworfen, und dann hatten die Haie sie, was ich gern glauben will, gefressen. Als ich nun in diesen Gewässern schwamm und tauchte, kam ich – eher unvorbereitet – in eine für mich problematische Situation. Das Wasser ist dort nämlich wegen des weiter südwärts mündenden Amazonas so trüb, daß ich bei ausgestrecktem Arm die eigene Hand nicht mehr sehen konnte. Meine in so vielen Jahren gesammelte Erfahrung sagte mir, daß es auch hier kaum anders sein würde als sonstwo in den Tropen. Trotzdem konnte ich, da ich nichts sah, meine Angst nicht überwinden. Am Ende riß ich mich zusammen, schwamm und tauchte zwischen den Inseln – ja sogar genau an dem Punkt, wo man all die vielen Jahre Leichen versenkt hatte. Es geschah mir nicht das geringste – und wie man mir dann auch im Krankenhaus von Cayenne sagte, hatte es in den letzten 20 Jahren nur einmal eine geringfügige Verletzung durch einen Hai gegeben. Meines Erachtens wurde die Mär von der Haigefahr von der Gefängnisverwaltung mit Absicht ausgestreut, um die Sträflinge von der Flucht abzuhalten.

Eine andere Barriere für Fischmenschen ist durch Radioaktivität verseuchtes Wasser. 1946 wurden im Bikini Atoll 23 Atombomben zur Detonation gebracht, danach war das Gebiet wegen der radioaktiven Verseuchung streng gesperrt. 1972 unternahm dann der amerikanische Biologe Eric Freehsee die erste Tauchexpedition in dieses Gebiet. Mit Geigerzählern und Unterwasserkameras schwammen die Taucher zu den damals versenkten Schiffen hinab: zum US-Flugzeugträger „Saratoga", zum japanischen Schlachtschiff „Nagato", zum deutschen Kreuzer „Prinz Eugen". Überraschung des Unternehmens: Dieses Gebiet, das die ganze Welt wegen der Versuche verloren glaubte, erwies sich nicht als verlassen, verpestet, verödet, sondern war im Gegenteil ein Fischparadies, wie Freehsee es nie zuvor gesehen hatte. Die 22 Meilen große Lagune war für 78 Schiffe zum Grab geworden, in dem diese nun still und majestätisch ruhten, Heimstätte für Meeresorganismen, die nun darauf wuchsen oder darin lebten. Für den Unterwasserfotografen ergab das die prächtigsten Motive, die er sich nur wünschen konnte (Abb. 57). Die Lebenskraft des Meeres hat somit die damalige Verseuchung überwunden; und da kein Mensch hier fischen durfte, entstand ein Fisch-Dorado, ein Unterwasserzoo sondergleichen.

Unter der Stadt Brüssel haben Schwimmtaucher alte Kanalsysteme erforscht, andere stiegen durch Bohrlöcher unter die arabische Wüste und erkundeten unterirdische Wasseradern. Mit den gefürchteten Orcas (Schwertwalen) schlossen Taucher unter Wasser Freundschaft. Die erste, die sich an einem großen Manta festhielt und sich von ihm ziehen ließ, war Lotte; später ist Eva Cropp zu einer Spezialistin in diesem ungewöhnlichen Sport geworden. Man taucht von oben auf die Tiere hinab und hält sich dann an der zahnlosen Oberkante des Mauls fest. Auf Walhaien sind wir – und einige andere – geritten; ebenso schwammen Taucher an die verschiedensten Wale heran und hielten sich an ihnen fest. Von besonders alten und behäbigen Meeresschildkröten ließ sich Eugenie Clarke über den Meeresboden ziehen. Ihr Kollege Stan Waterman hat dies in prächtigen Filmaufnahmen festgehalten.

Zwei Berichte über besondere Extremsituationen, in denen Taucher sich bewährten, mögen diesen Abschnitt beenden. Heldin des ersten ist Valerie Taylor, Gattin von Ron Taylor, einem der besten Taucher der Welt. Bei Aufnahmen für den Film über den Weißen Hai schwamm sie gemeinsam mit Ron, Stan Waterman und Peter Gimbel in die Blutwolken, die einen getöteten Wal umgaben. Zahlreiche Haie bissen Stücke aus dem Kadaver, davon wurden Großaufnahmen gedreht. Das Wasser war bisweilen klar, dann verschwanden die vier wieder in einer dieser riesigen Blutwolken. Valerie erzählt: „Plötzlich fühlte ich einen Hai, der an mir knabberte. Ich spürte sein Maul, seine Zähne. Er glitt mit der Schnauze langsam an meinen Beinen, an meinem Körper entlang, untersuchte, ob ich als Bissen geeignet war. Der Neoprenanzug schmeckte ihm offenbar nicht. Ich hielt mich ganz ruhig, und er ließ dann wieder von mir ab." Sicherlich gehört Valerie – ebenso wie Lotte, die in ähnlich riskanten Situationen ruhige Nerven bewahrte – zu den mutigsten Frauen im Unterwasserbereich.

Die zweite Geschichte klingt so unwahrscheinlich, daß mancher wohl an ihrem Wahrheitsgehalt zweifeln wird. Ich halte es aber trotzdem für möglich, daß sie sich ebenso zutrug, wie Victor Coppleson in seinem Buch „Shark Attack" erzählt. Schauplatz sind hier die Tuamotu-Inseln, Held ein Perlentaucher von etwas ungezügeltem Temperament. Der Mann suchte auf dem Grund nach Perlenmuscheln, als plötzlich ein 4 Meter langer Hai auf ihn zukam. Er flüchtete unter eine Koralle, der Hai folgte. Da gelang es ihm, irgendwie auf den Rücken des Haies zu kommen, und er klammerte sich mit den Fingern in beiden Kiemenspalten fest. Das war insofern nicht unklug, als das Maul des Haies ihm so nichts anhaben konnte. Der Hai geriet über den unverhofften Reiter in Panik und wohl auch in Atemnot, sprang über Wasser, versuchte den Mann abzuschütteln. Aber der hielt krampfhaft fest. Daraufhin raste der Hai gegen das Ufer – so ungestüm, daß er über den Sand bis hinauf aufs Trockene schlitterte. Der Eingeborene stieg ab und schwankte einige Schritte weit über den Strand. Er war total zerschunden, blutete aus mehreren Wunden: die rauhe Haut des Haies hatte ihn arg zugerichtet. In einem plötzlichen Impuls drehte er sich um, ging zum Hai hin und schlug ihm mit aller Kraft mit der Faust gegen die Schnauze. In diesem Augenblick öffnete der Hai das Maul und biß ihm die rechte Hand ab.

Gefahr und Tod

Wie gefährlich ist das Tauchen nun wirklich? Was haben Fischmenschen in den weiten Meeren wirklich zu befürchten? Wie groß ist das Risiko, für immer unten zu bleiben, gegenüber der Chance, in dieser Welt Neues und Wunderbares zu erleben und wohlbehalten an die Oberwelt zurückzukehren?

Daß nicht Haie die große Gefahr sind, wurde schon gesagt. Und daß die größte Gefahr gar nicht eigentlich im Meer, sondern in uns selbst liegt, wurde ebenfalls schon erwähnt. In den Tauchschulen werden heute Kurse abgehalten, die ein, zwei oder drei Wochen dauern, dann erhält der Schüler ein Diplom dieser oder jener Klasse und hat das Gefühl, daß er nun einigermaßen tauchen kann. Das ist insofern richtig, als er mit dem Wichtigsten vertraut gemacht wurde, theoretischen Unterricht erhielt, selbst so und so viele Tauchgänge und Tauchübungen ausführte. Es mag jedoch der wertvollste Ratschlag sein, den ich jedem sich entwickelnden Fischmenschen zu geben habe, daß er solche Schulung und solche Diplome nicht überschätzen sollte. Zum Taucher wird man nicht in Wochen, auch nicht in Monaten. Man muß sehr viele Abstiege hinter sich haben, durch sehr viele Situationen gehen, sehr viele Komplikationen erlebt haben, ehe der Körper endlich fähig wird, sich in die Unterwasserwelt einzuordnen. Eine der wirklich großen Gefahren ist die Selbstüberschätzung. Was nämlich so lange braucht, sich dem fremden Element anzupassen, ist unser Unterbewußtsein, sind jene Bereiche in unserem Gehirn, die sich unserer vernünftigen Kontrolle entziehen. Erst wenn diese „Taucher sind" – ist man wirklich ein Taucher.

Es gibt unzählige Möglichkeiten, wie man unter Wasser aus der Ruhe gebracht werden kann. Die Maske ist nicht dicht, sie beschlägt, man hustet und bekommt Wasser in den Mund. Man hat einen Krampf, bleibt irgendwo hängen, findet den Reservehebel nicht. Man erschrickt über eine Berührung, stößt mit dem Kopf gegen einen Felsen, den man nicht sieht. Man hat Schwierigkeiten mit der Kamera, mit der Harpune, mit dem Sammelnetz. Man versteht nicht, was der andere Taucher mit seinen Zeichen meint. Man hat vergessen, die Zeit des Abstieges auf dem Drehring der Tauchuhr einzustellen. Man erinnert sich der Dekompressionszeit nicht. Man ärgert sich über das, was einer der Kollegen tut. Man wird von einer Strömung weggezogen, hat Angst, die Orientierung oder die Kameraden zu verlieren, findet das Boot nicht. Man sieht etwas Ungewöhnliches, ist verlockt, tiefer zu gehen, hat gleichzeitig Bedenken. Man will imponieren und übernimmt sich. Man versucht sich an etwas zu erinnern, was man sich oben vornahm, doch fällt es einem nicht ein. Man fröstelt. Der Tauchanzug sitzt nicht richtig. Man hat ein Blei zuwenig oder eines zuviel, will deshalb nicht nochmals hochschwimmen, nimmt es in Kauf, daß man zu leicht oder zu schwer ist. Bei Arbeiten kommt es zu Mißverständnissen. Und so weiter und so fort.

All das ist an sich harmlos – und kann doch zum Tod führen. Einfach deshalb, weil man aufgeregt wird und – ob man will oder nicht – schneller atmet. Bei beschleunigter Atmung wird jedoch die Lunge nicht mehr ordentlich durchlüftet. Der Atem wird zu flach, der Gasaustausch kann nicht mehr richtig stattfinden, in der Lunge reichert sich Kohlendioxyd an. Man fühlt sich unwohl, schwindlig – macht weitere Fehler. Hat man eine gewisse Tiefe überschritten, sind die geistigen Funktionen sowieso beeinträchtigt. Das aber kann bereits zu plötzlicher Ohnmacht oder zu panischen Reflexen führen.

Aus diesem Grund ist es zunächst wichtig, daß man gesund ist und sich vor dem Tauchgang wirklich fit fühlt. Andernfalls soll man es lieber sein lassen – selbst wenn die Eitelkeit darunter leidet. Wenn Poulet und Barincou in ihrem Lehrbuch über das Tauchen ausführlich darauf eingehen, unter welchen Voraussetzungen man das Tauchen unterlassen soll, dann ist das durchaus nicht überflüssig, und ich bin voll ihrer Meinung. Sie führen an: Übermüdung, Verdauungsstörung, zu langes Sonnenbaden, fiebriger Zustand, für Frauen die Zeit ihrer Periode; sodann „moralische Indisposition": Verärgerung, Streitzustand, Unruhe, Nervosität, Hast, Aufregung. Wörtlich heißt es: „Es ist daher richtig, sich zu prüfen, ob die Lust zum Tauchen oder die Angst größer ist." Und der französische Tauchphysiologe Chouteau sagt: „Man soll sich niemals schämen, klein beizugeben; niemand – außer den Dummköpfen – wird darüber lachen."

Das mag nach all den bisherigen Großtaten, den erreichten Ergebnissen belanglos und banal erscheinen, doch jeder erfahrene Taucher weiß, daß es das nicht ist. 50 Prozent der heute immer häufiger vorkommenden tödlichen Unfälle hätten vermieden werden können, stünde nicht der dramatische, sondern der ästhetische Aspekt des Tauchens im Vordergrund. Zweifellos hält das Meer selbst allerlei Tücken parat, aber nicht weniger Tücken sind im Steuerungszentrum unseres Zentralnervensystems verborgen, weil dieses für Unterwassertätigkeit nicht „programmiert" ist und es deshalb einen nicht ganz einfachen und auch nicht leicht überschaubaren Anpassungsvorgang durchmachen muß.

Die Hast unserer Zeit erhöht die Gefahr. Da immer mehr Möglichkeiten locken, wird die Zeit zu kurz: man macht dies und jenes übereilt, während die Gedanken schon wieder woanders sind. Beim Tauchen hat die Vorbereitung im Boot, das

Inordnunghalten der Geräte auf die späteren Vorgänge unter Wasser entscheidenden Einfluß. Eine bedeutungslos erscheinende Flüchtigkeit kann sich schon eine Stunde später verhängnisvoll auswirken.

Zu zahlreichen Todesfällen kam es, wenn Taucher vom Boot entfernt auftauchten, von Strömungen abgetrieben wurden und im hohen Wellengang zu rufen versuchten. Sie waren erschöpft, bekamen Wasser in den Mund, konnten sich des Bleigürtels und des Tauchgerätes nicht mehr entledigen – und ertranken. Die heute schon fast überall verwendete Rettungsweste schaltet diese Gefahr aus und hat noch weitere Vorteile – kann aber auch den Tod verursachen.

Vorteile: Will man am Beginn eines Tauchganges gleich abtauchen, dann kann man mit der mäßig aufgeblasenen Weste, durch den Schnorchel atmend, an der Oberfläche zum Einsatzpunkt schwimmen, wodurch man sich Luft und Anstrengung erspart. Dort läßt man dann Luft ab und schwimmt in die Tiefe. Will man dann – etwa zum Filmen – völlig gewichtslos sein, kann man durch leichtes Aufblasen der Weste den Auftrieb in jeder Tiefe austarieren. Und wenn man wieder an der Oberfläche ist, genügt ein Druck auf den Knopf – und man wird wie von einem Rettungsring getragen, kann mühelos zum Boot zurückschnorcheln.

Die Gefahr wurde schon erwähnt: Wenn der Taucher in der Tiefe in Panik gerät und auf den Knopf drückt, trägt ihn die Rettungsweste im Eilzugstempo zur Oberfläche. Auf drei Arten kann er dann den Tod erleiden: durch Caissonkrankheit, durch Lungenriß oder durch Luftembolie.

Die erste Gefahr ist dann gegeben, wenn er in so großer Tiefe gewesen ist, daß er dekomprimieren muß. Saust er statt dessen wie ein Luftballon hoch, dann treten in seinen Geweben Stickstoffbläschen aus, und er erleidet „Bends". In diesem Fall muß er möglichst schnell wieder in die Tiefe zurückgebracht werden, damit unter dem neuerlichen Druck die Gasbläschen sich wieder lösen. Beim anschließenden Aufstieg muß er dann die vorgeschriebenen Austauchzeiten einhalten. Ist eine Dekompressionskammer in der Nähe, dann kann man ihn im Trockenen wieder unter Druck bringen, und es folgt dann die gleiche Prozedur.

Die beiden anderen Gefahren eines solchen plötzlichen Hochschießens sind meist noch ernsterer Natur. Schließt der Betreffende, was unter Schock nicht selten vorkommt, krampfartig die Stimmritze – wie es auch jeder Nackttaucher tut, wenn er den Atem anhält –, dann kann die sich ausdehnende Luft nicht aus der Lunge entweichen, und es kommt zu einem Überdruck – besonders auf den letzten zehn Metern unter der Wasseroberfläche, wo das Volumen sich verdoppelt. Auf diese Weise kommt es zum Lungenriß, aus dem Mund des Tauchers tritt Blut, oft sackt er gleich wieder ab und kann nur noch tot geborgen werden. Zweite Möglichkeit: Es kommt zu keinem Riß, jedoch zur Überdehnung der Lungengefäße – dann geht Luft in das Blut über. Auf diese Art entsteht dann eine den „Bends" ganz ähnliche Embolie. So erklärt es sich, warum es selbst in einem Bassin zu Beschwerden kommen kann, die einer Caissonkrankheit gleichen. Bei einem Tauchlehrgang in einem Berliner Hallenbad war es Aufgabe der Teilnehmer, mit ihren Preßluftgeräten auf den 5 Meter tiefen Grund zu tauchen, diese dort abzulegen und hochzuschwimmen, hernach wieder abzutauchen, das Gerät umzulegen und unten zu bleiben. Beim Hochschwimmen blieb plötzlich einer der Teilnehmer einen Meter unter der Oberfläche buchstäblich hängen. „Er zuckte und zappelte dort herum, als mache er sich einen Spaß mit den anderen." Aber die Sache war durchaus ernst. Durch einen Stimmritzenkrampf war es bei dem Mann beim Hochschwimmen zu einer Lungendehnung mit Lufteinbruch in das Gefäßsystem gekommen, und er mußte sofort in ärztliche Behandlung gebracht werden.

Jeder Taucher muß sich also einprägen, beim Hochschwimmen die Stimmritze offenzuhalten, damit der in der Lunge bildende Überdruck entweichen kann. Bei der englischen Marine wird in einem 30 Meter hohen, mit Wasser gefüllten Turm das Aussteigen aus dem U-Boot ohne Tauchretter gelehrt. Aus der Bodenschleuse des Turmes schwimmt man hoch – auch ich habe dies getan. Eiserne Regel ist dabei: man muß den Mund offenhalten. Während des ganzen „Fluges" nach oben sprudelt dann in ständigem Strom Luft aus dem Mund hervor. Beim Hochschwimmen mit dem Atemgerät ist das gleiche zu beachten. Man darf dabei auf keinen Fall den Atem anhalten, sondern muß gleichmäßig atmen. Die Sicherheitsweste darf man in der Tiefe nicht in Aktion setzen. Das ist nicht ihr Verwendungszweck – tut man es doch, dann wird sie zur tödlichen Gefahr.

Sehr oft überschätzen Taucher – unerfahrene wie erfahrene – ihre Kräfte. Ein Beispiel unter beliebig vielen: Im Juni 1972 tauchten zwei Deutsche an der Küste der Halbinsel Chalkidike in Griechenland. Die Sicht war gut, sie tauchten auf über 30 Meter tiefen Grund, wo sie Steckmuscheln sammelten. Mit einiger Anstrengung zogen sie fünf Stück aus dem Sandboden, verstauten sie in einem Netz und wollten dieses gemeinsam hochbringen. Einer der beiden geriet dabei in Atemnot, machte seinem Freund ein Zeichen, ließ das Netz los und eilte zur Oberfläche. Von dort schwamm er zum Boot, legte das Gerät ab und schwamm schnorchelnd zurück zur Stelle, um seinem Freund zu helfen. Er sah ihn jedoch nicht. Daraufhin legte er ein neues Gerät an, tauchte wiederum auf den Grund, konnte aber seinen Freund nicht finden. Auch die anschließend verständigte Polizei fand ihn nicht. Erst in den nächsten Tagen fanden Berufstaucher den Verunglückten in 45 Meter Tiefe. Das Netz mit den Steckmuscheln war an seinem Handgelenk festgebunden. Durch Überanstrengung hatte der Taucher offenbar das Bewußtsein verloren. Einem Bekannten des Verunglückten verdanken wir noch folgende Details: „Er war 24 Jahre alt, sah etwas schlecht, hatte einen hohen Blutdruck und einen sehr labilen Kreislauf."

Ebenfalls einer Überanstrengung fiel Ennio Falco, einer der bekanntesten italienischen Taucher, zum Opfer. 1959 soll er mit einem normalen Preßluftgerät bis auf 131 Meter Tiefe getaucht sein und damit einen inoffiziellen Weltrekord aufgestellt haben. Falco hatte sich später dem kommerziellen Korallentauchen zugewandt. Nach einem Abstieg in 80 Meter Tiefe kam – während er dekomprimierte – plötzlich ein großer Luftschwall zur Oberfläche. Durch den Guckkasten konnte die Bootsmannschaft sehen, daß Falco leblos am Seil hing, der Atemschlauch baumelte frei im Wasser. Als man ihn hochbrachte, konnte man nur noch seinen Tod feststellen. Da dies bereits sein zweiter Tauchgang an diesem Tag gewesen war, vermutete man einen Herzinfarkt.

Als besondere Sicherheitsmaßnahme wird in jeder Tauchschule die „Wechselatmung" geübt. Zwei Taucher müssen dann aus dem gleichen Gerät atmen: jeder entnimmt dem Mundstück drei Züge und übergibt es dann wieder dem Partner. Kommt im Ernstfall ein Taucher in Atemnot, dann gibt er seinem Kollegen ein Zeichen und „tankt" bei ihm Luft. Die beiden sollen dann ruhig und beherrscht den Aufstieg dicht nebeneinander ausführen, wobei das Mundstück regelmäßig den Mund wechselt. In einigen mir bekannten Fällen hat das vorzüglich geklappt – in anderen wieder führte es zur Tragödie. So verloren etwa die beiden deutschen Archäologen Helmut Schläger, Direktor des deutschen Archäologischen Instituts in Rom, und sein Assistent Udo Graf am 9. Juli 1969 auf diese Weise das Leben. Bei der Insel Lipari waren in 60 bis 90 Meter Tiefe die Reste eines antiken Schiffes entdeckt worden, und um dort Vermessungen auszuführen, tauchten die beiden in Begleitung eines dritten Deutschen, Karl Preuss, zu diesem Platz hinab. Schon nach einigen Minuten in 80 Meter Tiefe kam Schläger – so berichtete Preuss später – aufgeregt zu ihm geschwommen, seine beiden Atemschläuche frei im Wasser, das Mundstück fehlte – er bat um Luft. Preuss gab ihm das Mundstück, doch Schläger hatte offenbar schon zu viel Wasser geschluckt und kam nicht mehr zurecht. Trotzdem gab nach der Angabe von Preuss Schläger ihm das Mundstück zurück – riß es ihm aber dann doch gleich wieder aus dem Mund und wollte es dann nicht mehr hergeben. Auch dieses Mundstück riß vom Einatemschlauch los – Preuss konnte sich diesen noch in den Mund stecken und jagte zur Oberfläche, wo er dann Hilfe herbeirief. Zur Dekompression wurde er schnell mit einem anderen Gerät ausgerüstet und auf 20 Meter Tiefe gebracht. Inzwischen suchte ein italienischer Taucher dann Schläger und fand ihn tot in 80 Meter Tiefe. 20 Minuten darauf wurde auch Graf, ebenfalls in 80 Meter Tiefe, gefunden. Auch bei ihm war das Mundstück vom Ausatemschlauch gelöst. Was sich zwischen Schläger und Graf in dieser Tiefe, wo die Stickstoffnarkose schon stark wirksam ist, anfangs abgespielt hatte, dürfte sich wohl nie mehr rekonstruieren lassen. Jedenfalls zeigt der Vorfall, wie bei Auftreten von Panik die an sich gute Methode der Wechselatmung zu Katastrophen führen kann. Ralf Westphalen, der selbst fast Opfer der „Wechselatmung" geworden wäre, schrieb demgemäß im „Delphin": „Ich glaube deshalb, daß es in den meisten Fällen eines Geräteausfalles das wirklich beste ist, sofort einen Notaufstieg einzuleiten, anstatt erst zum Partner hinzuschwimmen, eine Paniksituation heraufzubeschwören und den Partner gleichfalls zu gefährden. Den Kritikern dieses Vorschlages sei gesagt, daß eine Notsituation auch durch noch so vieles Üben nicht simuliert werden kann." Er schlägt anschließend vor, daß man den Notaufstieg im Übungsplan stärker berücksichtigen sollte, und fügt hinzu: „Die magischen Worte ‚Tauche nie allein!' dürfen nicht dazu verführen, sich durch die Nähe seines Tauchpartners blindlings sicher zu fühlen." – Vielleicht wird bereits aus diesen Beispielen und Diskussionen klar, wie sehr es beim Vordringen in die Unterwasserwelt auf psychologische Details ankommt, die weit eher über Leben und Tod entscheiden als ein Giftstachel oder ein aufgerissenes Haimaul.

Worauf es vor allem ankommt, das ist Ruhe, Umsicht, Beherrschung – Eigenschaften, die man im Taumel neuen Erlebens nur schwer hat. In Jugoslawien ist vorgeschrieben, daß jeder Taucher, beziehungsweise jede geschlossen schwimmende Tauchergruppe, einen gelben Ballon von 50 Zentimeter Durchmesser über sich nachschleppen muß. Dies soll verhindern, daß Boote hochschwimmende Taucher gefährden, außerdem das Suchen von Abgetriebenen erleichtern; und schließlich den Behörden die Kontrolle ermöglichen, ob nicht unerlaubterweise nach Amphoren getaucht wird. Deutsche Taucher waren, nicht ganz zu Unrecht, über diese Bestimmung verärgert, denn nirgends konnten solche Ballons aufgetrieben werden. Sie mußten sich dann mit einer rot-weiß gefärbten Boje von nur 30 cm Durchmesser begnügen. Deren Nachteile kamen auch sehr bald an den Tag. „Bei den vorgelagerten Inseln", berichtete einer der Taucher, „herrschte teilweise beträchtliche Strömung. Bei einer der Tauchgruppen, die aus Anfängern bestand, verwickelte sich derjenige, der die Boje schleppte, in der Leine. Dabei geriet er in Panik und begann unter Wasser alles von sich zu lösen. Glücklicherweise packte ein anderer ihn an den Haaren und steckte ihm das Mundstück des Automaten wieder in den Mund, das er auch losgelassen hatte. Man sieht also, die Boje bietet nicht nur Sicherheit, sondern sie kann auch zu einem Unfall führen. Wir haben nachher noch lange suchen müssen, bis wir die meisten Ausrüstungsteile gefunden hatten. Nur der Bleigurt blieb verschwunden – bei dem 30 Zentimeter hohen Tangbewuchs und dem unebenen Felsgrund kein Wunder."

In den Tangwäldern der kalifornischen Küste (Abb. 4) haben schon zahlreiche Taucher den Tod gefunden, indem sie sich in den Riesenpflanzen, die wie ein Dschungel bis an die Oberfläche hochwachsen, verwickelten. Manche mit leergeatmeten Geräten zur Küste zurückschwimmenden Taucher wurden wie von Polypenarmen festgehalten, gerieten in Panik und ertranken. Harpuniert man in diesen prächtigen Unterwasserwäldern einen Fisch, dann ist er im Nu Mittelpunkt eines riesigen Pflanzenklumpens, aus dem man ihn kaum wieder freibekommt. Ebenso sind bei trübem Wasser und Strömung Reste von Fischernetzen und abgerissene Angelleinen für Taucher eine ernste Gefahr – besonders wenn sie aus durchsichtigem Nylon sind. In Japan und mehreren anderen Gegenden verunglückten Taucher, indem sie sich verwickelten oder in Schlingen gerieten, aus denen sie sich nicht befreien konnten. 1938, als ich ohne Gerät an der jugoslawischen Küste unter Wasser jagte, wurde mir eine solche Schlinge um ein

Haar zum Verhängnis. Mein Begleiter Böhler hatte einen größeren Fisch harpuniert, der in eine Spalte geflüchtet war und sich unter dem Felsen mit der Leine total verheddert hatte. Ich schwamm hinunter und konnte mit großer Geduld die Leine entwirren. Damals konnte ich noch drei, ja im Höchstfall sogar vier Minuten den Atem anhalten. Endlich hatte ich den Fisch frei und brachte ihn hoch. Ich war ziemlich am Ende meines Atemvorrats und noch drei Meter von der Oberfläche entfernt – da wurde ich jäh festgehalten. Ein Teil der Leine hing noch immer unten in den Felsen, und unbemerkt hatte sich um mein Bein eine Schlinge gebildet. Im ersten Impuls riß ich dummerweise so fest ich konnte – dadurch zog sich der Knoten noch stärker zu. Das Messer hatte ich am Ufer liegen gelassen – wie sich zeigte, hatte auch Jörg keines. Hätte er mir zu helfen versucht, dann wäre ich wahrscheinlich ertrunken. Mit äußerster Beherrschung machte ich mich daran, diesen fest zusammengezogenen Knoten zu lösen. Mein Brustkorb führte bereits konvulsive Bewegungen aus, alles begann sich um mich zu drehen ... aber am Ende löste sich der Knoten, ich zog die Schlinge auseinander – und war frei. Auch hier hätte eine Geringfügigkeit beinahe fatale Wirkung gehabt.

Sehr heikel ist in der modernen Taucherei das Problem der Verständigung. Da technische Sprechgeräte, wie Berufstaucher sie bereits verwenden, wegen der hohen Kosten und der Umständlichkeit der Ausrüstung für Sporttaucher kaum in Frage kommen, hat die CMAS 1970 bei einem Kongreß in Barcelona einige international gültige Zeichen ausgearbeitet, die nun überall unterrichtet werden. Da gibt es solche für „Ich habe keine Luft mehr", „Alles in Ordnung", „Öffne bitte meine Reserve", „Bleib, wo du bist" und ähnliches. Wie leicht auch ein Verständigungsfehler zum Tod eines Tauchers führen kann, lehrt uns der besonders tragische Fall, der sich am 29. März 1960 in Südfrankreich im Gebiet der Rhonemündung ereignete. Opfer war der damals bekannteste amerikanische Taucher Conrad Limbaugh, der sich als Biologe besonders mit der Erforschung der kalifornischen Tangwälder beschäftigte und am Scripps Institute in La Jolla als erster die Technik des Schwimmtauchens für wissenschaftliche Zwecke einführte. Im Auftrag der Regierung hatte er in Frankreich zu tun und wollte dann noch einen Freund in Lugano besuchen. Dabei kam ihm der Gedanke, daß er am Weg die mysteriöse Unterwasserhöhle von Port Miou bei Cassis besuchen könnte, in die ein kleiner Fluß mündet, dessen Ursprung und Verlauf man bisher noch nicht hatte finden können. In Begleitung des französischen Tauchers Poudevigne, der die Grotte gut kannte, fuhr er hin. Von einem Boot aus schwammen die beiden durch die unterseeische Öffnung, die in das Höhlensystem führt. In einem unterseeischen Dom, dort, wo sich das Flüßchen mit Meerwasser vermengt, wollte Limbaugh Blitzlichtaufnahmen machen und bat den Franzosen, ihm dabei zu helfen. Daraufhin, um die Hände frei zu haben, legte dieser seine Lampe auf einen etwa 4 Meter tiefer liegenden Felsen in der Mitte der Grotte, einige Meter von dem Platz entfernt, und löschte das Licht. Nach beendeter Arbeit wollten die beiden wieder zurückschwimmen. Also holte Poudevigne erst die Lampe – was jedoch Limbaugh offenbar nicht wußte, da er ihm folgte. Als Pouldevigne dann zurückschwamm – so lautet jedenfalls die offizielle Version –, schwamm Limbaugh, ohne daß die beiden einander sahen, an ihm vorbei und somit in die verkehrte Richtung. Poudevigne schwamm aus der Grotte. Er hoffte, ihn am Ausgang wiederzufinden, und als Limbaugh nicht folgte, kehrte er zurück und suchte nach ihm, bis seine Reserve verbraucht war. Daraufhin tauchte ein weiterer Franzose in die Höhle, suchte über eine halbe Stunde lang, konnte aber Limbaugh ebenfalls nicht finden. Später wurde der Amerikaner in einem entfernten Schacht tot aufgefunden: Seine Luftzylinder hatte er bis zum letzten Tropfen leergeatmet.

An diesem Tauchgang ist mancherlei auszusetzen – besonders, daß keine Rettungsleine verwendet wurde. Auch läßt der Bericht verschiedenes offen. Die offizielle Version lautete: „Die Ursache dieses Unglücks ist wahrscheinlich darauf zurückzuführen, daß Professor Limbaugh, ein sehr erfahrener Taucher, es nicht für notwendig hielt, sich an die Sicherheitsregel zu halten, die jedem Taucher, der ein unbekanntes Gebiet besucht, vorschreibt, am Ort zu verbleiben, bis sein Führer ihm den Weg zeigt." Das stimmt zweifellos; ein höchst tragischer Verständigungs-fehler fand hier statt. Da ich Limbaugh gut kannte – wir hatten in Santa Monica, als mir bei einem Festival ein Preis überreicht wurde, einen Abend miteinander verbracht –, kann ich mir seine letzte halbe Stunde recht genau vorstellen. Limbaugh war ruhig, besonnen, kaum durch etwas aus dem Konzept zu bringen. Nachdem der Verständigungsfehler nun einmal unterlaufen war, hatte er sicher in aller Bedachtsamkeit das Höhlensystem Stück für Stück nach dem rettenden Ausgang abgesucht. In diesem Fall, so glaube ich mit Sicherheit, gab es bis zum letzten Atemzug keine Panik. Sicher sparte Limbaugh durch völlig ruhiges Verhalten die so kostbare Luft, suchte systematisch weiter – bis es dann zu Ende war und er im Geiste von seiner Frau und seinen fünf Kindern Abschied nahm.

In Japan erzählte mir Tetsu Taguchi, Leiter der japanischen Tauchlehrervereini-gung, von einem ähnlichen Fall, bei dem einer der beiden betroffenen Taucher durch Besonnenheit sein Leben rettete. Es sollte an der Unterseite eines Riesentankers eine Untersuchung vorgenommen werden. Das Schiff lag in 20 Meter tiefem Wasser, hatte 17 Meter Tiefgang, so daß zwischen dem Grund und dem Schiffsboden etwa 3 Meter Raum blieb. Bei völlig trübem Wasser schwammen die beiden unter diesen Tanker, der gigantische Dimensionen hatte, verirrten sich dabei und gelangten an das Ende ihres Luftvorrates. Einer der beiden fand den Tod, der zweite jedoch gelangte wieder ans Tageslicht. Es kam ihm nämlich der Gedanke, mit den Fingern nach einer Schweißnaht des Schiffsbodens zu suchen. Er fand eine und folgte ihr dann unbeirrt – während der andere offenbar im Kreis schwamm. Eiskalte Überlegung führte bei diesem Taucher zur Rettung seines Lebens.

Unter den Fischmenschen ebenso wie unter den Landmenschen gibt es genug, bei denen sozusagen eine Schraube locker ist. Sie sind die Waghalsigkeit in Person, trotzdem kann man sie nicht als mutig bezeichnen, weil Mut in der bewußten Überwindung einer mit Gefahr ganz natürlich korrelierten Angst besteht. In diese bedenkliche Kategorie muß auch der amerikanische Rechtsanwalt Hope Root eingestuft werden, der im Dezember 1953 – er war damals 52 Jahre alt – den damals noch unter 100 Meter liegenden Weltrekord für Preßlufttauchen brechen wollte. Der Versuch wurde von einem Boot aus ohne Sicherheitsleine, im offenen, abgrundtiefen Meer durchgeführt. Um die errechnete Tiefe genau zu bestimmen, befand sich im Boot ein Echolot. Unterwasserfotografen und Reporter von „Life" begleiteten Root. Als er etwa 20 Meter Tiefe erreicht hatte, machte er halt und blickte aufwärts. Dann schwamm er in den tiefblauen Abgrund hinab. Jerry Greenberg, einer der Fotografen, folgte ihm noch ein Stück und schoß mehrere Bilder, während Root immer kleiner und kleiner wurde – und schließlich entschwand. Im Boot wurde stürmisch applaudiert, als der Schreiber des Echolots die Unterschreitung der bisherigen Rekordtiefe anzeigte. In 130 Meter Tiefe verharrte Root eine Weile – der Stift zeichnete nun eine horizontale Linie auf das Papierband. Zur Begeisterung der im Boot Sitzenden tauchte er noch weitere 18 Meter hinab. Abermals hielt er inne, doch nur kurz. Dann tauchte er weiter, erreichte 150, ja 200 Meter. Allmählich registrierte das Gerät ihn nicht mehr. In 148 Meter Tiefe verlor er offenbar das Bewußtsein. Er wurde nie mehr gesehen.

1971 lag der Rekord für das Tauchen mit Preßluft bei 132 Meter. Diesmal wollten ein Mann und eine Frau ihn brechen und 145 Meter Tiefe erreichen: Archie Foster und Ann Gunderson. Mit Preßluft ist das bereits reiner Wahnsinn. Der Versuch wurde bei der Insel Andros ausgeführt. Diesmal waren zur Sicherheit mehrere Taucher in verschiedener Tiefe stationiert. Der am tiefsten postierte, der bei 135 Meter wartete, sah sie vorbeischwimmen und bis an ihr Ziel gelangen. Dann verlor er sie aus den Augen. – Auch sie wurden nie mehr gesehen.

Es gibt Sporttaucher, die es mit ihrem Preßluftgerät geradezu magisch in Tiefen von über 80 Meter hinunterzieht. Nicht wenige von ihnen haben dabei den Tod gefunden zum Beispiel Edwin Fels, Professor und Ordinarius an der Universität München. Von seinen Sportkameraden wurde er als ein außerordentlich sicherer, wenngleich auch „sehr extremer" Taucher bezeichnet. Er fand im Juli 1971 im Starnberger See in 80 bis 100 Meter Tiefe den Tod. Einer seiner Freunde erklärte später, er sei „ausschließlich an großen Tiefen interessiert gewesen und habe am liebsten getaucht, wo er auf Grund der Diffusität die Hand nicht vor seinen Augen sehen konnte". Ich möchte hier einem Psychoanalytiker die Erklärung dafür überlassen, was das unterschwellige Motiv dieser eigentümlichen Leidenschaft gewesen sein mag. Gravierend ist in jedem solchen Fall, daß der Betreffende ja nicht nur sich selbst, sondern auch andere gefährdet, die ihm zu Hilfe kommen oder später zu seiner Suche eingesetzt werden. Es gibt da haarsträubende Fälle, die meist aus Kameraderie verschwiegen werden, bei denen aber die Betreffenden in aller

151

Konsequenz zur Rechenschaft gezogen werden sollten. An einer unserer Safarifahrten mit der „Xarifa" ins Rote Meer nahm auch ein junger Schweizer teil, für den es Vernunft und Rücksichtnahme offenbar nicht gab. Gleich bei einem der ersten Abstiege machte er sich selbständig und schwamm in viel zu große Tiefe hinab. Dort unten kam er dann auch prompt in Schwierigkeit, und unser Tauchlehrer, Gigi Stuart-Towini, ein hervorragender, äußerst verläßlicher Taucher, verlor beinahe selbst das Leben, um ihm das seine zu retten. Dabei herrschte starke Strömung, und ihm blieb nichts übrig, als die übrigen Teilnehmer der Gruppe sich selbst zu überlassen. Schließlich lag dann der Schweizer totenblaß und leblos an Deck, kein erfreulicher Anblick für Tauchschüler, die mit dem Meer und seinen Wundern vertraut gemacht werden sollten.

Ein ähnlicher Fall hat sich 1969 an der Costa Brava zugetragen. Diesmal war es ein französischer Taucher, der den Kameraden einfach davontauchte, dann schreiend an der Oberfläche erschien und fast sofort bewußtlos wieder absank. Die Kameraden konnten ihn mit einiger Schwierigkeit bergen und brachten ihn zur Küste. Dort lag er röchelnd auf den Felsen, als zwei deutsche Taucher, von einem Spanier herbeigeholt, am Tatort erschienen. Es bestand kein Zweifel: der Mann mußte sofort zu einem Arzt. Also verluden sie ihn in ein Boot, hielten auf der Fahrt seinen Kopf, schleppten ihn dann über einen Strand hoch, zogen ihm die Tauchkombination aus, verluden ihn in ein Auto. „Wir fuhren in nassen Badehosen, barfuß, ohne jegliche Papiere und ohne einen Pfennig Geld." Die Fahrt ging über eine schlechte Pyrenäenstraße, durch einen überfüllten Urlaubsort. Der erste Arzt traute sich nicht allzuviel zu. „Nach drei Spritzen waren sämtliche Schließmuskeln des Verunglückten erschlafft und dieser, wie auch der Arzt, sahen daher entsprechend aus – wir später auch." Der Weitertransport zu einem 19 Kilometer entfernten Spital war unbedingt geboten. Auch dort half noch immer niemand den beiden, den Bewußtlosen zu transportieren: „Keiner war zuständig." Es war gerade Mittagspause, kein Arzt zur Stelle, das Personal in der Anwendung einer Sauerstoffmaske ungeübt. Endlich kam der Arzt und gab ihm weitere 18 Spritzen. „Das Ergebnis: der Taucher lebt, ist jedoch linksseitig gelähmt, was auf mangelnde Sauerstoffzufuhr zum Gehirn zurückzuführen sein dürfte. Angeblich soll sich die Lähmung wieder geben. Der Arzt sagte zu uns: ‚Da sind Sie aber im allerletzten Moment gekommen!' Vor dem Unfall hatte dieser Mann folgendes zu seinen Kameraden gesagt: ‚Ich lebe mein Leben und weiß, daß ich nicht alt werde; ich fürchte mich vor nichts. Ich fahre Autorennen und werde auch

32 Um Astronauten an das Gefühl der Schwerelosigkeit zu gewöhnen, trainiert man sie in den USA in großen Versuchsbecken unter Wasser. Ähnlich dem „Aquanauten" dringen auch sie in Bereiche vor, wo die gewohnte Schwerkraft ihre Wirksamkeit verliert.

33   Der Erdball ist zu 70 Prozent von Wasser bedeckt — in einer Schichte von durchschnittlich 4000 Meter Dicke. Aus dem Meer kam das Leben, eroberte sich erst später die inselartig aufragenden Kontinente. Im Menschen wurde dieser Prozeß „sich selbst bewußt" — und der Mensch erkannte, daß er auf einer Kugel lebt. Uns dies praktisch vorzustellen fällt uns allerdings noch heute schwer, da es kein eigentliches Oben und Unten gibt, also die Menschen auf der anderen Weltseite jeweils „mit dem Kopf nach abwärts" stehen.

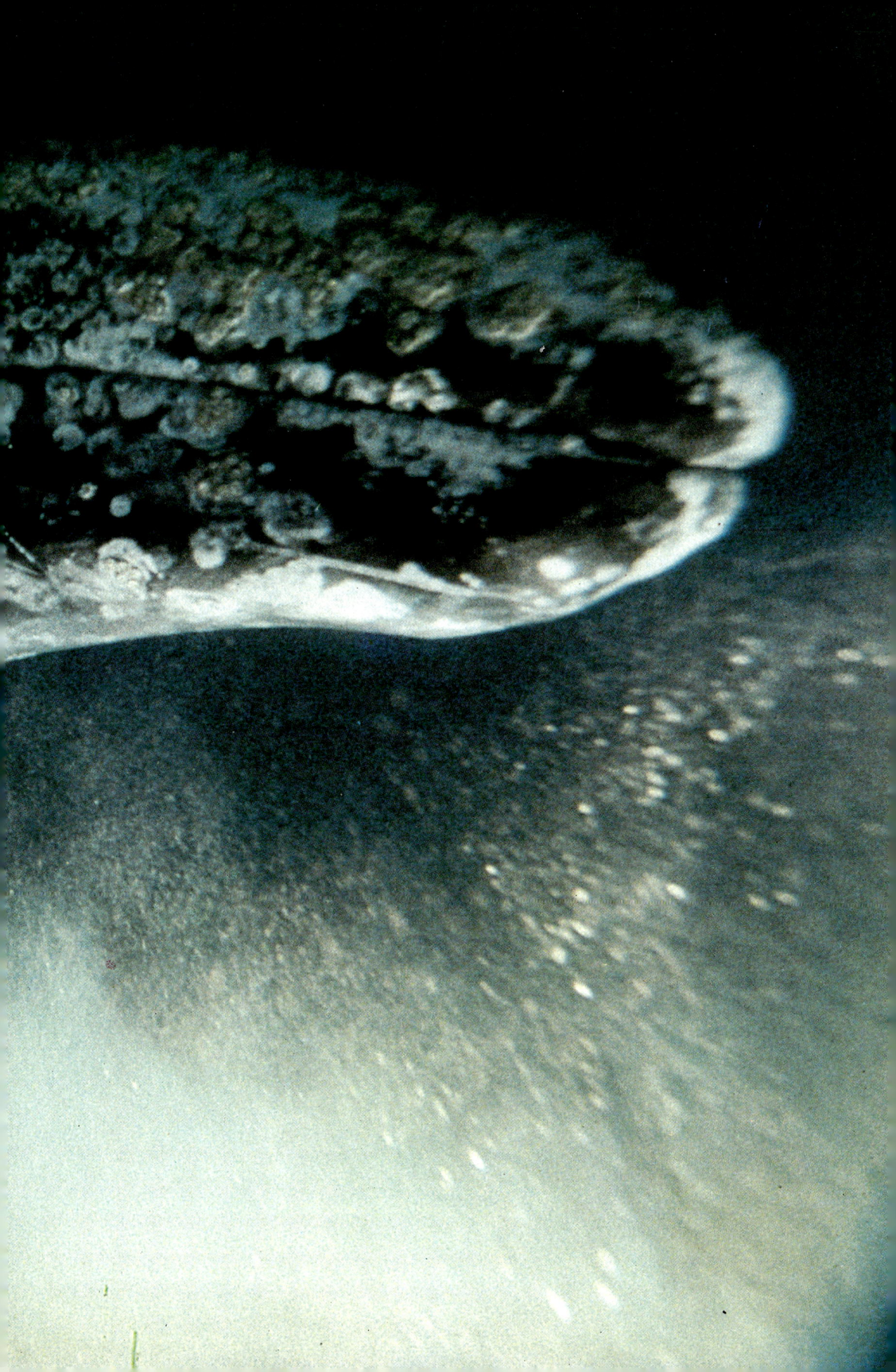

34 Fischmenschen „an der Unterseite des Erdballs". In der Unterwasserwelt wird die Relativität von Oben und Unten und die Kugelgestalt der Erde — ähnlich wie im Weltenraum — eher vorstellbar. — 35 *(folgende Doppelseite)* Der Grindwal — wie auch alle anderen Wale — stammt von Landtieren ab, die sich wieder dem Leben im Wasser anpaßten. Die Anpassung erfolgte durch allmähliche Änderungen im Erbgut — während der Fischmensch ähnliches mit Hilfe technischer, also künstlicher, Organe erreicht.

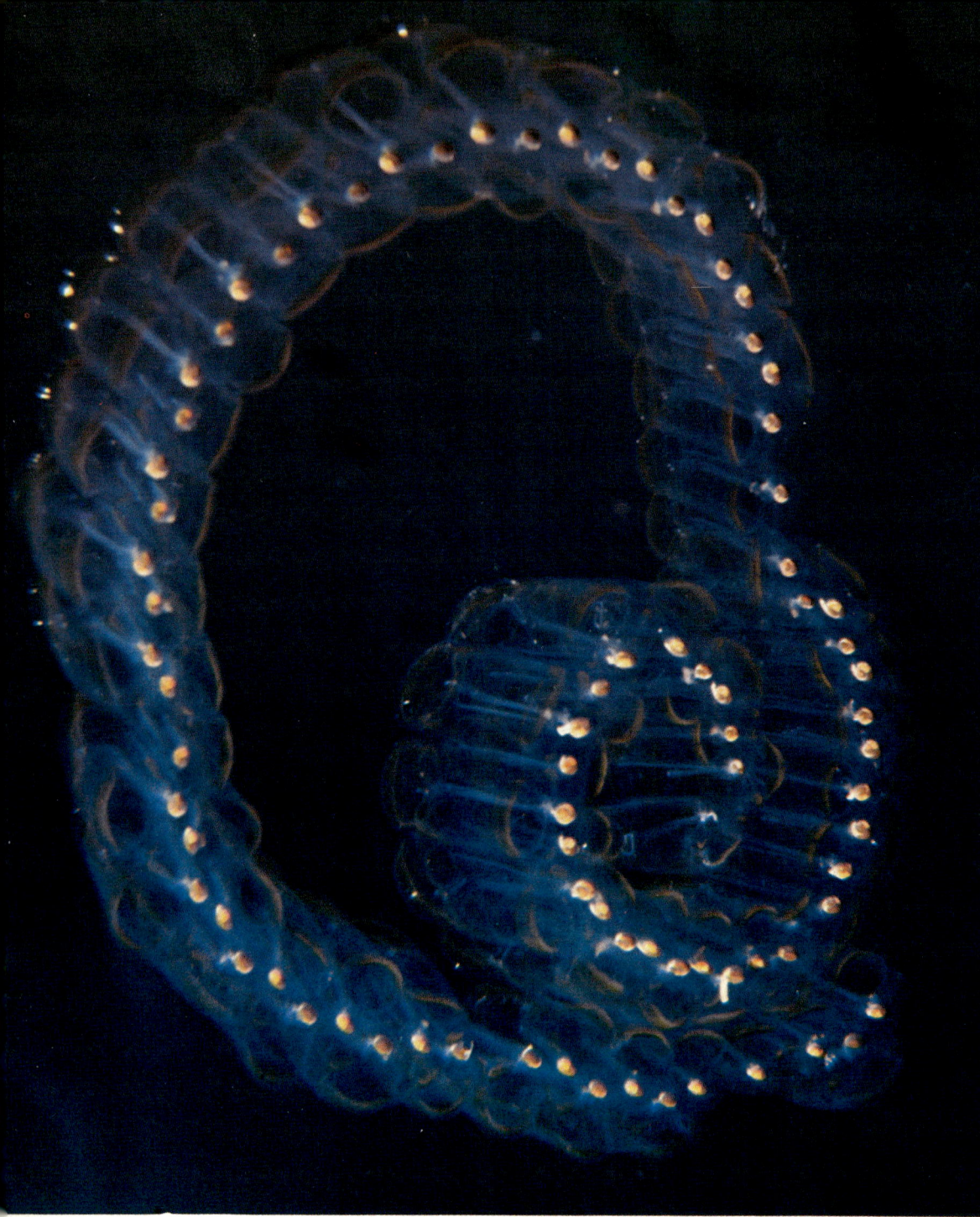

36 *(oben)* Salpe. Die medusenähnlichen Salpen sind Chordatiere und demgemäß dem Menschen näher verwandt als die Medusen. Manche Arten vermehren sich durch Knospung und Abschnürung, so daß – wie im Bild gezeigt – kettenartige Kolonien entstehen. – 37 *(rechts)* Ein Hornfisch des Indischen Ozeans. Die ungewöhnliche Körperform und Färbung dieses Korallenfisches ist eine Anpassung an das Leben zwischen den Riffen.

noch das Tauchen lernen. Wenn meine Stunde gekommen ist, dann ist sie eben da.'"

Zu weiteren Unglücksfällen kommt es wegen schlechter Vorbereitung, mangelnder Organisation im Boot, mangelnder Pflege der Geräte, Selbstüberschätzung und eklatanter Dummheit. In Dutzenden von Fällen ist es passiert, daß Harpunen losgingen und Taucher sich selbst oder andere ins Bein oder in den Bauch schossen. Bei vielen tödlichen Unfällen haben Kameraden des Verunglückten von ihren heldenhaften Bemühungen, diesem beizustehen, erzählt. Sehr oft trug sich die Sache in Wahrheit ganz anders zu: Tote können nicht mehr erzählen. Auch Hilfeleistungen müssen geübt werden – sie sind sogar besonders schwierig, weil der in Not Befindliche nicht selten außer Rand und Band gerät und seinen Retter ebenfalls in Lebensgefahr bringt. Im fremden Medium Wasser können sich körperliche und psychische Defekte besonders auswirken. Wer nicht wirklich gesund ist, sollte nicht tauchen. Besonders Herz, Lunge und Ohren müssen in Ordnung sein. Ist die eustachische Röhre verlegt, dann kann das Trommelfell platzen, was zu Gleichgewichtsstörungen führt. Der bekannte deutsche Sporttaucher Klaus Wissel, der an einer „Xarifa"-Expedition teilnahm, litt an einem kompensierten Herzfehler, was er mir auch korrekterweise vor Antritt der Expedition mitteilte. Er sagte: „Der Arzt hat mir gesagt, ich kann damit morgen sterben oder auch achtzig Jahre alt werden – jedenfalls übernehme ich jede Verantwortung." Da er ein besonders leistungsfähiger Taucher war, nahm ich ihn mit – und habe das später bereut. Die Hitze und sein Hobby, im ganz seichten Wasser, wo die Wellenbewegung am stärksten ist, Fischaufnahmen zu machen, führte bei ihm zum plötzlichen Tod.

Auf Tauchfahrten sollten übermäßiges Essen und Alkoholgenuß tunlichst vermieden werden. Hinsichtlich des Tiefenrausches muß jeder Taucher vorsichtig bei sich selbst untersuchen, in welcher Tiefe bei ihm die Symptome auftreten und welchen Effekt sie auf ihn haben. In Bergseen ist zu berücksichtigen, daß in größerer Höhe andere Druckverhältnisse herrschen und daher andere Dekompressionszeiten gelten. Auch deswegen hat es schon Todesfälle gegeben. Ein besonders gefährlicher Feind des Fischmenschen ist die Kälte. Tritt Unterkühlung ein, dann äußert sich das in unkontrollierter Beschleunigung des Atems und kann dann – wie ich es an mir selbst erlebte – so schnell zur Ohnmacht führen, daß man keinerlei letzten warnenden Gedanken hat.

Auch beim Füllen von Flaschen ist es zu Unglücksfällen gekommen. In einem

38 Besonders intelligent und dem Menschen zugetan sind die spielfreudigen Delphine. Sie lernen gerne Kunststücke und sind über Applaus sichtlich befriedigt. Manche können sich bis zu fünf Meter hoch in die Luft emporschnellen – trotz der verhältnismäßig kurzen Anlaufstrecke innerhalb der Becken.

Fall entging ein Mann den Folgen einer Explosion nur dadurch, daß er knapp vorher ans Telefon gerufen wurde. Beim Abtauchen ist zu prüfen, ob der Reservehebel in richtiger Stellung ist; schon mancher Taucher kam in ernste Schwierigkeiten, als er die Reserve ziehen wollte – und entdecken mußte, daß sie schon gezogen war. Es kann dann sehr schwierig sein, ohne Luft noch bis zur Oberfläche zu kommen. Dort wieder besteht Gefahr, daß man in die Schrauben eines vorbeisausenden Motorbootes gerät. Man muß vorsichtig auf entsprechende Geräusche achten. Im Golf von Neapel wurde 1968 der italienische Medizinstudent Lelio Sandulli von einem Tragflügelboot überfahren und verlor dabei einen Arm und ein Bein. Der Kapitän bemerkte zum Glück den Unfall, drehte schnell bei und konnte den Schwerverletzten auffischen. Es ist vorgeschrieben, daß Boote, von denen aus Taucher operieren, durch eine Fahne gekennzeichnet sind; aber das wird einstweilen noch wenig beachtet. Zudem tauchen die Leute oft sehr weit von ihrem Boot entfernt wieder an der Oberfläche auf.

Zu alldem kommen noch Unglücksfälle, die man wirklich nur als Pech bezeichnen kann. Günther Hentze, ein bekannter Tauchlehrer, war im Inneren einer Grotte, als er unversehens gegen das Ventil seiner Sicherheitsweste stieß. Sie blähte sich wie ein Ballon und drückte ihn nach oben, wo sie ihn in eine so ungünstige Lage brachte, daß er sich nur schwer befreien konnte. Bei Grand Cayman im Karibischen Meer erlebte ich, daß man selbst bei größter Vorsicht noch immer nicht genügend vorsichtig ist. Ich tauchte dort mit Lotte und unserer Tochter Meta zu einem Wrack, das in viele Teile zerbrochen auf dem Meeresboden lag. Wir filmten, fotografierten – und bemerkten dabei nicht, daß oben inzwischen ein Regenguß niederging. Völlig unerwartet kam plötzlich ein riesiger Körper herabgesaust und fiel einige Meter von Meta entfernt auf den Grund. Es war der Anker eines Schiffes. Wegen der Regenbö hatten einige in der Nähe verankerte Schiffe den Ankerplatz wechseln müssen – und so fiel uns dieser Anker beinahe auf den Kopf. Ein ähnlich unvorhersehbarer Zwischenfall ereignete sich 1972 im Alpnachsee in der Schweiz. So wie überall auf der Welt sind Tauchklubs nur zu gerne bereit, bei wissenschaftlichen Untersuchungen Hilfsdienste zu leisten. In diesem Fall wollte das Hydrographische Laboratorium der Züricher Technischen Hochschule zur Untersuchung der Wasserverschmutzung Sedimentproben aus verschiedenen Tiefen dieses Sees emporholen. Zu diesem Zweck wurde eine Miniaturseilbahn auf dem Seeboden errichtet, und die Taucher sollten dabei helfen, das Drahtseil durch die Führungsrollen der abgesenkten Betonklötze zu ziehen. Die Sicht war gleich Null, trotzdem verlief alles nach einem genau ausgearbeiteten Plan. In 30 Meter Tiefe, beim letzten Klotz, zog der eingesetzte Sporttaucher das Kabel durch und befestigte den Karabiner daran, während sein wachhabender Kamerad in der völligen Finsternis dicht bei ihm blieb. Nachdem der Karabiner befestigt war, zog Taucher A das Seil hoch. Irgendwo gab es da jedoch einen Widerstand. Taucher A blies, um besser am Seil zu ziehen, die Rettungsweste auf.

Plötzlich gab es einen so heftigen Ruck, daß ihm der Karabiner aus der Hand gerissen wurde. Die Rettungsweste zog ihn im Eiltempo nach oben, wo er sich vom Boot eine Lampe holte und wieder hinabschwamm. Zu seinem Entsetzen stieß er auf seinen Kameraden, der an einer Drahtschlinge leblos unter Wasser hing. Das Seil hatte sich in dessen Gerät verwickelt und ihn hinuntergezogen – das war der Widerstand gewesen. Er hatte deshalb das Gerät abgelegt und war mit der Rettungsweste hochgeschwommen – ohne zu sehen, daß eine Drahtschlinge sich um sein Handgelenk legte und zugezogen wurde, als er sich die ganze Seillänge entfernt hatte. B wurde nun in fieberhafter Eile freigemacht und hochgebracht – war jedoch schon tot.

Gegenüber allen diesen Gefahren, denen bis heute schon sehr viele Taucher zum Opfer gefallen sind, sind jene, die dem Taucher von seiten der Meeresbewohner drohen, geradezu als geringfügig zu bezeichnen. Da gibt es die Seeigel und Feuerkorallen, mit denen jeder früher oder später Bekanntschaft macht; da gibt es zahlreiche Fische, Muscheln und Seesterne mit giftigen Stacheln. Aber nie hat man es hier mit Angriffswaffen zu tun, sondern stets nur mit Waffen zur Verteidigung. Wer tauchen will, besonders in den Tropen, kann sich an Hand von Büchern mit all diesen Tieren vertraut machen. Läßt er sie in Frieden, dann lassen sie ihn ebenfalls in Frieden. Harpuniert man freilich einen Stachelrochen, dann ist diesem kaum übelzunehmen, wenn er vom Stachel Gebrauch macht; harpuniert man einen Barrakuda, dann ist kaum verwunderlich, wenn er einen beißt. Auf das Thema der Haie bin ich bereits eingegangen. Die Gefahr, von Meerestieren ernsthaft angegriffen zu werden, ist sicher – statistisch betrachtet – nicht größer als die, an einer Straßenkreuzung, die man ordnungsgemäß bei Grünlicht überquert, überfahren zu werden.

Vor zwei Gifttieren muß man sich allerdings wirklich in acht nehmen: vor dem Steinfisch und der Seewespe. Ersterer ist gefährlich, weil er sich nicht vom Fleck rührt und so gut getarnt ist, daß man ihn nicht sieht. Steigt man auf ihn oder setzt man sich – etwa beim Filmen – auf ihn drauf, dann richtet er bloß seine Rückenstacheln hoch, die ein äußerst wirksames Gift enthalten. Der Haifischstock leistet hier gute Dienste. Ehe man irgendwo hingreift oder sich hinsetzt, klopft man mit ihm gegen die Korallen. Ist das, was man beklopft, kein Felsen, sondern ein Steinfisch, dann schwimmt dieser weg. Das zweite Tier, die „Seewespe", ist völlig durchsichtig. Sie kommt im nördlichen Queensland und in der Timorsee vor. Ihr Gift führt innerhalb von Minuten zum Tod. 1949 hatten Lotte und ich uns ausgerechnet diese Gewässer für unsere Hochzeitsreise ausgesucht. Wann immer uns dort etwas stach – und es gibt dort viele winzige stechende Medusen, die ganz harmlos sind –, fragten wir uns, was wohl die nächsten Minuten bringen würden. Inzwischen wurde das Tier identifiziert und trägt den Namen *Chiroflex fleckeri*. Gegen das Gift gibt es bereits ein Serum, das allerdings sofort verabreicht werden muß, ebenso einen Impfstoff. Glücklicherweise ist das Tier ziemlich selten.

Auch Wasserschlangen sind wegen ihrer Giftigkeit gefürchtet: an den tropischen Küsten Australiens gibt es an die 50 verschiedene Arten. Ich glaube jedoch nicht daran, daß sie unprovoziert angreifen. Ben und Eva Cropp haben viele solcher Schlangen gefilmt, ebenso Valerie und Ron Taylor. Letzterer jagte sie mit einer Gartenschere. Kamen sie herangeschwommen, dann schnitt er ihnen den Kopf ab. Nach Ben Cropp kommen Angriffe nur vor, wenn man sich Tieren, wenn sie sich paaren, allzusehr nähert.

Was die Gefahr durch Kraken betrifft, so habe ich nie an diese geglaubt. Schon Guy Gilpatrik warnte mich, nicht zu nahe an Felsspalten vorbeizuschwimmen. Es könne passieren, daß Fangarme eines Octopoden plötzlich vorschössen, während er sich mit den übrigen in der Spalte festhielte. Ich bin an unzähligen Spalten vorbeigeschwommen und habe sehr viele Octopoden gesehen – aber nie derartiges erlebt. Um so mehr war ich überrascht, als Günther Hentze mir erzählte, daß 1967 bei St. Angelo auf Ischia zwei Japaner durch einen 14 Kilo schweren Kraken ihr Leben verloren hätten. Sporttaucher fanden die beiden tot unter einem Stein. Hentze: „Die beiden wollten ihn offenbar schießen, der eine schwamm hinunter, faßte hinein – und da hielt er ihn fest. Der zweite wollte ihm dann wohl helfen, fuhr mit dem Messer oder mit der Hand hinein – und wurde dann auch gepackt." – „Das ist eine wahre Geschichte?" – „Das ist eine absolut wahre Geschichte. Ich kam gerade hin, als man die beiden hochbrachte. Ich habe den Tintenfisch dann selber geschossen." – „War er verletzt?" – „Nein er war nicht verletzt. Er erfreute sich der besten Gesundheit."

Kürzlich berichtete Johannes Laumen aus Jordanien: „Einmal verschätzten wir uns, als aus einer kleinen Felsspalte das Ende eines Tintenfischarmes herausragte. Einer von uns griff in die Spalte, mußte dann aber feststellen, daß es ein Prachtexemplar war, das seinen Arm so fest umklammerte, daß wir ihn nur zu dritt wieder befreien konnten." Also mag der Octopus unter Umständen doch eine Gefahr sein – allerdings eben nur dann, wenn man ihn belästigt, also in Defensive.

Dagegen haben Barrakudas nachweislich in einigen Fällen Menschen angegriffen und tödlich verletzt. Solches ereignete sich etwa 1923 in Bali und 1952 bei Key West. Auch große Judenfische dürften manchmal Tauchern gefährlich werden, indem sie deren Beine packen und festhalten.

Im großen und ganzen aber – das möchte ich wiederholen – sind nicht die Meereskollegen die wirkliche Gefahr für den Fischmenschen, sondern er selbst.

Tiefentauchen – Fortschritt und Tragödie

Arne Zetterström wurde 1917 geboren, war Sohn eines Marinedirektors, lebte in Stockholm und machte dort an der technischen Hochschule seinen Ingenieur. Tauchen interessierte ihn schon als Junge, und er leistete seinen Militärdienst beim U-Boot-Kommando der schwedischen Marine. Dort beschäftigte ihn bald das Problem, wie man aus in großer Tiefe liegenden, havarierten U-Booten die Besatzung retten, also hochbringen könnte. Der bei seinen Experimenten mit ihm zusammenarbeitende Marinearzt bezeichnete ihn als einen „faszinierenden jungen Mann und genialen Konstrukteur". In einer eigenen kleinen Werkstatt entwickelte er verschiedene Zusatzgeräte für Taucher: eine druckkompensierte Unterwasserlampe, ein Sicherheitsventil für Taucherhelme – noch heute unter der Bezeichnung „Zetterströmventil" in Gebrauch –, eine unter dem Taucherhelm getragene, enganliegende Atemmaske, durch die bei Atmung von Normalluft eine CO_2-Anreicherung im Helmraum vermieden wird, was zu einer Luftersparnis von ca. 50 Prozent führt. Er war dann vier Jahre lang am Königlichen Technologischen Institut in Stockholm in enger Zusammenarbeit mit der schwedischen Marine tätig. Sein Hauptinteresse galt nach wie vor der Entwicklung einer neuen Tiefentauchmethode mit Hilfe besonderer Gasgemische.

Wie schon erwähnt, liegt die Problematik des Abtauchens in größere Tiefen in physiologischen Vorgängen innerhalb unseres Körpers. Der steigende Druck zerquetscht den Menschen durchaus nicht, wie viele immer noch glauben. Unser Körper besteht vorwiegend aus Wasser, und Wasser ist nicht zusammendrückbar. Auch in 1000 oder 2000 Meter Tiefe, wo bereits ein Druck von 100 bis 200 Atmosphären herrscht, würde unser Körper in keiner Weise deformiert. Zusammengedrückt werden bloß Lufteinschlüsse – in erster Linie die Luft unseres Atemsystems (in Lunge, Luftröhre, Mundraum, Stirnhöhlen usw.), sodann allfällige Gase in unserem Darm und schließlich Luft in einem hohlen Zahn. Unter höherem Druck kann dies zum Zerbrechen eines solchen Zahnes führen.

Die ersten wasserdichten Gehäuse für unsere Kameras waren aus dickem Messingblech zusammengelötet – und schon in 20 Meter Tiefe konnten wir sehen, wie der Druck das Gehäuse nach innen einbeulte. Wir selbst fühlten dagegen von diesem Druck nicht das geringste. Hat man im Atemsystem Luft unter gleichem Druck wie im umgebenden Wasser, dann spürt man auch in 60 Meter Tiefe und mehr nicht den geringsten Druck auf dem Körper. Das weiß heute jeder Sporttaucher.

Die Schwierigkeiten liegen im Bereich unserer Stoffwechselphysiologie – und diese faßte Zetterström in einer in „Teknisk Tidskript" 1945 veröffentlichten Abhandlung zusammen, die in Klarheit und Übersicht seither von kaum einer anderen übertroffen wird.

Unsere Atemluft setzt sich – wenn man vom jeweiligen Gehalt an Wasserdampf absieht – aus 78 Prozent Stickstoff und 21 Prozent Sauerstoff zusammen. Das restliche Prozent umfaßt Spuren von Kohlendioxyd und Ozon sowie verschiedene Edelgase (Argon, Neon, Helium, Krypton, Xenon). Unter normalen Umständen wird auf dem Weg über die Alveolen der Lunge, die insgesamt eine Oberfläche von 80 Quadratmetern haben und deren Wände sehr dünn sind, in die sie umspinnenden Blutgefäße der für unsere Körperzellen nötige Sauerstoff abgegeben. Eine in den roten Blutkörperchen enthaltene Eisenverbindung, das Hämoglobin, bindet den Sauerstoff chemisch und gibt ihn in den Zellen wieder ab. Dabei übernimmt es die dort anfallende Kohlensäure – durch Bildung eines Bikarbonates –, bringt sie zu den Alveolen zurück, wo sie wieder in die Atemluft abgegeben und mit dieser von uns ausgeatmet wird. Bei erhöhtem Druck nehmen alle Flüssigkeiten Gase in gelöster Form auf. Dies wird beim Stickstoff kritisch. Denn nicht nur gelangt dieser dann über die Alveolen ins Blut, sondern über das Blut auch in die Gewebe. Besonders alle Fettgewebe nehmen Stickstoff auf, sogar in doppelter Konzentration als das Blut selbst und andere Gewebe. Schwimmt nun ein Taucher schnell hoch, so daß der Druck abnimmt, dann perlen die Gasbläschen in den Geweben und im Blut aus, was zur Taucherkrankheit *(bends)* führt, die nichts anderes ist als eine Embolie. Die Gasblasen blockieren den Blutweg – es kommt zu Lähmungen, in schweren Fällen zum Tod. Um dem entgegenzuwirken, muß der Taucher „Austauchzeiten" einhalten: er darf, je nach Tauchzeit und Tauchtiefe, nur allmählich wieder zum Normaldruck zurückkehren.

Eine zweite üble Eigenschaft des Stickstoffs besteht darin, daß er unter höherem Druck narkotische Wirkung ausübt, die einem Alkoholrausch nicht unähnlich ist. Sie wird ab 50 Meter Tiefe bedenklich; in 70 bis 90 Meter Tiefe ist der Taucher kaum mehr fähig, auch nur die einfachsten Leistungen zu erbringen. Ein dritter Nachteil des Atmens von normaler Luft unter erhöhtem Druck ergibt sich schließlich dadurch, daß die in größerer Tiefe entsprechend komprimierte Luft immer „dickflüssiger" wird, so daß das Ein- und Ausatmen mit immer mehr Anstrengung verbunden ist. In 90 Meter Tiefe ist in völligem Ruhezustand das Atmen noch ohne weiteres möglich, doch schon bei geringfügiger Anstrengung werden die Atemschwierigkeiten so groß, daß dies zu einem Kollaps führen kann.

Zunächst also geht es darum, den mit schädlichen Eigenschaften behafteten Stickstoff zu beseitigen. Erste Möglichkeit: Man ersetzt ihn durch Sauerstoff, atmet also reinen Sauerstoff. Wie auch Zetterström schreibt, ist dann jedoch 20 Meter die Tiefengrenze. Also muß der Stickstoff durch ein anderes Gas ersetzt werden. Es kommen nur solche Gase in Frage, die leichter sind als Stickstoff, also in größerer Tiefe nicht zu dickflüssig werden: dazu gehören Wasserstoff, die Edelgase Helium und Neon sowie Methan. Letzteres scheidet jedoch aus, weil es unter Druck eine sehr stark narkotisierende Wirkung hat. Neon wieder kommt wegen seines seltenen Vorkommens praktisch nicht in Frage. Sehr geeignet ist Helium, war jedoch in jenen Tagen auch in Schweden nicht zu bekommen, weil es nur in den USA in größeren Mengen aus Quellen gewonnen wurde. Blieb somit noch der Wasserstoff, der ähnlich günstige Voraussetzungen bietet – jedoch den Nachteil hat, mit Sauerstoff Knallgas zu bilden, durch dessen Explosion Wasser entsteht.

Indessen war bekannt, daß bei einem Wasserstoff-Sauerstoff-Gemisch keine Explosionsgefahr besteht, solange der Sauerstoffgehalt nicht 4 Prozent überschreitet. Das war für Zetterström der Ausgangspunkt. Unter normalem atmosphärischem Druck reichen 4 Prozent Sauerstoff im Gasgemisch für den menschlichen Bedarf nicht aus, jedoch ab 30 Meter Tiefe genügen 4 Prozent, denn der Sauersoff ist dann entsprechend komprimiert, die 4 Prozent entsprechen dort bereits der vierfachen Menge, was zur Belieferung der Gewebe durchaus reicht. Konsequenz: Es bestand die Möglichkeit, mit einem Wasserstoff-Sauerstoff-Gemisch zu tauchen. Der Taucher mußte aus zwei verschiedenen Flaschen atmen. Zuerst, bis etwa 30 Meter Tiefe, mußte er normale Preßluft atmen; ab da konnte er auf die Atmung eines Gasgemisches von 4 Prozent Sauerstoff und 96 Prozent Wasserstoff übergehen.

Eine weitere Schwierigkeit bestand allerdings darin, daß der Taucher nicht einfach von der einen Atmung auf die andere übergehen konnte. Kam das Wasserstoff-Sauerstoff-Gemisch mit der normalen atmosphärischen Luft in Berührung, dann entstand Knallgas: der Taucher explodierte sozusagen. Der Übergang von dem einen Gemisch auf das andere war somit das eigentliche Problem. Zetterström löste es durch eine dritte Flasche, die mit einem Gemisch von 4 Prozent Sauerstoff und 96 Prozent *Stickstoff* gefüllt war. Der praktische Vorgang war nun also der: Bis 30 Meter Tiefe mußte der Taucher aus der ersten Flasche, die gewöhnlich Preßluft enthielt, atmen. Dort mußte er eine Pause machen und auf die zweite umschalten, die das Sauerstoff-Stickstoff-Gemisch enthielt. Dieses mußte er so lange atmen, bis die 21 Prozent des noch in seiner Lunge enthaltenen Sauerstoffs aufgeatmet waren. Dann bestand kein Hindernis mehr, auf die dritte Flasche mit dem Sauerstoff-Wasserstoff-Gemisch umzuschalten, die Explosionsgefahr war vorbei.

Zetterström stellte den für die dritte Flasche benötigten Wasserstoff selbst in einer besonderen Anlage an Bord des Schiffes durch Spaltung von Ammoniak her.

167

Dabei entstehen 75 Prozent Wasserstoff und 25 Prozent Stickstoff. Deshalb erhielt Zetterströms dritte Flasche nicht das Idealgemisch von 4 Prozent Sauerstoff und 96 Prozent Wasserstoff, sondern genau 4 Prozent Sauerstoff, 72 Prozent Wasserstoff und 24 Prozent Stickstoff. Da Stickstoff jedoch in dieser Verdünnung keine narkotische Wirkung besitzt, war diese Abänderung ohne Bedeutung.

Den ersten Versuch machte Zetterström von dem Marinefahrzeug „Belos" aus. Er führte ihn in 40 Meter Tiefe. Alles funktionierte vorzüglich. Allerdings zeigte sich schon in dieser Tiefe, daß die Sprechverbindung zur Oberfläche schwierig wurde. Ähnlich wie beim Tauchen mit Helium mußte man feststellen, daß sich die Schallwellen im neuen Gasgemisch schneller fortpflanzten, wodurch die Tonfrequenzen höher wurden und man den Sprecher nicht mehr verstand. Eine weitere unangenehme Erfahrung machte Zetterström auf Grund der höheren Wärmeleitfähigkeit des Wasserstoffs: Ihm wurde schnell kalt.

Der zweite Versuch, wiederum vom gleichen Schiff aus, wurde am 14. Dezember 1944 durchgeführt, diesmal bereits in 110 Meter Tiefe. Praktisch spielte sich das so ab, daß die „Belos" über entsprechend tiefem Wasser verankert wurde und man Zetterström auf einer hölzernen Plattform, die an Drahtseilen hing, vom hinteren Teil des Schiffes aus mit einer Winde in die Tiefe ließ. Rechts und links auf der Plattform waren Haltevorrichtungen, auf denen er sich festhielt. Um ein Drehen und Abgetriebenwerden der Plattform zu vermeiden, war diese außerdem durch ein zusätzliches Seil mit dem Vorderschiff verbunden. Über das Telefon gab Zetterström seine Anweisungen. Beim Abtauchen wurde in 30 Meter Tiefe innegehalten, bis er die Atmung von der ersten Flasche auf die zweite und nach einer vorgesehenen Zeit auf die dritte umgestellt hatte, dann ließ man die Plattform auf 110 Meter Tiefe hinab. Zetterström fühlte sich dort unten ausgezeichnet. Wie er später erklärte, war der Atemwiderstand „gering und die narkotisierende Wirkung praktisch Null". Nach der von Zetterström ausgearbeiteten Dekompressionstabelle wurde er dann – wieder gemäß seiner Befehle – in Etappen hochgezogen, um entsprechend zu dekomprimieren und in 50 Meter Tiefe von Flasche drei über Flasche zwei wieder auf Flasche eins – also Normalluft – überzugehen. Auch diesmal ging alles ausgezeichnet.

Damit war der Beweis für die Verwendbarkeit von Zetterströms Tauchmethode erbracht. Nun konnte ein Taucher auch in mehr als 100 Meter Tiefe ohne Atembeschwerden Arbeiten verrichten und war gleichzeitig keinerlei narkotisierender Wirkung ausgesetzt. Er konnte also auch in dieser Tiefe völlig klar denken. Für die Rettung von verunglückten U-Boot-Mannschaften eröffneten sich völlig neue Perspektiven, es war ein Triumph des menschlichen Erfindungsgeistes. Den nächsten Versuch plante Zetterström in 150 Meter Tiefe, was bereits 26 Meter unter dem damaligen Weltrekord für Helmtaucher lag.

Der Versuch fand am 7. August 1945 statt. Zetterström war damals 28 Jahre alt, sein Vater war mit an Bord. Um bei der herrschenden Strömung die Plattform gerade zu halten, wurde auch diesmal das zusätzliche Seil an der Plattform befestigt, das von einer am Bug befestigten Winde aus bedient wurde. Auch diesmal verlief zunächst alles planmäßig. Zetterström erreichte die vorgesehene Tiefe von 150 Metern und fühlte sich dort, gemäß der nach oben gegebenen Signale, durchaus wohl. Das Hochziehen der Plattform erfolgte wieder ganz nach seiner Anweisung. Er absolvierte auf der ersten von ihm errechneten Tiefenstufe die vorgesehene Dekompressionszeit, dann gab er das Signal, auf 50 Meter Tiefe hochgezogen zu werden. Wer nun an dem Versagen der Oberwassermanöver schuld war, wird sich wohl nie feststellen lassen. Dennis Österlund, einer der besten schwedischen Taucher, dem ich viele Einzelheiten über Zetterström und seine Arbeit verdanke, schrieb als Kommentar zum Bericht eines Freundes, der selbst mit an Bord war: „Nach der Meinung des Augenzeugen gab es bei diesem Tauchunternehmen zu viele Chefs. Durch unklare Befehle wurde die Taucherplattform zu schnell von 50 Meter Tiefe auf 10 Meter Tiefe gebracht." Was sich praktisch abspielte, war dies: Die am Heck befindliche Mannschaft zog die Plattform befehlsgemäß bis auf 50 Meter Tiefe empor und hielt dann inne. Dagegen betätigte der am Bug stehende Mann weiter die Winde des Führungsseils und kurbelte trotz steigenden Widerstandes bis auf 10 Meter hoch. Die Plattform stand also völlig schräg, Zetterström konnte so weder die vorgeschriebene Dekompression ausführen noch von Flasche drei über Flasche zwei auf Atmung von Normalluft übergehen. In 10 Meter Tiefe war 4 Prozent Sauerstoff für ihn viel zu wenig. Nach dem Bericht des obengenannten Augenzeugen war er schon tot, als man ihn an Deck brachte, nach anderer Aussage starb er unmittelbar danach. Wie der medizinische Obduktionsbericht angab, starb er an akutem Sauerstoffmangel und schwerer Embolie.

Damit war einerseits ein neuer Tauchweltrekord aufgestellt und die Brauchbarkeit einer neuen Tauchmethode neuerlich erwiesen worden – und gleichzeitig ihr vorläufiges Ende besiegelt. Das Tauchen mit Wasserstoff ist seither nicht wieder praktiziert worden. Da nach Kriegsende wieder Helium verfügbar war, war auch keine unmittelbare Notwendigkeit dazu mehr gegeben. Indessen gehört auch Helium zu den Rohstoffen, die in absehbarer Zeit Mangelware sein werden – nicht nur auf Grund des steigenden Bedarfs für Tiefentauchen, sondern wegen des industriellen Bedarfs. Aufklärungsballons und Leuchtröhren werden damit gefüllt, man braucht es zur Verhüttung von Titanerz, zum Schweißen von Aluminium und rostfreiem Stahl, zum Einpressen von Treibstoff in Raketendüsen, zur Herstellung von Laserstrahlen, vor allem aber auch in der Atomindustrie für den Reaktorkreislauf und zur Kühlung der supraleitenden Generatoren der Zukunft. Da außerdem in Tiefen von über 1000 Metern auch bei Helium mit narkotischer Wirkung gerechnet wird, die Wasserstoff auch unter noch größerem Druck nicht haben soll, wird die Tauchtechnik möglicherweise in nicht allzuferner Zeit Zetterströms Methode neuerlich aufgreifen – sofern das nicht bei Versuchen diverser Marinelabors sowieso schon längst geschieht.

Der geistvolle Schriftsteller James Dougan schrieb in seinem Buch „Man explores the Sea" (1956): „Zetterströms kurze Experimentiertätigkeit führt zu einer langen Kette kühner Gedanken über die Möglichkeit, ob der Mensch nicht eines Tages Wasser atmen kann. Zetterström atmete eine Mischung von Wasserstoff und Sauerstoff, und Wasser besteht fast ausschließlich aus diesen beiden Elementen. Vielleicht könnte eine Vorrichtung chirurgisch in den Körper eingepflanzt werden, die dem Menschen das Atmen von Wasser ermöglicht, wodurch dann sein Lebenszyklus beendet würde, indem er, aus dem Meer stammend, wieder ins Meer zurückkehrt."

Ich persönlich glaube, daß dieser Gedanke mehr poetisch als realisierbar ist. An späterer Stelle, im Zusammenhang mit Vorstellungen ähnlicher Art, die Cousteau äußerte, werde ich darauf noch zurückkommen.

Nicht weniger dramatisch verliefen die Experimente des Schweizers Hannes Keller in den Jahren 1959 bis 1963, durch die alle bis dahin bestehende Ansichten über das Tiefentauchen gleichsam über Nacht ad absurdum geführt wurden. Bei dem Rekordabstieg in 305 Meter Tiefe am 3. Dezember 1962, bei dem zwar nicht er selbst, sondern zwei andere den Tod fanden, war Keller 28 Jahre alt, genau wie Zetterström bei seinem letzten Tauchversuch. Hannes Keller, mit dem ich gut befreundet bin, ist schlank, jedoch ein Typ, dem man seine sportlichen Ambitionen kaum ansieht. Er ist ganz anders geartet als Zetterström. Er liebt die Abwechslung und hat sich in sehr verschiedenen Tätigkeiten versucht – stets mit Erfolg. Wörtlich sagte er einmal zu mir: „Spaß macht es mir, Ideen zu verwirklichen. Leben heißt für mich, durch die wichtigsten, intensiven Erlebnisse zu gehen – das bedeutet unter anderem Risiken. Das normale Bürgertum behagt mir eben nicht, aber ich habe auch nichts dagegen. Es ist nur so, daß ich lebe, wie es mir paßt, und die anderen empfinden es als Sturm."

Zunächst war Hannes Keller Mathematikprofessor in Winterthur, nebenbei betätigte er sich als ausgezeichneter Pianist. Dann kam er durch einen Freund auf das Tauchen – und dies brachte ihn mit Albert Bühlmann, Professor für Physiologie an der Zürcher Universität, in Verbindung. Bühlmann, ein reiner Theoretiker, vertrat eine These, die Keller außerordentlich interessierte. Dabei ging es um die bis dahin von niemandem bezweifelte, von einem Tauchphysiologen als Selbstverständlichkeit an den nächsten weitergegebene Überzeugung, daß Stickstoff in größerer Tiefe giftig werde und den sogenannten Tiefenrausch verursache. Bühlmann stützte sich auf die Tatsache, daß bei einstündigem Aufenthalt in 30 Meter Tiefe weit mehr Stickstoff im Organismus gelöst wird als bei einem nur wenige Minuten dauernden Aufenthalt in 90 Meter Tiefe. Trotzdem tritt in 30 Meter Tiefe kein Tiefenrausch auf – dagegen in 90 Meter Tiefe sofort. Irgend etwas stimmte da nicht. Der Stickstoff konnte für dieses Phänomen gar nicht verantwortlich sein.

Bühlmanns Theorie lautete, daß der rauschartige Zustand auf ganz andere Dinge

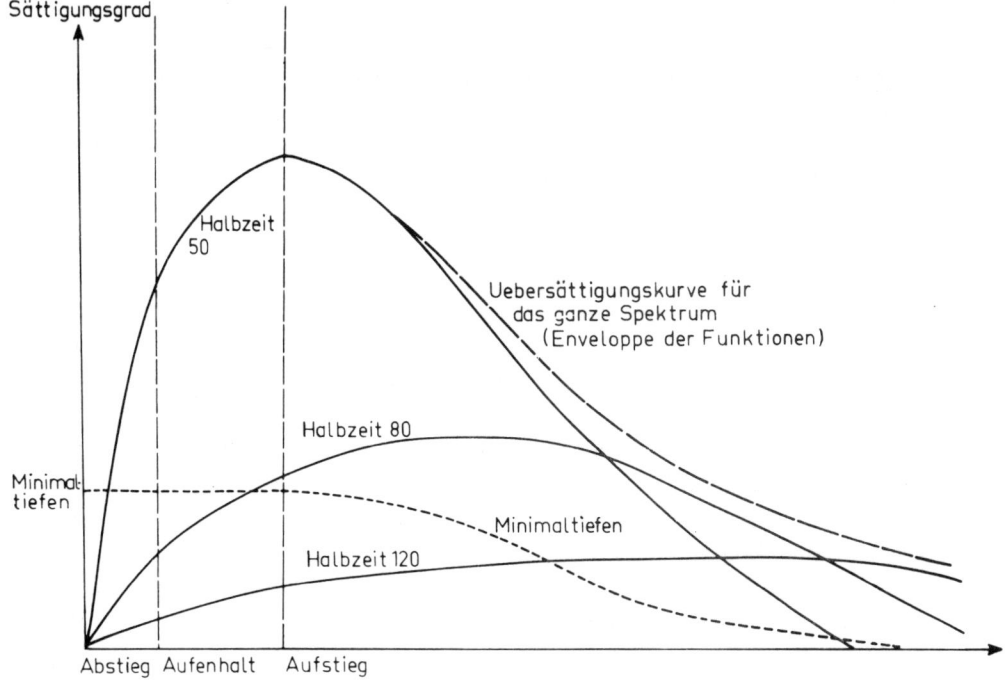

Sättigungsgrad

Halbzeit 50

Uebersättigungskurve für das ganze Spektrum (Enveloppe der Funktionen)

Halbzeit 80

Minimal tiefen

Minimaltiefen

Halbzeit 120

Abstieg Aufenhalt Aufstieg

Die Gewebe des menschlichen Körpers werden beim Tauchen nicht gleichmäßig mit den Atemgasen gesättigt, sondern haben verschiedene „Halbzeiten", die bei der Dekompressionszeit zu berücksichtigen sind. Dies war eine der Erkenntnisse, die Hannes Keller in Zusammenarbeit mit Albert Bühlmann zu seinen spektakulären Abstiegen in bis dahin für unmöglich gehaltene Tauchtiefen befähigte. Rechts: Der Ablauf des Tauchversuchs in der Überdruckkammer der französischen Marine in Toulon am 4. November 1960. Während Keller (doppelte Linie) eine simulierte Wassertiefe von 250 Meter erreichte und dann nach nur 45 Minuten Dekompressionszeit wieder auf Normaldruck ging, dekomprimierte die französische Mannschaft, die bloß in 60 Meter simulierte Tauchtiefe ging, 75 Minuten lang.

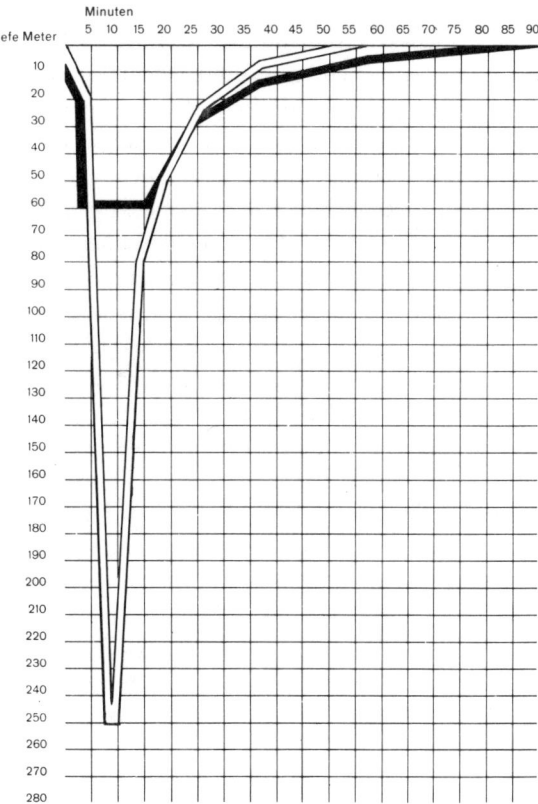

Minuten

Tiefe Meter   5 10 15 20 25 30 35 40 45 50 55 60 65 70 75 80 85 90 zurückzuführen sei, und zwar in erster Linie auf die 21 Prozent Sauerstoff in der normalen Atemluft. In 90 Meter Tiefe würde diese Menge bereits auf das Zehnfache komprimiert und wirke darum auf den Organismus ganz ähnlich wie reiner Sauerstoff in Tiefen unter 20 Metern. Es werde dann bereits so viel Sauerstoff im Blut gelöst, daß die roten Blutkörperchen ihre Funktion nicht mehr erfüllen könnten. In diesem Sinne sei also der Tiefenrausch keine Stickstoffvergiftung, sondern eine Sauerstoffvergiftung. Ein Beweis war unschwer zu erbringen – und Keller stellte sich sofort zur Verfügung. In einer Taucherglocke, die wegen Geldmangel aus einem normalen Ölfaß gefertigt war, tauchte er mit einem Gemisch von 5 Prozent Sauerstoff und 95 Prozent Stickstoff im November 1959 im Zürichsee auf 120 Meter Tiefe, wo er 4 Minuten lang blieb. War es wirklich der Stickstoff, der den narkotischen Effekt hatte, dann mußte diese höhere Konzentration den Rausch um so stärker auslösen. War es dagegen der Sauerstoff, der von 21 Prozent auf nur 5 Prozent reduziert war, dann durfte es zu keinem Tiefenrausch kommen.

Kellers mutiges Experiment unterstützte Bühlmanns Theorie. Auch in 120 Meter Tiefe trat kein Tiefenrausch auf.

Damit war jedoch – nach Bühlmanns Ansicht – das Phänomen erst zur Hälfte geklärt. Noch ein zweiter Umstand spielte hier nämlich eine Rolle. Schwere Gase wie etwa Stickstoff und Sauerstoff werden, wie schon erwähnt, in größerer Tiefe äußerst dickflüssig, lassen sich nur schwer von der Atemmuskulatur ein- und auswärts transportieren. Der Widerstand an den Wänden der Alveolen wird entsprechend groß – außerdem treten Turbulenzen auf, die diesen Widerstand noch vergrößern. Ähnlich wie bei einem Asthmaanfall führt das schließlich zur Atemnot, die sich in zu schnellen, krampfartigen Atembewegungen äußert. Dadurch aber werden die Turbulenzen nur noch gesteigert. Ergebnis: in den feinen Lungengefäßen findet kein genügender Gasaustausch mehr statt, und so kommt es zu einer Anreicherung von Kohlendioxyd, das nicht normal abfließen kann. Somit wäre – laut Bühlmann – auch aus diesem zweiten Grund der Tiefenrausch eigentlich eine CO_2-Vergiftung. Erstens würde durch den zu großen Sauerstoffdruck die Funktion der roten Blutkörperchen lahmgelegt und dadurch im Blut der CO_2-Abstransport verhindert; zweitens gelange durch die Turbulenzen und die Hypoventilation auch das in den Alveolen befindliche CO_2 nicht in die auszuatmende Luft. Um also den Tiefenrausch auch bei in der Tiefe ausgeführten Arbeiten zu bannen, wäre nicht nur nötig, den Sauerstoffgehalt zu senken, sondern außerdem auch den Stickstoff durch ein anderes, leichteres Gas zu ersetzen.

Eine kuriose Übereinstimmung: Zetterström hatte den Sauerstoffgehalt auf 4 Prozent verringert, damit kein Knallgas entstand. Er hatte auch in 150 Meter Tiefe keinen Tiefenrausch empfunden – jedoch daran geglaubt, daß dies auf das Ersetzen des Stickstoffs durch Wasserstoff zurückzuführen sei. Jetzt zeigte sich, daß dies mit dem niederen Sauerstoffgehalt in Zusammenhang stand – und außerdem mit dem geringen Atemwiderstand, den der Wasserstoff bot. Auf Grund theoretisch falscher Voraussetzungen war er somit dennoch zu dem gewünschten Resultat gekommen.

Ein weiteres Problem, das Bühlmann beschäftigte, war die das Tiefentauchen so erschwerende Dekompressionszeit. Alle bisherigen Tabellen fußten auf 1909 angestellten Überlegungen des englischen Physiologen Haldane. Daß sie nicht immer zutrafen, hatten verschiedene Unglücksfälle bewiesen; man hatte darum empirisch diesen Werten noch Sicherheitsquotienten hinzugefügt – und so gab es etwa bei der französischen und bei der amerikanischen Marine voneinander recht abweichende Dekompressionstabellen. Schon Haldaue sagte, daß es daran lag, daß die einzelnen Gewebe des menschlichen Körpers sich unter Druck nicht gleich schnell mit Gasen sättigen. Bühlmann stellte diesbezüglich genaue Untersuchungen an. Sie ergaben, daß manche Gewebe – etwa Gehirn, Niere und Leber – sich sehr schnell mit Gasen sättigten und diese unter abnehmendem Druck auch sehr schnell wieder abgaben, während andere, weniger gut durchblutete, etwa Muskeln, Fettgewebe oder Gelenke, sich nur allmählich anreicherten und die Gase entsprechend langsamer abgaben. Die „Halbzeiten" – in denen Gewebe zur Hälfte gesättigt waren – unterschieden sich in den Extremen wie die Werte 5 und 120. Eine richtige Dekompression mußte also diesem Faktor Rechnung tragen, was bedeutete, daß schlanke Menschen anders bewertet werden mußten als dicke. Weitere zu berücksichtigende Faktoren, etwa die Eigenschaften verschiedener Gase, kamen noch hinzu. Jetzt konnte der Mathematiker Keller in die Bresche springen. Nicht weniger als 250.000 statistische Werte wurden von den beiden in den Computer von IBM in Zürich gefüttert und auf diese Weise 400 verschiedene Tafeln für Gasgemische und Dekompressionszeiten bei verschiedener Tauchtiefe und Tauchdauer erarbeitet. Bühlmann schrieb darüber: „Der ganze Tauchgang mit Abstiegsdauer, Länge des Aufenthaltes, Schwere der Arbeit, Schwimmen usw. und schließlich der Wiederaufstieg müssen vorher genau programmiert und nachher von oben, nicht vom Taucher selbst, kontrolliert werden. Unvorhergesehene Zwischenfälle und zeitliche Verschiebungen müssen während des Tauchganges erkannt und in ihrer Bedeutung für die Dekompression berücksichtigt werden. Der Taucher ist nicht mehr alleiniger Akteur und Star, sondern Teil eines Teams, dessen Mitglieder genau umschriebene Aufgaben zu erfüllen haben."

Das eigentliche Rezept blieb streng gehütetes Geheimnis, das erst 1965 in einer gemeinsamen Schrift von Keller und Bühlmann gelüftet wurde. Es bestand zunächst darin, vor dem Abtauchen in größere Tiefe etwa eine Stunde lang reinen Sauerstoff zu atmen. Normalerweise sind die Gewebe des menschlichen Körpers wegen des Stickstoffgehalts der Atemluft mit diesem Gas stark angereichert; die so gelöste Menge läßt sich durch die Sauerstoffatmung beseitigen. Das aber ist bereits ein wichtiger Fortschritt, da dann die Anreicherung mit Gasen, die zu Embolien führen können, um so langsamer erfolgt. Abgetaucht wird mit Gasgemischen von geringem und bei zunehmender Tiefe weiter abnehmendem Sauerstoffgehalt, deren Hauptbestandteil das leichte Heliumgas ist. Beim Hochschwimmen dagegen werden Gemische mit schweren Gasen (Stickstoff oder Argon) verwendet, worauf dann auf der letzten Dekompressionsstufe wieder reiner Sauerstoff folgt.

Am 4. November 1960 fand im Marinelabor der französischen Marine in Toulon der erste spektakuläre Tauchgang statt. Hier war auf Anregung von Philippe Taillez eine Überdruckkammer gebaut worden, in der ein Druck bis zu 45 Atmosphären erzeugt werden konnte – was einer Wassertiefe von 450 Metern entsprach. Diese Möglichkeit hatte man bis dahin kaum ausgenützt, sondern alle Versuche auf Tiefen von kaum 100 Meter beschränkt. In den unteren, mit Wasser gefüllten Hochdruckteil begab sich Keller mit Tauchgerät und diversen Flaschen. Im oberen, davon abgeschiedenen, befand sich ein Team französischer Ärzte. Auf Kommando von Bühlmann wurde in der unteren Tauchkammer der Druck innerhalb von 10 Minuten auf 25 Atmosphären gesteigert – was einer bis dahin unvorstellbaren Tauchtiefe von 250 Metern entsprach. Im oberen Abteil ging die Mannschaft ebenso schnell auf einen Druck, der 60 Meter Tiefe entsprach. Es herrschte dort bedrücktes Schweigen, weil man Keller für einen Todeskandidaten hielt. Die Schweizer hatten ausdrücklich jede Verantwortung auf sich genommen. Bühlmann stand über Sprechverkehr mit Keller in Verbindung: Es ging ihm gut. Nun wurde der Druck verhältnismäßig schnell wieder vermindert; etwa 8,5 Minuten später herrschte im unteren Abteil bereits der gleiche Druck wie im oberen (6 Atmosphären), so daß die Tür, die von Kellers Abteil zur großen Kammer führte, in der sich die französische Mannschaft befand, geöffnet werden konnte. Höchst lebendig kletterte Keller hinauf und begab sich schon nach 6 Minuten in die Schleuse, aus der er nach 30 Minuten wieder ans Tageslicht kam. Die Franzosen dagegen, die nur in simulierter Tiefe von 60 Metern gewesen waren, dekomprimierten gemäß ihrer Tabellen noch weitere 30 Minuten.

Beim nächsten Versuch, der echt unter Wasser ausgeführt wurde – im Lago Maggiore bei Brissago –, nahm der „Life"-Reporter Kenneth McLeish teil. Er hat darüber später ausführlich in der Zeitschrift berichtet. Ganz ähnlich wie bei den Versuchen von Zetterström wurden auch hier die beiden Taucher – nachdem sie in mehrere übereinanderliegende Anzüge genügend warm verpackt waren – und entsprechend lang reinen Sauerstoff geatmet hatten – auf einer Plattform stehend in das eiskalte und völlig dunkle Wasser des Sees versenkt. Den achtmaligen Gaswechsel – viermal beim Abtauchen, viermal beim Hochkommen – führte Keller gemäß der telefonischen Weisungen von Bühlmann aus. Die beiden gelangten in 7,5 Minuten auf 220 Meter Tiefe, womit der damals von dem englischen Marinetaucher George Wookey gehaltene Rekord von 180 Metern um mehr als 40 Meter überboten worden war. Während jedoch Wookey eine Dekompressionszeit von 12 Stunden benötigt hatte, kehrten die beiden in weniger als einer Dreiviertelstunde nach oben zurück. Am tiefsten Punkt schrieb Keller auf eine Tafel: „Cold, but oho!", und McLeish schrieb zur Antwort „Congratulations". Anschließend zeichneten beide ihre Initialen auf die linke und rechte Hinterbacke einer kleinen nach unten mitgenommenen Meerjungfrau aus Plastik. Während der Dekompressionsstufen lieferte man ihnen von oben Musikberieselung. Als ihnen schließlich kalt wurde, sangen sie beide im Chor die Marseillaise.

Auf Grund dieser weltweit Aufsehen erregenden Ergebnisse erhielten Keller und Bühlmann von verschiedenen amerikanischen Stellen – der Navy, von Shell, von General Motors und anderen – finanzielle Unterstützung. Keller war nun entschlossen, den Beweis zu erbringen, daß mit dieser Methode die spektakuläre Tiefe von 1000 Fuß (330 Meter) zu erreichen war. Das ist, im Durchschnitt gerechnet, die größte Tiefe des Schelfgebietes rings um die Kontinente, dessen Gesamtfläche ungefähr der von ganz Afrika entspricht. Gelang dieser Versuch, dann war dem Menschen dieses ungeheuer große, für Rohstoff- und Nahrungsgewinnung so wichtige Gebiet praktisch zugänglich.

Knapp vor diesem Versuch, der dann am 3. Dezember 1962 über die Bühne ging, trafen wir uns alle in London bei dem damals stattfindenden Weltkongreß für Tauchen. Keller hatte inzwischen eine Tauchkammer für zwei Mann anfertigen lassen, die am unteren Ende wie eine Dekompressionskammer mit einer hermetisch verschließbaren Luke ausgestattet war. Der Versuch sollte in Kalifornien westlich von Catalina stattfinden. Vom Spezialschiff „Eureka", das Shell zur Verfügung stellte, sollte die Tauchkammer, die den Namen „Atlantis" trug, bis knapp über einen 1000 Fuß tiefen Grund versenkt werden. Dort wollte dann Keller mit seinem Begleiter die Bodentür öffnen und 5 Minuten unter der Kapsel umherschwimmen. Eine schweizerische und eine amerikanische Flagge sollten dort unten im Licht von Scheinwerfern auf dem Grund gehißt werden. Der auserwählte Begleiter war der englische Journalist und Amateurtaucher Peter Small, ein guter Freund von uns. Er hatte bereits in Zürich gemeinsam mit Keller in einem Drucktank die Probe absolviert. Die beiden waren 5 Minuten unter dem Druck von 30 Atmosphären verblieben – eine ganz unglaubliche Höchstleistung – und dann in knappen 3 Stunden wieder auf Normaldruck zurückgeschleust worden.

Peter Small hatte erst kurz vorher geheiratet, und Mary, seine ebenso hübsche wie energische Frau, hatte an seinem Entschluß, so wollte uns jedenfalls scheinen, einen gewissen Anteil. Genauer gesagt: Bei einem längeren Gespräch mit Peter hatte ich das Gefühl, daß er im Grunde seines Herzens mehr tat, als er innerlich wollte. Damit will ich nicht sagen, daß er Angst hatte, doch fehlte ihm die sieghafte Überlegenheit von Hannes Keller. Verschiedene Umstände ließen ihm offenbar nicht mehr die Freiheit einer Wahl. Eine englische Tageszeitung hatte ein sehr beträchtliches Honorar geboten – jedoch unter der Voraussetzung, daß er persönlich den Artikel schrieb. Mary sah in ihm den Helden – auch da gab es keinen Ausweg. Wir verbrachten gemeinsam mit unserem Freund Heberlein, mit Peter und Mary, Hannes Keller und dessen japanischer Frau einen frohen Abend und prosteten auf gutes Gelingen. Ich hatte irgendwie kein gutes Gefühl. Peter war ein echter Engländer, der seine Gefühle nicht verriet. Aber ich kannte ihn – und kannte uns Taucher gut genug, um ihn zu verstehen. Zum Abschied versprach er mir noch, uns von Kalifornien Gilpatriks Buch „The Compleat Goggler", das vom „Skin Diver" neu herausgebracht worden war, zu schicken. Er vergaß darauf nicht. Doch als das Buch in Wien eintraf, hatten wir gerade die furchtbare Nachricht von seinem Tod erhalten . . .

Vor dem entscheidenden Versuch am 3. Dezember wurden mehrere Versuche in geringerer Tiefe durchgeführt. Hermann Heberlein, der Keller vom schweizerischen Tauchklub „Glaucus" her schon längere Zeit kannte, war von diesem in London ebenfalls nach Kalifornien eingeladen worden. Er nahm an einem Abstieg in 50 bis 70 Meter Tiefe teil, wobei es jedoch zwei Pannen gab. Zuerst war seine Kopfhaube nicht zu finden, und er weigerte sich, ohne diese den Abstieg zu machen. Das Wasser entlang der kalifornischen Küste ist sehr kalt, und Heberlein freute sich darauf, aus der Tauchkapsel auszusteigen und auf dem Grund zu schwimmen. Zweite Panne: Als die Glocke unten ankam, zeigte sich, daß Kellers Tauchgerät völlig leer war. Daraufhin bat Keller Heberlein, ihm das eigene Gerät zu borgen. Heberlein erzählte mir: „Da bin ich völlig verrückt geworden, weil ich mich so darauf gefreut hatte, endlich einmal in solcher Tiefe den Meeresgrund zu sehen. Wir sind mit normaler Preßluft getaucht, nicht mit gemischter, weil es ja bloß ein Versuch war. Er ist dann also ausgestiegen und nach ungefähr 15 Minuten wieder zurückgekommen. Ich habe den Kopf mit der Maske ins Wasser gehalten, aber das einzige, was ich sah, war eine Schlitzbüchse von einer Bierdose." In der Tauchkammer fühlte Heberlein dann beim Aufstieg plötzlich einen starken Stich hinten über den Nieren und konnte bald die Beine nicht mehr bewegen. Als schließlich wieder die Luke geöffnet wurde, fühlte er einen Stich über dem rechten Auge. „Als wenn ein Balken hineingebohrt worden wäre." Wie Bühlmann feststellte, hatte er Caissonkrankheit. Er wurde sofort in eine Dekompressionskammer gebracht, wo er 10 Stunden lang blieb. Vier Tage lag er dann im Bett. – „Ich konnte weder Wasser lassen noch auf den Abort gehen, nichts hat funktioniert." Nach einigen Tagen konnte er dann langsam wieder laufen. Heberlein war damals schon an die Fünfzig und nicht eben schlank. Ausschlaggebend mag aber auch die seelische Erregung gewesen sein, der Ärger erst mit der Kopfhaube, dann darüber, daß er nicht tauchen konnte. Von Peter Small erzählt er mir: „Vor dem 1. Dezember wurde er eintrainiert, wie man das Gerät handhaben muß – da hat er komischerweise gezittert. Das hat mir einen etwas schlechten Eindruck gemacht – nicht persönlich, aber daß er aufgeregt war. Das hat mich erstaunt bei ihm."

Am 1. Dezember fand dann der Vorversuch mit Peter Small statt. Keller ging mit ihm in der Tauchkammer auf 100 Meter Tiefe, und die beiden schwammen dann eine ganze Stunde unter der Kammer auf dem Grund umher. Schon dies bedeutete eine Leistung, die wohl noch nie vorher erbracht worden war. Heberlein erinnert sich: „Das Tauchen ging gut vorüber, und als ich dann aufs Schiff kam, war ich in der Kombüse, und mir gegenüber saß Peter Small. Plötzlich fängt er an, mit der linken Hand so über den Ellbogen zu streichen. Da ich selbst einen Unfall hatte, habe ich ihn sofort gefragt: ‚Peter, hast du einen Bend?‘ Da sagte er, er ist nicht ganz sicher. Bühlmann wurde gerufen, untersuchte ihn, und Peter wurde in die Dekompressionskammer gebracht." Keller schrieb später in einem Bericht: „Normalerweise würden wir ihn deshalb nicht behandelt haben, weil ein so leichter Schmerz keinesfalls gefährlich war und ziemlich häufig nach längeren Tauchgängen vorkommt. In Anbetracht des 1000-Fuß-Versuches wollten wir ihn aber trotzdem in der Druckkammer behandeln, um sicher zu sein, daß er völlig in Ordnung war. Es ist aber wichtig, festzustellen, daß diese Behandlung mit dem tödlichen Unfall überhaupt nichts zu tun hatte."

Montag, den 3. Dezember fand dann das lang vorbereitete Experiment statt. Um 10.30 Uhr lag die „Eureka" über einer flachen Stelle, an der das Meer genau 1000 Fuß tief war. Das Schiff – ein Spezialbohrschiff – brauchte nicht zu ankern, weil es durch Propeller automatisch über der Stelle fixiert wurde. Keller und Bühlmann hatten alles mit mathematischer Präzision vorausbedacht, alle Kommandos waren wie beim Start einer Raumkapsel festgelegt. Entscheidungen über jeden Eventualfall waren getroffen. Innerhalb der Kammer befanden sich die Anschlüsse für die einzelnen Gasgemische – nicht weniger als fünf. Sie waren durch die Farben Blau, Grün, Weiß, Rot und Schwarz gekennzeichnet. Keller und Small trugen innerhalb der Kammer Kreislaufgeräte, deren Flaschen sie an diesen Anzapfstellen jederzeit schnell nachfüllen konnten. Die Tauchkammer selbst war durch einen 100 Meter langen Schlauch mit dem Schiff verbunden, durch den die Kammer von oben her unter Druck gesetzt werden konnte. Senkte man die Kapsel tiefer ab, dann wurde der Schlauchanschluß gelöst und an der Stahltrosse befestigt; kam sie wieder zu dieser Höhe empor, dann konnte die Verbindung von neuem hergestellt werden. Sowohl in der Kapsel als auch am unteren Ausgang waren Fernsehkameras angebracht. Vor dem Abstieg stellte Keller fest, daß eine der Hauptflaschen des Flaschensystems nicht dicht war. Vorgesehen war, daß jeder der Taucher einen Atemvorrat für 15 Minuten mit sich trug, der durch Andrücken eines Schlauches an eine der Anzapfstellen schnell wieder ergänzt werden konnte. Keller erklärte es mir so: „Vor dem Versuch hatte ich die Situation: Knappe Gasvorräte in den Rückengeräten. Dagegen die Mannschaft in Höchstform. Wetter ideal. Persönlich starke Angst mit dem Bedürfnis, gar nicht zu tauchen. Wissen, daß man nie ideale Verhältnisse hat. Den Versuch mit perfekten Startbedingungen gibt es nicht. Nie. Es gibt nur zureichende Startbedingungen . . . Also eben, da entschied ich, den Versuch zu machen."

Was man hier noch zusätzlich in Rechnung stellen muß, war der außerordentliche Druck – nicht zuletzt finanzieller Art –, unter dem sich Keller und sein Team befanden. Allein die Notwendigkeit, sein Gasgemisch geheimzuhalten und doch alles richtig zu organisieren, war sicher nicht einfach. Solche Augenblicke, da es um noch nie erbrachte Pionierleistungen geht, kann und darf man – nachher gemütlich im Sessel sitzend – nicht überklug und überkritisch beurteilen. Durch die Undichtheit war die Aktionsspanne verringert worden, aber schließlich war ja nichts anderes vorgesehen, als unten die Luke zu öffnen, einige Meter hinabzuschwimmen, die Fahnen in den Boden zu rammen und wieder zurückzukommen. Keller: „Falsch war es, unten überhaupt auf den Meeresgrund zu gehen und zu versuchen herumzuschwimmen. Ich hätte die Tür öffnen und schnell einen Tritt nach unten machen sollen, und dann nichts wie herauf und zurück. Damals glaubte ich, ich sei mir eine heroische Überwindung der Angst schuldig und müsse gleich alles auf einmal machen. Es war eine Frage der Ehrlichkeit vor mir selber . . .“

Wie er dem Reporter der „Saturday Evening Post“ erzählte, füllte er, unten angekommen, Smalls und sein eigenes Gerät wieder auf. Da durch die Undichtheit der Heliumflasche der Druck sehr gering geworden war, entschloß er sich, schnell zu handeln. Mit Smalls Hilfe öffnete er die Bodenluke und ließ sich, Füße voran, hinabgleiten. Der Grund lag nicht ganz zwei Meter tiefer. Seine Absicht war, die Flaggen dort unten schnell aufzupflanzen, doch unterhalb der Luke verwickelten sich die großen Fahnen in seinem Atemschlauch, bedeckten seine Maske, und er konnte nichts sehen. Er brauchte zwei Minuten, um wieder freizukommen, ließ dann die Fahnen fallen und eilte so schnell er konnte wieder durch die Luke empor. Gemeinsam mit Small schloß er die Luke, was wiederum eine anstrengende Tätigkeit war. Nunmehr hätte er seine Flasche nachfüllen müssen, aber dazu war er schon nicht mehr in der Lage. Er konnte gerade noch die Preßluftventile öffnen, um das Wasser aus der Kammer zu drücken – sie war knietief mit Wasser gefüllt –, dann öffnete er seine Gesichtsmaske und riß sich den Atemschlauch aus dem Mund. Kurz darauf verlor er das Bewußtsein.

Von oben, über Fernsehen, hatte man den Vorgang verfolgt. Small wurde über Telefon ebenfalls angewiesen, sich die Gesichtsmaske zu öffnen, doch er war vor Schrecken geradezu erstarrt. Er stand unbeweglich. Dann fiel auch er um – was ihn ebenfalls aus dem Gesichtsfeld des Fernsehbildes brachte. Sofort wurde Kommando gegeben, die Tauchkammer hochzuhieven. Sobald die Kammer auf 100 Meter Tiefe angelangt war, erschien mit dem Drahtseil der Schlauch an der Oberfläche. Er wurde festgemacht und Gas wurde in die Kammer geblasen. Jetzt aber zeigte sich, daß sie nicht dicht war, irgendwo verlor sie Druck. Unter diesen Umständen konnte man sie nicht höher ziehen, ohne mit Sicherheit die beiden Ohnmächtigen zu töten.

Dick Anderson, einer der erfahrensten Taucher der Welt, und Chris Whittacker, ein junger englischer Student, Freund von Peter Small, waren für solchen Notfall als Taucher vorgesehen. Sie schwammen in dem kalten Wasser hinunter zu der Kammer, Anderson untersuchte von unten her die Luke, fand sie jedoch geschlossen. Auch sonst sah er nirgends Gas ausströmen. Die beiden kehrten nach oben zurück. Whittacker hatte eine Sicherheitsweste ohne besonderes Ablaßventil. Befehle gellten über Deck. Whittacker hatte Blut in der Maske. Er zog sein Messer und schnitt die Weste auf, kletterte an Bord hoch. Nun aber wurde den Tauchern mitgeteilt, daß mit der Kapsel doch etwas nicht stimme, sie verlöre immer noch Druck. Sie müßten nochmals nachsehen. Anderson wollte allein tauchen, einer der Offiziere sagte Whittacker, er solle oben bleiben. Aber dieser erklärte, Peter wäre sein Freund, er müsse hinunter. Anderson erzählte mir: „Der Junge war nicht sehr kräftig und ziemlich erschöpft. Er machte sich den Bleigürtel ab und nahm ihn um den Arm. Ich nickte ihm zu. Im Notfall konnte er den Gürtel fallen lassen und trieb dann hoch. Wir schwammen wieder hinunter. Oben auf der Kammer gab ich Chris ein Zeichen, dort zu bleiben und zu warten. Ich schwamm wieder hinunter zu dieser Luke. Ich hatte mehr als genug Luft und sah mir die Sache in Ruhe an. Man hat später behauptet, daß eine Flosse darin verklemmt war und ich diese dann abschnitt – das ist eine schöne Geschichte, aber reiner Mumpitz. Der Deckel saß dicht, nur als ich sehr genau hinsah, entdeckte ich, daß da eine kleine Spalte war. Irgend etwas Kleines steckte da. Mit dem Messer versuchte ich da hinzukommen. Dann verspreizte ich mich einfach an der Leiter und drückte mit dem Rücken so fest ich konnte nach oben. Das tat ich eine ganze Weile. Schließlich war die Luke offenbar dicht. Als ich zur Oberseite hochschwamm, war Chris verschwunden. Ich dachte, er sei bereits hochgetaucht, ich konnte ihn ringsum nirgends sehen. Als ich oben ankam, fragte man mich, wo Chris Whittacker sei . . .“

Was mit Whittacker geschah, wird wohl nie geklärt werden. Vielleicht wurde er ohnmächtig und trieb ab, vielleicht stieß er beim Hochschwimmen – abwärtsschauend – gegen den Schiffsboden und sank ab. Andere Taucher suchten dann die Gegend ab – sein Körper wurde nie gefunden.

Inzwischen hatte man die Kapsel an Bord gehievt. Keller erlangte wieder das Bewußtsein. Er sah Small bewußtlos daliegen, schnitt ihn aus dem Anzug, prüfte seinen Puls und seine Augenreflexe. Er lebte. Über das Telefon sprach er mit Bühlmann, hörte von ihm, was geschehen war. Später wachte Small auf, bat ihn um ein Getränk, die beiden sprachen miteinander. Dann sprach Small mit Bühlmann über das Telefon. Später schlief er wieder ein. Die „Eureka“ fuhr inzwischen eilig mit der Tauchkammer zum Marinehafen von Long Beach. Als Keller wieder den Puls von Small fühlte, stellte er fest, daß dieser inzwischen gestorben war. Sechs Stunden nach dem Unfall wurde die Kapsel geöffnet. Die Leiche wurde herausgehoben, Keller kletterte selbst aus der Kapsel, er hatte keinen Schaden davongetragen. Warum nicht auch Peter Small? Meines Erachtens einfach deshalb, weil er nicht annähernd so fit war, nicht annähernd so selbstsicher – weil er das alles letztendlich vielleicht gar nicht wollte.

Was ein Mensch vermag, wenn er wirklich zu etwas entschlossen ist, dafür gibt es viele Beispiele. Wie gefährlich Angst und Panik sich auswirken können, weiß jeder erfahrene Taucher. Nach Keller hätte Small bloß – so wie er – die Maske öffnen müssen. Wäre nicht Peter Small, sondern Dick Anderson Kellers Begleiter gewesen, dann hätte es wahrscheinlich keinen Toten geben. Unglückliche Umstände zwangen Peter in eine Rolle, der er dann letztlich nicht gewachsen war.

Meine Frau und ich waren in Sorge um Mary. Ich hatte das Gefühl, daß wir ihr irgendwie helfen sollten. Ich rief sie in England an. Durch Termine war ich leider festgehalten. Bald darauf hörte ich, daß sie Selbstmord begangen hatte.

Kellers unglaubliche Leistung wird durch die Tragödie nicht beeinträchtigt – ebensowenig wie andere Pionierleistungen durch die Opfer, mit denen sie erkauft wurden, beeinträchtigt werden. Der Verlust seiner beiden Kameraden bedeutete für ihn einen ungeheuren Schock, doch alsbald setzte er seine Tätigkeit fort. Heute ist er Berater mehrerer großer Firmen, die sich mit Meerestechnik befassen.

Shell unterstützte seine weiteren Arbeiten großzügig. Seine Tauchkammer wurde verbessert – und wird heute kommerziell eingesetzt. Er entwickelte einen Dekompressionsschieber für Sporttaucher, ein neues Positioniersystem für Magnetband, eine neue Art von elektrischer Werkmaschinensteuerung. Für Taucher entwickelte er gemeinsam mit seinem Chefkonstrukteur einen dem Körper völlig anliegenden Tiefentauchanzug – was die beiden auf die Idee brachte, auch hautanliegende Skianzüge zu entwerfen. Mit diesen Anzügen wurden in Sapporo neun Medaillen gewonnen, auch der italienische Geschwindigkeitswelt-rekord auf Skiern von 184 Stundenkilometern wurde damit erzielt.

Einem Musikfreund, dem Schweizer Pianisten Jean-Jacques Hauser, half er auf besondere Art. Von dessen universellem Talent beeindruckt, organisierte er eine Pressekampagne für einen Konzertabend im Großen Saal der Tonhalle von Zürich, der am 16. April 1968 bei ausverkauftem Hause stattfand. Angekündigt wurde ein russischer Pianist namens Antonei Sergewitsch Tartarow, der als stummes Wunderkind in der Ukraine von einem jüdischen Pianisten entdeckt worden und dann weiter ausgebildet worden sei. Er lebe nunmehr in Paris – und dort wäre er an unbekannte Manuskripte von Mozart, Beethoven und Liszt gekommen. Da er sie nicht mitnehmen durfte, habe er sie nach dem Gedächtnis rekonstruiert.

Tartarow – in Wahrheit sein Freund Jean-Jacques Hauser – erschien als Russe und erntete großen Erfolg. Seine angeblichen Mozart- und Beethoven-Sonaten waren meisterhaft improvisiert und ernteten entsprechenden Beifall. Anschließend erschien Hannes Keller auf der Bühne und klärte den Bluff auf. Er hatte dem Publikum klarmachen wollen, wie urteilslos es sei – und wie sehr der Name und nicht die wirkliche Fähigkeit zählt.

Mit der Welt unter Wasser hat das freilich nichts mehr zu tun – doch immerhin mit Männern, die Ideen und Mut haben. Noch viele solcher Außenseiter werden in Erscheinung treten müssen, um festverankerte, überholte Vorstellungen zu brechen – um auf neuen, noch nicht beschrittenen Wegen die menschliche Entwicklung weiterzutragen.

Versunkene Schätze

Etwa 75 Kilometer südlich von San Diego, bei Punta Banda, gibt es eine Verwerfung vulkanischen Ursprungs, entlang welcher heiße Quellen aus dem Boden treten: teils an Land, teils aber auch unter Wasser. Robert Dietz, an allen Erscheinungen solcher Art interessiert, fuhr hin und besuchte eine solche aus dem Meeresgrund austretende heiße Quelle. Der Platz liegt etwa 200 Meter vom Ufer entfernt jenseits der die Küste säumenden Kelpwälder, in etwa 40 Meter Tiefe. Der Boden ist dort mit Geröll und Sand bedeckt. „Das Areal hat etwa einen Umfang von 2 bis 3 Acre, und das Erstaunliche ist, daß man zunächst keinerlei Lichtbrechungen bemerkt. Das aus dem Boden strömende heiße Wasser vermischt sich sofort, so daß nur ganz knapp über dem Grund eine dünne Schlierenzone entsteht. Greift man den Sand an, dann ist er heiß, wühlt man mit der Hand etwas tiefer, dann hat es gleich 60 Grad. Als ich dort herumwühlte, fand ich kleinere rundliche Steine, die sich ganz glatt anfühlten. Ich nahm ein paar mit, und während ich hochschwamm, begannen sie zu glänzen – am Tageslicht sahen sie wie Goldnuggets aus." Wie die anschließende Untersuchung zeigte, war es mit einem besonderen Pyrit überzogenes Geröll. Durch die heißen Quellen werden die Steine mit dieser goldenen Schicht überzogen – eine neue Entdeckung, über die sich der Geologe ebenso freute, als wäre er auf ein echtes Goldlager gestoßen.

Mike Wilson, der gemeinsam mit Arthur Clarke und Rodney Jonklaas die Küste rings um Ceylon erkundete, machte 1961 beim Great Basses Reef, das sechs Meilen vor der Südküste der Insel liegt, eine ähnliche, jedoch bereits in Geldwert umwandelbare Entdeckung. Er drehte dort einen Unterwasserfilm, in dem zwei Jungen die Hauptrollen spielten. Dabei stießen die drei auf zwei kleine alte Bronzekanonen, die, von Wellen glattgescheuert, prächtig glänzten. Nun zeigte der eine Junge auf einen Felsen in der Nähe, bei dem es ebenfalls glitzerte. Mike schwamm hin, stocherte mit dem Messer herum – und einige Silberstücke kamen zum Vorschein. Wie sich herausstellte, war der ganze Felsen mit einer Kruste von Silbermünzen überzogen. Nahebei fand Mike dann ganze Klumpen solcher Münzen, die fest aneinandergekittet waren. Sie hatten noch genau die Form der

Säcke, in denen sie an Bord des Schiffes, das hier um das Jahr 1710 gesunken war, aufbewahrt gewesen waren. Insgesamt brachten die glücklichen Finder 70 Kilo solcher Münzen an Land.

Zwei Jahre später tauchten drei Spanier, Frederic Malagelada, Rafael Padrol und Javier Sarda, an der Küste von Sitges, vor der vor 300 Jahren eine Seeschlacht stattfand. Mit einem der Schiffe, der „Crus del Sur", soll damals ein beträchtlicher Schatz auf den Meeresgrund gesunken sein. Die drei schwammen nahe der Küste in verhältnismäßig seichtem Wasser und untersuchten einige Felsschluchten, deren Boden mit Geröll und Sand bedeckt war. Malagelada räumte in einer dieser Schluchten den Schutt weg und stieß dabei auf grünlich gefärbte Scheiben. Es waren alte Silbermünzen! Obwohl sie stark korrodiert waren, konnte man auf ihnen noch deutlich Löwen und Burgen rings um das Kreuz von Jerusalem erkennen. Auf einigen stand „Philipp IV" eingraviert. Nun setzte eine fieberhafte Suche ein. Überall lagen solche Münzen unter dem Geröll. Mit Brecheisen drehten die drei Steine um – unter dem einen fand sich rostfarbener Sand. Sie entfernten die oberste Sandschicht: hier lagen Silbermünzen in mehreren Schichten übereinander. Dann bemerkte Malagelada einen eigenartig abgeflachten Felsen: „Als ich hinschwamm, wurde durch meine Flossenbewegung eine dünne Sandschichte von der Platte hochgewirbelt – und plötzlich sah ich Hunderte von Münzen, die durch Oxydation zusammengekittet waren!" Sie waren in einem Holzkasten verstaut gewesen, der inzwischen längst verrottet war. „Wir holten uns Säcke, und diese waren dann so schwer, daß wir sie kaum zur Oberfläche bringen konnten." Der entdeckte Schatz bestand aus über 3000 Münzen – wobei recht rätselhaft ist, wieso sie sich so nahe am Ufer befanden. Weiter draußen, im tiefen Wasser, wird seither fieberhaft nach dem eigentlichen Wrack der „Crus del Sur" gesucht.

In den Jahren, da ich mit der „Xarifa" Forschungsfahrten unternahm, bekam ich laufend Zuschriften von Schatzsuchergemeinschaften, die stets beteuerten, alles Nötige zur Erlangung unermeßlicher Reichtümer in Händen zu haben – mit Ausnahme von etwas Kapital und einem Schiff. Eine dieser Schatzsuchergruppen behauptete, genau zu wissen, wo Kapitän Kidd seinen sagenhaften Schatz versteckt habe. Ein Sammler habe aus dem Nachlaß des Piraten einen Schreibtisch erworben, in dem er dann in einem geheimen Fach ein Stück der Karte, auf der die Lage des Schatzes eingezeichnet war, entdeckte. Daraufhin habe er in mühseliger Detektivarbeit weitere Möbel aus dem Besitz von Kidd ausfindig gemacht und darin dann die restlichen Kartenteile gefunden. Bei keinem dieser Angebote ging es um Werte, die nicht mindestens die Dollarmillionengrenze überschritten. Vielleicht war es ein Fehler, daß wir uns allzusehr für Fische und Korallen interessierten. Jedenfalls konnte ich feststellen, daß England eine Hochburg solcher Schatzsucher ist. Jeder träumt davon, ebenso erfolgreich wie William Pitt zu sein, der zu Ende des 17. Jahrhunderts bei den Bahamas tatsächlich ein Schatzschiff fand, zum reichen Mann wurde und auch den Adelstitel erwarb.

Viele solche Schatzschiffe liegen allerdings gerade den Engländern direkt vor der Nase. Ein besonders lohnender Platz sind die Scylli-Inseln vor der Südwestspitze Englands, an deren Riffen schon manches Schiff gescheitert ist. Ein Mann, der dort kürzlich sein Glück machte, ist der englische Rechtsanwalt Rex Cowan, 45 Jahre alt, verheiratet, Vater von drei Kindern. 1966 gab er seine Praxis auf, leitete ein Atelier für Modefotos und war auch als Journalist tätig. Dann schloß er sich einer Schatztauchergruppe an, die es auf die „Hollandia" abgesehen hatte, welche am 13. Juli 1743 mit einer Ladung von 129.700 Silbergulden, nach heutigem Wert über 2 Millionen Pfund, am Gunner Rock vor der Insel St. Agnes unterging. Cowan: „Ich wußte auf einmal, daß dies die richtige Arbeit für mich war und daß ich mit diesen Männern zusammenarbeiten wollte." Er hatte noch nie getaucht und wurde Manager der Gruppe des Unternehmens. Leiter des Tauchteams war ein erfahrener Korvettenkapitän: Jack Gayton. Nun ist das Auffinden eines Wracks weit mühsamer, als die meisten sich das vorstellen. Die ältere Literatur ist voll von Berichten über Bergungen, die oft erst nach fünf oder zehn Jahren zu einem Ergebnis führten. In diesem Fall sollte es drei Jahre dauern. Da die Taucher nirgends in der Umgebung dieser Riffe etwas Wrackähnliches entdeckten, entschloß man sich zum Kauf eines Protonen-Magnetometers, das durch Änderungen im Magnetfeld unter dem Boden verborgene Metallgegenstände anzeigt. Cowan: „1970 wurde das Geld knapp, und die Stimmung sank merklich." Im darauffolgenden Herbst war die Stimmung bereits auf Null gesunken. Das Tauchen ist dort auch nicht gerade einfach, denn das Wasser ist kalt und meist nicht sehr klar, es gibt starke Strömungen, und das Wetter zeigt sich meist alles eher als freundlich. „Um uns ein wenig aufzumuntern, ging Zerlinde, meine Frau, zu einem Wahrsager und fragte ihn, wann wir das Schiff finden würden." Ohne zu zögern soll dieser gesagt haben: „Am 16. September." Cowan: „Keiner von uns glaubte auch nur im geringsten daran, aber wir setzten die Suche fort." In der Tat gab das Magnetometer am betreffenden Tag den so lange erhofften Summton von sich. Bald darauf wurden eine Kanone und ein Anker gefunden: die Aufschrift „Hollandia" konnte entziffert werden. Die Sache blieb nicht geheim; natürlich kamen nun andere Boote mit weiteren Tauchern. Aber Cowan hatte mit der holländischen Regierung vorher verhandelt und gegen Abgabe von 25 Prozent im Falle des Erfolges die Rechte an diesem Schatz erworben. Also wurden die anderen Interessenten vertrieben, was bei der einen Gruppe nur über den Gerichtsweg möglich war. Nach langen weiteren Mühen gelangten die Taucher dann tatsächlich an die Münzen. Sie wurden am 18. April 1972 by Sotheby in London versteigert und erbrachten 100.000 Pfund Sterling. Die Suche hatte 22.000 Pfund gekostet, dazu kamen noch der holländische Anteil und die englischen Gebühren ... Cowan: „Immerhin bleibt für uns noch genug übrig, um ein angenehmes Leben führen zu können." Weitere Schatzsuchen sind bereits geplant.

Wie bei der Suche nach einem Schatz Beharrlichkeit zum Ziel führen kann, zeigte der so berühmt gewordene amerikanische Architekt Kip Wagner. Zu seiner Erholung wanderte er gerne über die weißen Sandstrände an der Ostküste von Florida. Zum Schicksal wurde ihm dort ein Hurrikan, der 1955 die Gegend ziemlich verwüstete. Wie er später schrieb, war der ihm so vertraute Strand nördlich von Vero Beach nach diesem Sturm kaum mehr wiederzuerkennen. Teile der Sandküste waren weggewaschen, alles war mit Geröll, Planken, Tang und Algen bedeckt. Zwischen einigen Holzstücken sah er etwas leuchten, das zu hell war, um eine Muschel zu sein. Er hob es auf. Es war ein viereckiges Silberstück – eine alte Münze. Ähnliche waren schon öfters in der Gegend im Sand gefunden worden, er selbst besaß schon an die vierzig. Es waren alte Acht-Reales-Stücke, die alle Jahreszahlen vor 1715 trugen. Der jetzige Fund war somit nicht ungewöhnlich – und doch ungewöhnlich. Denn der Sturm hatte über den Strand eine neue Schicht von Sand, Algen und Trümmern aufgetürmt, was bedeutete, daß die Münzen offenbar aus dem Meer kamen. Nun erinnerte sich Wagner auch der alten Legende, daß irgendwo an dieser Küste – wiederum in einem Hurrikan – 1715 eine mit Gold- und Silberschätzen beladene spanische Flotte untergegangen sei. Der Gesamtwert wurde damals mit 14 Millionen Pesos beziffert. In diesem für ihn schicksalhaften Augenblick verwandelte sich der Architekt in einen Schatzsucher. Wagner fuhr nach Sevilla und stöberte dort in den umfangreichen Archiven. „Ich ließ mir Kopien von mehreren Hundert Protokollen anfertigen, die sich alle mit den Details der großen Katastrophe von 1715 beschäftigten." Eine Bergungsmannschaft hatte damals nach dem Unglück etwa ein Viertel der Reichtümer bergen können. Man hatte an Land ein befestigtes Lagerhaus errichtet, das durch Militär vor dem Zugriff der überall sehr aktiven Piraten bewacht wurde. Wagner sagte sich nun: Finde ich die Reste dieses Forts, dann kenne ich auch die Stelle, wo weiter draußen das Wrack mit den Pesos liegt. Er unternahm nun weite Streifzüge durch das Gestrüpp am Strand und fand an einer Stelle eine verdächtige Vertiefung sowie einige Erdhügel. „Jetzt hatte das Fieber mich gepackt! Ich entschloß mich zur ersten Investition in diesem Bergungsunternehmen und kaufte für 15 Dollar aus alten Militärbeständen ein noch gut funktionierendes Minensuchgerät." Dieses Ding wie einen Staubsauger umherschiebend, durchstreifte er die Büsche. Die entdeckte Vertiefung erwies sich als eine Niete – aber an einer anderen Stelle hörte er plötzlich im Kopfhörer das jaulende Geräusch, welches Metall anzeige. „Schnell grub ich in dem lockeren Sand . . . und fand die hintere Achsenfederung eines alten Ford." Auch alte Eisenkannen, Bettfedern und ähnliches brachte er an den Tag. Nun verlegte er sein Aktionsgebiet ein Stück weiter nach Norden – und dort fand er fast augenblicklich einen alten Schiffshaken und eine Kanonenkugel. Ohne weiter zu graben, prüfte er nun mit dem Minensucher den Umkreis und fertigte eine Skizze aller Stellen an, wo es Eisentöne gab. Kein Zweifel, er hatte den damals errichteten befestigten Speicher gefunden! Einige alte Entermesser, die er aus dem Sand grub, waren eine letzte Bestätigung. Bald darauf kreiste er mit einem Freund in einem

184

Sportflugzeug über dem flachen Meeresgebiet direkt vor dieser Strandregion. Dabei entdeckten sie tatsächlich einen großen länglichen Schatten im Wasser, ein ellipsenförmiges Etwas, von dem seitlich in regelmäßigen Abständen stabartige Gebilde wegstanden. Nach seiner Überzeugung konnten das nur dort liegende Kanonen sein. Und die dunkle Zone in der Mitte waren höchstwahrscheinlich die Ballaststeine. Alles übrige von der aus Holz gebauten Galeone war natürlich längst weggefault beziehungsweise von der Strömung fortgespült worden. Schon am folgenden Tag fuhren die beiden in einem Boot zu der Stelle hin. Zum Glück war das Wasser klar. Man suchte eine Weile – und schon hatte Wagner die erste Kanone entdeckt. Sie war stark mit Kalk überkrustet und von leuchtendgrünen Algen überwachsen. Genau wie er vermutet hatte, lag da ein weites Feld von Ballaststeinen, und ringsherum waren insgesamt 18 Kanonen gruppiert. Der Platz war entdeckt!

Nun allerdings begann die praktische Bergungsarbeit, die sich über acht Jahre hinzog. Von den Behörden erhielt Wagner die offizielle Bergungslizenz. In Florida muß der Finder nach dem Gesetz 25 Prozent abliefern, den Rest darf er behalten. Wagner engagierte mehrere Taucher und kaufte ein für die Bergung geeignetes Boot von 13 Meter Länge. Die ersten Ergebnisse waren eher kümmerlich. Nun installierte Wagner eine Saugpumpe, mit der es nun einfach wurde, den Sand zu beseitigen. Korallenblöcke wurden weggesprengt, zunächst kam nur hier und da eine Münze zum Vorschein – dann plötzlich zwei Klumpen Silbermünzen von je 25 Kilo Gewicht. Gold dagegen hatte man noch keines gefunden. Im Herbst 1962 wurden dann die Sichtverhältnisse so ungünstig, daß die Arbeiten für längere Zeit unterbrochen werden mußten. Rex Stocker, ein Mitglied des Taucherteams, und Wagner vertrieben sich die Zeit damit, mit dem Metalldetektor auf dem Sandstrand zu suchen. Plötzlich kam Stocker in größter Aufregung den Strand heruntergelaufen, um seine Hand war etwas gewunden und er schrie. Wagner glaubte, ihn hätte eine Schlange gebissen. Wie sich dann aber zeigte, hatte Stocker eine goldene Kette um den Arm geschlungen, die aus Hunderten von blumenförmigen Gliedern bestand. Das Stück wog fast ein viertel Kilo. Als Anhänger hatte die Kette einen goldenen Drachen, etwa so groß wie ein Daumen. Der Schwanz des Drachens diente als Ohrputzer, am Bauch hatte er einen ausklappbaren Stachel, der als Zahnstocher zu benützen war. Blies man in das Maul des Drachens, dann ertönte ein schriller Pfiff.

Diese Kette war das kostbarste Stück, das man vom Wrack fand – und gleichzeitig leitete es von der silbernen in die goldene Periode dieser Bergung über. Schon im folgenden Sommer fand das erste Goldstück den Weg an die Oberwelt. In seinem Bericht im National Geographic Magazine hob Wagner hervor, daß Gold „ein wirklich nobles Metall ist, da ihm selbst in 250 Jahren Salzwasser nichts anhaben kann". Am gleichen Nachmittag wurden dann sieben weitere Goldstücke entdeckt. Die große Wende kam jedoch erst zwei Jahre später, als Wagner einen der ältesten und erfahrensten Taucher für sein Team gewann: Mel Fischer. Dieser brachte ein hochempfindliches Unterwasser-Magnetometer mit, und erst mit Hilfe dieses Gerätes wurde die eigentliche Schatzkammer des Schiffsrumpfes entdeckt. Wagner: „Plötzlich klärte sich die Sandwolke, und vor uns, die wir es einfach nicht fassen konnten, lagen mehr als 1000 goldene Dublonen! Seither haben wir noch mehr als das Doppelte gefunden, außerdem viele tausend Silbermünzen."

Der Wert der gesamten Beute betrug über eine Million Dollar. „Wenn ich allerdings an unsere jahrelangen Bemühungen zurückdenke", schreibt der ehemalige Architekt, „dann erscheint mir der Geldwert beinahe gegenstandslos. Der wirkliche Schatz, den wir fanden, besteht für mich darin, daß uns die Geschichte, die Vergangenheit gleichsam die Hand reichte." Außer Gold und Silber konnten nämlich wirklich erstaunliche Stücke dem Meeresboden entrissen werden. Die größte Überraschung war über 250 Jahre altes chinesisches K'ang-hsi-Porzellan, das völlig unversehrt geblieben war. „Geradezu eine Ironie des Schicksals: Ein großes Schiff, das in der Dünung zerschmettert wurde, dessen schwere Holzplanken zerbrachen – und dieses zarte Porzellan blieb in all seiner Schönheit erhalten! Es war um den halben Erdball hierher gereist: mit einer Handelskarawane und auf einer Dschunke bis zu einem Händler auf den Philippinen, von dort mit der einmal jährlich über Manila segelnden Galeone nach Acapulco, von hier aus wahrscheinlich auf dem Rücken von Maultieren über die Berge nach Veracruz, wo man es in ebendiese Galeone verlud, die dann ein Hurrikan auf den Grund schickte, wo es über zweieinhalb Jahrhunderte in der rastlosen Dünung unbeschädigt blieb – und nun wieder in menschliche Hände zurückgelangte." Auch Kip Wagner hat eine Gesellschaft zur Hebung weiterer Schätze gegründet. Mit der Architektur ist es endgültig vorbei.

Der vielleicht erstaunlichste Schatzfund der letzten Zeit ereignete sich an der norwegischen Küste und erbrachte innerhalb weniger Tage fast den gleichen Wert wie Kip Wagners jahrelange Suche. Hier war es der Zufall, der sich zum Verbündeten des Fischmenschen machte.

Die Geschichte trug sich 1972 zu, ihre Helden sind ein Norweger und zwei Schweden, die nur eben einen netten Urlaub am Meer verbringen wollten. Eystein Krohn Dale, 26 Jahre alt, war Kaufmann und tauchte gern; Bengt Olof Gustafsson, 30 Jahre alt, wollte Meeresschnecken sammeln; Stefan Persson, 27 Jahre alt, war Biologielehrer und interessierte sich für Fragen des Meeresschutzes. Die drei hatten schon in den beiden vorhergehenden Sommern gemeinsam getaucht, diesmal fuhren sie nach Aalesund und wurden vom dortigen Tauchklub zu einer Ausfahrt eingeladen. Es ging 25 Mann hoch zu einer weit im Atlantik gelegenen Gruppe von Felseninseln. Das Wasser hatte nur sieben Grad, man tauchte ein wenig, dann machte die Aquavitflasche die Runde. Am nächsten Morgen kam Sturm auf. Krohn Dale, der inzwischen das Ruder übernommen hatte, wählte eine Bucht beim Leuchtfeuer „Kvalneset" als günstige Zuflucht. Dort ging das Boot vor Anker, doch die wenigsten hatten zum Tauchen Lust. So kam es, daß schließlich nur die drei Freunde unter Wasser gingen. Persson interessierten hier die ausgedehnten Wälder eines Tanges, der etwa eineinhalb Meter hoch wuchs. Plötzlich kam er an eine Stelle, wo mitten im wogenden Dschungel plötzlich eine auffallend große Lichtung auftauchte, also praktisch ein großes Loch. „Da wuchs überhaupt nichts", erzählte er später. Der Boden war mit platten runden Steinen bedeckt, etwa so groß wie Fünfmarkstücke. Als er sich einen dieser Steine genauer ansah, glaubte er seinen Augen nicht zu trauen. Alle diese Steine waren Münzen! Er konnte darauf die Aufschriften „Phil" und „Hisp" entziffern, und als er mit seinem Handschuh an einer der Münzen rieb, wurde die Jahreszahl 1652 sichtbar. „Davon lagen Tausende, ja Zehntausende auf dieser kleinen Lichtung, die kaum zehn Quadratmeter groß war. Als ich genauer hinsah, entdeckte ich, daß es an einigen Stellen auch hellgelb glitzerte – Münzen aus Gold!"

Die beiden anderen hatten inzwischen eine Kanone entdeckt, kamen herangeschwommen und erstarrten ebenfalls beim Anblick der Münzen. Sie schaufelten ein paar Hände voll in ihre Sammelsäcke, schwammen zum Schiff zurück, sagten aber zu niemandem ein Wort. Dann tauchten sie nochmals – fanden aber den Platz nicht mehr. Am nächsten Morgen, nachdem sie mit dem Klubboot nach Aalesund heimgekehrt waren, mieteten sie ein Motorboot, fuhren wieder zu den Inseln und fanden nach verzweifeltem Suchen endlich wieder den Platz. Sie befestigten an der Kanone einen Plastiksack als Markierung.

Ihre nächste Aktion bestand dann im genauen Studium der norwegischen Gesetze. Wie sie herausfanden, gehörte nach einem im Jahre 1953 erlassenen Gesetz im Falle von Gold- und Silberfunden von kunsthistorischem Interesse dem Finder der Metallwert plus zehn Prozent des Antiquitätenwertes. Nun marschierten die drei mit ihren Säcken zur der Polizei und erstatteten ordnungsgemäß Meldung. Zeitungen, Fernsehen, Juristen traten wie aufgescheuchte Vögel in Erscheinung. Der zuständige Polizeibeamte von Aalesund rang sich zur Ansicht durch, daß den drei Tauchern die Fortsetzung ihrer Bergung gestattet sein sollte. Also fuhren sie wieder hin und scharrten unter Polizeibewachung weiteres Gold und Silber aus dem sandigen Boden. Ein paar Tage darauf sagte Krohn Dale zu einem Pressevertreter: „Wir haben uns jetzt an das Gold und Silber so gewöhnt wie ein Fischer an die Heringe." Nun stellte sich heraus, daß die Leute in der Gegend längst von diesem Schatz gewußt hatten – von ihren Großvätern und Urgroßvätern. Er versank mit dem holländischen Dreimaster „Akerendam", der am 8. März 1725 in einem Sturm hier gegen die Klippen geworfen wurde. Vier Geldkisten konnten damals geborgen werden, die fünfte jedoch blieb verschwunden. Im Sommer 1971 hatten bereits Mitglieder des Osloer Tauchklubs – immerhin 40 Mann hoch – nach dieser verschollenen Kiste gesucht. Sie fanden jedoch nichts. Der Unterwassergott gab Ferienurlaubern den Vorzug. Der Gesamtwert des Fundes wurde auf zwei Millionen Mark geschätzt – nach Abzug der staatlichen Gebühr ergab das immerhin 500.000 DM pro Mann. Die gemeinsame Kasse der drei für diesen Urlaub hatte 2000 DM betragen.

Wer wissen will, wo weitere Schätze in den Meeren ruhen, sei auf das Buch von John S. Potter, „The Treasure Divers Guide", hingewiesen. In diesem umfangreichen Kompendium, kürzlich in neuer Auflage erschienen – das Vorwort schrieb Kip Wagner –, ist nicht nur säuberlich verzeichnet, was an Schätzen auf dem Meeresgrund liegt, sondern auch, was nie gesunken ist: nämlich die vielen falschen Legenden, die sich um vermeintliche Schatzschiffe ranken und bereits zu erheblichen Fehlinvestitionen geführt haben. In Deutschland haben inzwischen Hans Wolf Rackl und Hanno Rolf Gnutzmann sich auf dieses Thema spezialisiert und bringen laufend in Artikeln oder Büchern Berichte über die zahlreichen Gold- und Silberschiffe, die noch auf den glücklichen Finder warten. Die größten zwischen Felsen, Korallen und unter Sand und Schlamm verborgenen Werte liegen offenbar im Karibischen Meer sowie an den Küsten von Brasilien und Ekuador. Denn im 16. und 17 Jahrhundert segelten hier die Galeonen der Spanier und Portugiesen, die das von den Inkas und Azteken erpreßte oder ertauschte Gold und Silber über den Atlantik heimbrachten. Von diesen reichbeladenen Segelschiffen sind zahlreiche in Wirbelstürmen gesunken oder gegen Riffe gelaufen. Auf Grund der akuten Piratengefahr in diesen Gewässern sammelten sich die Schiffe ein- oder zweimal jährlich im Hafen von Havanna und wurden dann von Kriegsgaleonen über den Atlantik geleitet. Trotzdem wurde 1628 eine Schatzflotte von holländischen Kriegsschiffen gekapert, 1657 vernichteten englische Kriegsschiffe eine Flotte im Hafen von Santa Cruz, 1702 eine weitere in der Bucht von Vigo. Bei allen diesen Seegefechten landete ein nicht unbeträchtlicher Teil des umstrittenen Goldes auf dem Meeresboden – nach heutiger Schätzung im Wert von 1,5 Milliarden Mark. Nicht anders war es auf den alten Handelswegen an der chinesischen und indischen Küste. Dazu kommen die im letzten Jahrhundert versunkenen Schiffe.

An gewerblichen Bergungsunternehmen, die nach der alten Methode arbeiteten, hat es nicht gefehlt – jetzt schaltet sich der immer tiefer in die Meere vordringende Fischmensch in diese Entwicklung ein. In den nächsten 50 Jahren wird gar mancher durch Zufall oder Planung, auf leichte oder schwierige Weise, im Seichten oder in großer Tiefe – in den Besitz bedeutender Schätze gelangen.

Diese Schätze umfassen jedoch nicht nur Gold, Silber, Edelsteine etc. – sondern auch Information von unschätzbarem Wert. Man hat mit Recht den Meeresgrund als das größte Museum der Welt bezeichnet. An Land wurden die Spuren der Vergangenheit meist zerstört oder stark beschädigt: was dagegen als Ladung von Schiffen auf den Meeresgrund sank und dort von Schlamm und Sand bedeckt wurde, blieb vor Plünderung, Feuer und Erdbeben geschützt. Ein neuer Wissenschaftszweig expandiert heute: die Archäologie geht unter Wasser.

Cousteau war der erste, der auf dem Gebiet der Unterwasser-Archäologie einen

Großeinsatz durchführte. Bald nach dem Zweiten Weltkrieg, als die Aqualunge den Sporttauchern das Vordringen in größere Tiefe gestattete, wurden im Mittelmeer zahlreiche Plätze entdeckt, wo aus Sand und Schlamm zahllose Amphorenhälse hervorlugten. Hier lagen offenbar antike Schiffe auf dem Grund. Zur Zeit der Griechen und Römer wurde in solchen Amphoren Wein, Öl und Getreide, aber auch Haselnüsse, eingemachte Fische und manches andere transportiert. Sank eines dieser Schiffe, dann vermoderte das Holz, die Amphoren blieben zurück. Heute kennt man schon Hunderte solcher Amphorenfelder im Mittelmeer. Eines der ersten wurde 1952 sechzehn Kilometer vor Marseille bei der kleinen Insel Grand Congloué entdeckt. Fréderic Dumas, an Altertümern sehr interessiert, wies Cousteau darauf hin. Dieser erzählt in seinem Buch „Das lebende Meer": „Ich erklärte mich bereit, mit der ,Calypso' zwei Monate lang das in vierzig Meter Tiefe liegende antike Schiff auszugraben. Wie naiv mutete später dieser von uns gefaßte Entschluß an! Dieses Wrack sollte ganze fünf Jahre Arbeit und ein Menschenleben fordern! Es brachte unser Unternehmen fast an den Rand des Ruins und zwang uns, die erste menschliche Siedlung auf dieser Insel zu errichten."

Die Altertumsabteilung des französischen Unterrichtsministeriums bewilligte eine großzügige Beihilfe – allerdings aus einem recht bescheidenen Etat. Ebenso beteiligten sich die National Geographic Society, die Präfektur der Rhonemündung und die Stadtverwaltung von Marseille. Auch die Hafenbehörden und die Handelskammer steuerten etwas bei, während sich gleichzeitig aus vielen Teilen Frankreichs Taucher freiwillig zur Verfügung stellten. Albert Falco, der dann Cousteau stets begleitet hat, war darunter, konnte aber wegen eines in Frankreich sehr starren Sozialversicherungssystems nicht als Vollmatrose angeheuert werden: ihm fehlten drei Finger an der linken Hand, die er bei der Explosion eines Sprengkörpers verloren hatte. Cousteau brachte das in Ordnung.

Das nächste Problem bestand darin, daß im Lauf der Jahrhunderte von der Insel her große Steinblöcke auf das Wrack gefallen waren; interessanterweise hatten sie trotz ihres Gewichts keinen Schaden angerichtet. Cousteau: „Wir fanden einen Felsblock, der mindestens zwei Tonnen wog und auf dem oberen Rand einer unzerbrochenen Amphore lag." Nun halfen Frachter mit Ladewinden, diese Blöcke wegzuräumen. Die ersten Schätzungen ergaben, daß das antike Schiff achtundzwanzig Meter lang und etwa acht Meter breit gewesen war – was dann auch genauere Messungen bestätigten. Durch sechzehn im Turnus arbeitende Taucher wurden zunächst die Amphoren hochgebracht: „Zwischen den Tauchgängen ruhten die Männer sich jeweils drei Stunden aus, um den angesammelten Stickstoff loszuwerden und neue Kräfte zu sammeln. So wechselten Zwei-Mann-Teams einander fast ständig auf dem Meeresgrund ab. Sie wurden durch einen Mann jeweils zur Oberfläche zurückgerufen, der nach verstrichener Zeit ein Gewehr ins Wasser abschoß." Viele der Zuschauer fanden für diese Tätigkeit keine andere Erklärung als die, daß hier nach einem Schatz gesucht würde.

Die wissenschaftliche Leitung lag in Händen des Archäologen Benoît; auch Jacques Piccard nahm an den Arbeiten teil. Die geborgenen Artefakte deuteten darauf hin, daß das Schiff im 1. Jahrhundert vor Christus untergegangen war. „Nachdem die lose Masse auf dem Schiffsgrab weggeräumt war, gruben wir mit den Händen weiter, um in die nächste Schicht einzudringen. Die antiken Gegenstände schienen wie in Zement eingebettet zu sein. Einen Monat nachdem wir die Arbeiten begonnen hatten, ließ ich ein Saugrohr auf der ‚Calypso‘ installieren, das von einer Mammutpumpe betrieben wurde. Es entlehrte sich an Deck in einen feinmaschigen Drahtkorb, in dem die Archäologen die Rückstände untersuchten." Die Handhabung der Düse unten am Wrack war schwierig, aufregend und gefährlich. Scherben feinen Campagnischen Geschirrs kamen herauf, darunter auch ein ganz gebliebener Weinbecher. So sorgfältig die Taucher unten das Rohr auch handhaben, sie konnten nicht verhindern, daß vieles zerbrach. Cousteau beschloß daraufhin, langsamer zu arbeiten, „ohne Rücksicht auf die Kosten oder die Mühsal, die dadurch verlängert wurde". Man stieß nun auch auf Amphoren, die mit Harzpech versiegelt und mit einer Flüssigkeit angefüllt waren: offensichtlich Wein. Cousteau: „Ich konnte nicht widerstehen, diesen Wein zu trinken, der zweitausendzweihundert Jahre alt war. Der Alkohol hatte sich verflüchtigt, aber der Wein hatte keinen salzigen Geschmack." Offensichtlich hatte das Schiff eine volle Ladung Rotwein an Bord gehabt.

Zu einem der größten Probleme wurde der in dieser Gegend immer wieder auftretende Mistral. „Wir hatten um ein ozeanographisches Forschungsschiff gekämpft, mit dem wir alle Meere erforschen wollten – und jetzt war es hier über dem Grab eines alten Wracks an die Kette gelegt." Schließlich entschloß sich Cousteau, auf der Insel eine Tauchstation zu errichten und so das Schiff zu „befreien". Auch diesmal kamen Behörden, Institutionen, Klubs und Firmen zu Hilfe. Auf der völlig kahlen Insel wurde eine Station errichtet, und weiterhin meldeten sich viele Taucher aus reinem Idealismus zur Mitarbeit. Unter ihnen war auch Jean-Pierre Serventi, der durch tragisches Zusammentreffen von unglücklichen Umständen hier sein Leben verlor. Wegen der häufigen schweren Stürme wurde auf einem höher gelegenen Felsstück eine neue, schwerere Plattform errichtet. Das Saugrohr holte jetzt schwarze, polierte Steine herauf, offensichtlich vulkanischen Ursprungs. Wenn es Ballaststeine waren, gaben sie einen Hinweis auf den Ursprung des Schiffes. Schließlich gelangte man zu den am tiefsten gelegenen, noch erhaltenen hölzernen Bestandteilen, und auch das einstige Geschirr kam wieder zum Vorschein.

Der Winter war vorbei, ein neuer Frühling kam. Am 15. Mai 1953 wurde schließlich der Kiel des Schiffes erreicht. Alle inzwischen gewonnenen Hinweise deuteten darauf hin, daß sein Bestimmungshafen Marseille gewesen war. Der gefundene Prägestempel „SES" verriet dann auch den Namen des Mannes, dem dieses Schiff gehört hatte: Markos Sestios. Er hatte auf Delos gelebt. Interessante

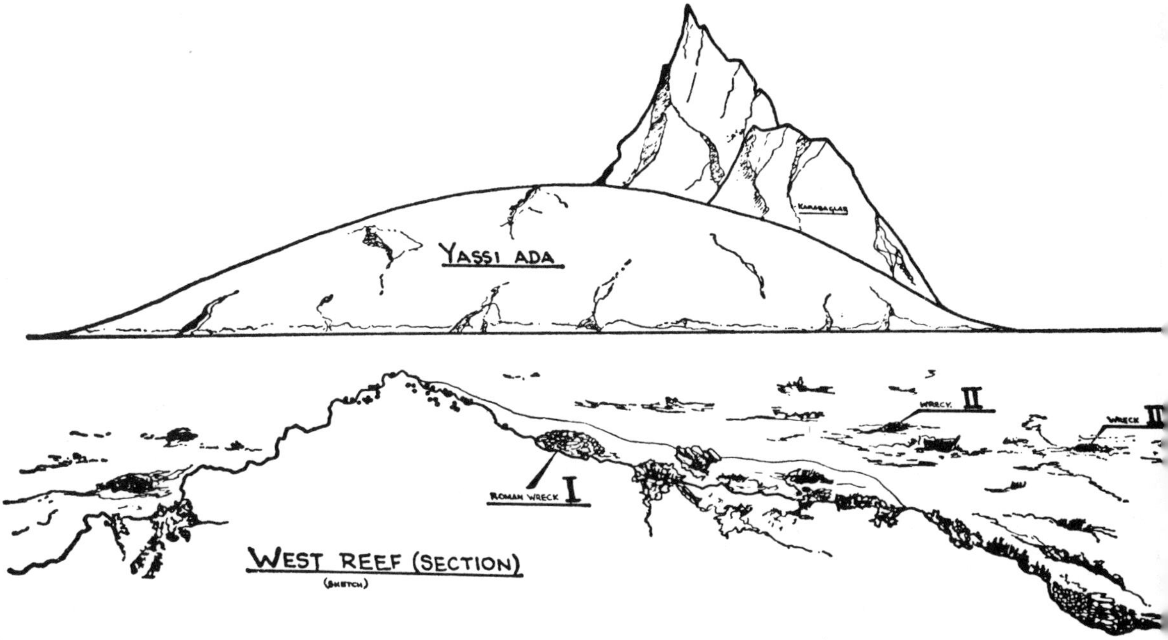

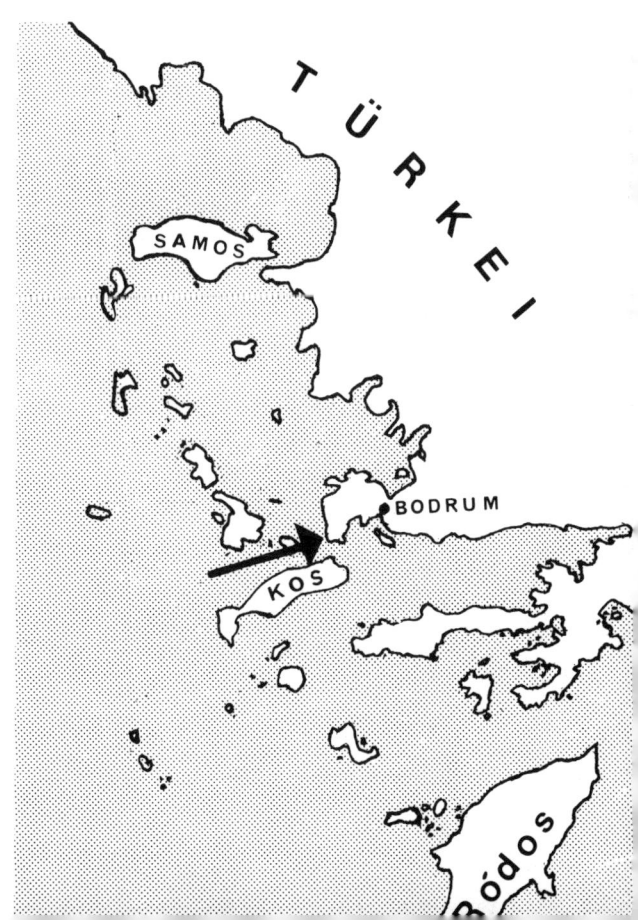

YASSI ADA

WEST REEF (SECTION)
(SKETCH)

ROMAN WRECK I

WRACK II

WRECK III

KARABAGLAS

Peter Throckmorton entdeckte bei der kleinen Insel Yassi Ada an der türkischen Küste einen antiken Schiffsfriedhof mit ungefähr 60 Wracks. Dort ragt eine tückische Klippe bis 5 Meter unter die Wasseroberfläche und wurde vielen Schiffen, die das Kap umrundeten, zum Verhängnis. Unter Leitung des amerikanischen Archäologen George Bass wurden in einem technisch perfekt vorbereiteten Einsatz zwei dieser Schiffe in jahrelanger Arbeit von Tauchern ausgegraben und auf das genaueste rekonstruiert. (Zeichnung nach „The Lost Ships" von Peter Throckmorton.)

TÜRKEI

SAMOS

BODRUM

KOS

RODOS

Einzelheiten über die damalige Zeit kamen an den Tag. Cousteau hat hier ohne Zweifel eine bedeutende Pioniertat vollbracht. Später schrieb er: „Wir begingen einen schweren taktischen Fehler. Anstatt systematisch am oberen Ende oder am Heck, wie wir es nannten, zu beginnen und dann nach unten zu arbeiten, machten wir uns über das ganze Schiffsgrab her und verwischten so das archäologische Bild." Diesem Fehler, der bei folgenden Unterwasserarbeiten vermieden wurde, stand jedoch das weit größere Plus an gutem Willen und wissenschaftlichem Erfolg gegenüber. Die Pioniere der sich nun entwickelnden Unterwasserarchäologie – Frederic Dumas, Nino Lamboglia, Gerhard Kapitän, Peter Throckmorton, Georg Bass und viele andere – konnten aus diesen so bitter gewonnen Erfahrungen lernen.

Das an Land seit langem übliche Verfahren der Archäologen, nichts zu berühren, ehe es nicht genau fotografiert und vermessen ist, wurde bei den nun folgenden Unterwasseroperationen strikt angewandt. In allen Teilen der Welt, besonders aber im Mittelmeer, stießen Gerätetaucher auf immer weitere Gräber antiker Wracks. Die ergiebigste Stelle entdeckte Peter Throckmorton im Juni 1958. Sie wurde ihm von dem türkischen Kapitän eines Schwammtaucherbootes gezeigt. Der Platz liegt an der Westseite einer Inselgruppe direkt vor dem rundlichen Felskap Yassi Ada und ist eine Schiffsfalle par excellence. Denn nur etwa 100 Meter vor diesem eher harmlos aussehenden Kap reicht ein unterseeischer Felsen bis 5 Meter an die Oberfläche. In seinem Buch „The Lost Ship" schreibt Peter Throckmorton: „Als ich vom Gipfel der höchsten Insel zur Insel Yassi Ada hinübersah, wurde mir klar, warum dort so viele Schiffe gesunken sind. Jeder vorsichtige Seemann mußte sich sagen, daß es klüger war, die ganze Inselgruppe zu umrunden, statt zwischen den kleinen Inseln hindurchzufahren. Wollte er in dieser Jahreszeit, wenn der Meltem ihn trieb, nach Rhodos oder Halikarnassus segeln, dann war es für ihn bestimmt klug, sich von Pserimos oder Kos fernzuhalten und sich lieber dicht an Yassi Ada zu halten. Da fast alle ägäischen Inseln ziemlich steil abfallen, war es naheliegend, etwa eine Kabellänge von der Küste entfernt zu bleiben – die See ist dort meist rauh, und so war der Bauch seines Schiffes von diesem tückischen Riff aufgeschlitzt, ehe er sich dessen versah." Wie Throckmorton feststellte, lagen bei diesem Riff nicht weniger als sechzig Wracks auf dem schräg abfallenden Grund.

1961 wurde von einer amerikanischen Universität ein Archäologenteam unter Leitung von George F. Bass zu diesem Platz geschickt, um gemeinsam mit Throckmorton die Ausgrabung des ersten dieser Schiffe – man hatte ein byzantinisches Wrack aus dem 7. Jahrhundert ausgewählt – in Angriff zu nehmen.

39 Lotte Hass – meine Gattin – fotografierte als erste Frau in tropischen Gewässern. Die ersten Versuche machte sie 1949 in der Alten Donau in Wien, wo sie in dichten Algenwäldern Karpfen, Hechte, Welse etc. in Unterwasseraufnahmen festhielt. In ihrem erfolgreichen Buch „Ein Mädchen auf dem Meeresgrund" berichtete sie später, wie sie dann auch Mantas, Haien und anderen Meerestieren mit der Kamera zu Leibe rückte.

**Underwater
horror as
a killer shark
invades
a movie set**

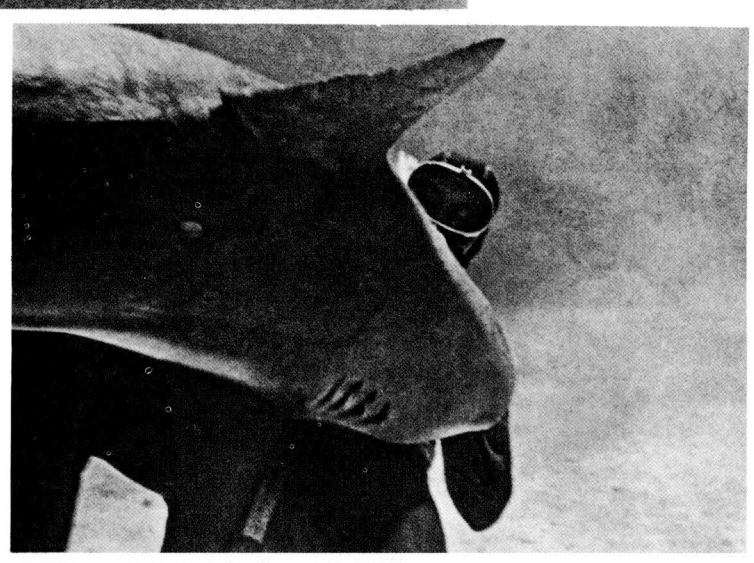

40—44 Diese Aufnahmen wurden am 30. Juni 1960 in ebendieser Aufmachung in „Life" auf einer Farb-Doppelseite veröffentlicht und anschließend auch vom „Stern" und von „Weekend Mail" übernommen. Genauere Nachforschungen ergaben, daß es gestellte Trickbilder zur Hebung der Publicity für einen Film waren. In der Fachzeitschrift „Skin Diver" mußte der Schriftleiter von „Life" dann zugeben, daß man einem Schwindel aufgesessen war. Jedoch im eigenen Blatt (ebenso wie im „Stern" und in „Weekend Mail") wurden die Bilder nie widerrufen. In der Tat greifen Haie nur in Ausnahmefällen Menschen an, die meisten solcher Berichte über solche Angriffe sind stark übertrieben.

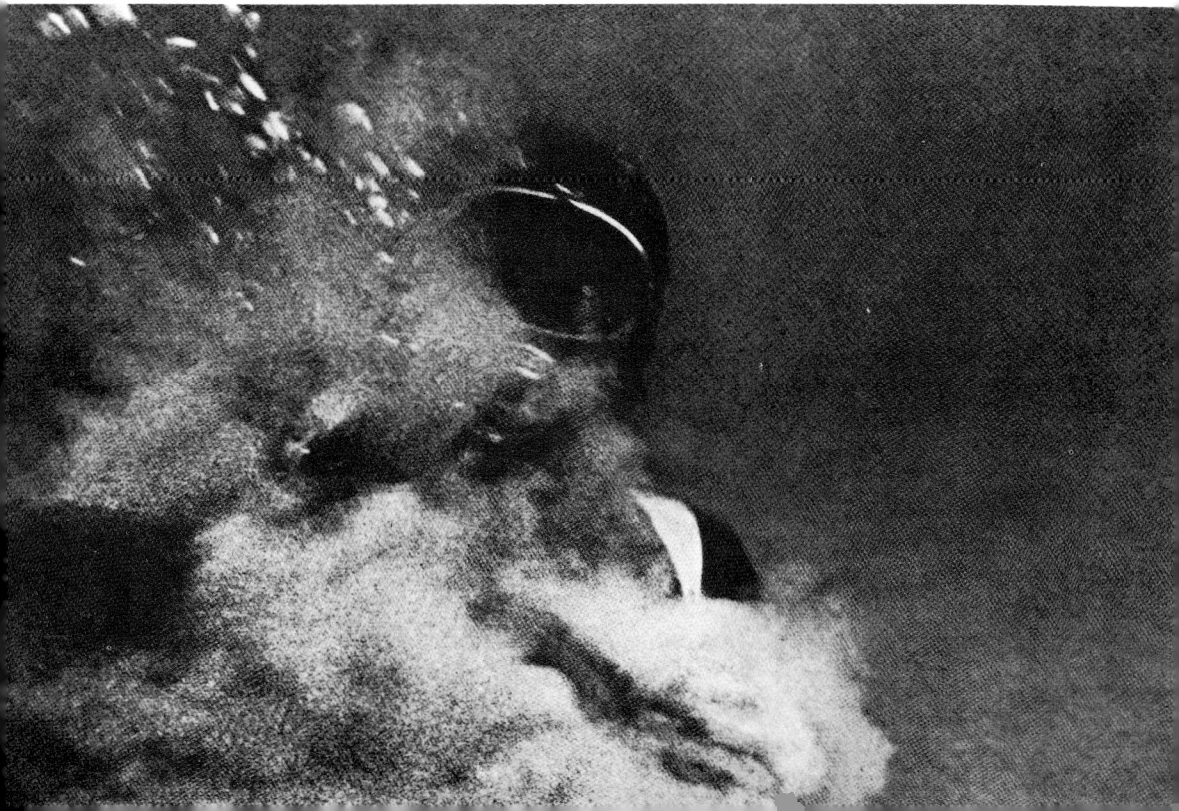

45, 46 Zwei echte Attacken von Haien. Oben eine Zufallsaufnahme. Ein Hai saust dicht über Lottes Schulter hinweg. Nach unserer Ansicht handelte es sich dabei nicht um Beutefangverhalten, sondern um ein Abschreckungsmanöver gegenüber einem vermeintlich in das eigene Territorium eingedrungenen Nahrungskonkurrenten. Unten: Durch einen ins Wasser ausgestoßenen Schrei erschreckt, drehte dieser Hai direkt vor mir ab. Er war durch das Zappeln meines harpunierten Fisches angelockt worden — hatte es nicht auf mich, sondern auf diesen verletzten Fisch abgesehen.

Es lag in 34 Meter Tiefe, die Arbeiten dauerten vier Jahre, und es wurden insgesamt 3575 Tauchabstiege ausgeführt. Über dem Amphorenhügel errichtete man diesmal einen Metallrahmen mit Planquadraten, durch eine über eine Schiene laufende Unterwasserkamera wurde jeder Handbreit Boden genau fotogrammetrisch vermessen. Auch hier setzte man wieder einen Schlammsauger ein. Außer 900 Amphoren, in denen auch dieses Schiff Wein transportiert hatte, wurden Waffen, Werkzeug, Kochtöpfe, Tafelgeschirr und sonstige Gebrauchsgegenstände geborgen, darunter auch ein Kruzifix, ein Weihrauchgefäß und eine Handwaage. An Geld fand man 16 Gold- und 32 Silbermünzen.

Damit die vermoderten Holzteile, sobald sie freigelegt waren, nicht forttrieben, nagelten die Taucher sie mit zugespitzten Fahrradspeichen auf dem Grund fest. So glückte es diesmal, auch Form und Bauart des Schiffes auf das genaueste zu ermitteln. Die Anker waren von Meeresorganismen überkrustet worden, ganze Steinbrocken hatten sich um sie gebildet, während alle Metallteile völlig weggerostet waren. In diesem Fall war eine Rekonstruktion nicht schwer. Man sägte die Brocken in der Mitte durch, goß dann die Hohlräume aus – und die alte Form war wiederhergestellt.

An einer anderen Stelle hatten Schwammtaucher Throckmorton zu einem Wrack geführt, das sich dann als das älteste bisher entdeckte herausstellte. Es stammte aus der Bronzezeit, war etwa 1200 vor Christus gesunken. Auch hier gingen Unterwasserarchäologen in monatelanger Arbeit und mit höchster Gewissenhaftigkeit ans Werk. Über Herkunft und Bedeutung mancher auf diesem Wrack gemachten Funde zerbrechen sich die Wissenschaftler heute noch den Kopf. Manche der bisherigen Ansichten über die damaligen Verhältnisse sind durch die dortigen Funde in Frage gestellt. Das erhöhte das Interesse an der neuen Wissenschaft: die finanzstarken amerikanischen Institute für Altertumsforschung stellten nun bedeutende Geldmittel für weitere Projekte zur Verfügung.

1967 kehrte George Bass mit einem Großaufgebot an Menschen und technischen Hilfsmitteln zur Schiffsfalle von Yassi Ada zurück. Nicht weniger als 60 Mitarbeiter nahmen an dieser Großexpedition teil, die den Einfallsreichtum und das technische Talent von Bass voll unter Beweis stellte. Auf der kleinen kahlen Insel wurden für die Wissenschaftler und Techniker Wohn- und Arbeitsstätten errichtet. Zur noch besseren fotografischen Vermessung – diesmal war ein römisches Wrack ausgewählt worden – hatte er ein Zweimann-U-Boot konstruieren lassen, die „Asherah", die ähnlich wie bei Landvermessungen vom Flugzeug aus über die Wrackteile langsam hinwegfuhr und sie in zahllosen Fotos festhielt. Ein weiteres kugelförmiges Unterwassergefährt brachte die wissenschaftlichen Taucher bequem und trocken aus der Tiefe wieder empor. Statt frierend im Wasser zu hängen, konnten sie nun die notwendige Dekompressionszeit mit Zeitunglesen und Kartenspielen im Inneren dieses „Aufzuges" verbringen. Außerdem wurde auf dem Grund eine „Unterwasser-Telefonzelle" errichtet: die

Taucher konnten in eine auf Stützen montierte Taucherglocke aus Plexiglas schwimmen, darin normal atmen, sich miteinander unterhalten und nach oben telefonieren. Verbesserte Metallsuchgeräte wurden eingesetzt, und riesige aufblasbare Ballons machten nun auch das Heben von großen Lasten möglich.

Auch zur Suche nach weiteren, in größerer Tiefe liegenden Wracks wurde die „Asherah", die bis 180 Meter tief tauchen kann, eingesetzt. Nicht weit von Yassi Ada war 1963 mit einem Netz die Bronzestatue eines kleinen Negerjungen aus 100 Meter Tiefe heraufgeholt worden, doch hatten die Fischer es verabsäumt, sich den genauen Platz an Hand von Peilpunkten zu merken. Über den Grund gezogene Fernsehkameras hatten sich auf dem flachen Tiefenboden ebensowenig bewährt wie ein Klein-U-Boot, das von einem Schiff über den Meeresboden nachgezogen wurde und in dem ein Beobachter saß. Die Sicht war dort unten schlecht, die Suche somit langwierig und wenig ertragreich. Bass fand eine bessere Lösung: statt des Klein-U-Bootes ließ er hinter dem Schiff ein in einen wasserdichten Körper eingebautes Echolot nachziehen, das den flachen Sandboden in 400 Meter Breite abtastete. Wurde eine Erhebung registriert, dann tauchte die „Asherah" zu diesem Punkt hinab. Der Erfolg blieb nicht aus. An einer Stelle wurde ein Riesenwrack entdeckt – in 100 Meter Tiefe; außerdem weitere „wrackverdächtige" Erhebungen. Durch das inzwischen entwickelte Sättigungstauchen werden auch diese „Einblicke in unsere Vergangenheit" bald zugänglich werden.

Wie reich die Ergebnisse sind, die die moderne Unterwasserarchäologie in den letzten Jahren erarbeiten konnte, zeigt das kürzlich von Bass veröffentlichte Sammelwerk „A History of Seafaring – based on Underwater Archaeology", das auch schon in deutscher Übersetzung erschienen ist. An Hand der bisher dem Meeresgrund entrungenen Funde wird von Autoren, die persönlich an den betreffenden Bergungsarbeiten teilgenommen haben, die Geschichte der Seefahrt seit ältester Zeit abgehandelt. Die kommenden Jahrzehnte werden uns auf diesem Arbeitsfeld spezialisierter Fischmenschen viele weitere interessante Einblicke in die menschliche Vergangenheit ermöglichen.

Mysterien

Blättert man in den prächtig illustrierten Berichten der Alten, so liest man von Rätselhaftem, das aus geheimnisvollen Abgründen hochtauchte, von Meeresgöttern, die im Muschelwagen dahinkutschierten, von gräßlichen Ungeheuern, die Boote und Schiffe verschlangen, von Tromben, die Tausende von Meerestieren in buntem Regen über die Schiffe ergossen, von niedlichen Seejungfrauen in großer Zahl. Die von Odysseus beschriebene Skylla lebte in einer Höhle auf einem hohen Felsen, an dem die Schiffe vorbeimußten, um eine Meerenge zu passieren. Auf der anderen Seite drohte die Charybdis: ein nicht minder gefährlicher Strudel, der die Schiffe in die Tiefe zog. Die Skylla hatte neben zwölf Fangarmen sechs lange Hälse mit je einem „gräßlichen" Kopf, dessen Maul eine dreifache Zahnreihe aufwies. Als Odysseus vorbeifuhr, streckte sie diese Hälse zu seinem Schiff herab und bekam mit jedem der Mäuler einen seiner Männer zu fassen. Zurückblickend, sah Odysseus sie dann hoch in der Luft schweben, und obwohl die Männer die „stärksten an Mut und Armen" waren, schrien und jammerten sie. Skylla hob sie zu ihrer Höhle empor und verschlang sie. Nach Conrad Gesner wurde 1530 eine Wasserschlange mit sieben Köpfen aus der Türkei nach Venedig gebracht und dort öffentlich gezeigt. Anschließend sei sie dem König von Frankreich zugeschickt und auf 6000 Dukaten geschätzt worden. Doch Gesner, der sein berühmtes „Fischbuch" 1598 verfaßte, fügte hinzu, daß es dem Naturkundigen den Anschein erwecke, als ob dies kein natürlicher, sondern ein erdichteter Körper gewesen sei.

Neben solchen und anderen Fabelwesen tauchte immer wieder die geheimnisvolle „Seeschlange" auf, die von Schiffen gesichtet wurde. Die Liste solcher Berichte von Kapitänen und Mannschaften, die ein Monstrum mit eigenen Augen gesehen haben wollen, ist weit größer, als den meisten bekannt ist. In manchen Fällen drehten Kapitäne bei, um sich die Sache genauer anzusehen. So etwa jener Kapitän der Brigg „Wilson", der 1718 auf der Fahrt nach Norfolk, unweit von Kap Henry, etwas erblickte, das man zunächst für ein Schiffswrack hielt. Er ließ das Boot aussetzen, sah aber dann, daß es ein riesiges schlangenartiges Wesen war, mit riesigem Kopf, seiner Schätzung nach über 50 Meter lang. Schleunigst kehrte er an

Bord zurück und fuhr weiter, „in Anbetracht der Folgen, die ein Kontakt zwischen dem Tier und dem Schiff haben könnte". Etwa zur gleichen Zeit trieb sich vor dem damals recht bedeutenden Fischereihafen Gloucester an der Küste von Massachusetts vierzehn Tage lang ein ähnliches Riesentier herum und wurde von mehreren Dutzend Personen beobachtet. Manchmal tauchte es bloß für Minuten, dann aber auch wieder mehr als zwei Stunden lang auf. Das Tier wurde auf 20 bis 35 Meter Länge geschätzt, hatte einen langen Hals und einen Kopf „wie ein Pferd". Ein Komitee der „Linnëan Society" führte damals eine Reihe von Befragungen durch. Matthew Gaffney, ein Zimmermann, war mit seinem Boot auf nur 10 Meter Entfernung an das seltsame Tier herangekommen: „Ich zielte auf den Kopf und feuerte aus meiner Jagdflinte. Unmittelbar nach dem Schuß drehte das Tier auf uns zu, und ich dachte, es würde uns angreifen. Es sank jedoch unter, schwamm unter unserem Kiel weg und kam etwa 100 Meter von der ersten Stelle wieder an die Oberfläche." Zwei Jahre darauf tauchte bei der nahegelegenen Ortschaft Nahant in einiger Entfernung vom Strand wiederum ein schlangenähnliches Tier auf, das man auf 18 bis 25 Meter Länge schätzte. Der Distriktmarschall James Price eilte zu der Stelle. Er erklärte später in seinem Bericht: „Der Anblick von Walen, Haifischen, Nordkapern, Tümmlern und anderem Getier ist mir durchaus vertraut, aber hier handelte es sich entschieden um etwas ganz anderes. Das Wasser war vollkommen ruhig und die Luft klar. Über 200 Zuschauer hatten sich nach und nach versammelt. Kurzum und mit einem Wort: Es befindet sich ein sonderbares Meeresgeschöpf an unserer Küste." Ein anderer Zeuge erklärte: „Seit meiner Jugend bin ich Fischer, habe jedoch niemals zuvor etwas Ähnliches gesehen."

Die ersten genaueren Einzelheiten über die sagenhafte Seeschlange lieferte der Kapitän der britischen Fregatte „Daedalus", von der aus am 6. August 1848 dieses Seeungeheuer gesichtet wurde. Der Vorfall ereignete sich im Südatlantik, das Kriegsschiff war auf der Fahrt vom Kap der Guten Hoffnung nach der Insel St. Helena. Es war 5 Uhr nachmittag, die Mannschaft war gerade beim Essen, als ein Fähnrich die ungewöhnliche Erscheinung erblickte. Sofort machte er dem wachhabenden Oberleutnant Drummond Meldung, der gerade mit dem Kapitän Peter M'Quhaes und dem Navigationsoffizier Barnett auf dem Achterdeck auf und ab ging. „Nachdem unsere Aufmerksamkeit geweckt worden war", schrieb M'Quhaes in seinem Bericht an die Admiralität, „stellten wir fest, daß wir eine riesige Schlange vor uns hatten, die Kopf und Schultern ungefähr eineinviertel Meter hoch über Wasser hielt. Es waren allermindestens 18 Meter von der Länge des Tieres zu sehen, doch diente offenbar kein sichtbarer Körperteil der Fortbewegung. Wir sahen weder senkrechte noch waagrechte Wellenbewegungen. Das Tier schwamm schnell, aber so dicht an unserer Leeseite vorüber, daß, sofern es sich um einen mir bekannten Menschen gehandelt hätte, ich mit bloßem Auge ohne weiteres in der Lage gewesen wäre, seine Gesichtszüge zu erkennen. Während der ganzen Zeit, da wir es sahen, wich es nicht haarbreit von seinem südwestlichen

Die sagenumwobene See-
schlange, von Zeugen aus der
Erinnerung gezeichnet. Zahlreiche Kapitäne und Mann-
schaften berichten von ihr.
Das gesichtete Tier hatte einen
langen Hals und glich den für
ausgestorben gehaltenen Mee-
ressauriern. Am 30. Juni 1915
versenkte der deutsche U-
Boot-Kommandant G. von
Forstner ein englisches Schiff,
das dann unter Wasser explodierte. Ein etwa 20 Meter langes, krokodilartiges Tier (nach
seiner Angabe anschließend
gezeichnet) wurde mehrere
Meter hoch in die Luft
geschleudert.

Kurse ab, den es mit einer Geschwindigkeit von 10 bis 15 Seemeilen beibehielt." Das Tier hatte nach seiner Schilderung keine Schuppen, „wohl aber etwas, das einer Pferdemähne oder einem Büschel Seetang glich und auf dem Rücken hin- und herschwabberte." Vom Kopf berichtete M'Quhaes, „er glich außer allem Zweifel demjenigen einer Schlange". Da drei Offiziere und vier Angehörige der Mannschaft das Tier fünf Minuten lang aus nächster Nähe sahen – seine Gesamtlänge schätzte man auf etwa 30 Meter –, konnte dieser Bericht nicht ohne weiteres ins Reich der Fabel verwiesen werden. Trotzdem wurde M'Quhaes in einigen Zeitungen heftig angegriffen und verspottet.

Dazu mag beigetragen haben, daß drei Jahre vorher ein Dr. Albert Koch am Broadway in New York das Skelett einer „Seeschlange", 34 Meter lang und sehr eindrucksvoll, ausgestellt hatte. Wie allerdings Naturwissenschaftler schnell herausfanden, war das Ganze ein Schwindel. Koch hatte das Skelett aus den Rückenwirbeln der in Alabama häufig gefundenen ausgestorbenen Walart Basilosaurus zusammengestellt und aus fossilen Kopfteilen einen entsprechenden Kopf darangefügt. Seiner „Seeschlange" hatte Koch den Namen Hydrarchos Sillimanni gegeben, und die Ausstellung war bis zu dem Augenblick, da der Schwindel aufflog, ein finanzieller Erfolg.

1892 nahm sich dann der holländische Zoologe A. S. Oudemans in dem umfangreichen Werk „The Great Sea Serpent" die Mühe, sämtliche bis dahin erfolgten Berichte über Begegnungen – insgesamt 123 – zusammenzutragen und kritisch zu beurteilen. Nach seiner Feststellung hatte das immer wieder gesichtete Tier einen langen dünnen Hals mit schlangenartigem Kopf, den es oft hoch über Wasser hielt, vier kurze Beine mit großen Flossen und einen langen Schwanz. In der Gestalt erinnerte es am ehesten an den längst ausgestorbenen Mosasaurier. Oudemans behandelte alle 23 Theorien, zu welcher Tiergruppe das Wesen gehören könnte, darunter auch die: es handle sich um treibende Baumstämme, Tange oder über dem Wasser fliegende Vögel. Seine eigene – vierundzwanzigste – Theorie war die, das Riesentier gehöre in die Verwandtschaft der Robben.

In den folgenden Jahren gab es weitere Beobachtungen, zwei erwähnenswerte im Ersten Weltkrieg. Am 30. Juni 1915 versenkte das unter Kommando des Korvettenkapitäns Georg-Günther von Forstner stehende deutsche U-Boot „U-28" sechzig Seemeilen vor der Südwestecke von Irland den englischen Dampfer „Iberian". Ungefähr 25 Sekunden nach Versinken des Schiffes erfolgte unter Wasser eine Explosion, durch die ein 20 Meter langes, krokodilähnliches Tier deutlich sichtbar in die Luft geschleudert wurde. Außer von Forster sahen fünf Offiziere und Matrosen dieses Schauspiel. Es geschah bei hellem Sonnenschein, die Beobachtungszeit betrug 10 bis 15 Sekunden. Das Tier wurde 20 bis 30 Meter hoch in die Luft geschleudert und „zappelte" dabei, wie alle Beobachter einstimmig erklärten.

Der zweite Bericht stammt vom Kommandanten des englischen Hilfskreuzers

„Hilary", Kapitän Dean, dessen Schiff am 22. Mai 1917 bei Island kreuzte. Es war ein besonders schöner Frühlingstag, spiegelglatte See und strahlender Sonnenschein – da wurde in einiger Entfernung an Steuerbord ein langgestreckter Körper mit einer hochaufragenden Rückenflosse gesichtet. Kapitän Dean ließ das Schiff wenden und fuhr auf den Körper zu, der sich nun langsam in Bewegung setzte und in etwa 20 Meter Entfernung von der „Hillary" vorbeiglitt. „Zwei- oder dreimal hob das Tier den Kopf, als wollte es uns genau in Augenschein nehmen. Vom Nacken bis zur Rückenflosse erschien kein Körperteil über Wasser, doch war der schlangenartige Hals schon daran zu erkennen, daß das Geschöpf den Kopf halbkreisförmig herumdrehte, als es uns nachblickte." Kapitän Dean bat seine beiden Offiziere, die Halslänge zu schätzen: „Jeder sollte für sich die gefundene Zahl niederschreiben." Der erste Offizier schätzte auf 8,5 Meter, der Navigationsoffizier auf 4,5 Meter, er selbst auf 6 Meter. „Nun ließen wir damals keine sich darbietende Gelegenheit vorübergehen, uns in der Bekämpfung von U-Booten zu üben. Hier hatten wir in der Tat ein recht günstiges Ziel vor Augen." Das Tier wurde somit aus drei leichten Geschützen beschossen. Die ersten zwei Salven verfehlten das Ziel, und das Tier kümmerte sich nicht um die Einschläge. Dann erfolgte ein Treffer. Das Meeresungeheuer schlug um sich und verschwand schnell.

Wie man mir gerne glauben wird, bin ich abenteuerlichen Meeresgeschichten gegenüber eher skeptisch. Anderseits ist vom Standpunkt der Naturwissenschaft nichts unmöglich, was nicht eindeutig gegenbewiesen ist. Die seit 1933 immer wieder auftauchenden Berichte über „Nessi", das Ungeheuer von Loch Ness, mögen – oder mögen nicht – mit den Interessen dortiger Fremdenverkehrswerbung zusammenhängen. Für falsch hielte ich es jedoch, die Berichte der drei Kriegsschiffkommandanten M'Quhaes, v. Forstner und Dean in den Wind zu schlagen. In dem von Commander R. T. Gould und v. Forstner 1935 herausgegebenen Buch „Begegnung mit Seeungeheuern" wird auch auf verschiedene an Land angespülte Reste von Riesentieren hingewiesen. Besonders der Fall des am 28. Februar 1934 bei Cherbourgh angeschwemmten Tieres ist dabei hervorzuheben (Abb. 67). Es war 7,5 Meter lang, hatte einen 1,5 Meter dicken Körper, einen dünnen langen Hals und Ruderflossen. Ein Sachverständiger hielt es für eine Seekuh – was bestimmt nicht zutrifft –, ein anderer dann für die Reste eines Pilgrimshaies, was mir auch eher problematisch erscheint. Die Ähnlichkeit mit der von Forstner gleich nach seiner Beobachtung angefertigten Zeichnung ist jedenfalls bemerkenswert.

Das Meer birgt für uns sicher noch manche Überraschung. Als 1938 auf den Komoren der erste Quastenflosser aus 200 Meter Tiefe emporgebracht wurde, ein Tier, das man aus Versteinerungen gut kannte, jedoch glaubte, es sei seit 60 Millionen Jahren ausgestorben, war niemand darauf vorbereitet. Bei den dem Wasserleben angepaßten Sauriern – etwa beim Plesiosaurus – lagen die Atemöffnungen am Oberkopf, so daß sie beim Atemschöpfen kaum sichtbar werden. Daß sich solche Tiere bis heute erhalten haben, erscheint wohl sehr unwahrscheinlich – ist aber anderseits auch nicht streng gegenbewiesen. Das Argument, daß sie heute vielleicht wegen der Geräuschentwicklung der Motorschiffe seltener in Sichtweite kommen, ist nicht völlig abzuweisen. Als Auguste Piccard seinen ersten Bathyskaph anfertigen ließ, wurde dieser mit einer besonderen Harpunenkanone ausgerüstet, um damit allfällige Ungeheuer der Tiefsee zu erlegen. Arthur Clarke schlug vor, ein Riesennetz in die Tiefsee zu versenken, das dort die Bleigewichte abwirft und dann, schnell hochkommend, alles in seinem Bereich erfaßt. Aber auch das wäre noch mit der Suche nach der Mikrobe im Heuschober zu vergleichen.

Sehr dramatische Berichte gibt es über Riesenkraken, die ganze Schiffe in die Tiefe zogen und mit denen Taucher auf versunkenen Schiffen Kämpfe auf Leben und Tod ausfochten. Besonders Victor Hugo ließ hier seiner Phantasie freien Lauf. Während der Tiger den Menschen bloß fräße, sauge der Riesenkrake ihn buchstäblich in sich ein. Eine Rettung gäbe es in diesem Fall nicht. Schon bei lebendigem Leibe gefressen zu werden, sei furchtbar, „bei lebendigem Leibe getrunken zu werden, wäre dagegen unaussprechlich". Hugo nahm dabei wohl an, daß der Tintenfisch gleich dem Vampir sein Opfer mit den Saugnäpfen aussauge.

Der amerikanische Taucher Harry E. Riesenberg malte in seinen als wahr hingestellten Erzählungen nicht minder erschreckende Bilder. So erzählte er etwa, wie ihn auf einem Schatzschiff ein Riesenpolyp bedrohte, mit so langen Fangarmen, daß er deren sich im Dunkel verlierende Enden nicht mehr wahrnehmen konnte: „Die Saugnäpfe an diesen fürchterlichen Armen waren groß wie Untertassen. Die Augen der Meeresbestie glommen wie kaltes, gefrorenes Glas, sie waren riesengroß und von einer Starrheit, die einem das Blut gerinnen ließ. Das fürchterliche, hakenartige gebogene Maul klebte am Kopf wie der Schnabel eines überdimensionalen Geiers . . ." Mit dem Bajonett bekämpfte er dann dieses Ungetüm.

Inzwischen sind schon so viele Sporttaucher zu Wracks hinabgeschwommen, um nach solchen Riesen zu suchen, daß wohl einwandfrei feststeht, daß es sie in solchen Dimensionen nicht gibt. Die größten fand man in den kalten Gewässern bei Puget Sound vor der kanadischen Küste, wo sich zwischen den Tauchern und den Tieren ein recht ungewöhnliches Turnierverhältnis entwickelt hat. Die größten erreichten ein Gewicht von 50 Kilogramm und eine Spannweite von immerhin 6 bis 8 Metern. Sie sind indessen völlig harmlos. Der Wettkampf besteht darin, einen solchen Kraken unverletzt aus einem Loch hervorzuholen, ist also ein regelrechter Ringkampf. Sieger ist jener Taucher, der das Tier zur Oberfläche bringt. Im Boot wird es dann gemessen und freigelassen. Ein Verletzen des Tieres verstößt gegen die Spielregel.

Anders freilich ist es mit den zehnarmigen Tintenfischen, den Kalmaren, die ganz erheblich größer werden. Das weiß man von Armstücken, die man im Magen von Pottwalen gefunden hat, und auch von gelegentlich angeschwemmten Exemplaren.

Acht ihrer Fangarme sind verhältnismäßig kurz, die restlichen zwei dagegen besonders lang, mit einer erweiterten Saugscheibe am Ende. Damit fangen sie ihre Beute. Es sind Tiefseetiere, die in 200 bis 600 Meter Tiefe leben, manchmal offenbar auch in größeren Schwärmen. Die Pottwale tauchen in diese Regionen hinab, orten sie mit ihrem Sonarsystem, jagen und überwältigen sie. Ein 1933 an der neuseeländischen Küste erbeuteter Riesenkalmar der Gattung Architeutis hatte eine Gesamtlänge von 22 Metern. Nach Stücken zu urteilen, die man im Magen erbeuteter Pottwale gefunden hat, erreichen sie bis 25 Meter Länge, wobei dann der eigentliche Körper bereits 10 Meter lang ist. Die größten bisher gefundenen Saugnäpfe hatten 25 cm im Durchmesser, die größten Augen hatten einen Durchmesser von 40 cm. Damit sind sie die größten Sehorgane, die ein Lebewesen je entwickelt hat. Mit solchen Ungeheuern wird der Fischmensch von morgen sicher früher oder später ebenfalls in Berührung kommen – ich möchte dann lieber nicht dabeisein. Daß ein solcher Riesenkalmar an die Küste kommt oder sich gar in einem Wrack versteckt hält, ist absolut unwahrscheinlich. Hierin unterscheidet er sich grundsätzlich vom Kraken. Während dieser sich stets in Höhlen und sonstigen Schlupfwinkeln aufhält, ist der Kalmar ein auf freischwimmendes Erjagen seiner Beute spezialisiertes Tier. Für die großen Arten sind die schwarzen Abgründe der Tiefe ihre „Heimat".

Höchst übertrieben sind auch die Berichte vom Sargassomeer, das Kolumbus als erster durchquerte. Der Tang ist dort längst nicht so dicht, daß Schiffe darin steckenbleiben und die Mannschaften verhungern müssen. Nach alter Seemanns-mär hängen Hunderte von Wracks in diesen Schlingpflanzen, und die Geister der Ertrunkenen irren dort unten herum. Ähnlich ist es mit dem alten Glauben, daß in die Tiefsee absinkende Wracks in einer gewissen Tiefe innehalten und dort schweben bleiben. Dieser Irrmeinung liegt die Vorstellung zugrunde, daß mit der Tiefe der Auftrieb sich ändere – was jedoch falsch ist, weil Wasser nicht zusammendrückbar ist und somit in jeder Tiefe für Körper gleichen Volumens den gleichen Auftrieb schafft. In Jules Vernes „20.000 Meilen unter dem Meer" blicken die ungebetenen Gäste von Kapitän Nemo durch das große Fenster des U-Bootes auf ein solches frei im Raum hängendes Schiff: „Vor uns im Wasser, vom gespenstischen Licht der ‚Nautilus' bestrahlt, hing ein Schiffsrumpf, der erst vor wenigen Stunden gesunken sein konnte. Im Tauwerk lagen drei Männerleichen, ein vierter Toter stand am Steuer. In der Tür des Steuerhauses stand eine tote Frau mit erhobenen Armen. In den Armen hielt sie ein Kind. In den Zügen des Steuermannes stand Ernst geschrieben . . ."

Wie man heute weiß, sinken die Schiffe stets bis zum Grund, liegt dieser tief, dann stehen sie dort meist aufrecht. Der Schwerpunkt beim Absinken liegt unten, die Masten wirken dabei als Steuer. Landet das Wrack im Tiefseeschlamm, dann findet es dort ein weiches Bett.

Trotzdem gibt es solche freischwebenden Objekte. Recht einsam zwischen steilen Bergen und Wäldern versteckt liegt der vielgenannte Toplitzsee. Während des letzten Weltkrieges war dort eine deutsche Marinestation etabliert, die verschiedene Geheimwaffen erprobte. Darunter befand sich auch – was wohl nur wenige wissen – eine von unter Wasser aus zu startende Rakete, Vorläuferin der heutigen „Polaris". In den letzten Kriegstagen wurden in dem 70 Meter tiefen See neben diversen Geräten auch 40 Kisten versenkt, und es verbreitete sich das Gerücht, daß sie Gold enthielten. Eine deutsche Illustrierte ließ sich die Untersuchung einiges kosten. Mit Hilfe von Fernsehkameras und sonstigem technischem Gerät wurden dann einige dieser Kisten gehoben. Sie enthielten englische Zehnpfundnoten, eine weitere „Geheimwaffe" in der deutschen Strategie, England sollte mit ihnen überschwemmt und dadurch die Währung aus dem Gleichgewicht gebracht werden. In den hochgebrachten Kisten fand man sie ordentlich gebündelt und gezählt. Mit deutscher Gründlichkeit war der Name der Kontrollorgane auf jedem Paket vermerkt worden. Nur die äußeren Scheine waren naß geworden, die inneren durchaus verwendbar. In England hätte man sie anstandslos in Zahlung genommen. Sie wurden den österreichischen Behörden übergeben und von diesen vernichtet. Einige Jahre darauf, immer noch im Wahn der Suche nach Gold und Geheimakten, wurde von einem Deutschen ein Taucher namens Egerer zum Toplitzsee gesandt. Bei Nacht versuchte dieser zu den 60 Meter tief gelegenen Kisten zu gelangen, sie zu öffnen oder hochzubringen. Der Mut des Mannes ist sicher zu bewundern, während der Auftraggeber beträchtliche Schuld auf sich nahm. Egerer kam nie mehr zur Oberfläche. Daraufhin entschlossen sich die österreichischen Behörden zur Ausräumung des Seebodens – was dann auch mit großem Menschen- und Materialaufwand erfolgte. Es kamen dabei nur noch weitere Kisten mit gefälschten Pfundnoten zutage, jedoch weder Gold noch Dokumente von politischem Interesse. Dagegen erzählte mir Oberpolizeirat Holler, der die Aktion leitete, von einem Phänomen, das allen einen tiefen Eindruck hinterließ. Etwa in halber Tiefe des trüben und völlig dunklen Sees schwebten, wie Taucher und Fernsehkamera feststellten, große Bäume. Schlamm lag auf Ästen und Stämmen, glich wohl den Auftrieb des Holzes aus. Sobald die Kamera oder ein Taucher in die Nähe kam, begannen sie sich geisterhaft zu bewegen. Der Schlamm fiel ab, manche stellten sich auf. Ob Egerer, als er mit seiner Lampe entschlossen in diesen kalten Abgrund hinabschwamm, mit dieser Erscheinung Bekanntschaft machte, wird nie jemand wissen. Auch heute noch gibt es Gerüchte über im See ruhende belastende Dokumente. Nach allem, was ich erfahren habe, birgt er jedoch nicht mehr Geheimnisse als das sagenumwobene Sargassomeer.

An der Nordküste von Java soll eine Göttin namens Nyai Loro Kidul ihr Unwesen treiben. Im 9. oder 10. Jahrhundert verliebte sie sich in einen javanischen Prinzen, Sulan Solo, der jedoch nicht bereit war, ihr ins Unterwasserreich zu folgen. Seither ist sie boshaft und hat es besonders auf Männer mit grüner Badehose abgesehen. Kürzlich verschwand ein Diplomat, der eine solche trug, an dieser Küste. In einem Luxushotel, das dort am Strand erbaut wurde, ist ein Appartement für die Göttin reserviert und wird nie vermietet. Am Strand warnen Totenköpfe die Schwimmer. Da auch hübsche Mädchen die Eifersucht der Göttin erregen könnten, sind auch sie in Gefahr. Eines soll man, mit dem Kopf im Sandboden steckend, tot aufgefunden haben.

Nicht zuletzt gibt es noch das geheimnisvolle Atlantis, das nach Plato innerhalb eines Tages und einer Nacht durch Erdbeben und in peitschenden Regenströmen im Meer versank. Hier gibt es die verschiedensten Theorien; es soll vor der amerikanischen Küste liegen, dann wieder in Kamerun, bei Helgoland, bei Kreta oder Sizilien. Die heute wahrscheinlichste lautet, daß Atlantis bis etwa 13.000 vor Christus im Gebiet der Azoren lag, also über dem Mittelatlantischen Rücken, bei dem sich starke Hebungen und Senkungen vollzogen. Beim Verlegen eines transatlantischen Kabels wurde nachgewiesen, daß sich 500 Meilen nördlich der Azoren zwischen dem Jahr 1898 und 1923 der Meeresboden um mehr als 1000 Meter hob. So mögen hier vielleicht in der Tiefe noch die Reste des sagenumwobenen Landes ruhen.

Durch Technik und Forschung hat man viele Unterwassermysterien als Hirngespinste entlarvt. Durch Technik und Forschung wurden andererseits viele neue Mysterien und Rätsel entdeckt – nicht ganz so „glamorous", doch darum nicht weniger faszinierend. In dieser Hinsicht ist zumindest für den Naturforscher die Welt nicht weniger romantisch geworden, im Unterwasserbereich sogar noch mehr als am Land. Immer wieder wird Neues, Rätselhaftes entdeckt. So ziehen etwa – aus noch völlig ungeklärtem Grund – jedes Jahr zwischen Ende August und Mitte November ungeheure Mengen von Langusten über die Bänke der Bahamas. Während die Tiere sich sonst sorgfältig unter Korallen und in tiefen Spalten steiler Felsabstürze verbergen, marschieren sie plötzlich in endlosen Reihen durch das seichte Wasser. Das Erstaunliche daran ist, daß sie dann wie eine lange Raupe in Einerreihen marschieren: jede Languste hält sich mit dem Kopf dicht über dem Schwanzteil der vor ihr marschierenden. Auf diese Weise entstehen Reihen von 20 bis 30 Stück, die sich nach Herrnkind und Cummings, die davon Aufnahmen machten, etwa ebenso schnell fortbewegen wie ein schwimmender Taucher. Oft marschieren mehrere solcher „Raupen" nebeneinander. Nähert man sich ihnen, dann staut sich die Gruppe, ohne jedoch zu flüchten, oder sie bildet – wie eine sich nach allen Seiten hin sichernde Phalanx – einen geschlossenen Kreis. Sobald der Taucher sich wieder entfernt, formieren sich die Langusten erneut zur Reihe, und die Prozession geht weiter. Wohin? Jack McKenney beobachtete den Vorgang an mehreren Orten und fand heraus, daß sie offenbar zu den Abstürzen wandern, wo der nahrungsreiche Golfstrom vorbeifließt. Von diesen Langusten ist bekannt, daß sie in 200 bis 300 Meter Tiefe leben. Ob sie ihre Wanderung zur Paarung oder zum Aufsuchen von Nahrung veranstalten, ist noch ungeklärt.

In Curaçao wunderte ich mich einmal über einen Fisch, der zu einem ziemlich großen Hai hinschwamm und ihn hartnäckig gegen den Rücken boxte. Inzwischen wissen wir, daß verschiedene Fischarten ohne Bedenken zu Haien hinschwimmen und sich an deren rauher Haut Parasiten abstreifen.

Bei Logos, einer Halbinsel, wurden von Moosleitner große Steinröhren auf dem Grund entdeckt; ihre Herkunft, ihr Entstehen sind bis heute ungeklärt. In den australischen Gewässern stieß Wade Doak auf eine 20 Meter lange Gallertwurst von gut 80 Zentimeter Durchmesser: ein Foto dieses weißen, glatten Riesengebildes wurde 1971 in der Augustnummer des „Skin Diver" veröffentlicht. Wie dort behauptet wird, handelte es sich hier um eine Salpenkolonie (Pyrosoma), die aus vielen Hunderttausenden in einer Röhre angeordneten Individuen bestand. Betrachtet man diese Riesenwurst, dann erscheint besonders erstaunlich, daß diese Salpen Chordatiere sind und somit, ebenso wie Fisch und Löwe, zu unserer näheren Verwandtschaft gehören. Ein anderes Mysterium: Wie entsteht das bei den Tiefseetieren so verbreitete „kalte Licht"? Wüßten wir eine Antwort darauf, wir könnten vielleicht im technischen Energiehaushalt unzählige Millionen sparen. Oder: Was bedeuten die so prächtigen Farben und Musterungen mancher Meerschnecken, die so stark unseren ästhetischen Sinn ansprechen? Diese Tiere haben so primitive Sehwerkzeuge, daß sie die Farben und Musterungen beim Geschlechtspartner unmöglich wahrnehmen können – außerdem sind sie häufig mit einer Kalkschicht überzogen. Was also bedeutet dieser „Luxus"? Und warum ist er bei so vielen Arten verbreitet?

Noch zwei rätselhafte Phänomene: Mittels Echolot stellte man Böden fest, die gar nicht existierten. Um sicherzugehen, wurden sie in Karten eingezeichnet – aber wie dann genaue Messungen ergaben, lag dort der Grund in Wirklichkeit wesentlich tiefer. Man untersuchte dies näher und fand, daß es in fast allen Meeren reflektierende Schichten gibt, die sich höchst geheimnisvoll auf und ab bewegen. So stellte man bei San Diego nicht weniger als vier verschiedene, klar abgegrenzte Schichten fest, die tagsüber in 200 bis 800 Meter Tiefe übereinander liegen. Bei Nacht kommen sie höher und zerstreuen sich, am Morgen sind sie dann wieder deutlich feststellbar vorhanden. Sowohl Fernsehkameras als auch Netze und Unterwasserfahrzeuge trugen nur wenig dazu bei, dieses Mysterium zu klären. Heute glaubt man zu wissen, daß die oberste Schicht aus kleinen planktonischen Krebsen besteht, die tieferliegende aus größeren Garnelen (Euphasiden) und die dritte aus Laternenfischen (Myctophidien). Außerdem gibt es noch – als unabhängiges Phänomen – die Kalamare in 200 bis 500 Metern, die oft so dicht schwimmen, daß das Echolot sie als solide Schicht zeigt.

Eine weitere, sehr geheimnisvolle Schichtenbildung wurde von der US-Marine beim Einsatz von Unterwasserhorchanlagen entdeckt. Es ging darum, feindliche U-Boote frühzeitig auszumachen. Dabei geschah es, daß manche deutlich geortete U-Boote „plötzlich verlorengingen". Sie waren, so schien es, in eine „Zone des

Schweigens" geraten, nicht das geringste war mehr von ihnen zu hören. Man untersuchte genauer, und es stellte sich heraus, daß es im Meer Schichtungen von unterschiedlicher Schalleitfähigkeit gibt, die dort aneinandergrenzen, wo kalte und warme Wasserschichten übereinanderliegen. Taucht also das U-Boot in eine tiefergelegene kalte Schicht, dann dringt der Schall in die darüberliegende warme gar nicht mehr ein, sondern wird an der Grenzlinie wie von einem Spiegel reflektiert. So entstehen Schall-„Kanäle", in denen ein U-Boot „verschwinden" kann. Sie sind auch für Wale von Bedeutung, weil sie es ermöglichen, sich innerhalb solcher „Kanäle" über Tausende von Meilen hinweg zu verständigen.

Das Wunderbare an der Beschäftigung mit der Natur und dem Leben ist, daß die Lösung fast jedes Mysteriums automatisch wieder zu neuen Rätseln hinführt. Den alten Mysterien brauchen wir also kaum nachzutrauern, sie entstammen fast durchwegs der menschlichen Phantasie. Die neuen dagegen sind „echt" – ein geradezu ungeheurer Dschungel von Problemen, in den die heutige Forschung von hundert verschiedenen Seiten her eindringt.

Unterwasser-Kaleidoskop

Das Unterwasserinteresse wurde zum Ausgangspunkt für ein ganzes Panoptikum menschlicher Aktivitäten – die heute schon in grotesken Auswüchsen gipfeln. Angeheizt vom Spiel- und Neugiertrieb – und den dadurch gegebenen Geschäftsinteressen – kombiniert der Mensch das Neue mit dem Konventionellen und schafft so Außergewöhnliches, Sensationelles, das ihm die ständig ersehnte Abwechslung schafft.

Im Sportbereich wurden Klubs gegründet. Dies führte dann zur Veranstaltung von Wettbewerben. Sportdisziplinen wurden erfunden, die heute besonders in den Ostländern intensiv betrieben werden: Streckentauchen ohne Atemgerät, 50 Meter für Herren, 25 Meter für Damen; mit Atemgerät bis zur Distanz von 800 Metern, ebenso Staffelbewerbe. Dabei werden bis zu einen Meter lange Flossen verwendet, die ganz unglaubliche Geschwindigkeiten ermöglichen. Die Zeiten für die 50-Meter-Distanz für Herren liegen bereits dicht an 13 Sekunden. Beim Schwimmen an der Oberfläche treten bei Verwendung dieser Flossen neuartige Effekte auf. Indem der Schwimmer die Handflächen seitlich hält, steigt er wie ein Tragflügelboot aus dem Wasser, der Widerstand wird entsprechend vermindert; die Zeiten liegen daher schon bei 10 Sekunden für 50 Meter! Auch große Monoflossen wurden in der Sowjetunion entwickelt, mit denen sich der Schwimmer wie ein Delphin fortbewegt.

Im trüben Wasser der Seen betreibt man Orientierungstauchen: entweder als Einzelbewerb oder im Teamkampf. Die Teams bestehen meist aus vier Mann, die an einem bestimmten Punkt Geräte wechseln und auch Lasten über bestimmte Strecken transportieren müssen. Gewertet wird dabei sowohl Geschwindigkeit als auch Exaktheit. In Japan hat man neben Slalomschwimmen durch Ringe und Hindernisse auch einen Wettkampf erfunden, bei dem die konkurrierenden Teams jeweils aus zwei Tauchern bestehen, die jedoch nur mit einem Atemgerät ausgerüstet sind, also ständig das Mundstück wechseln müssen. Gemischte Teams, also Junge und Mädchen, sind dabei besonders beliebt.

Auch Mannschaftsspiele hat man entwickelt: in Ostdeutschland eine Art

„Raufball", bei dem die Mannschaften sich gegenseitig den Ball zu entreißen suchen. Der Schiedsrichter sieht von oben aus zu und stoppt, welche der beiden Mannschaften länger im Besitz des Balles ist.

Genaue Regeln hat das in der Bundesrepublik und in Schweden bereits sehr beliebte UW-Rugby. Die UW-Tore bestehen aus mit Blei beschwerten Metalleimern, der Plastikball ist 17 cm im Durchmesser und mit Salzwasser gefüllt, so daß er geringfügig Auftrieb hat. Jede der Mannschaften besteht aus 10 Spielern mit Maske, Schnorchel und Flossen. Tauchgeräte zu berühren ist untersagt, ebenso der Würgegriff; ansonsten jedoch geht es bei dieser Disziplin eher unbarmherzig zu. Spieldauer ist 20 Minuten, und nicht weniger als drei Schiedsrichter überwachen das Spielgeschehen. Kratzwunden, aber auch Brüche und sonstige Verletzungen sind nicht selten. In der Bundesrepublik hat diese Sportart bereits 2000 aktive Anhänger, und es wird alljährlich ein Wettkampf um den „goldenen Ball" ausgefochten. Auch Damenteams haben sich bereits gebildet.

Unterwasser-Baseball und Unterwasser-Hockey hat man auch schon versucht. Und England war es vorbehalten, 1955 in Wembley den ersten UW-Boxkampf zu inszenieren: ohne Flossen, Maske oder Atemgerät. Auch der Schiedsrichter mußte jede Minute hochkommen, um Luft zu holen. Die vorgesehenen 12 Runden von je 3 Minuten Länge sollen insgesamt 4 Stunden gedauert haben, und ich glaube, es ist bei diesem einen Versuch geblieben. Ebenso wurde bereits ein UW-Radrennen abgehalten.

Den ersten Versuch eines UW-Weitstreckenwanderns habe ich 1937 in der Alten Donau bei Wien ausgeführt. Ich hatte einen Taucherhelm auf dem Kopf, und in einem Boot, das ober mir fuhr, saß ein Mann an der Pumpe. Meine Absicht war es, das seeartige Gewässer auf dem Grund zu überqueren, ich hatte jedoch keinen Kompaß, sondern verließ mich auf die Sonnenrichtung – und wanderte dann in großen Kreisen. Im April 1955 stellte dann Ginger Stanley in den Gewässern von Florida mit der Aqualunge einen Weltrekord im UW-Weitschwimmen von 12,6 Kilometer auf. Die Flaschen wurden am Weg ohne Auftauchen gewechselt.

Als 1952 Raimondo Bucher frei tauchend – also ohne Atemgerät – 39 Meter Tiefe erreichte, erschien uns das als eine enorme Leistung. Bis 1960 hatte Americo Santarelli diesen Rekord auf 46 Meter gesteigert, und anschließend setzte zwischen Enzio Maicorca, der 1965 auf 54 Meter kam, und Jacques Mayol, der sich mit Jogaübungen auf den Tauchversuch vorbereitete und kaum ein Jahr später 60 Meter erreichte, ein Zweikampf ein. Die beiden überboten einander immer noch

47 Als besonders angriffslustig gilt der bis 8 Meter Länge erreichende Mörderwal, der auch Delphinen nachstellt und sie verschlingt. Wie sich gezeigt hat, verhält er sich dem Fischmenschen gegenüber scheu, ja freundlich. Das ungewöhnliche Bild des bis dicht an den Kopf eines Mörderwals heranschwimmenden Tauchers fotografierte Flip Schulke in der Nähe von Seattle. — 48 *(folgende Doppelseite)* Ein Amphorenfeld in 50 Meter Tiefe. Im Mittelmeer gibt es Hunderte solcher Felder; sie markieren die Stellen, wo antike Wracks liegen. Das Holz vermoderte, wurde von Sand überdeckt.

mehr – heute hält Maiorca mit der geradezu unglaublichen Tiefe von 78 Metern den Rekord. Von einem deutschen Taucher wurde 1972 berichtet, daß er 81 Meter bezwang, doch hat sich das, sehr zum Schaden der deutschen Sportehre, als plumper Schwindel erwiesen. Bei den Frauen erreichte Giuliana Tregleani 45 Meter.

Da ich von solchen Rekorden, trotz aller persönlicher Anerkennung, nicht sehr viel halte, sei mir noch folgende Angabe erlaubt: Beim „simulierten Tauchen" im Druckkessel hat kürzlich das Ein-Zentner-Schwein Raphael in Frankreich einen neuen Tieftauchweltrekord aufgestellt. Und zwar verbrachte es 17 Stunden unter einem Druck, der einer Tiefe von nicht weniger als 1100 Metern entspricht. Es wurde dann in knapp 74 Stunden dekomprimiert – und erfreut sich der besten Gesundheit.

Zahlreiche Tauchklubs verbringen den Weihnachtsabend unter Wasser, bringen einen mit elektrischen Kerzen beleuchteten Christbaum auf den nächtlichen Grund. Auf Hawaii gibt es einen Tauchklub, bei dem zu Ostern ein UW-Osterhase in den Riffen 240 bemalte Eier versteckt. Wer die meisten findet, wird besonders gefeiert. Ein in Südschweden beheimateter Tauchverein verlegte auch das traditionelle Lucia-Fest unter Wasser, und die Tauchsportgruppe des Kernforschungszentrums von Karlsruhe führt jedes Jahr ein „Adventschwimmen" durch, bei dem zwei Teams mit Ballons über eine bestimmte Strecke schwimmen und jene Mannschaft Sieger ist, die möglichst viele der feindlichen Ballons vernichtet hat und möglichst viele der eigenen unversehrt ins Ziel bringt. Daß auch danach kräftig gefeiert wird, versteht sich von selbst.

Ernster geht es in den Tauchschulen zu, die Unterricht in Unterwassertätigkeiten geben, welche bisher dem klassischen Helmtaucher vorbehalten waren. UW-Ölbohrung, UW-Konstruktionen, Schiffsbergung und andere gewerbliche UW-Tätigkeiten werden heute bereits zur Domäne der Schwimmtaucher. Gleichsam neue Handwerkszweige werden geschaffen: UW-Klempner, UW-Schweißer, UW-Tischler, UW-Maurer, UW-Zementierer, UW-Sprengmeister und ähnliches mehr. In den USA, wo es die meisten Fachschulen hierfür gibt, ist heute die Frage des richtigen „harrassements" sehr aktuell, nämlich die Frage nach der besten Methode, Taucher möglichst auf jede Überraschung vorzubereiten, also gegen Panik zu impfen, ohne sie dabei zu überfordern.

Sehr beliebte Trainingsmethode ist es, dem Schüler die Flaschenhähne zuzudrehen, ihm die Maske vom Gesicht zu reißen, ihn in ein Netz zu verstricken,

49   Der amerikanische Unterwasserfotograf Jerry Greenberg mit seinem Arsenal von Unterwasserkameras. Ehe er taucht, pflegt er vom Boot aus zahlreiche Kameras an Schnüren in die Tiefe zu lassen, damit er dann jeweils die am besten geeignete schußfertig zur Hand hat. Andere Unterwasserfotografen haben allerdings auch mit einer einzigen Kamera hervorragende Aufnahmen zustande gebracht.

auf den Kopf zu stellen, ihm den Bleigürtel aufzumachen. Bei der Schulung der Marinefroschmänner gehen diese Schikanen noch wesentlich weiter, doch auch im zivilen Sektor werden bereits so brutale Methoden angewandt, daß die Gegenfrage aufgetaucht ist, ob man dem Schüler so nicht das Selbstvertrauen zerstört.

Für den Brillenträger wurden Spezialmasken entwickelt, für Träger von Zahnprothesen besondere Mundstücke. Zum bequemen Umherfahren gibt es Dutzende Typen von Torpedos oder Tauchschlitten für ein oder zwei Personen. Als Sicherheitsgerät für das Tauchen im dunklen Wasser wurde ein Gerät entwickelt, das kontinuierlich weithin sichtbare Blitze aussendet; gegen Haie ein Stock mit hohler Spitze und einer CO_2-Patrone, die das Tier von innen her aufbläst und zum harmlosen Luftballon macht. Ralph Shamlin, der Konstrukteur dieser Waffe, erzählte mir von einem elektronischen Dekomprimeter, an dem er arbeitet und das auch bald auf den Markt kommen soll. Er besteht aus einer elektronischen Uhr, die im Jahr höchstens eine Minute falsch geht, sowie aus einem elektronischen Tiefenmesser und einem Computer, der alle relevanten Daten speichert und dann die Auftauchbefehle erteilt. Die Einheit wird am Handgelenk getragen. Beim Aufstieg leuchten Ziffern auf, die anzeigen, wann und wie lange der Taucher jeweils innehalten muß. Ändern sich die offiziellen Tafeln für die Austauchzeiten, dann braucht bloß das Programmierungsplättchen ausgewechselt zu werden. Was das Ganze kosten soll, weiß man noch nicht, man hofft jedoch, auf einen Preis von 395 Dollar zu kommen. Das ist aber noch nicht alles. Durch Radiowellen im Hochfrequenzbereich können dann über einen ebenfalls angebauten Sender alle Daten zum Schiff gefunkt werden, wo ein weiteres Gerät diese Daten und die sämtlicher gerade unter Wasser befindlicher Taucher überprüft.

Könnten die Fische denken, dann würden sie sich wohl wundern, was da in zunehmendem Maß alles zu ihnen unter Wasser kommt.

Im Naruto-Kanal an der japanischen Küste gibt es einen wirklich perfekten Strudel, wie man ihn sich nur erträumen kann. Kein Taucher darf sich ihm nähern. Für einen Werbespot dachte sich die Waschmaschinenfirma *Uzushio* folgendes aus: Aus diesem Strudel müßte, von oben her gesehen, ihr Prachtprodukt als besondere Überraschung auftauchen. Technisch stellte das den Filmkameramann vor schwierige Probleme. Da sich die Waschmaschine als viel zu leicht erwies, ließ er sie mit Beton ausgießen, so daß sie – von einem Helikopter herabgelassen – im Strudel versank. Dieser saugte sie nun willig in die Tiefe. Dann wurde das Ding hochgezogen. Dabei ging jedoch alles schief, was nur schiefgehen konnte.

Das Tauchen im Spiegel der Karikatur. Oben links ein französischer Unterwasserwitz: „Es ist Mittagszeit." Oben rechts ein US-Witz: „Auf der Suche nach Unterwasserfreuden –?" Unten links ein russischer Beitrag – ohne Worte, daneben ein deutscher Unterwasserwitz – ohne Kommentar.

Insgesamt wurden 50 Geräte verbraucht. Doch am Ende war es erreicht. Im Fernsehspot entstieg dem Strudel gleich der Göttin Aurora die Waschmaschine *Uzushio*.

Bodenpreise unter Wasser sind zur Zeit noch sehr niedrig, was wohl der Grund war, warum man in Genf am Grund der Rhone das erste Unterwasserparkhaus der Welt errichtete. Es ist ein gewaltiger Stahlbetonbau mit 4 Stockwerken, der nun auf dem Grund des Flusses steht.

Ein UW-Restaurant gibt es auch schon; es wurde in einem der japanischen UW-Naturschutzparks errichtet. Ein weiteres wird demnächst die Nordküste der Seychellen-Insel Mahe, unweit der Stelle, wo man seit Jahrzehnten nach einem alten Piratenschatz sucht, zieren. In diesem Fall wird der gesamte Bau in England fertiggestellt, dann als Schwimmkörper zu den Seychellen gezogen und dort in etwa 9 Meter Tiefe versenkt. Eine sehr schicke Unterwasserbar, in der man in einem zweistöckigen Raum sitzt und tanzt, während, durch Bullaugen sichtbar, ständig Haie ihre Kreise ziehen, gibt es in München. Wie der Besitzer mir erzählte, kam der Schöpfer der Idee mit einem kleinen Modell zu ihm, und er verliebte sich in das Ding. Allerdings hat ihn diese Liebe dann zwei Millionen Mark gekostet.

Auch UW-Polizei und UW-Detektive gibt es heute schon fast in allen größeren Ländern. Ihre Tätigkeit, die sich meist in völlig trübem Wasser und nur allzuoft in Abwässer führenden Kanälen abspielt, ist bestimmt nicht zu beneiden. Nach verwesten Leichen, weggeworfenen Pistolen oder sonstigem wird mit den Händen tastend im Schlamm gesucht. 1972 haben in Spanien nach hartem Training hundert Unterwasserpolizisten ihren Dienst auf dem Meeresgrund aufgenommen, um unterseeischen Antiquitätenräubern das Handwerk zu legen. Da das Wasser dort meist klar ist, sind sie wesentlich besser daran. Die erste UW-Verhaftung nahm der Polizeiwachtmeister David Archer 1969 im Hafen von St. Peter auf der englischen Kanalinsel Guernsey in 15 Meter Tiefe vor. Missetäter war der 32jährige David Kempthorne Ley, der unerlaubterweise eine mit Recht als Delikatesse geschätzte Molluskenart, nämlich Seeohren, sammelte. „Nach uraltem Gesetz ist das auf Guernsey nur an den ersten vier Tagen nach Vollmond erlaubt", berichtet Archer. „Ich hatte einen Hinweis erhalten, schlüpfte in meine Tauchausrüstung und schwamm den Meeresboden entlang, wo ich bald den Mann sah, wie er die Muscheln mit einem Haken von einem Felsen brach. Von hinten an ihn heranschwimmend, tippte ich ihm auf die Schulter. Als wir oben ankamen, gab ich mich dann zu erkennen und nahm den Mann auf die Wache mit." Strafe: 20 Pfund Sterling und Einziehung des Fanggerätes.

Jules Verne sah auch in der Unterwasserwelt vieles voraus, das sich inzwischen verwirklicht hat. Die „Nautilus" in seinem Roman „20.000 Meilen unter den Meeren" hat fast die gleichen Dimensionen wie die modernen amerikanischen Atom-U-Boote. Vorliegende Illustration aus diesem Buch zeigt eine Beisetzung auf dem Meeresgrund – auch solche gibt es bereits.

Nicht wenige haben schon unter Wasser geheiratet. Dabei stiegen in mehreren Fällen auch der Priester, die Trauzeugen und die Gäste in Tauchgeräten auf den Grund.

Das erste wasserfeste Buch veröffentlichte der bekannte englische Ornithologe Peter Scott, Sohn des berühmten Polarforschers, der ein hervorragender Zeichner ist. Es ist auf Polyäthylen-Papier gedruckt und ein Bestimmungsbuch für die Fische des Karibischen Meeres.

Was die Haie betrifft, so stellte Eugenie Clark fest, daß sie „lammfromm" werden, wenn man ihnen Äthylalkohol einspritzt. Hat man solchen nicht zur Hand, dann leistet auch Wodka den gleichen Dienst.

In Kalifornien kostet das Begräbnis eines Toten zwischen 120 und 180 Dollar, ein immerhin hoher Preis. Dagegen lassen sich in San Diego diese Kosten auf 25 Dollar senken, wenn man sich dort an die „Telophase Society" wendet. In vierundzwanzig Stunden ist alles erledigt: „Sie können sich also der geistigen Natur des Todes zuwenden, statt sich mit der lediglich materiellen Hülle beschäftigen zu müssen." Der Tote wird eingeäschert und die Asche von einem Boot aus in den Stillen Ozean versenkt. Noch moderner operiert das Bestattungsunternehmen „Flying Funeral Directors of America". Hier wird das Versenken der Asche vom Flugzeug aus besorgt. „Diese Methode wird immer mehr bevorzugt, weil den Kaliforniern eine angeborene Liebe zum Ozean und zur frischen Luft eigen ist." Die Hinterbliebenen erhalten dann ein Zertifikat des Inhaltes, „daß die Asche des Verstorbenen den Elementen der ewigen Sieben Meere anvertraut worden sei".

Im Grunde ist diese Bestattungsart für jemand, der das Meer liebt, keine schlechte Idee. Als wir auf unserer ersten Expedition im Karibischen Meer tauchten, vertraten Jörg, Alfred und ich den Wahlspruch: „Asche ins Meer!" Wir versprachen einander, im Ernstfall danach zu handeln. Ein ähnliches Versprechen forderte der japanische Sporttaucher Nyshiyma von seinem Freund und Tauchkameraden Watanabe. „Sollte ich sterben, dann möchte ich an einem schönen stillen Platz am Meeresgrund bestattet sein." Das war 1968. Im Jahr darauf hatte er einen Autounfall: mit einem Lastwagen stürzte er in einen See. Watanabe fuhr daraufhin sofort zu dem Platz und fischte den Toten heraus. Nach japanischer Sitte wird nach Einäscherung die Asche in eine schmucklose, erdfarbene Urne getan. In diesem Fall sorgte Watanabe für einen dichten Verschluß. Dann brachte er die Urne zur Insel Oshima, wo das Wasser klar und der Meeresboden sehr hübsch ist. In 40 Meter Tiefe entdeckte er einen geeigneten Platz. In eine Spalte stellte er die Urne zwischen den Steinen so auf, daß ihr kaum etwas zustoßen konnte. Im nächsten Jahr kam er zurück: alles war unverändert. Auch die Frau und die Tochter des Verunglückten fahren nun regelmäßig zu dem Platz und streuen Blüten ins Meer.

Unter dem Vorsitz von Giuliana Tregleani wurde in Italien die erste UW-Modenschau abgehalten: mit einem an einem Tisch sitzenden Kollegium von

Preisrichtern, die in der üblichen Weise Tafeln mit der Nummer der Erwählten hoben. Alle waren in Tauchgeräten, ebenso die Modefotografen, welche die Modelle knipsten. Diese dagegen führten, freitauchend am Richtertisch vorbeischwimmend, die letzten Badekostüme vor. Giuliana Tregleani, nicht nur eine ungewöhnliche Taucherin, sondern auch sehr hübsch, verlor bald danach bei einem Autounfall das Leben.

In Sydney wurde kürzlich unter Wasser in einem Riesenaquarium ein Schachturnier ausgetragen. Warum unter Wasser? Der Organisator erklärte: „Normale Schachmeisterschaften kann man kaum abwarten. Aber hier sind die Spieler zur Eile gezwungen. Jeder bekommt nur für eine Stunde Luft – geht sie ihm aus, dann hat er das Spiel verloren." Für UW-Bogenschützen gibt es bereits UW-Schießstände, Jongleure haben sich auch schon unter Wasser produziert.

Als wir 1955 die „Xarifa" einer italienischen Firma für den Film „Der Rommel-Schatz" vermieteten, war meine taucherische Mithilfe im Mietpreis inbegriffen. So kam es, daß ich zuerst im Roten Meer die für den Film benötigten Haie und anschließend die Hauptdarstellerin Dawn Adams bei einem Unterwassertanz filmte. Nach all den Fischen und Korallen war das eine ebenso sympathische wie attraktive Abwechslung (Abb. 77).

Nicht bekannt ist mir, ob man schon spiritistische Seancen unter Wasser abgehalten hat, ebensowenig konnte ich ein Traumbuch ausfindig machen, das im Unterwasserbereich handelnde Träume analysiert. Den einzigen Hinweis fand ich bei Freud. Es handelt sich um den Traum einer Frau: Sie stand am Meeresufer und beaufsichtigte einen kleinen Knaben, der ins Wasser watete. Schließlich bedeckte ihn das Wasser so weit, daß sie nur noch den Kopf sehen konnte, wie er sich an der Oberfläche auf und niederbewegte. Dann wechselte die Szene in eine mit Menschen gefüllte Hotelhalle ... Nach Freud war dieser Traum eine Geburtsphantasie. Sowohl in Träumen wie auch in der Mythologie würde, so Freud, die Entbindung eines Kindes aus dem Fruchtwasser gewöhnlich mittels Umkehrung als Eintritt des Kindes ins Wasser dargestellt. Das scheint mir reichlich weit hergeholt, doch ich zitiere wörtlich: „Das Auf- und Niedertauchen des Kopfes im Wasser erinnerte die Patientin an die Empfindung der Kindesbewegungen, welche sie während ihrer einzigen Schwangerschaft kennengelernt hatte. Der Gedanke an den ins Wasser steigenden Knaben erweckte eine Träumerei, in welcher sie sich selbst sah, wie sie ihn aus dem Wasser herauszog, ihn in die Kinderstube führte, ihn wusch und kleidete und schließlich in ihr Haus führte." Bei aller Hochachtung komme ich da nicht mit.

Auf einem Korallenriff, das ungefähr 450 Kilometer südwestlich der Tonga-Inseln liegt, spielte sich kürzlich der Versuch einer Staatengründung ab. Das Riff taucht bei Flut völlig unter Wasser, und eine amerikanische Forschungsstiftung regte bei einem internationalen Konzern an, dieses herrenlose Stück gelegentlicher Trockenheit zu annektieren und zu einer neuen Steueroase auszubauen. Die Idee fand Anklang, und auf dem Riff wurde die neue „Unabhängige Republik Minerva" gegründet. Als Symbol der Besitzergreifung wurden einige Leuchtbojen auf dem Riff verankert. Gleichzeitig begann man Sand und Geröll aufzuschütten. Davon hörte nun allerdings der König von Tonga, Taufa'ahau Tupou IV. Er zögerte nicht lang, fuhr persönlich hin und ließ auf dem Riff die Tonga-Fahne hissen. Nach Ansicht der Zeitschrift „Newsweek" war hier ein neuartiges Problem aufgeworfen, da es bisher kaum einen Präzedenzfall dafür gab, daß jemand aus nichts einen Staat schuf. Der Fall ist juristisch bestimmt interessant. Sollte es eines Tages zum Bau von schwimmenden Städten kommen, dann könnten ihre Bewohner, besonders wenn es Hunderttausende oder vielleicht schließlich Millionen sind, sehr wohl um eine Vertretung bei der UNO ansuchen.

Einen ziemlichen Schock versetzte der englische Arzt John Betts allen Tauchern, als er klärte, daß von elf Kindern britischer Marinetaucher nicht weniger als zehn Mädchen seien. Er zog daraus den Schluß, daß der Wasserdruck „irgendwie" die männliche Kinder erzeugenden Spermien schädige, jene, die Mädchen hervorbrächten, davon unberührt blieben. Was ihn selbst betraf, so war er ein begeisterter Taucher und hatte eine 8 Jahre alte Tochter und männliche Zwillinge von 15 Jahren. Seine Gattin unterstützte jedoch seine Theorie: die beiden Jungen seien geboren worden, noch ehe er mit dem Tauchen anfing. Um statistisches Material zu gewinnen, wandte sich Betts an E. R. Cross, der im „Skin Diver" auf eingesandte Fragen Antwort gibt. Es wurden in der Folge 1000 Fragebogen ausgeschickt; davon wurden 166 beantwortet, jedoch kamen davon 115 von Tauchern, die unverheiratet waren und keine Kinder hatten, 17 weitere lieferten keine genauen Daten über den Tauchanfang. Somit blieben bloß 34 auswertbare Antworten: 16 hatten mehr Jungen, 13 mehr Mädchen, in 5 Fällen hielt sich die Zahl die Waage. Somit sind für Taucher, die einen Sohn haben möchten, zumindest auf Grund dieser statistischen Erhebung, noch keine ernsthaften Bedenken gegen ihre Tauchtätigkeit gegeben.

Im Oktober 1968 sank das für wissenschaftliche Zwecke gebaute kleine Unterseeboot „Alvin", weil man beim Tauchen eine Luke zu schließen vergessen hatte. Die drei Besatzungsmitglieder konnten sich retten, die „Alvin" dagegen sank auf 1540 Meter Tiefe. Es dauerte ein Jahr, bis ihre Hebung gelang. Dabei kamen auch wieder der Proviant der Taucher – zwei Thermosflaschen mit Fleischbrühe sowie einige Wurstbrote und Äpfel – an den Tag. Großes Erstaunen: nichts war verdorben! Die Fleischbrühe schmeckte noch immer vorzüglich, die Äpfel waren noch genauso frisch wie damals, die Wurstbrote waren zwar völlig durchweicht, die Wurstscheiben bloß außen etwas grau, innen dagegen rosa und frisch. Das regte zu Untersuchungen am Ozeanographischen Institut von Woodeshole an. Wie Experimente zeigten, lag es nicht an der Kälte, sondern am Druck. Das eröffnet neue Perspektiven, wie und wo man Nahrungsmittel frischhalten kann.

Daß der Unterwasserbereich für Sex kein ernsthaftes Hindernis ist, haben wohl schon seit Adams Zeiten Liebespaare praktisch herausgefunden. Da dieses Thema in unseren Tagen zu so eminenter Bedeutung und kommerzieller Zugkraft gelangte, fehlt es nicht an Anleitungen, welche die diesbezüglichen Möglichkeiten für Taucher erörtern. In einem Versuchstank der US-Navy, so wurde mir erzählt, gibt es einen Unterwasseraufzug, in den die Instruktoren gelegentlich Damen, die an neuen Erlebnissen interessiert sind, einladen. Recht ungewöhnlich ist eine Passage des Romans „The Widow Maker" von James Jones, deren Quintessenz in der eigenartigen Sehnsucht gipfelt, in einer bestimmten Unterwassergrotte von Jamaika zu masturbieren. Das wäre nicht weiter einer Erwähnung wert, gäbe es dazu nicht einen Parallelfall in der Mythologie. Um die Geburt des balinesischen Gottes Baruna ranken sich verschiedene Legenden. Eine davon lautet: Gott Shiva tauchte unter Wasser, dachte dort an seine Lieblingsfrau – und so trat sein Samen ins Wasser aus. Den fraß dann ein Fisch. Und dieser gebar dann Baruna.

Der erste UW-Christus wurde bei San Fruttuoso an der italienischen Küste aufgestellt. Ihm sind dann weitere an anderen Küsten gefolgt, ebenso UW-Madonnen.

1969 wurde an der Küste von San Franzisko, nahe der Golden-Gate-Brücke, Alfred Kohler, der mit einer Freundin ein Stück weit hinausschwamm, von einem Weißen Hai angefallen. Dem Mädchen gelang es, den Schwerverletzten an Land zu bringen. Während man die Ambulanz erwartete, bekehrte das Mädchen den Verunglückten zum Katholizismus. Er starb auf dem Weg ins Krankenhaus.

Um zu untersuchen, ob es auch über größere Distanzen hinweg telepathische Wirkungen gibt, nahm man junge Kaninchen mit auf das U-Boot „Nautilus", während die Mutter der Tiere an Land verblieb. Tief unter Wasser wurde dann eines der Jungen nach dem anderen getötet – und gleichzeitig bei der Mutter die Gehirnströmungen gemessen. „Deutliche Anschläge" wurden registriert.

Am St.-Lorenz-Golf spielte sich nach Coppleson im vergangenen Jahrhundert folgendes ab: Ein großer Hai attackierte dort ein Boot, in dem ein Indianer mit Frau und Kindern saß. Als das Tier das Boot so heftig anrannte, daß es umzukippen drohte, nahm der Indianer das jüngste Kind, warf es ins Wasser – und man war damit den Hai los.

Die zur Behandlung von Dekompressionsunfällen entwickelten Überdruckkammern sollen sich für verschiedene Therapien vorzüglich bewähren: nämlich für die Behandlung herzkranker, kreislaufschwacher und impotenter Patienten. „Ein Achtzigjähriger konnte wieder lieben, nachdem er aus der Tauchkammer kam."

Wie eine deutsche Hausfrau kürzlich im „Delphin" schrieb, läßt sich die Tauchmaske auch in der Küche gut verwenden: als Augenschutz beim Zwiebelschneiden.

Nahrung aus dem Meer

In seinem Buch „In den Tiefen des Meeres" schreibt Arthur Clarke, bekannt durch seine utopischen Romane, folgenden Satz: „In der gleichen Zeit, die du benötigst, um dieses Buch zu lesen, hat sich die Menschheit genügend vermehrt, um eine kleine Stadt zu füllen." Die derzeitige Vermehrung beträgt ungefähr 100.000 Menschen pro Tag. Pro Jahr sind es ca. 35 Millionen. Für das Jahr 2000 wird eine Verdoppelung der heute auf 3,5 Milliarden geschätzten Weltbevölkerung, also auf 7 Milliarden, erwartet.

In sehr vielen Büchern ist heute davon die Rede, daß „zum Wohle der Menschheit" dies und jenes geschieht, um den Hunger aus der Welt zu verbannen. Und da der Ertrag der Landgebiete nur beschränkt gesteigert werden kann, wendet sich nun klarerweise das Interesse in steigendem Maße dem Meer zu – „das alle ernähren kann". Auch ich bin der Ansicht, daß wir aus dem Meer bedeutende Mengen an Nahrung gewinnen können – die wesentliche Problematik wird dadurch aber nicht berührt.

Meines Erachtens ist es kurzsichtig, das Weltgewissen mit dem Hinweis aufzurütteln, daß es so viele Hungernde gäbe, anstatt deutlich in den Vordergrund zu stellen, worum es wirklich geht. Daß nämlich die bisher unangefochtene Freiheit, beliebig viele Kinder in die Welt zu setzen, eingeschränkt werden muß – nötigenfalls auch über den Weg der Bestrafung.

Die Evolution ist in unseren Tagen an einem bedeutsamen Wendepunkt angelangt. Drei Milliarden Jahre lang gab es für alle Strukturen, welche den Lebensprozeß weitertrugen, zwei Grundvoraussetzungen: Erstens mußten sie so beschaffen sein, daß sie mehr Energie einnahmen, als dieser Vorgang sie selbst an Energieausgabe kostete – sonst stoppte das den Vorgang automatisch. Zweitens mußten sie so beschaffen sein, daß sie mit Hilfe der gewonnenen Energie Stoffe erwerben und damit die eigene Struktur vergrößern und vervielfältigen konnten. Eine möglichst starke Fortpflanzung war somit immer und ohne Ausnahme ein Vorteil. Nur so lief das Lebensgeschehen weiter; nur so aber konnte es auch zu Veränderungen und allfälligen Verbesserungen im jeweiligen Erbgut – also zur

227

Höherentwicklung – kommen. Nun jedoch ist die Evolution an einen Punkt gelangt, wo dieses bisher absolute Kriterium plötzlich nicht mehr gilt, ja sogar die ganze weitere Entwicklung in Frage stellt. Die Überlegenheit des Menschen und der von ihm gebildeten größeren Lebensstrukturen ist so eminent geworden, daß im Hinblick auf die räumliche Begrenztheit unserer Erdkugel dieser Prozeß überall an Wände anstößt. Die vom Menschen vitalisierte Materie, sämtliche von uns künstlich geschaffenen Strukturen sind so angewachsen und die sie steuernden Zentren (eben die Menschen) vermehren sich derart, daß der bisher selbstverständliche Vorzug starker Vermehrung plötzlich zum Fluch und Verhängnis zu werden droht.

Die Lösung unseres Problems liegt nicht im Meer, sondern ober Wasser, im Menschen selbst. Unter dem Druck der Realität muß nun diese tief eingeborene Überzeugung überwunden werden, daß nämlich beliebige Fortpflanzung unser verbrieftes Recht sei. Die Situation ist dabei nicht für alle Länder die gleiche. Aber auf Grund des heutigen Wissensstandes können wir schon recht gut errechnen, wie viele Menschen auf einem jeweiligen Landgebiet ersprießlich leben können. Daraus aber ergeben sich für die Zukunft nötige Einschränkungen, die nicht weniger bedeutsam sind – und nicht weniger streng durchgesetzt werden sollten wie jene, daß wir nicht töten und nicht stehlen dürfen. Eine entsprechende Geburtenregelung ist einfach Voraussetzung für die weitere Entfaltung, ja für unsere Weiterexistenz.

Noch eine Frage muß angeschnitten werden, wenn man sich mit dem Problem Nahrung aus dem Meer beschäftigt. Ein „Recht" auf eine solche Erschließung haben wir nicht, wir nehmen es uns bloß. Da indes die gesamte Lebensentwicklung so fortschreitet, daß immer das Stärkere Schwächeres verdrängt – sowohl bei Pflanzen und Tieren wie auch bei den menschlichen Erwerbsstrukturen, Betrieben und Staaten –, entspricht auch dieses Vordringen durchaus dem Naturgeschehen. Ein schlechtes Gewissen brauchen wir also nicht zu haben – doch sollten wir die Klugheit aufbringen, tatsächlich unsere Interessen zu verfolgen und nicht so vorzugehen, daß wir diesen letztlich entgegenwirken.

Die Situation unter Wasser ist prinzipiell die gleiche wie an Land. Wollen wir den Nahrungsertrag des Meeres steigern, dann werden grundsätzlich die gleichen Maßnahmen notwendig. Drei Hauptleistungen sind es, die der bisherigen Steigerung menschlichen Nahrungserwerbs zugrunde liegen. Erstens: Vernichtung („Rodung") des natürlichen Pflanzenwuchses und künstlicher Anbau von uns nützlichen Pflanzen. Zweitens: Schutz dieser Agrikultur durch Zäune nach außen, durch Schädlingsbekämpfung im Kulturraum selbst. Drittens: Zucht solcher Pflanzen und Tiere, die uns geschmacklich zusagen und besseren Ertrag liefern. Als weiteres kommen dann noch die Intensivierung und Integrierung dieser Bemühungen hinzu: etwa Düngung, Wechsel in der Anbaufolge, Abstimmung der Bodenauswertung auf den jeweiligen Bedarf und auf den Transportweg zu den

Verbrauchern. Schon als Student schrieb ich – im Mai 1942 in der damals sehr angesehenen Wochenzeitschrift „Das Reich" – in einem Artikel, dem ich den Titel „Kolonie Meer" gab: „In bezug auf das Meer sind wir Nomaden geblieben. Während wir die Erde urbar machen und uns ihren Reichtum erschließen, räubern wir im Meer dort, wo es eben am besten geht, doch nirgends gibt es noch *Bauern des Meeres*." Ich gab praktische Hinweise, die damals ziemlich kritisiert wurden, und endete mit den Worten: „Not und Hunger werden uns zwingen, Wege zu suchen, um künftig auch den unermeßlich reichen Meeresacker planvoll zu bestellen. Auch im Wasser werden wir dereinst säen, züchten und ernten."

Nach den heute vertretenen Ansichten sind meine damaligen Ausführungen durchaus nicht utopisch. Wie C. P. Idyll kürzlich in seinem Buch „Exploring the Ocean Worlds" ausführt, hat es in dieser Frage stets sehr geteilte Ansichten gegeben. So erklärte 1883 der berühmte englische Biologe Thomas H. Huxley, die Fischbestände der Meere seien unerschöpflich – was der Entwicklung in Richtung Raubbau enorme Impulse verlieh. Doch zu Anfang des zwanzigsten Jahrhunderts zeigte sich dann, daß diese Nahrungsquelle – zumindest in stark befischten Gebieten – doch beschränkt war, und nach dem Ersten Weltkrieg kam es zu strikten Einschränkungen in der Fischerei. Wie Idyll schreibt, wurde auch dies wieder übertrieben: „Das Pendel der Schutzmaßnahmen hatte zu weit in die andere Richtung geschwungen . . ." Nach dem Zweiten Weltkrieg kam es darum zu einer Intensivierung der Fischerei. Die UNO rief eine internationale Organisation, FAO genannt, ins Leben, die – unter anderem – durch entsprechende Information und sachkundige Hilfe Fang und Zucht von Meerestieren in aller Welt fördert.

Nach wie vor gehen aber die Meinungen auseinander. Der in seinen Angaben eher vorsichtige Idyll erklärt, daß gut gehaltene Muschelfarmen mehr als 3,3mal soviel organische Trockensubstanz liefern können als gutes Weideland auf dem Wege über Rinderzucht. Von manchen Meeresalgen wird behauptet, daß sie pro Jahr bis zu 50 Generationen hervorbringen können, daß sie im Gegensatz zu den Landpflanzen fast hundertprozentig verwertbar sind und durch entsprechende Züchtung auf einen Eiweißgehalt bis zu 88 Prozent oder einen Fettgehalt bis zu 75 Prozent ihres Gesamtgewichtes gebracht werden könnten. Anderseits aber ist bekannt, daß das offene Meer nicht einmal den zehnten Teil so ertragreich ist wie fruchtbares Land – freilich ist hier nur die Oberfläche berücksichtigt und außer acht gelassen, daß die Fläche der Ozeane im Durchschnitt 4000 Meter lebenserfüllten Raum unter sich hat. So wie es an Land fruchtbare Böden und Wüstengebiete gibt, so gibt es auch im Meer fruchtbare und weniger fruchtbare Zonen. Insgesamt dürften jedoch meine damaligen Vorstellungen noch eher zu tief gegriffen gewesen sein, und nach wie vor besteht das Grundproblem, das Arthur Clarke kürzlich in dem Satz zusammenfaßte: „Etwa 20.000 Jahre lang hat der Mensch nun den Boden bewirtschaftet. Innerhalb der nächsten 20.000 Jahre wird er lernen müssen, das Meer zu bewirtschaften."

Grundlage allen Lebens im Meer sind, ebenso wie an Land, die Pflanzen, deren Lebensraum sich hier auf die oberen Schichten, in die Sonnenlicht dringt, beschränkt. Die meisten sind mikroskopisch klein: das pflanzliche Plankton. Der derzeitige Mengenzuwachs dieser pflanzlichen Organismen – die sehr wesentlich den Sauerstoffgehalt unserer Atmosphäre bestimmen – wird auf ca. 400 Milliarden Tonnen Naßgewicht pro Jahr geschätzt. Bestellen wir an Land einen Acker, dann müssen wir umstechen oder ihn pflügen, wodurch die abgesickerten Mineralsalze (Nitrate, Phosphate) wieder an die Oberschicht gelangen. In den Ozeanen geht das nicht so leicht. Hier sinken die abgestorbenen Organismen in einen Abgrund von mehreren tausend Meter Tiefe ab. An manchen Stellen werden indes diese Salze durch Strömungen wieder nach oben gebracht. Kaltes Wasser ist schwerer als warmes: deshalb sinken unter dem Eis der Polkappen ständig abgekühlte Wassermassen ab und strömen über den Tiefseeboden gegen den Äquator. Was zur Folge hat, daß Sauerstoff auch bis in die größten Tiefen kommt – so daß Tiere dort leben können. Anderseits strömt in manchen Zonen Tiefenwasser wieder empor: dort wird dann die Meeresoberfläche gleichsam gepflügt, reger Pflanzenwuchs kann sich entwickeln, und von diesem ernähren sich wieder entsprechend viele Tiere. Auch Winde, die von Land her über das Meer wehen, treiben die Wasseroberfläche vom Land weg, so daß entlang der Küste mineralreiches Tiefenwasser hochsteigt. Sehr starke Aufwärtsströmungen gibt es an den Küsten von Peru und Südwestafrika, was den dortigen Fischreichtum erklärlich macht. Wie das wissenschaftliche Team des deutschen Forschungsschiffes „Meteor" 1970 feststellte, kommt manchmal auch Tiefseewasser in einzelnen Riesentropfen empor – im gegebenen Fall, bei Dakar, hatte dieser Tropfen eine Ausdehnung von acht Seemeilen Länge und zwei Seemeilen Breite. Da salziges Wasser schwerer ist als weniger salziges, kommt es auch aus diesem Grund zu Auf- und Abwärtsströmungen. Wenn in warmen Gebieten Wasser verdunstet, wird das verbleibende stärker salzhältig, was ein Absinken und Nachströmen aus der Tiefenregion zur Folge haben kann. Im Gebiet des Äquators wurde in 150 Meter Tiefe ein Riesenstrom entdeckt, der vom Gebiet der Gilbert-Inseln mit drei Knoten Geschwindigkeit über 12.000 Kilometer weit bis zu den Galapagos-Inseln fließt. Durch Aufprall auf den kalten Humboldtstrom kommt es dort zu Aufwärtsströmungen. Ergebnis: wiederum eine gut gepflügte, ungemein fischreiche Gegend.

Das mikroskopisch kleine pflanzliche Plankton wird von ebenfalls sehr kleinen Schwebetierchen – dem tierischen Plankton – gefressen, auf das wieder Fische Jagd machen – die dann ihrerseits von noch größeren gefressen werden. Bei jedem solchen Vorgang gehen im rohen Schnitt neun Zehntel der organischen Substanz verloren. Zehn Gramm pflanzliches Plankton sind also nötig, um ein Gramm tierisches zu „erzeugen"; zehn Kilo tierisches Plankton müssen Fische, die sich von diesem ernähren, fressen, um ein Kilo eigener Körpersubstanz zu bilden – und so geht es weiter. Je länger also die „Nahrungskette" ist, um so größer der

Substanzverlust. Frißt somit ein Wal kleine Krebse, die sich von pflanzlichem Plankton ernähren, dann ist das Verhältnis 1:99, essen wir dagegen Thunfische, deren Nahrung Heringe waren, die wiederum Kleinkrebse fraßen, dann ist die Kette um zwei Glieder länger, und wir nützen die pflanzliche Urnahrung nur im Verhältnis 1:9999 aus. Wirtschaftlich am günstigsten wäre es also, wenn wir uns unmittelbar von Plankton ernähren könnten.

Peru steht heute mit einem geradezu gigantischen Anchovisfang an der Spitze aller Meerestiere erbeutenden Länder; 1970 waren es bereits 12.600 Millionen Tonnen. Darauf folgen das früher führende Fischereiland Japan sowie Rußland und China. Zu immer größerer Bedeutung gelangt die Verarbeitung zu Fischmehl, das bis zu 80 Prozent Eiweiß enthält und als Tierfutter und Düngemittel hervorragend geeignet ist. Forschungsschiffe erkunden neue Jagdgründe: so entdeckte die „Walter Hering" 1966 zwischen Süduruguay und Nordpatagonien in Tiefen von 300 bis 500 Metern große Vorkommen von Seehechten, die mit einem Fangergebnis von bis zu 42 Tonnen je Stunde hochgebracht werden konnten. In 400 bis 600 Meter Tiefe registrierten die Echolote zahlreicher Schiffe Widerstände, die auf ungeheure Ansammlungen von Meerestieren schließen ließen. Durch Absenken von automatischen Kameras wurde dann festgestellt, daß es sich um Riesentintenfische handelte – die gleichen, denen der Pottwal nachstellt. Ihre kommerzielle Nutzung ist bisher nicht – oder nur eben über den Umweg des Pottwalfanges – gelungen. Um die Wanderungen mancher Fischarten zu erkunden, wurden an deren Flossen kleine Kapseln befestigt, die einen Ultraschallsender enthielten. So konnte dann ihr Weg verfolgt werden. In verschiedenen Fällen wurden auch Fischarten in neue Gegenden verpflanzt oder abgefischte Gebiete durch Einsetzen von Jungtieren neu besiedelt. Die zu den Heringen gezählten Alse wurden bereits 1880 versuchsweise von der Ostküste der USA nach der Westküste verpflanzt – was schon nach acht Jahren einen stattlichen Fang dieser Fische im neuen Gebiet ergab. Das Einsetzen von Jungtieren hatte besonders in Flüssen und Buchten Erfolg, während es an offenen Küsten zu keinen merkbaren Verbesserungen führte.

In der Fischereitechnik hat der Mensch seit eh und je seinen Einfallsreichtum und seine Schlauheit bewiesen. Noch heute binden die Eingeborenen von Neuguinea und Nordaustralien Schiffshalter (Remora) mit dem Schwanz an eine Leine fest und lassen sie, wenn Schildkröten in der Nähe sind, wegschwimmen. Dem angeborenen Verhalten gemäß schwimmt dann der Schiffshalter eiligst zur Schildkröte hin und saugt sich mit seinem Kopfschild an deren Panzer fest. So gelangen die Eingeborenen an die Schildkröte. Im Gebiet von Malta benützen die Fischer kleine Floße, die sie weitab von der Küste auf dem offenen Meer treiben lassen. Junge Doraden („Lambukkis") versammeln sich dann – auch wieder einem angeborenen Verhalten folgend – unter dem Floß und können vorsichtig mit Netzen eingekreist und gefangen werden. Die heute industriell eingesetzten technischen Mittel sind nicht minder raffiniert. So ist etwa das Fangen von Garnelen mit Schleppnetzen nur bei Nacht ertragreich, weil die Tiere sich während des Tages im Grundsand verstecken. Durch eine dem Netz voranlaufende Vorrichtung, die elektrische Impulse aussendet, werden sie aus ihren Verstecken gejagt und können somit in 24stündiger Arbeitsschicht erbeutet werden. Ebenfalls durch Stromstöße werden Fische, ob sie wollen oder nicht, dazu gezwungen, an eine Elektrode heranzuschwimmen, von wo aus dann ein Pumprohr sie an Bord saugt. Über Fließbänder werden sie dort gleich zur Verarbeitungsanlage des Fangschiffes weiterbefördert. Das elektrische Feld läßt sich dabei so einstellen, daß nur Fische einer bestimmten Größe angezogen werden. Da sie wie gelähmt sind und nicht um sich schlagen, bildet sich in ihrem Körper weniger Milchsäure, weshalb sie auch besser schmecken sollen. Mit einem ähnlichen Saugschlauch, der von einem Klein-U-Boot aus gesteuert wird, will man neuerdings an der Küste von Yukatan die Langusten aus ihren Löchern saugen. Von Flugzeugen aus stellt man Fischansammlungen fest und leitet dann das Fangschiff dorthin. Auf Satellitenfotos erkennt man an der Färbung des Wassers den Planktongehalt des Meeres – was ebenfalls Rückschlüsse auf Fischansammlungen zuläßt. Seit man festgestellt hat, daß die schrillen Rufe der Delphine Schwarmfische dazu bringen, dichter beisammen zu schwimmen, senden russische Fischereidampfer beim Schließen ihrer Netze durch Hydrophone solche pfeifartigen Laute aus, Einzelfische werden so am Entweichen gehindert, und es soll auf diese Weise zu besseren Fangergebnissen kommen. Ebenso wird von den Russen behauptet, daß sie bereits mit Klein-U-Booten auf Fischjagd gehen, indem sie über Sonar und Hydrophone Fischschwärme orten, dann ein Netz zwischen diesen ausspannen und den Schwarm von beiden Seiten her in die Zange nehmen. Eine Idee, die ich bereits 1941 veröffentliche und von der ich nach wie vor glaube, daß man sie eines Tages verwirklichen wird, ist Anlocken und künstliche Schwarmbildung durch Aussendung entsprechender Druckschwingungen. Bei Haien ist bereits erwiesen, daß man sie auf diese Weise anlocken kann. Ebenso dürfte es bei verschiedenen Fischarten und Meeressäugern möglich sein, sie durch Aussendung der Rufe des Geschlechtspartners in ein bestimmtes Gebiet zu locken – oder durch Aussendung eines Schwarmgeräusches rings um den Sender künstlich einen Schwarm zu bilden und diesen dann – wie der Rattenfänger von Hameln – in eine entsprechende Fangvorrichtung (Netz, elektrisches Feld oder ähnliches) zu dirigieren.

Während all dies – mit Ausnahme der Verpflanzung einzelner Fischarten – noch durchaus nomadische Tätigkeit ist, hat sich entlang der Küsten schon seit langem eine echte Aquakultur entwickelt. In verschiedenen Teilen der Welt werden in Meeresbuchten oder in abgeschlossenen Teichen Meerestiere oder Algen gezüchtet. In den „Vallis" an der italienischen Küste werden Aale aufgezogen, was jährlich etwa 60 kg pro Ar ergibt. In indonesischen Fischteichen ergibt die Zucht algenfressender Fische 60 bis 280 kg je Ar. In Singapur gewann man in staatlichen

Versuchsteichen 350 kg Garnelen je Ar, wobei sich die Anlage in zwei Jahren amortisierte. In Taiwan sollen sogar Erträge bis zu 850 kg je Ar erreicht werden.

Von Bedeutung ist die jeweilige Bodenbeschaffenheit. Schlammiger Lehmboden hat sich als am günstigsten erwiesen. Ebenso ist von Einfluß, daß sich Algen und pflanzliches Plankton – die Ernährungsbasis der Wassertiere – in ihrer Entwicklung antagonistisch verhalten. Die Förderung der einen kann die Entwicklung der anderen einschränken. Durch die Tiefe der Teiche und durch Düngemittel, die sich langsam auflösen, läßt sich dieses Verhältnis wunschgemäß beeinflussen. Durch Schleusen, die entweder oben oder unten geöffnet werden, können die Gezeiten ausgenützt werden – einerseits um Nährstoffe und Jungtiere in die Teiche und Buchten zu bringen, anderseits zum Fang – indem man vor dem ausfließenden Wasser Netze anbringt. Entlang der japanischen Küsten werden Fische und Krebse in schwimmenden Käfigen gehalten, die unter Flößen aufgehängt sind. Auch Austern züchtet man mit Hilfe solcher verankerter Flöße, von denen Seile und Drähte herabhängen, an denen sich die Larven festsetzen. Auf Grand Cayman, im Karibischen Meer, sahen wir eine sehr moderne und ertragreiche Schildkrötenfarm, wo die Tiere in großen Plastikbecken gehalten wurden. Algen werden schon seit langem kultiviert – in Japan weitgehend als Nahrungsmittel, in anderen Gebieten zur Gewinnung von Grundstoffen für Medikamente und als Düngemittel. Bei der Insel Cedros vor Niederkalifornien haben schon vor 35 Jahren japanische Taucher Tangpflanzungen angelegt und systematisch abgeerntet. Inzwischen hat man in den USA besondere Lastkähne entwickelt („kelp cutters"), welche die vom Boden hochwachsenden Pflanzen etwa einen Meter über dem Grund abschneiden und durch Förderbänder an Deck bringen. In der Sowjetunion werden in der Barentssee, im Asowschen Meer und in einem Teil des Schwarzen Meeres Anbauflächen für Algen geschaffen, und man ist dabei, ferngesteuerte Erntemaschinen zu entwickeln. Versuche in Amerika ergaben 4 bis 16 Tonnen Trockensubstanz pro Jahr und Ar. In Deutschland, am Dortmunder Max-Planck-Institut für Ernährungsphysiologie, züchtete man mikroskopische Grünalgen in Kunststoffbehältern, die dann mit Hilfe von Zentrifugen gewonnen und getrocknet wurden. Bei warmem Wetter konnten die Behälter dreimal pro Woche abgeerntet werden. Das aus den Algen gewonnene Eiweißpulver ist auch für menschliche Speisen verwendbar, pro Hektar könnte auf diese Weise pro Jahr ein Ertrag von 40 Tonnen Algentrockensubstanz erzielt werden – das ist etwa der zehnfache Wert im Vergleich zu einer durchschnittlichen Reis- oder Weizenernte. Man bemüht sich nunmehr um die Entwicklung einer preiswerten Anlage mit einfacher Bedienung – besonders für Entwicklungsländer, wo der Proteinmangel kritische Ausmaße erreicht.

Schon bei den Seefarmen an der Meeresküste spielt die Absicherung des Eigentums eine wichtige Rolle. Muscheln sind ortsbeständig, Garnelen oder gar Fische können natürlich sehr schnell zum Nachbarfarmer hinüberwechseln. Also sind Zäune oder Dämme nicht nur zum Schutz gegen Entweichen der Tiere, sondern auch aus rechtlichen Gründen notwendig. Damit ist bereits ein Problem angeschnitten, das für die Weiterentwicklung jeder echten Meereswirtschaft von gravierender Bedeutung ist. Besonders im offenen Meer lassen sich nur schwer Zäune errichten – was ein Grund dafür sein könnte, daß der Vorstoß in die Meeresräume mit dazu beiträgt, die Menschheitsentwicklung entscheidend zu beeinflussen. Die Notwendigkeit, das Meer in ein Kulturgebiet zu verwandeln, könnte tatsächlich die Nationen zur Einigkeit zwingen, für die sonst keine Voraussetzung und Notwendigkeit gegeben ist. Wie sich schon oft gezeigt hat, werden Unstimmigkeiten aus der Welt geschaffen, wenn ein gemeinsamer Feind oder ein gemeinsam zu bewältigendes Problem in Erscheinung treten. Das Konkurrenzprinzip, Grundpfeiler der bisherigen Evolution, kann vielleicht nur durch ein die ganze Menschheit betreffendes, für unser Leben und Überleben entscheidend wichtiges Problem ausgeschaltet werden. Das technisch und politisch schwierige Problem, im Meer Zäune zu errichten, könnte so für uns noch zum Segen werden. Zwar werden Friede und Eintracht schon seit langem einstimmig gepriesen, doch sind wir diesem Ideal nicht wesentlich nähergekommen. Eine notwendige gemeinsame Front gegen das Meer könnte vielleicht dazu beitragen, daß wir – knapp vor zwölf Uhr – doch noch dahin gelangen, der uns angeborenen Aggression dem Mitmenschen gegenüber Fesseln anzulegen.

An Vorschlägen für Meereskultur in großem Stil fehlt es heute nicht. Eine recht naheliegende Möglichkeit ist die Ausnützung der bestehenden Buchten und „Lochs" durch entsprechende Absperrungen und Schleusen. Wenn ein amerikanischer Aquakulturexperte (Palmer) behauptet hat, daß ein „Algenacker" von sechsfacher Größe des Bodensees bei entsprechender Bewirtschaftung genug Algen liefern könnte, um die gesamte Bevölkerung unseres Planeten zu ernähren, dann scheint mir dieser Prognose gegenüber etwas Skepsis angebracht. Dagegen ist der Gedanke, mineralreiches Wasser der Tiefsee in Atolle hochzupumpen und darin Aquakulturen zu errichten, sicherlich erwägenswert. Diesbezügliche Schätzungen haben ergeben, daß ein einziges Atoll von der Größe des Kwajalein-Atolls über Aquakultur genug tierisches Protein erzeugen könnte, um zehn Millionen Menschen zu ernähren. Ein anderes Zukunftsprojekt ist die Schaffung von künstlichen Inseln aus Schaumbeton oder Kunststoffen, die dann aufs offene Meer hinausgeschleppt, zu Ringen vereinigt und über submarinen Bergen verankert werden. In diesen Becken wäre dann ebenfalls Aquakultur in großem Stil möglich.

Der japanische Architekt Kiyonori Kikutake beschäftigt sich schon seit über zwanzig Jahren mit dem Konzept der Errichtung von schwimmenden Städten. Grundeinheit für solche sind 100 Meter lange, hohle, mit Luft gefüllte Betonpfosten, die ähnlich wie das Forschungsschiff „Flip" in horizontaler Lage zum Bestimmungsort gelangen und dort dann teilweise geflutet werden, so daß sie als senkrechte Pfosten im Meer stehen. Auf diesen wird eine Plattform errichtet und

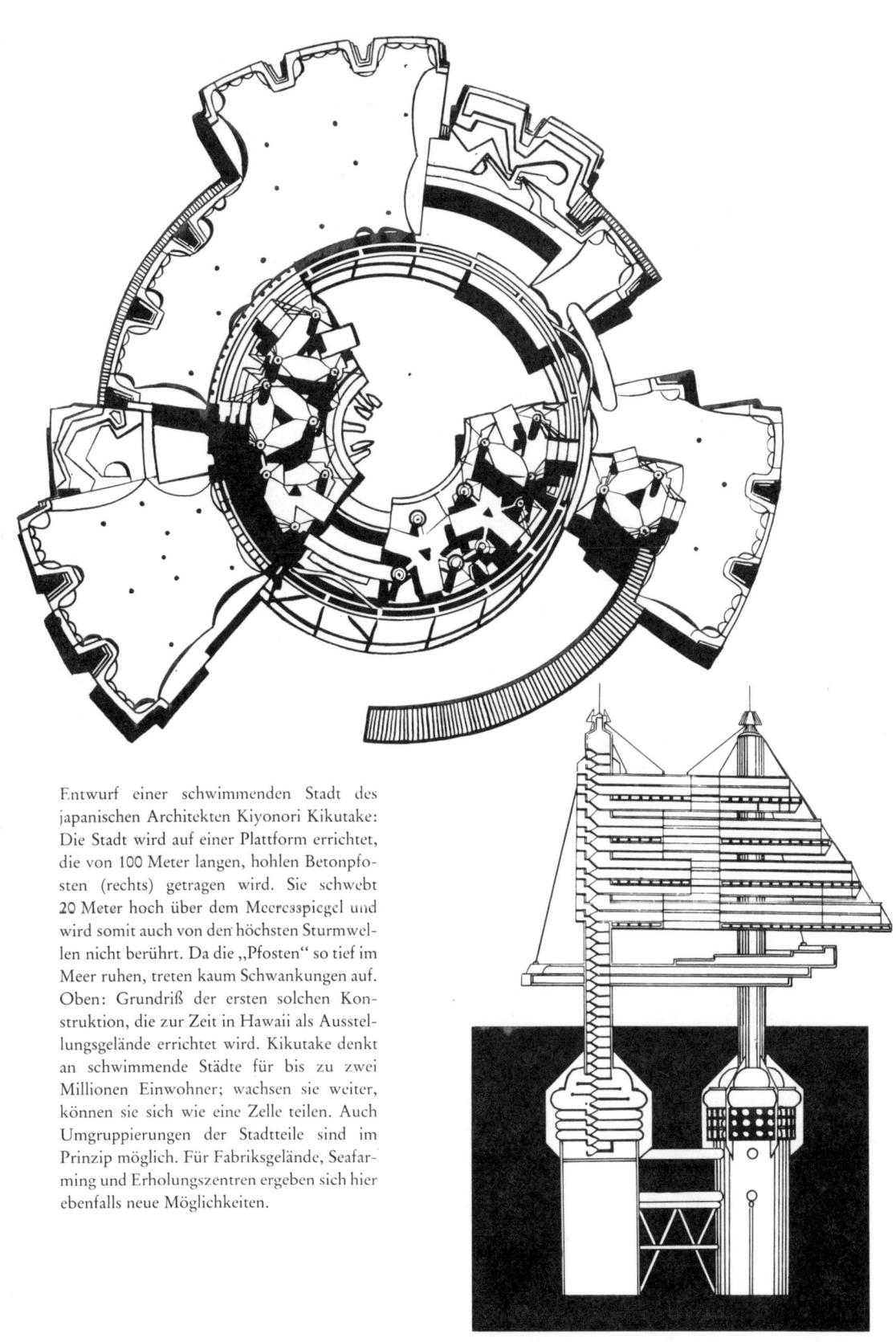

Entwurf einer schwimmenden Stadt des japanischen Architekten Kiyonori Kikutake: Die Stadt wird auf einer Plattform errichtet, die von 100 Meter langen, hohlen Betonpfosten (rechts) getragen wird. Sie schwebt 20 Meter hoch über dem Meeresspiegel und wird somit auch von den höchsten Sturmwellen nicht berührt. Da die „Pfosten" so tief im Meer ruhen, treten kaum Schwankungen auf. Oben: Grundriß der ersten solchen Konstruktion, die zur Zeit in Hawaii als Ausstellungsgelände errichtet wird. Kikutake denkt an schwimmende Städte für bis zu zwei Millionen Einwohner; wachsen sie weiter, können sie sich wie eine Zelle teilen. Auch Umgruppierungen der Stadtteile sind im Prinzip möglich. Für Fabriksgelände, Seafarming und Erholungszentren ergeben sich hier ebenfalls neue Möglichkeiten.

darauf eine Fabrik, die weitere solche Pfosten herstellt. So wächst dann die Plattform, sie liegt zwanzig Meter über dem Meeresspiegel und kann somit auch von den höchsten Sturmwellen nicht erreicht werden. Da die Pfosten in achtzig Meter Tiefe „ruhen", ist die Plattform auch den Schwankungen durch Dünung und Oberflächenströmungen nicht unterworfen. Die erste solche Konstruktion entsteht bereits in Hawaii: sie soll ein Ausstellungsgelände tragen. Kikutake will schwimmende Städte für ein bis zwei Millionen Menschen errichten. Ein Gegenargument ist, daß es einstweilen an Land noch genügend Platz für Städte gibt. Dem ist aber nur teilweise zuzustimmen, denn durch Zersiedelung wird heute die Landnatur immer mehr geschädigt, außerdem hat man bei schwimmenden Städten die Möglichkeit einer dreidimensionalen Ausbreitung, wie sie an Land nicht gegeben ist.

Ich hatte in Japan Gelegenheit, mich mit Kikutake zu unterhalten; vor allem in Verbindung mit Meereskultur sehe ich bedeutende Möglichkeiten für seine Projekte. Schon zwischen den 80 Meter in die Tiefe reichenden Pfosten könnten Netze gespannt und Aquakulturen angelegt werden. Seichtere Terrassen könnten in größerem Umkreis die schwimmende Plattform umgeben, die wieder in Gegenden mit optimalem Klima verankert werden könnte. Schon 1962 wurde auf einem Londoner Kongreß das Projekt vorgetragen, auf dem Meeresboden Atomreaktoren zu installieren, um durch Wärmeerzeugung Aufwärtsströmungen und so eine künstliche Düngung zu bewirken. Solche Atommeiler, rings um eine schwimmende Industriestadt angeordnet, würden die Grundlage einer ertragreichen Meereswirtschaft bilden. Auch die Abfälle der Stadt könnten – entsprechend vorverarbeitet – in diesen Düngungszyklus einbezogen werden. Während das Land nur in einer Schicht kultivierbar ist, sind unter Wasser sozusagen mehrere Landwirtschaften übereinander möglich. Meerestiere – Garnelen, Fische, Muscheln – können auch in beträchtlicher Tiefe gehalten werden, und durch entsprechende Zucht lassen sich – ebenso wie an Land – auch hier Arten entwickeln, die den menschlichen Erfordernissen besonders gut dienen.

Neben der notwendigen Nahrung (und Atmung) ist Schutz der zweite für Meeresorganismen entscheidende Faktor. Der Gedanke, künstliche Riffe und damit neue Versteckmöglichkeiten zu schaffen, wurde bereits versuchsweise verwirklicht. An verschiedenen Küsten hat man in großer Zahl Autowracks und alte Autoreifen versenkt – und wie sich zeigte, siedelten sich dort tatsächlich Fische und Krebse an. Vor dem ozeanographischen Institut in Monako wurden aus Beton gefertigte „Unterwasserställe" im Meer verankert, und es wird untersucht, wie verschiedene Meerestiere sich darin ansiedeln. Zäune gewinnen in diesem Zusammenhang eine weitere Funktion. Sie sind nicht nur für die Sicherung von Eigentumsrechten und zur Verhinderung des Entweichens von Zuchttieren wichtig, sondern ebenso für deren Schutz gegen Räuber.

Künstliche Düngung, Einzäunung, Schaffung von Versteckmöglichkeiten sind somit Hauptvorhaben künftiger Meereswirtschaft. Daß solche Projekte nicht von einzelnen Firmen oder Staaten in Angriff genommen werden können, liegt auf der Hand. In schwedischen Flüssen setzt man seit einiger Zeit junge Lachse aus, die dann ins Meer wandern und später, im erwachsenen Zustand, wieder die Flüsse aufwärts schwimmen. Die Erträge für die schwedischen Fischer wurden so zwar verbessert, aber sehr viele der ausgesetzten Tiere wurden im Baltischen Meer, das ja international ist, von Fischern anderer Nationalität gefangen. Dieses Beispiel genügt, um zu zeigen, worum es geht. Die Erschließung des Meeres bedarf großer Investitionen, die kaum ein Land dem anderen zum Geschenk machen wird. Nur wenn es der Menschheit gelingt, das nationale Konkurrenzdenken zu überwinden, können wir in dieser Richtung vorwärtskommen.

Arthur Clarke, neben seiner Tätigkeit als Schriftsteller auch begeisterter Taucher, hat in seinem Buch „The Deep Range" ein Zukunftsbild für eine internationalisierte Meeresbewirtschaftung entworfen. Der „Boß" des Unternehmens ist eine Welt-Ernährungsbehörde, die im großen Stil Plankton züchtet – ebenso Wale, die in bestimmten Gebieten gehalten werden. Das Zaunproblem wird hier durch auf dem Grund installierte Ultraschallsender gelöst, die gebündelte Schwingungen zur Oberfläche senden – eine unsichtbare Mauer, die zu passieren den Walen nicht behagt. Mit Klein-U-Booten werden die Tiere gehütet und gegen gelegentlich einbrechende Mörderwale verteidigt. Abgeschossen werden sie mittels giftiger Pfeile.

Man ist geneigt, Utopien auf die leichte Schulter zu nehmen, doch im Falle Clarke ist das bestimmt nicht am Platz. 1945 veröffentlichte er in der Fachzeitschrift „Wireless World" einen Artikel mit dem Titel „Extraterritorial Relays", in dem er die Grundidee für die später verwirklichten Nachrichtensatelliten niederlegte. Als ich Clarke kürzlich in Colombo besuchte, zeigte er mir einen Artikel, den er kürzlich verfaßt hat. Der Titel lautet: „Wie ich eine Milliarde Dollar verlor." Clarke ließ sich damals seine Idee nicht patentieren, sein Honorar für den Artikel betrug 40 Dollar.

Bei Jules Verne raucht Kapitän Nemo eine Zigarre aus selbstgezogenem Meerestabak. Milch, Butter und Käse gewinnt er aus Walmilch, die er weiblichen Tieren abzapft – drei Tonnen von einer einzigen Walkuh. Ob es auch dazu kommen wird, bleibe dahingestellt. Aber die Zucht von Plankton und von Walen ist sicher realisierbar. Ebenso die Zucht von für uns geeigneten Fischen und Mollusken. Für Fang und Kontrolle könnten Roboterschiffe entwickelt werden, für die Verwertung schwimmende Fabriken, die Dauerprodukte herstellen.

Voraussetzung für das alles ist jedoch ein globales Übereinkommen. Solange wir ein solches nicht haben, bleiben wir zwangsläufig Nomaden des Meeres.

Rohstoffe aus dem Meer

Was für die menschliche Nahrung gilt, gilt auch für die von uns benötigten Rohstoffe. Sie werden knapp. Die Gesamtheit künstlicher Geräte und Einrichtungen, durch die wir die Macht unseres nackten Körpers millionenhaft steigern, gestalten wir vorwiegend aus nichtorganischem Material. In dieser Hinsicht ist der Mensch nur seiner Abstammung nach dem Tierreich zugehörig, funktionell dagegen Pflanzen weit mehr ähnlich. Auch sie bauen aus *anorganischen* Stoffen ihre funktionellen Teile, ihre Gewebe und Organe auf – ihren Lebenskörper. Die Tiere dagegen können dies nicht, sondern sind auf organische Baustoffe angewiesen, die sie „fressen", also anderen Lebewesen entreißen. Mit dem Menschen hat in der Evolution eine neue Entwicklungsperiode eingesetzt. Unser aus Zellen bestehender Körper bedarf noch der gleichen Nahrung wie unsere Tiervorfahren – alle zusätzlichen, künstlichen Organe, die wir bilden und durch die wir zu allen jenen Fähigkeiten gelangen, die uns erst eigentlich zum Menschen machen, werden dagegen, genauso wie bei den Pflanzen, aus anorganischem Material aufgebaut.

Ein wesentlicher Unterschied zu den Pflanzen ist allerdings: Sterben diese, dann kommt ihre Substanz anderen Lebewesen zugute – Pflanzenfressern, Fäulnisbakterien usw. Wenn dagegen die vom Menschen gebildeten künstliche Organe – Werkzeuge, Waffen, Maschinen, Industrien – verschleißen, dann kann ihr Material nur noch zum geringsten Teil weiterverwendet werden – also dem Lebensprozeß weiter dienen. Das meiste ist unverwertbarer Abfall: Schutt, korrodiertes Metall, nicht weiter verwertbares Plastik usw. Folge: Viele der von uns benötigten Rohstoffe werden knapper. Die Menschheit vermehrt sich rasant, die Industrialisierung nimmt rapide zu. Man hat vorausberechnet, daß etwa die Kupfervorräte an Land nur noch 50 Jahre reichen werden. Bei vielen anderen Rohstoffen sind ähnliche Verknappungen vorauszusehen. Darum wendet sich die Entwicklung nun *zwangsläufig* der Rohstoffsuche im Meer zu. Dies um so mehr, als die Ozeane ungeheure Vorräte enthalten.

Die größten Vorräte enthält das Meerwasser selbst. Seit mehreren Milliarden Jahren vollzieht sich der immer gleiche Kreislauf: Verdunstung der Gewässer an

239

der Oberfläche, Wolkenbildung, Regen, Versickern oder Fließen über Gestein – Rückkehr ins Meer. Dabei löst das Wasser viele Stoffe oder trägt Teilchen mit sich, transportiert all dies ins Meer. Dort verbleibt es dann im Wasser oder sinkt allmählich zum Grund ab. Um welche Mengen es dabei geht, zeigt am besten ein Vergleich: Würde man alle im Meer gelösten Stoffe auf den Festlandgebieten ablagern, dann wären diese mit einer 50 Meter hohen Schicht bedeckt. Den Hauptanteil bilden dabei die Elemente Natrium, Magnesium, Chlor, Kalzium, Schwefel, Brom, Strontium und Fluor. Darüber hinaus sind bisher weitere 69 der insgesamt 92 auf der Erde vorkommenden Elemente im Meerwasser nachgewiesen. Auch die restlichen dürften, wenn auch in sehr großer Verdünnung, darin enthalten sein. Der Wert des in jeder Kubikmeile Seewasser enthaltenen Goldes wird auf etwa 100 Millionen Dollar geschätzt, und das Volumen des Meeres umfaßt 330.000 Kubikmeilen. An Silber enthält das Meer gewichtsmäßig fast hundertmal mehr, an Uran, Zinn und Kupfer fast tausendmal mehr. Das große Problem ist bloß, dem Meerwasser diese Reichtümer, die die weitere menschliche Entfaltung auf Zehntausende von Jahren sichern könnten, zu entziehen.

Außer Kochsalz gelang es bis heute auf industriellem Wege nur, Brom und Magnesium aus dem Meerwasser zu gewinnen. Dazu kommt noch die Gewinnung von Jod, das an sich nur in Spuren (0,000005 Prozent) vorhanden ist, jedoch von den Zellen der Braunalgen gespeichert wird. Auch andere Organismen zeigen die Fähigkeit, dem osmotischen Druck entgegenwirkend bestimmte Elemente in ihren Zellen zu konzentrieren. So speichern etwa Austern Kupfer, manche Krebse speichern Kobalt, manche Tunikaten Vanadium. Letzteres ist nur in so geringen Mengen im Meerwasser enthalten, daß man sein Vorkommen überhaupt erst durch Untersuchung dieser Tunikaten nachgewiesen hat. Sie vermögen es auf das 50.000fache zu konzentrieren. In vielen chemischen Labors wird heute daran gearbeitet, die Methoden dieser Organismen zu analysieren, um die Metalle auf ähnlichem Wege zu gewinnen wie sie. Eine andere Möglichkeit wäre die, Organismen zu züchten, die diese Leistung erbringen. Es ist somit nicht ausgeschlossen, daß die künftige Meereswirtschaft nicht bloß die Nahrungsgewinnung, sondern auch die Erbeutung von im Meer gelösten Stoffen zum Ziel hat.

Die Finanzierung wissenschaftlicher Expeditionen kam nicht selten auf merkwürdigen Umwegen zustande. Die nach dem Ersten Weltkrieg so erfolgreiche deutsche „Meteor"-Expedition verdankte ihre Durchführung letztlich dem Umstand, daß im Versailler Friedensvertrag Deutschland eine Reparationszahlung in Höhe von 132 Milliarden Mark, ausschließlich in Gold zu bezahlen, auferlegt wurde. Der schwedische Physiker Arrhenius, Nobelpreisträger für Chemie, hatte 1901 die Behauptung aufgestellt, daß in jedem Kubikmeter Meerwasser etwa sechs Milligramm Gold enthalten wären. Darauf bauend, beauftragte man Fritz Haber, den deutschen Nobelpreisträger für Chemie, eine Methode zur Goldgewinnung aus dem Meerwasser zu entwickeln und die goldhaltigsten Meeresgegenden zu erkunden. Im Verlauf der vier Jahre dauernden Expedition machte Haber mehrere Tausend Analysen, fand jedoch nirgends auch nur annähernd den von Arrhenius angegebenen Wert. Die „Meteor"-Expedition vermaß das Meeresbodenrelief im Südatlantik, erkundete die dortigen Strömungssysteme, brachte wertvollste Messungsergebnisse heim – nur das geheime, eigentliche Ziel erreichte sie nicht.

Eine anschauliche Vorstellung der im Meerwasser verborgenen Substanzen liefert uns auch jedes Korallenriff. Die kleinen Polypen, welche diese gewaltigen Bauwerke schaffen, holen sich das Baumaterial, den Kalk, aus dem Meerwasser. Das größte geschlossene Bauwerk der Welt, das Große Barriereriff von Australien, ist zweitausend Kilometer lang, an der Außenkante 2000 Meter hoch und zwischen zwanzig und hundertfünfzig Kilometer breit!

Für die Zukunft des Menschen und der sich über ihn fortsetzenden Lebensentfaltung dürften jedoch nicht die im Meer gelösten Stoffe die größte Bedeutung haben – sondern das Wasser selbst: nämlich die Gewinnung von Süßwasser aus dem Meer. Wie uns die Meeressäugetiere zeigen, kann ein ehemaliges Landtier durch besondere Anpassung seiner Exkretionsorgane auch mit Salzwasser auskommen. Bei den Pflanzen haben solches die Mangroven fertiggebracht. Theoretisch wäre also denkbar, für die menschliche Ernährung geeignete Landorganismen zu züchten, die mit Salzwasser auskommen, und so die heutigen Wüstengebiete in Kulturland zu verwandeln. Näherliegend ist jedoch die Entsalzung von Meerwasser, wie sie bereits nach verschiedenen Verfahren betrieben wird. Selbst in bisher wasserreichen Gebieten wird durch das Überhandnehmen der Industrie die Wasserversorgung kritisch. Für die Produktion einer einzigen Tonne Stahl werden 15 bis 20 Tonnen Süßwasser benötigt, für die einer Tonne Zellwolle sogar 600 Tonnen. Für landwirtschaftliche Bewässerungszwecke sollte eine Tonne Süßwasser nicht mehr als 10 Pfennige kosten, Trinkwasser nicht mehr als 50 Pfennige. Solche Werte sind beim gegenwärtigen Stand der Technik jedoch erst bei Anlagen mit sehr hoher Tagesleistung zu erreichen, weshalb diese für den Einsatz in unterentwickelten Gebieten einstweilen noch zu kostspielig sind.

Eine andere, überraschende Lösung ist der Gedanke, Eisberge von Grönland oder der Antarktis zu wasserarmen Gegenden zu schleppen. 1893 wurde bei den Falklandinseln vor der argentinischen Küste ein treibender Eisberg gesichtet, der etwa 400 Meter dick war, über 150 Kilometer lang, mit einem Gesamtflächeninhalt, der etwa dem von ganz Korsika entsprach. „Hier befand sich ein kompakter Block von Süßwasser, größer als alle schweizerischen Seen zusammengenommen, weit vom Ort seiner Entstehung entfernt", schreibt Dietz. „Welche Wohltat, wenn es möglich würde, einen solchen treibenden Berg in den Humboldtstrom zu bugsieren, so daß er die trockenen Küsten von Nordchile bewässern könnte, oder wenn man einen solchen Eisberg nach Perth zöge, um die trockenen Wüsten Australiens zu bewässern!"

Wie sich das allerdings auf das dortige Klima auswirken würde, ist eine andere, nicht zu unterschätzende Frage.

Der Mensch, funktionell tierhaft und pflanzenhaft zugleich, hat indessen mit seinen ferngelenkten Organen viele weitere Reichtümer in den Meeresabgründen entdeckt. So brachten die Wissenschaftler der berühmten „Challenger Expedition" (1872–1876) mit ihren Tiefennetzen knollenartige Gebilde empor – und zwar verschiedene Typen. Die erste Art wurde über dem Kontinentalschelf gefunden: sie war hellbraun und glatt, ihre Oberfläche sah aus, als wäre sie lackiert. Sie enthielt meist Fossilien und bestand bis zu 30 Prozent aus Phosphat. Im Durchschnitt hatten sie einen Durchmesser von 5 bis 8 Zentimeter, manchmal auch nur Pillengröße. Später hat man auch Stücke eingebracht, die bis über einen Zentner wogen. Die zweite Knollenart stammte aus vier- bis fünftausend Meter Tiefe. Diese Gebilde sahen wie schwarze Kartoffeln aus, hatten einen durchschnittlichen Durchmesser von 3 bis 6 Zentimeter und bestanden vorwiegend aus metallischen Erzen. Da der Gehalt an Mangan am größten war – bis über 50 Prozent –, nannte man sie Manganknollen. Weil sie aber auch beträchtliche Mengen an Eisen sowie die für die heutige Industrie weit wichtigeren Metalle Kupfer (bis 1,9 Prozent), Nickel (bis 1,6 Prozent) und Kobalt (bis 2 Prozent) enthalten, nennt man sie heute „Erzknollen". Die Bedeutung beider Knollentypen hat man erst in unseren Tagen voll erkannt, seit es möglich wurde, mit Hilfe von Foto- und Fernsehkameras das ganze Ausmaß der Vorkommen zu erkunden. Dabei zeigte sich nämlich, daß die Erzknollen in vielen Meeresgegenden meilenweit den Grund bedecken. Sie stellen für die heutige Wirtschaft geradezu unvorstellbare Werte dar, und es werden von staatlicher und privater Seite große Geldmittel eingesetzt, um technische Vorrichtungen zu schaffen, diese auf dem Meeresboden frei herumliegenden Güter einzubringen.

Die Phosphatknollen haben meist Ellipsenform, weisen rundliche Vorsprünge, häufig auch tiefe Einbuchtungen auf, in denen sich Kleintiere ansiedeln. Manche sind in Farbe und Form so schön, daß man sie einer Mineraliensammlung einverleiben könnte. Man findet sie in der Regel auf unterseeischen Bänken, die sich über dem Kontinentalschelf erheben, und zwar vielfach in Gegenden, wo von Land her größere Flüsse münden oder wo kalte und warme Strömungen aufeinandertreffen. Sie sind organischen Ursprungs. Wo Meeresorganismen in größerer Zahl sterben, gehen Phosphatverbindungen in Lösung; werden diese durch Aufwärtsströmungen hochgebracht, dann düngen sie, wie schon gesagt, das Meer und regen zur Planktonbildung an. Treffen nun solche kolloidalgelösten Teilchen auf dem Grund liegende Objekte – oft sind es Tierreste –, dann lagern sie sich diesen an, und es entsteht so eine Knolle, die Schicht für Schicht weiterwächst. Interessant ist, daß sie sich je nach dem Fundort im Aussehen unterscheiden. Der Spezialist kann an Farbe und Form erkennen, woher sie stammen.

Die größten bisher bekannten Vorkommen liegen vor der Westküste der

Vereinigten Staaten. Schätzungen auf einem Gebiet von 6000 Quadratmeilen ergaben dort eine Gesamtmenge von ca. einer Milliarde Tonnen. Ähnlich ergiebige Lager wurden vor Südkalifornien entdeckt. Man vermutet heute, daß es in allen Ozeanen über den Schelfgebieten solche Vorkommen gibt. Wenn das stimmt, wäre der derzeitige Bedarf an Kunstdünger für mehr als tausend Jahre gedeckt.

Der erste Versuch eines Abbaus mit Hilfe großer Saugschläuche schlug aus nicht voraussehbaren Gründen fehl. Mittels Fernsehaufnahmen hatte eine in Los Angeles beheimatete Firma auf einer 40 Meilen vor San Diego gelegenen Bank reiche Vorkommen prospektiert und von der amerikanischen Regierung die Schürfrechte erworben. Zunächst ging alles gut. Mit Hilfe von zwei Spezialschiffen und einem Arbeitsfloß wurden Knollen in ergiebiger Menge hochgebracht. Dann aber polterte aus dem Saugschlauch auch ein etwas andersartiges Objekt – eine nicht detonierte Granate! Man förderte weiter, doch weitere Granaten kamen zutage – eine explodierte. Wie sich herausstellte, war bei Marinemanövern ausgerechnet diese Gegend als Zielgebiet gewählt worden, und so lagen zwischen den Knollen auch zahlreiche Blindgänger. Daraufhin mußte das Unternehmen eingestellt werden, und die Firma verlangte von der Regierung die Rückzahlung des Pachtbetrages.

Die Erzknollen enthalten, wie schon gesagt, erzhaltige Mineralien; diese sind wie bei einer Zwiebel in Schichten um Haifischzähne, Ohrknochen von Walen und andere Fossilien angelagert. Schon Alexander Agassitz stellte 20 Jahre nach der „Challenger"-Expedition, auf der Expedition mit der „Albatros", fest, daß ganz beträchtliche Mengen solcher Knollen auf dem Tiefseeboden liegen.

Durch Unterwasser-Fotografien und -Fernsehen wissen wir heute, daß sie in 3500 bis 6000 Meter Tiefe den flachen roten Tonboden der Tiefseebecken in geradezu ungeheuren Mengen bedecken. Da sich dort kaum Sedimente ablagern, liegen sie meist völlig frei und sind auf den Bildern deutlich zu erkennen. Im Pazifik wurden Lagerungsdichten von 5 bis 25 Kilo je Quadratmeter, in manchen Fällen auch von 50 Kilo, festgestellt. Im Südpazifik entdeckte das russische Forschungsschiff „Akademik Kurchatov" Erzdichten, die 75 Kilo pro Quadratmeter betragen sollen, und an den Flanken unterseeischer Erhebungen auch mehrschichtige Lager von bis zu 200 bis 300 Kilo pro Quadratmeter.

Die prozentuelle Zusammensetzung der Metalle schwankt je nach Gebiet. Die Erzknollen des Atlantik enthalten weit mehr Eisen als jene des Pazifik, haben jedoch nur einen sehr geringen Gehalt an Kupfer und Nickel. Nach heutigen Schätzungen belaufen sich die Gesamtvorräte an Erzknollen auf 10.000 bis 100.000 Millionen Tonnen, wobei veranschlagt wird, daß sich pro Jahr 10 Millionen Tonnen neu bilden. Vergleicht man dies mit der bisherigen Weltförderung an Erzen, die 1971 471,7 Mill. Tonnen betrug, dann wird klar, daß der Mensch diese Vorräte – zur Bildung seiner künstlichen Organe – auch in Zukunft kaum aufbrauchen kann.

Wie entstehen die Erzknollen? Man vermutet, daß die aus Bodenspalten austretende Lava allmählich verwittert und sich dabei Metallteilchen im Wasser lösen und durch Meeresströmungen über den Tiefseeboden ausbreiten. Dazu kommt noch das im Wasser gelöste Material, das der Verwitterung der Kontinente entstammt. Bei der Anlagerung um geeignete Objekte mögen Bakterien mitbeteiligt sein. Auch dieses Geheimnis versucht man in verschiedenen Instituten zu lüften, um den gleichen Vorgang, möglichst noch verstärkt, auch künstlich herbeiführen zu können. Ebenso arbeitet man an Methoden zur rentablen Gewinnung. In die Tiefe gelassene Maschinen sollen die Knollen durch einen Kehrvorgang sammeln und dann durch einen Saugschlach nach oben leiten. Von einem schweizerischen Techniker wurde kürzlich ein Spezialverfahren vorgetragen, das den Pumpvorgang wesentlich vereinfachen soll. Nach seiner Berechnung – sie veranschlagt 4800 Betriebsstunden im Jahr bei einer stündlichen Förderung von 140 Tonnen Erzknollen aus 5000 Meter Tiefe – würde die geförderte Tonne rund 17 DM kosten. Da der Metallwert zwischen 150 und 200 DM je Tonne liegt, wäre die erforderliche Wirtschaftlichkeit gegeben.

Bei den Großmächten hat inzwischen ein Wettrennen um die Erschließung dieser einstweilen noch herrenlosen Rohstoffe eingesetzt. In Deutschland haben sich mehrere Großbetriebe zur „Wirtschaftsvereinigung Industrielle Meerestechnik" zusammengeschlossen, die für diese und andere Projekte von der Bundesregierung energisch höhere Zuschüsse verlangt. Während die USA 1971 für Meeresforschung und Meerestechnik 1897 Millionen DM aufgewandt haben sollen – und Kanada 248 Millionen DM –, stellte die Bundesrepublik nur 65 Millionen zur Verfügung. Für den Zeitraum 1972 bis 1975 sind in der Bundesrepublik insgesamt 700 Millionen vorgesehen, während die Förderungsbeträge für Datenverarbeitung 2,2 Milliarden, für Raumfahrt 3 Milliarden betragen. Überall sind heute in den Ozeanen Forschungsschiffe unterwegs, die die günstigsten Erzfelder prospektieren sollen. Das deutsche Rohstoff-Forschungsschiff „Valdivia" erkundete im vergangenen Jahr das Gebiet zwischen Hawaii und Kalifornien, wobei ein Erzfeld von 150 km Länge und 130 km Breite geortet wurde. Neben konventionellen Vorrichtungen wurde dabei ein neues Untersuchungsgerät eingesetzt – der Bumeranggreifer. Er wird vom Schiff abgeworfen, sinkt auf den Meeresboden, entnimmt dort eine Probe von stets gleicher Größe und bringt diese selbsttätig zur Oberfläche empor. Der ganze Vorgang dauert etwa zweieinhalb Stunden, und nach Wiederauftauchen wird das Gerät durch Funkpeilsender geortet. Die mit dem Greifer und mit anderen Untersuchungsgeräten gewonnenen Daten werden durch einen Computer verarbeitet. Im georteten Feld liegt der Gehalt an Wertmetallen relativ hoch. Allerdings wurde die „Valdivia" von der amerikanischen Konkurrenz dauernd überwacht. Eine Voraussage, die ich in meinem Artikel „Kolonie Meer" vor nun über dreißig Jahren machte, verwirklicht sich jetzt. Dabei stehen die Dinge in rechtlicher Hinsicht schlimmer als in den Tagen des Goldrausches. Denn kein Meeresprospektor, kein Tiefseekolonisator weiß heute mit Sicherheit, ob nicht andere sein Feld schon ebenfalls entdeckt haben. Und die Möglichkeit, seinen „Claim" zu sichern, gibt es einstweilen noch nicht.

Für andere Bodenschätze der Tiefsee gilt das gleiche. So wurden bei ozeanographischen Messungen im Roten Meer unterhalb der 2000-Meter-Tiefengrenze heiße Quellen von sehr hoher Temperatur entdeckt. Das Wasser erreicht dort bis zu 56 Grad Celsius und ist ungemein reich an Mineralen und Salzen. Ursache sind Risse im Erdmantel, die zum gleichen weltenweiten Spaltensystem gehören, welche das Driften der Kontinente verursacht. Vor etwa zehn Millionen Jahren waren – nach Ansicht der Meeresgeologen – Afrika und Arabien noch vereint, brachen dann auseinander und entfernen sich nun voneinander. Aus der in der Mitte des Roten Meeres auf dem Grund verlaufenden Bruchrinne tritt Lava aus, ebenso heiße Quellen, die reich an gelösten Metallen sind. Die deutsche „Meteor", die englische „Discovery" und die amerikanische „Chain" untersuchten mehrere solcher Stellen, deren es noch viele ähnliche entlang der auf dem Grund der Ozeane im Erdmantel verlaufenden Risse geben dürfte. Auch hier sind große Bodenschätze ohne rechtlichen Eigentümer gegeben. Nach einer amerikanischen Schätzung sollen die im Roten Meer ruhenden „Erzschlämme" 130 Millionen Tonnen an Erzen enthalten. Besonders durch ihren Gehalt an Kupfer, Zink, Silber und Gold schätzt man ihren Wert auf ca. eineinhalb Milliarden Dollar.

Weitere Rohstofflager liegen in den Schelfgebieten: es sind Ansammlungen von Metallen, die man als „Metallseifen" bezeichnet. Eisen wird vor der japanischen Küste vom Meeresboden gewonnen; in den Schelfgebieten von Thailand, Malaysia und Indonesien bringen Bagger Zinn vom Grund hoch. Einige dieser Seifenmineralien decken heute fast den Weltbedarf. 1968 wurden in den australischen Küstenregionen 93 Prozent der Weltproduktion an Rutil gewonnen (Ausgangsmaterial für Titanmetall- und Titanweißherstellung) sowie 83 Prozent der Weltproduktion an Zirkon (beim Kernreaktor- und Turbinenbau und in der keramischen Industrie benötigt). Im Golf von Carpenteria, ebenfalls vor Australien, liegen vor der größten Bauxitgrube der Welt durch Flüsse im Meer geschaffene Sekundärlagerstätten, die sich möglicherweise noch günstiger auswerten lassen als jene an Land. Der „schwarze Sand" vor der Ostküste von Alaska enthält beträchtliche Mengen von Gold und Platin, ebenfalls durch Flüsse ins Meer geschwemmt. Diamanten fördert man vor der Küste Südafrikas schon seit 1962 aus dem Geröll des Meeresbodens, ja man vermutet, daß sich dort unter Wasser das reichste Diamantenfeld der Welt befindet. Seine Ergiebigkeit wird auf nicht weniger als 35 Millionen Karat geschätzt. Der rote Tiefseeschlamm – das ergaben Untersuchungen für Ölbohrung – enthält größere Radiumanteile als die Pechblende und andere radiumhältige Gesteine an Land. Für die Arzneimittelherstellung haben sich die tropischen Inselbereiche mit ihren vielen Gifttieren und Giftpflanzen als von besonderer Bedeutung erwiesen: zur Gewinnung von biodynamischen Substanzen. Sogar Unterwasserbergwerke sind bereits geplant, deren Eingang sich in Form einer wasserdichten Schleuse auf dem Meeresboden befinden soll und zu denen die Arbeiter in U-Booten gelangen.

Manches, was man heute in Zusammenhang mit der Rohstoffgewinnung aus dem Meer liest, mag übertrieben sein, greift noch der Zeit voraus oder ist zu optimistisch. Im großen und ganzen aber dürfte an der Bedeutung des Rohstoffraumes Meer für die weitere Menschheitsentfaltung nicht mehr zu zweifeln sein. Was heute noch utopisch klingt, hat vielleicht morgen schon die immer fortschreitende Technologie möglich gemacht.

Daß diese Entwicklung für die Zukunft der Menschheit und für die weitere Lebensentfaltung von größerer Wichtigkeit ist als die weit höher dotierte Raumforschung, läßt sich wohl kaum ernsthaft bestreiten. Wie Dietz schrieb, sind die Kosten jeder Mondrakete größer als der Wert von Gold vom Gewicht einer solchen Rakete. „Darum können wir keinesfalls erwarten, daß der Transport von Rohstoffen per Rakete sich je bezahlt machen wird." Dietz fügt hinzu: „Während also der Wert der vom Mond gewonnenen Gesteinsproben und der wissenschaftlichen Daten keineswegs herabgemindert werden darf, so kann doch anderseits der Mensch nicht allein von wissenschaftlichen Entdeckungen leben." Die heute immer dringender geäußerte Forderung, daß mehr staatliche Mittel für Meereserschließung zur Verfügung gestellt werden sollten, hat bestimmt ihre Berechtigung.

Auch der ständig anwachsende Energiebedarf führt den Menschen ins Meer. Seit 1946 im Golf von Mexiko die ersten Ölbohrungen auf dem Meeresboden durchgeführt wurden, hat sich diese Bohrtechnik ungeheuer entwickelt. Die heutigen Ölbohrinseln gehören zu den kostspieligsten und kompliziertesten Instrumenten, die der Mensch überhaupt geschaffen hat. Bis heute sind erst wenige Bohrungen in über 200 Meter Wassertiefe erfolgt, der Rekord liegt bei 420 Meter. Daß jedoch auch in der Tiefsee Bohrungen von der Wasseroberfläche aus möglich sind, hat bereits die „Glomar Challenger" durch ihre meeresgeologischen Untersuchungen bewiesen. Als „Abfallprodukt" wurden dabei mehrere ölfündige Bereiche im Schelfgebiet entdeckt.

Nach amerikanischen Schätzungen erstrecken sich die bis heute unter dem Kontinentalschelf entdeckten Ölgebiete über eine Fläche, die etwa 15 Prozent der bisher bekannten Erdölgebiete auf dem Festland entspricht. Da jüngere Sedimente oft einen sehr hohen Ölgehalt haben, werden noch weit größere Ölvorkommen unter den Schelfgebieten vermutet. Von seiten der Ölindustrien wurden bisher ca. 10 Milliarden Dollar in Unterseebohrungen investiert, und es wird damit gerechnet, daß in den nächsten zehn Jahren weitere 25 Milliarden Dollar für diesen Zweck aufgewendet werden. Dabei werden heute die reichsten Ölvorkommen am Fuß der Kontinentalabhänge vermutet, wo sich durch die ständig herabstürzenden Schlammlawinen besonders große Sedimentansammlungen in Gestalt gigantischer Prismen gebildet haben.

Es gibt heute bereits „halbtauchende" Ölbohrinseln, die frei im Meer schwimmen und am Arbeitsplatz so weit geflutet werden, daß ihre Schwimmkörper tief unter Wasser liegen und damit nicht mehr dem Wellengang ausgesetzt sind. Die Arbeitsplattformen liegen auf Hohlpfeilern hoch über Wasser. Der „Ocean-Driller", eine V-förmige Bohrinsel dieses Typs, überstand 1964 einen Hurrican mit 15 Meter hohen Wellen. Eine andere solche Insel, die „Blue Water Rig Nr. 2", bohrte im Atlantik bei 7 bis 8 Meter hohem Wellengang, ohne durch Rollen und Schlingern beeinträchtigt zu sein. Die Zukunft liegt jedoch zweifellos in unter Wasser fahrenden Ölbohrschiffen, die sich direkt über dem Meeresgrund verankern. Es ist vorauszusehen, daß im Lauf der nächsten zwanzig Jahre derartige Einrichtungen geschaffen werden. Für die Arbeiter wird man dann auf dem Grund Unterkünfte errichten, und riesige U-Frachter werden das gewonnene Öl von ebenfalls auf dem Meeresboden errichteten Riesenbehältern abholen. Von Wetter und Wellen unbeeinflußt, kann es dann auf dem Unterwasserweg – sogar unter der Eisdecke des Nordpols hindurch – in riesigen, zeppelinartigen Kunststoffschläuchen zum jeweiligen Bestimmungsort gebracht werden.

Jules Verne schreibt 1869 in seinem Roman „20.000 Meilen unterm Meer", daß das U-Boot „Nautilus" mit aus dem Meer gewonnener elektrischer Energie betrieben wird. Kapitän Nemo erklärt dort seinem Gast und Gefangenen, wie er in Bunsenbatterien die Zinkplatten durch Kochsalzsäulen ersetzt. „Und das Kochsalz?" Ja, das gewinne er aus dem Meerwasser mit Hilfe von Steinkohle, die er in unterseeischen Kohlenminen ausbeute. Bemerkenswert ist, daß die Maße, die Jules Verne für seinen „Nautilus" angab (94 Meter Länge und 8 Meter Breite), fast genau mit jenen der heutigen amerikanischen Atom-U-Booten übereinstimmen (110 Meter Länge, 9 Meter Breite). Auch diese werden elektrisch betrieben – freilich nicht aus Bunsenbatterien, sondern mit Atomkraft. Und Unterwasserbergwerke sind auch schon geplant. Die Atom-U-Boote können sogar beliebig lang unter Wasser bleiben: 1960 umrundete eines die ganze Welt, ohne aufzutauchen, in 83 Tagen und 10 Stunden. Nach einer in unseren Tagen gestellten Prognose sollen künftige Kernfusionsreaktoren mit Deuteriumoxyd („schwerem Wasser") betrieben werden können, wovon im Meerwasser 0,0015 Prozent enthalten sind – eine niemals aufzubrauchende Menge. Hier ergäbe sich dann eine ebenso unerschöpfliche wie billige und sogar von schädlicher Strahlung freie Energiequelle, mit der sich über Entspannungsverdampfung die Trockengebiete der Kontinente ökonomisch bewässern ließen.

Das wohl verblüffendste – mit unseren heutigen Mitteln freilich noch nicht realisierbare – Zukunftsprojekt stammt von dem bekannten Astrophysiker Fritz Zwicky und wurde 1948 in einem Vortrag dargelegt. Hier geht es darum, den Planeten Venus, der eine um etwa 20 Prozent geringere Masse hat als unsere Erde, mit Hilfe von Atomkraft in eine von der Sonne entferntere Umlaufbahn zu bringen. Dann würde es auf seiner Oberfläche entsprechend kälter, Wasserdampf würde sich zu Wasser niederschlagen, und ein für Lebewesen geeigneter zweiter Planet in unserem Sonnensystem wäre geschaffen. Damit könnte sich dann auch dort Leben ausbreiten . . . könnte auch dort der Mensch sich entfalten.

Von der Evolution her schließt sich im Wasser der große Kreislauf. Die Pflanzen bauen ihre Strukturen mit anorganischer Energie aus anorganischer Materie, die Tiere erwerben beides räuberisch von Pflanzen oder Tierkollegen. Die vom Menschen gebildeten Strukturen, in denen wir selbst nur eine Art steuernder Keimzelle sind, werden wieder weitgehend aus anorganischem Material gebildet, von anorganischer Energie betrieben. Der immer größere Bedarf kann schließlich nur noch im Meer gedeckt werden. So führt das in so einfachen Strukturen begonnene Leben über besonders komplexe wieder ins Meer zurück.

50 Nicht weniger aufregend und meist noch schwieriger als die Jagd mit der Harpune ist jene mit der Kamera. Hier pirscht sich ein Taucher mit einer „Rolleimarin" an einen tropischen Kofferfisch heran. Nur mit Hilfe von Blitzlicht können die wahren Farben der Meerestiere festgehalten werden.

51 Mit Hilfe extremer Weitwinkelobjektive („Fischaugen") sind auch bei schlechter Sicht klare Aufnahmen möglich. Der hier gezeigte japanische Unterwasser-Bulldozer und der darüber schwimmende Taucher erscheinen dem Betrachter des Bildes 20 Meter weit entfernt – in Wahrheit jedoch war die Kamera diesen Objekten auf 2 bis 3 Meter nahe. – 52, 53, 54 *(rechts und folgende Doppelseite)* Sepias bei der Paarung, vom italienischen Meisterfotografen Paolo Curto festgehalten. Großaufnahmen von Meerestieren sind nur bei Mattscheibeneinstellung mit Normal- oder Teleobjektiven möglich. Hier wurde eine Rolleimarin verwendet.

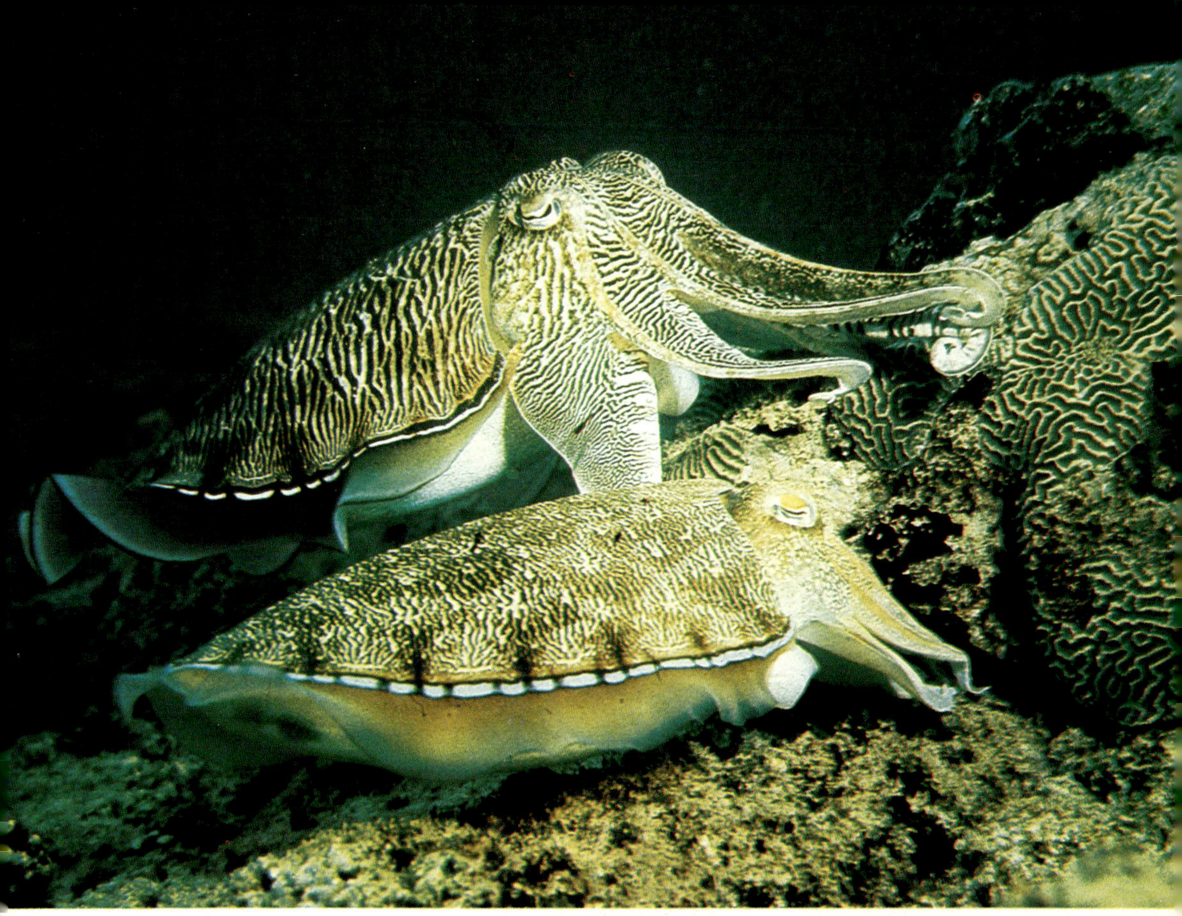

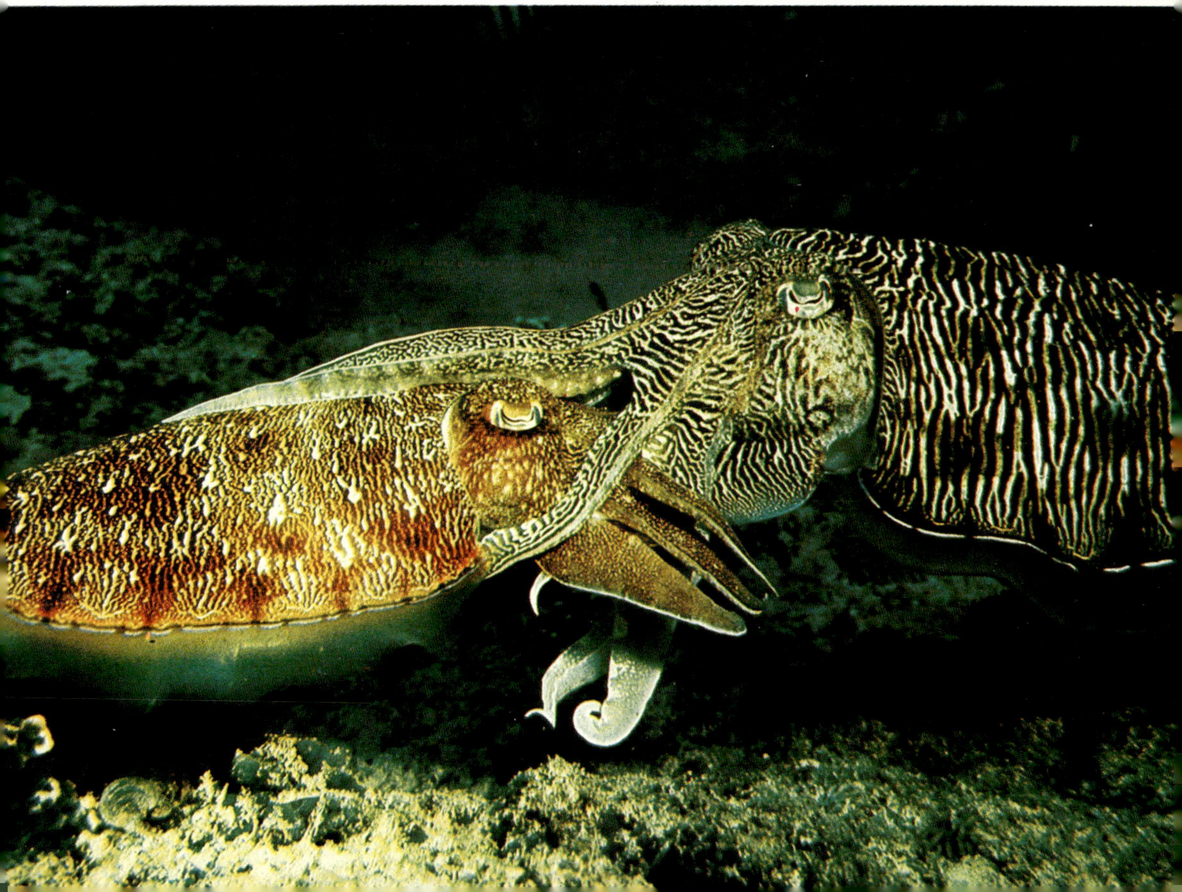

55 Porträt eines Zackenbarsches mit zwei Gobies und einem jungen Hogfisch, die sich als Putzer betätigen – eine Aufnahme des auf Tierfotografie spezialisierten Tauchers Douglas Faulkner. 56 *(rechts)* Stilleben von Hornkorallen mit darauf angesiedelten Seeanemonen, von Issuseo Nakamura fotografiert. Zartheit in der Komposition und Wildheit im Detail verraten das in der klassischen japanischen Kunsttradition geschulte Fotografenauge. – 57 *(folgende Seite)* Die Schraube des amerikanischen Schlachtschiffes „Arkansas", das gemeinsam mit zahlreichen anderen Schiffen bei den 1946 im Bikini-Atoll durchgeführten Atomtests versenkt wurde. Eric Freese, der dieses prächtige Bild fotografierte, war Leiter der ersten Gruppe, die Erlaubnis erhielt, diesen Schiffsfriedhof aufzusuchen.

AUSWIRKUNGEN

Es ist durchaus denkbar, daß der Unterwasser-
mensch durch seine Tätigkeit seelisch umgeformt
wird, daß er aus seinem Umgang mit dem Meer
eine unerwartete Gabe empfängt: eine gewisse
Weisheit, eine andere Art zu denken, zu urteilen,
sich zu entscheiden.

JEAN-ALBERT FOËX

Meeresgefährdung

Das oft gebrauchte Gleichnis von dem Mann, der den Ast, auf dem er sitzt, selbst absägt, trifft leider auch auf die heutige Menschheitsentwicklung zu. Wir sind eifrig am Sägen. Durch die Abfälle, die wir schaffen, zerstören wir Teile der Natur, von der wir entscheidend abhängen. Außerdem: Durch gezielte Wirkungen, die wenigen zum Vorteil gereichen, kommt es zu Rückwirkungen, die einer Mehrzahl empfindlichen Schaden zufügen. Von seiten der Wissenschaft wird auf solche zu erwartenden Verknüpfungen von Ursachen und Wirkungen schon seit langem hingewiesen. Aber der Wissenschaftler ist insofern machtlos, als er bestenfalls Empfehlungen vortragen kann, nicht jedoch die Entscheidungen trifft. Hierfür zuständig sind bis heute die Politiker, die eher geneigt sind, kurzzeitig zu denken. Politiker sein ist ein Beruf, dessen Ertrag von den Ergebnissen abhängt. Ergebnisse, die im Augenblick unpopulär sind, viel kosten und bestenfalls einige Legislaturperioden später in Erscheinung treten, sind aus naheliegenden Gründen nur von geringem Interesse. Wer will schon einen Baum pflanzen, der die Zeitgenossen eher behindert und mit dessen Früchte sich dann viel später ein anderer brüstet? Dazu kommt, daß die hier vorliegende Problematik eine völlig neue ist und erst einmal in unser Gemeinschaftsbewußtsein hineindämmern muß.

Das Problem der Abfälle war während der zwanzigtausend Jahre menschlicher Siedlungsgeschichte kaum gravierend – und in den drei Milliarden Jahren vorher gar nicht existent. Abscheidungen – „Stoffwechselschlacken" – gab es bei allen Organismen, und ebenso, in ständiger Folge, tote Körper. Sie belasteten die Lebensentwicklung nicht, ja förderten sie sogar. Die meisten Abscheidungen und auch jeder tote Körper enthalten verwertbare Stoffe und Energie – sind also mögliche Nahrung. Es entwickelten sich Spezialisten, die aus diesen toten Abfällen Nahrung gewannen: Bakterien, Einzeller, aber auch vielzellige Tiere und Pflanzen. Von einem toten Körper bleiben nur allfällige Panzer, Knochen, Stacheln und ähnliches zurück – und stören das weitere Geschehen dann ebensowenig wie herumliegende Steine. Alles übrige verbleibt gleichsam „im Geschäft", bleibt Bestandteil des Lebensflusses, hat bloß seinen augenblicklichen Platz gewechselt.

Dann kam der Mensch, schuf sich künstliche Organe, unterjochte die Tier- und Pflanzenkollegen. Seine Abscheidungen – mit der lateinischen Bezeichnung „Fäkalien" benannt – deponierte er zunächst wie seine Vorfahren irgendwo in der Gegend. Auch sie wurden zersetzt, förderten die Entwicklung von Pflanzen und Tieren. Später, als er seßhaft wurde, schuf er besondere Gruben – und düngte dann mit deren Inhalt erst recht das Feld. Es folgte die Kanalisierung, die meist über Flüsse letztlich ins Meer führt. Auch hier sind „Zersetzer" am Werk. Man spricht von einer Selbstreinigung der Flüsse, doch haben die Flüsse selbst mit dieser Leistung nicht das geringste zu tun. Sie wird von im Wasser lebenden Organismen erbracht, in erster Linie wieder von Einzellern und Bakterien. Sympathische Eigenschaft eines Flusses ist, daß kein vorbeifließender Tropfen je wiederkehrt. Sie sind Mistabführer par excellence, ihre Tätigkeit ist freiwillig, kostet keinen Groschen. Und das Meer? An dessen Selbstreinigungskraft dachte zunächst kaum jemand. In diesen unermeßlichen Weiten und Tiefen hatte wohl jede erdenkliche Menge von Abfall Platz.

Ein weiterer Gesichtspunkt: Die vom Menschen gebildeten künstlichen Organe wurden zunächst noch aus Holz, Häuten und anderem organischen Material, doch später dann aus anorganischem Stoff – Metall, Plastik usw. – gefertigt, der funktionell verschleißte, für den es dann aber nur selten eine weitere Verwendung gab. Solches Material blieb somit nicht mehr „im Geschäft", kehrte nicht mehr in den Lebensprozeß zurück. Es wurde irgendwoher gewonnen, verbraucht, verrottete – ging also dem Lebensprozeß verloren. Immer vielartiger wurden die Abfälle, die über Bäche und Flüsse schließlich ins Meer gelangten.

Mit diesem Müll konnten die Zersetzer nur noch beschränkt fertigwerden. Krankheitserreger, mit den Fäkalien des Menschen abgehend, gelangten ins Meer und verursachten dort bei der großen Verdünnung normalerweise keinen Schaden. Gelangten sie jedoch in seichtes Gebiet, in Estuarien und Buchten, wo nur beschränkte Wasserzirkulation herrschte, und wurden sie von Strömungen die Küste entlanggetragen, dann geschah es, daß Muscheln oder Krebse sie in ihren Filtern, mit denen sie Nahrung gewannen, anreicherten. Dann kam es zu Erkrankungen bei Menschen, die diese Tiere aßen. Ihr Genuß mußte untersagt werden, ja Badestrände mußten gesperrt werden. Die Selbstreinigung des Meeres funktionierte hier nicht mehr. Dies ereignete sich beispielsweise 1947 in Husum und Cuxhaven, wo es durch Krabbengenuß zu Typhus- und Paratyphusepidemien kam. Und ähnliches ereignete sich auch an zahlreichen anderen Küsten. In Europa und in den USA begann man in den Bädern das Wasser genauer zu untersuchen. Findet man heute in 100 Milliliter Wasser mehr als 100 bis 1000 Bakterien des im menschlichen Kot stets vorhandenen Bakteriums *Eschericha coli*, dann wird die Badeanstalt geschlossen.

Eine weitere negative Auswirkung: Die in den Abwässern enthaltenen Abbauprodukte (Nitrate, Phosphate) bedeuten für die Meeresgebiete, in die sie gelangen, eine ungewohnte Düngung. Sie hat zur Folge, daß pflanzliches Plankton sich immens vermehrt. Die jeweils absterbenden Individuen rieseln in einem ständigen Regen in die Tiefe, wo sie von Fäulnisbakterien in Empfang genommen und abgebaut werden. Diese Zersetzung aber kostet Sauerstoff. Besonders in Meeresbecken, wo das Wasser nicht zirkuliert, ist der darin enthaltene Sauerstoff schnell aufgebraucht. Es bildet sich Faulschlamm, die Zone wird für Lebewesen ungeeignet. Fische, Krebse und Muscheln sterben ab. Ein abiotischer, mit übelriechendem Schwefelwasserstoff angereicherter Bereich entsteht so: auf Grund einer allzustarken Düngung.

Heute geht es in den Werbefeldzügen der Waschmittelerzeuger darum, wessen Fabrikat die Wäsche noch weißer macht. Die Mittel enthalten heute schon bis zu 40 Prozent Phosphorsalze – was sich in doppelter Hinsicht negativ auswirkt. Einerseits sind Phosphorerze künftige Mangelware, denn ihre Lager sind beschränkt, außerdem gelangen sie über die Spülbecken und Kanäle in die Flüsse und ins Meer, wo sie Überdüngung (Eutrophie) bewirken: übermäßige Planktonbildung, übermäßigen Sauerstoffverbrauch beim Abbau der toten Organismen, drastische Veränderung und Gefährdung der normalen Flora und Fauna. Auch die gefürchteten „Red Tides", ungeheure Ansammlungen von Einzellern, die in südlichen Meeren rot gefärbt sind, stehen mit solcher Überdüngung in Zusammenhang. Während sie im Altertum als eher seltene Phänomene in Erscheinung traten, werden sie nun häufig – in Florida bereits jedes Jahr – beobachtet. Diese Einzeller sondern Stoffwechselprodukte ab, die als Nervengifte wirken. Fische gehen in ihnen zugrunde und werden ungenießbar. Auch über die Speichertätigkeit von Muscheln und Krebsen werden sie – neuerdings auch in der Nordsee – für den Menschen gefährlich.

Zur Verhinderung solcher und anderer – nunmehr erkannter – Übel hat man sich in dichtbevölkerten Gebieten entschließen müssen, die Abwässer vorzuklären. Das geschieht in großen Becken, in denen man die Tätigkeit der mikroskopisch kleinen Zersetzer fördert. Zurück bleibt „Klärschlamm". Man kann diesen zu Humus weiterverarbeiten – oder er wird von Schiffen hinaus aufs Meer gebracht und dort über Bord gekippt. Man nennt dies „Verklappen". Außerhalb der Dreimeilenzone ist Niemandsland – niemand kann es also verbieten. Der auf den Grund absinkende Schlamm beeinträchtigt die dort lebenden Organismen. Er ist immer noch reich an organischer Substanz – kann also auch wieder allzugroßen Sauerstoffverbrauch von Bakterien und das Entstehen toter Zonen bewirken.

Bei Hafenstädten leitet man durch Rohre die Abwässer möglichst weit hinaus aufs offene Meer. Da die Städte immer größer werden, nehmen diese Abwässer – ob nun vorbehandelt oder nicht – ständig zu. Da Süßwasser leichter ist als Salzwasser, besteht die Gefahr, daß die Abwässer vom Ende des Rohres zur Oberfläche hochsteigen. Also vermengt man sie mit Salzwasser. Die negativen Auswirkungen machen sich mehr und mehr bemerkbar. Manche für diese neue Situation besser geeigneten Organismen vermehren sich außerordentlich, sehr viele andere Arten dagegen sterben aus. An der kalifornischen Küste kam es zum Absterben der so mächtigen Tangwälder, die aus 10 bis 30 Meter Tiefe emporwachsen (Abb. 4); wie Untersuchungen zeigten, führten dort die Abwässer zu einer enormen Vermehrung der Seeigel, welche offenbar die Haftwurzeln der Algen annagen. In jüngster Zeit hat man darum mit Tauchern Großeinsätze gegen die Seeigel durchgeführt und versucht, die schütter gewordenen oder völlig verschwundenen Unterwasserwälder aufzuforsten. Sie bieten Unterschlupf und Nahrung für viele Fischarten und sonstiges Getier. Ohne sie verödet die Küste. In ähnlicher Verknüpfung von Ursachen und Wirkungen sterben in weiten Bereichen des Mittelmeers und der Adria Algenwiesen ab.

Bei Rovinj an der Adria gehen durch Meeresverschmutzung die Braunalgen zugrunde. Ein Wiener Biologe, dessen Spezialgebiet Würmer sind, machte sich die Mühe, die auf diesen Algen lebenden Kleinorganismen zu zählen. Er fand bei großen Algen 40.000, darunter 1200 der ihn interessierenden Würmer. Diese Kleinlebensgemeinschaften verschwinden gemeinsam mit den Algen. Auf manchen Böden, wo die frühere Fauna und Flora völlig vernichtet ist, breiten sich nun Blaualgen aus und bilden über den Boden einen schleimigen Teppich.

Bei Livorno steht am Strand eine Fabrik, die kalkhaltige Abwässer ins Meer leitet. Man sollte meinen, daß dies harmlos sei. Mitnichten. Der äußerst feine Kalkstaub legt sich über den Sandboden und verstopft die Lücken zwischen den einzelnen Sandkörnern. Das aber bedeutet den Tod für eine zwar winzig kleine, aber ungeheuer artenreiche Bodenfauna, die in diesen Sandlücken lebt. Sie ist Nahrung für Bodenfische, die mit dem Maul im Sand wühlen und diese Organismen erbeuten. Nun ist im weiten Umkreis das Meer wunderschön blau, jedoch der Meeresboden völlig tot. Die Abwässer von Papier- und Zellulosefabriken enthalten Lignin und Zellulose, die sich ebenfalls auf dem Grund ablagern und nur langsam zersetzen. Auch hier entstehen leblose Bezirke auf dem Meeresgrund, auch hier vernichtet ein tödlicher Teppich einst reichen Lebensraum.

Bei der Bauxitherstellung fällt Rotschlamm ab, der, wenn in einiger Entfernung von der Küste „verklappt", auf dem Grund nur geringen Schaden stiftet. Die Bodentiere übersiedeln offenbar in die sich auflagernde Schicht, und so bleibt die Bodenflora weitgehend erhalten. Beim Absinken des Schlammes treten jedoch bei den planktonischen Ruderfußkrebsen Schädigungen auf. Nach Untersuchungsergebnissen, die an der Biologischen Anstalt Helgoland erarbeitet wurden, weisen diese Jungtiere – planktonische Nahrungsquelle für viele Fische – eine achtmal höhere Sterblichkeitsquote auf. Im östlichen Mittelmeer wiederum ist der ägyptische Sardinenfang drastisch zurückgegangen. Während er 1965 18.000 Tonnen einbrachte, waren es 1968 nur noch 500 Tonnen. Das Wasser ist offenbar nährstoffärmer geworden. Wieso jedoch? Durch den Assuandamm wird der nährstoffreiche Nilschlamm zurückgehalten, strömt nicht mehr ins Mittelmeer.

Was für die Bebauer der durch diesen Damm gedüngten Felder ein Vorteil ist, wirkt sich für die Meeresfischer als Nachteil aus.

Bei manchen Industrien fallen Giftstoffe ab, die zunächst ebenfalls in die Flüsse und ins Meer bugsiert wurden. Bei der starken Verdünnung hoffte man, daß dies nichts ausmachen werde. Da und dort kam es aber doch zu beträchtlichen Schädigungen. Drei in den Rhein gekippte Fässer mit Endosulphan hatten ein großes Fischesterben zur Folge. In anderen Flüssen ereignete sich ähnliches. Die Urheber wurden ausgeforscht, man verlangte Schadenersatz und erließ behördliche Vorschriften. Weit weniger auffällig war dagegen, wenn verschiedene europäische Firmen ihre giftigen Rückstände in Fässern verschlossen ins Meer versenkten. Allein von englischen Firmen sollen zwischen 1963 bis 1969 nicht weniger als 40.000 Fässer mit Blausäuresalzen, Arsen und anderen Giftstoffen und weitere 38.000 Fässer mit chlorierten Kohlenwasserstoffen auf den Grund des Nordatlantik befördert worden sein. Was es für Folgen hat, wenn diese Fässer – und wahrscheinlich Millionen andere, von denen man nichts weiß – leck werden, bleibe dahingestellt. Das gleiche gilt für die nach den beiden Weltkriegen in der Ostsee versenkten Behälter mit Gelbkreuz und anderen Kampfgasen.

Giftige Schwermetalle, die über industrielle Abfälle ins Meer gelangen, sind vor allem Quecksilber, Blei, Zink und Kupfer. Quecksilber wird in den Eiern von Wassertieren im Dotter angereichert, Fische speichern es besonders in Leber und Niere, jedoch auch in den Muskeln, in der Milz und im Gehirn. In einer japanischen Bucht an der Westseite der Insel Kiuschu traten bei der Bevölkerung, die sich hauptsächlich von Fischen ernährt, merkwürdige Krankheitserscheinungen auf. Erst dachte man an eine ansteckende Gehirnhautentzündung: die Symptome waren Taubheit in Lippen und Gliedern, Störungen der Sinnesleistungen und ungleichmäßiger Gang. Manche der Erkrankten liefen wie betrunken herum, waren unfähig, plötzlich stehenzubleiben oder sich zu drehen. Erst nach drei Jahren ergaben Untersuchungen, daß die Abwässer einer in der Nähe gelegenen Fabrik Methylquecksilber enthielten – ein Gift, von dem schon 30 Milligramm eine Katze töten. Der Konzern konnte vorerst behördliche Schritte verhindern. Erst als 5 Jahre später – 12 Jahre nach der ersten Erkrankung, an der inzwischen 43 Personen gestorben waren – im Umkreis einer anderen chemischen Fabrik die gleichen Krankheitsfälle auftauchten (30 Fälle, 5 davon mit tödlichem Ausgang), kam es zu Gerichtsklagen, und die Behörden mußten schließlich einschreiten.

Ebenfalls sehr giftig für den Menschen ist Blei. In manchen Gebieten ist der Bleigehalt des Meeres bereits auf das Fünfzigfache des Normalwertes angestiegen. In der Leber von Seebarschen, die bei Los Angeles gefangen worden waren, stellte man einen bedenklich höheren Bleigehalt fest als in der Leber von Artgenossen, die an der peruanischen Küste ins Netz gingen. Muscheln reichern Zink bis auf das Tausendfache an. Andere Muschelarten haben durch starke Anreicherungen von Kupfer ernste Vergiftungen bei den Essern verursacht.

Vor der Errichtung eines Titanwerkes an der Unterweser wurden wissenschaftliche Gutachten eingeholt, ob die Abfallprodukte (Eisensulfat und Schwefelsäure) ähnlich wie es bei New York und an der holländischen Küste praktiziert worden war, in der Nordsee mit Tankschiffen ins Schraubenwasser abgegeben werden könnte. Die Antwort fiel vage aus. Immerhin wurde dem Werk ein elf Seemeilen nordwestlich von Helgoland gelegenes Areal für die Verklappung freigegeben. Seit 1969 gelangen dort täglich im Schnitt 1750 Tonnen dieser Abfälle in die Nordsee. Genauere Untersuchungen haben gezeigt, daß bisher keine Schädigungen nachweisbar sind – obwohl im Laborversuch Planktonalgen, Fischeier und Fischlarven durch solche Abwässer noch in 50.000facher Verdünnung Schaden erlitten. In einem für „Grzimeks Tierleben" verfaßten Beitrag zählt Gerlach die vielen schädlichen Abwässer auf, die von überallher in die Nordsee gelangen. Anschließend schreibt er: „Nach all diesen Vorzeichen hätte die Nordsee also eigentlich von Abwässereinflüssen in den vergangenen hundertfünfzig Jahren überwältigt werden müssen: dennoch ist sie nach wie vor eines der fischreichsten Gebiete der Welt. Auch gegenwärtig gibt es keinen Anhaltspunkt dafür, daß die Fischbestände unter dem Einfluß des Abwassers zurückgegangen wären." Die weit flachere und weniger gut durchlüftete Ostsee ist dagegen – obwohl sie weniger industrielle Abfallstoffe empfängt – ernsthaft gefährdet. Nach Angaben der FAO gilt sie heute als das „am stärksten verschmutzte Meer der Erde". Während also einerseits die bereits erfolgten Schädigungen nicht bagatellisiert werden dürfen, soll man anderseits die Selbstreinigungskraft der Meere nicht unterschätzen. Die vor kurzem öffentlich aufgestellte Behauptung, das Meer habe bereits 40 Prozent seiner Lebenskraft verloren, muß als grober Unfug bezeichnet werden – einerseits weil niemand in der Lage ist, für die Weltmeere eine solche Schätzung zu machen, anderseits weil sie wahrscheinlich um das Zehnfache übertrieben ist. Zweifellos liegt in der Meeresverschmutzung eine Gefahr, der aber nicht durch Panik begegnet werden kann, sondern nur durch entsprechende Forschung und Anteilnahme der Öffentlichkeit, um deren Wohl und Wehe es letztlich geht.

Daß es an einer solchen nicht fehlt, haben bereits zwei markante Beispiele – beide im Raum der Nord- und Ostsee – deutlich gezeigt. Als die Holländer die Errichtung einer gewaltigen Abwasserleitung in die Emsmündung planten – mit einer Kapazität von 24 Millionen „Einwohneräquivalenten" –, wurde dies im Hinblick auf die deutlich voraussehbaren Auswirkungen auf das energischste bekämpft. Und als 1971 der Frachter „Stella Maris" von Rotterdam auslief, um 60 Tonnen Abfälle einer chemischen Fabrik westlich von Norwegen zu versenken, brachte ihn dies auf eine unvorhergesehene Odyssee. „Als das bekannt wurde", berichtet Gerlach, „erhoben die skandinavischen Regierungen Einspruch gegen die Absicht, die Versenkung dicht bei einem wichtigen Fischereigebiet durchzuführen. Die ‚Stella Maris' wurde daraufhin zu einer Position südlich von Island umgeleitet und wollte auf dem Wege dorthin in Thorshavn auf den Faröer-Inseln bunkern.

Dies verhinderten die Fischer von Thorshavn jedoch mit Nachdruck; gegen ein Nachbunkern in Stornoway auf den Hebriden erhob die britische Regierung Einspruch, und für den Fall, daß der Frachter irische Gewässer anlaufe, drohte Irland, ihm ein Kriegsschiff auf den Hals zu schicken. Am 26. Juli 1971 kehrte das Schiff unverrichteter Dinge nach Rotterdam zurück; dort werden die Fässer nun gelagert, bis eine Verbrennungsanlage für Spezialmüll fertiggestellt ist."

Rein technisch gesehen, können heute bereits alle industriellen Abfälle unschädlich gemacht werden. Dem im Weg stehen bloß die Kosten. Sind in dem einen Land die Bestimmungen strenger als in einem anderen, dann können die Firmen durch die Auflage solcher Einrichtungen gegenüber dem Ausland konkurrenzunfähig werden. Zu einem Problem von weltweiter Bedeutung sind die als „Pestizide" bekannten Mittel zur Bekämpfung von Schädlingen geworden. Das bekannteste ist das DDT, das der Schweizer Chemiker Paul Müller entwickelt hat und wofür er 1948 den Nobelpreis erhielt. Es bewährte sich zunächst ausgezeichnet, vor allem in der Bekämpfung der die Erreger der Malaria und der Schlafkrankheit übertragenden Insekten. Durch diese Ausrottung wurden weite Gebiete bewohnbar gemacht und Hunderttausende von Menschen vor dem Tod bewahrt. Allerdings zeigte sich, daß dieses und verwandte Mittel nicht nur Schädlinge, sondern auch Nutzinsekten vertilgten. Auch insektenfressende Vögel, ja selbst Säugetiere fielen den Pestiziden zum Opfer. Weiters stellte sich heraus, daß sich bei den Schädlingen oft sehr schnell giftfeste Stämme bildeten – Mutanten, auf die das Gift nicht ansprach und die sich dann entsprechend stark vermehrten. In dem vorzüglichen Büchlein „Umwelt 2000" werden zwei aufschlußreiche Beispiele angeführt: In einem Tal in Peru setzte man DDT, BHC und Toxaphen zur Bekämpfung von Baumwollschädlingen ein. Im ersten Jahr war der Erfolg durchschlagend, eine Ertragssteigerung von 494 kg auf 728 kg je Hektar wurde erreicht. In den folgenden fünf Jahren jedoch verloren die Gifte sukzessive ihre Wirkung, und neue Schädlinge traten auf. Im sechsten Jahr war trotz intensiver Anwendung der Ertrag auf 332 kg, also unter den Ausgangswert, zurückgegangen. Auf Kakaoplantagen in Nord-Borneo wurden DDT und vier weitere Pestizide eingesetzt, aber auch hier traten bald neue Insektenarten in riesigen Mengen auf. Die chemische Insektenbekämpfung wurde auch in diesem Fall abgebrochen.

Eine Sensation bedeutete es, als amerikanische Wissenschaftler starke Pestizidanreicherungen im Körper antarktischer Fische, in Pinguinen, Robben und Seevögeln entdeckten – also Tausende von Kilometern weit vom Ort ihrer Anwendung entfernt. Ähnliche Anreicherungen fand man dann auch in anderen Weltteilen bei Muscheln, Fischen, Vögeln und Meeressäugetieren. Die Weltproduktion allein von DDT wird auf über 100 Millionen Tonnen pro Jahr geschätzt. Das Gift wird in der Regel von Flugzeugen aus über schädlingsbefallene Landschaften gesprüht und gelangt so nicht nur über Flüsse, sondern auch über Wind und Regen ins Meer. Man nimmt heute an, daß auf diese Weise etwa ein

Viertel der Gesamtmenge der eingesetzten Pestizide – neben dem DDT vor allem auch das später entwickelte BCP – seinen Weg ins Meer findet. Dort aber werden diese Gifte durch eine äußerst unzweckmäßige Fehlleistung vom pflanzlichen und tierischen Plankton im Körper angereichert – und das auf das etwa 250fache. Die von diesen Organismen lebenden Kleinkrebse nehmen es mit der Nahrung auf und speichern es ihrerseits, und so wird es dann von Lebewesen zu Lebewesen weitergegeben und immer mehr akkumuliert. Beispiel für eine solche „Nahrungskette": Bei Kleinkrebsen wurde ein DDT-Gehalt von 0,04 Milligramm pro Kilogramm Körpergewicht (ppm) gemessen, bei Kleinfischen waren es bereits 0,23 ppm, bei sich von Kleinfischen ernährenden Raubfischen 2,07 ppm, bei der Seeschwalbe 3,15 bis 6,40 ppm. Je langlebiger ein Tier ist, um so länger ist seine Speicherungstätigkeit – um so höher demgemäß auch der Giftgehalt in seinem Körper. Beim Fischadler wurden Werte bis zu 14 ppm gemessen, bei Kormoranen sogar über 26 ppm. Insgesamt kann es zu einer 2000fachen Anreicherung der Gifte kommen. Bei Los Angeles leitet eine der größten DDT-Fabriken täglich mehrere Hunderte Kilo Fehlprodukte und DDT-ähnliche Stoffe ins Meer. Hier fand man bei Fischen bis zu 57 mg je Kilo im Muskelfleisch und bis zu 1026 mg in der Leber. Im Körper junger Pelikane stellte man Konzentrationen bis zu 2600 mg fest. Bei kalifornischen Seelöwen enthielt deren Fett 911 mg solche Stoffe.

Bei Seevögeln beeinflußt der DDT-Gehalt den Kalzium-Stoffwechsel, was eine zu dünne Ausbildung der Eischalen zur Folge hat. Diese zerbrechen beim Brüten, und die Embryos gehen zugrunde. 1969 fanden sich in einer auf der Insel Anacapa bei St. Barbara untersuchten Brutkolonie von braunen Pelikanen in 300 Nestern nur noch 12 normale Eier. 1970 war in der gleichen Kolonie nur noch ein einziger Jungvogel das Ergebnis von 552 Brutversuchen.

Besonders bedenklich ist die Einwirkung der Giftstoffe auf das pflanzliche Plankton. Sowohl Labor- als auch Freilandversuche zeigten, daß bei diesen kleinsten Pflanzen bereits einige Tausendstel ppm die Aufnahme von Kohlendioxyd aus dem Wasser blockieren und so die Photosynthese hemmen. Das aber ist ein Punkt, der höchste Aufmerksamkeit verdient. Denn das pflanzliche Plankton produziert doppelt soviel Sauerstoff wie sämtliche Landpflanzen und ist gleichzeitig die Grundlage allen Lebens im Meer. Wenn diese unsichtbar unter der Oberfläche schwebende Vielheit von Mikroorganismen ernsthaft geschädigt würde, ließen sich die Folgen gar nicht ausdenken. Mit der Hoffnung auf eine Gewinnung erhöhter Nahrungsmenge aus dem Meer wäre es dann endgültig vorbei – und ein Absinken der Sauerstoffproduktion hätte automatisch ein Ansteigen des CO_2-Gehaltes in der Atmosphäre zur Folge, dies wiederum ein Ansteigen der Temperatur. Ähnlich wie in den Zwischeneiszeiten würde an den Polkappen Eis abschmelzen, und die Ozeane würden entsprechend ansteigen. Sämtliche am Meeresufer gelegenen Städte und tiefliegenden Landschaften würden überflutet.

Aufsätze über Meeresgefährdung stellen meist die sogenannte „Ölpest" an die erste Stelle, wie sie etwa durch das Drama der Tanker „Torrey Canyon" 1967 und der „Pacific Glory" 1970 verursacht wurde. Die „Torrey Canyon" lief in der Nähe der Scilly-Inseln auf ein Riff, die „Pacific Glory" explodierte vor der englischen Küste. In beiden Fällen strömten ungeheure Mengen von Rohöl ins Meer, verschmutzten dann die Küsten und hatten den Tod von über 50.000 Vögeln zur Folge. Das Gefieder der Tiere wurde verklebt, und beim Versuch, sich zu säubern, vergifteten sie sich. Bei den Wasservögeln wurde durch die Verölung auch die normale Isolierung gegen Kälte herabgesetzt, sie erfroren, konnten weder fliegen noch tauchen. Auch Pinguine, Seehunde und Wale gingen vor allem durch Verkleben der Augen und der Nasenlöcher zugrunde.

Man bekämpfte das Öl mit Detergentien, die sich jedoch für die Meeresfauna als weit schädlicher erwiesen als das an der Oberfläche schwimmende Öl. Im Falle der „Torrey Canyon" verwendeten die Engländer Mittel, die das Öl in Emulsion lösten, die Franzosen Kreide, die es zum Absinken brachte. Beides erwies sich als problematisch. Die Öl-Wasser-Emulsion war für viele Meeresorganismen giftig, die durch die Kreide absinkenden Ölklumpen zerstörten die Lebensgemeinschaften auf dem Grund. An sich wird das an der Oberfläche treibende Rohöl ganz von selbst durch Bakterien zersetzt. In den Tropen vollzieht sich das sogar sehr schnell – zwei bis drei Wochen –, in arktischen Gewässern dauert es mehrere Monate, ja sogar Jahre. Aus diesem Grund hat man heute ernstliche Bedenken, Rohölleitungen in den polaren Meeren zu verlegen oder Riesentanker durch diese Zonen zu dirigieren.

So spektakulär solche Tankerkatastrophen auch sein mögen – nicht zuletzt im Hinblick auf die geschädigten Badeorte –, das eigentliche Problem sind sie nicht. Frederic Vester gibt in dem vorzüglichen Buch „Das Überlebensprogramm" eine Übersicht, derzufolge sie nur etwa 1,5 Prozent der Ozeanverschmutzung durch Petroleumprodukte ausmachen. Eine ungleich größere Verschmutzungsquelle ist die über alle Meere verbreitete Schiffahrt. Noch bis vor kurzem war es üblich, daß die Ölschiffe auf hoher See ihre Tanks von den sich bildenden Teerrückständen reinigten, und bei sämtlichen Schiffen nehmen noch heute die öligen Bilgenwasser den gleichen Weg. Auf diese Weise sowie durch undichte Pipelines und Bohrinseln gelangen 10- bis 15mal so große Ölmengen ins Meer. Weitere enorme Mengen kommen über die Flüsse aus Haushalten und Industrien. So hat etwa der Fluß Po ein Einzugsgebiet von 8 bis 9 Millionen Menschen – man bedenke, was allein hier über die Haushalte an Olivenölrückständen in die Adria gelangt. In vielen Gegenden bilden sich über weite Strecken Ölfilme, die den Gasaustausch verhindern, oder winzige Öltröpfchen, die weithin die Oberfläche bedecken. Die auf den Grund absinkenden und dort herumrollenden Schwerölkugeln werden von mancherlei Organismen besiedelt und scheinen noch relativ wenig Schaden anzurichten. Der allergrößte Anteil an Petroleumprodukten gelangt jedoch – nach amerikanischen Schätzungen – über den Luftweg ins Meer. Nach einer 1972 in

Montreal von Alcan veröffentlichten Studie wird die Gesamtmenge der 1969 ins Meer gelangten öligen Abfälle auf 14.000 Millionen Tonnen geschätzt – wovon nicht weniger als 9000 Millionen Tonnen über Wind und Regen, also auf dem Luftweg, ins Meer kamen.

Da auf dem gleichen Weg die von Kaminen und Auspuffen ausgestoßenen Gase und Verbrennungsrückstände das Meer erreichen, kann man der sogenannten „Ölpest" die noch weit gefährlichere „Luftpest" zur Seite stellen. Sie schädigt den Menschen nicht nur an Land, sondern in steigendem Maße auch über den Weg ins Meer. Allein die aus den Auspuffgasen der Autos stammenden Mengen an Blei im Meer betragen zur Zeit eine halbe Million Tonnen pro Jahr.

Ein weiteres Kapitel der Meeresgefährdung sind die radioaktiven Abfälle der für friedliche Zwecke nutzbar gemachten Atomenergie: zum Teil werden sie in verlassenen Minen und Höhlen gelagert, zum nicht geringen Teil aber hat man sie bis vor kurzem auch in Fässern auf dem Meeresgrund deponiert.

Die bei Atomreaktoren und anderen Industrien anfallenden heißen Abwässer erzeugen ähnliche Veränderungen in den natürlichen Lebensgemeinschaften wie die Überdüngung durch Abfall. Das heute zu Verpackungszwecken in ungeheuren Mengen erzeugte Plastikmaterial verschmutzt ebenfalls die Meeresbereiche: etwa im Sargassomeer, wo die dort herrschenden Wirbel es gemeinsam mit Ölresten konzentrieren, wodurch die Lichteinstrahlung und damit der Algenwuchs beeinträchtig werden.

Die Liste der stattfindenden Verschmutzungen und Schädigungen ließe sich noch erheblich verlängern. Zum Glück fehlt es nicht an Bestrebungen, dieser Probleme Herr zu werden und entsprechende Schutzmaßnahmen zu treffen. Dem ersten internationalen Kongreß über Fragen der Meeresverschmutzung – 1959 in Berkeley, USA – sind inzwischen viele weitere gefolgt. So erarbeiteten 1971 Regierungsvertreter der Anliegerstaaten des Nordostatlantik eine inzwischen ratifizierte Schutzkonvention, nach der es nun verboten ist, persistente Chlorkohlenwasserstoffe, Quecksilber, Kadmium, krebserzeugende Stoffe und Plastik in die hohe See zu bringen; jede Versenkung bedarf einer Regierungserlaubnis. Es ist zu hoffen, daß bei der 1974 stattfindenden Konferenz in Chile weltweite Schutzbestimmungen durchgesetzt werden.

Die Überwachung? Sie fällt in erster Linie in die Kompetenz der Hafenbehörden, denen ja alle auslaufenden Güter gemeldet werden müssen. Darüber hinaus wird wohl auch die Kontrolle durch eine internationale Seepolizei beziehungsweise von Satelliten aus erfolgen müssen.

Unsere Betrachtung wäre indes nicht vollständig, würde sie nicht auch darauf eingehen, was wir denn unter dem heute so aktuellen Begriff „Umweltschutz" – sei es an Land oder unter Wasser – überhaupt verstehen. Auf den ersten Blick sieht es nämlich so aus, als wäre „Umwelt" mit „belebter Natur" identisch. So ist es aber ganz und gar nicht gemeint. Vielleicht ist daher gerade hier ein Hinweis wichtig, wenn eine vernünftige Lösung unserer Probleme – einschließlich jener in der Welt unter Wasser – angestrebt werden soll.

Die schon erwähnte Schrift „Umwelt 2000" mag als Beispiel dafür dienen, wie der Mensch, einschließlich fast sämtlicher Biologen, zu denken gewohnt ist. Auf den ersten 30 Seiten wird auf die bedauerliche Ausrottung so und so vieler Tierarten hingewiesen, gleich anschließend erläutert, wie die Pestizide sich zur Schädlingsbekämpfung nur beschränkt geeignet erwiesen hätten und daher die „biologische Schädlingsbekämpfung" eine weit wirkungsvollere Methode darstelle. Drei Möglichkeiten werden da angeführt: Erstens die Vertilgung von Schädlingen durch Förderung ihrer Feinde oder Parasiten. Zweitens ihre Bekämpfung mit besonderen Bakterien und Viren. Drittens die „Selbstvernichtungsmethode": indem man Schädlinge durch radioaktive Bestrahlung unfruchtbar macht, „ohne daß sich ihr natürliches Verhalten oder ihr Geschlechtstrieb ändert". Wörtlich heißt es weiter: „Bringt man die sterilisierten Tiere mit der arteigenen Freilandpopulation zusammen, so ergibt sich aus den Paarungen keine Nachkommenschaft. Die Weibchen legen unfruchtbare Eier ab." Auf diese Weise könnte durch wiederholten Einsatz steriler Tiere die schädliche Art im Laufe ihrer Generationsfolge immer stärker dezimiert und schließlich ausgerottet werden." In einem Diagramm wird dargestellt, wie dies schon in vier Generationen bewirkt werden kann.

Während also im ersten Teil dieser Schrift mit nicht verhohlenem Vorwurf auf die Ausrottung so und so vieler Vögel und Säuger hingewiesen wird, erklärt das Buch anschließend, wie sich andere Lebewesen möglichst wirkungsvoll ausrotten lassen.

Ich bin selbst Biologe und ebenfalls der Ansicht, daß solche Methoden – im menschlichen Interesse – dem Einsatz von Pestiziden vorzuziehen sind. Ebenso ist mir durchaus klar, daß sich an dieser Entwicklung nichts ändern läßt, ja, daß sie auch durchaus im „Sinn" der Evolution, im „Sinn" der Natur liegt. Denn das Stärkere, besser Geeignete hat sich in diesem Prozeß stets durchgesetzt, wir sind eben Träger und Teil dieses Vorganges. Falsch erscheint es mir jedoch, mit Wertungen zu operieren, die nicht vertretbar sind und mit denen wir uns selbst belügen. Weder gibt es „gute" und „schlechte" Tiere noch „wertvolle" und „weniger wertvolle". Vögel und Säugetiere sind Lebewesen auf sehr hoher Organisationsstufe – also nach moderner Diktion von „hohem Informationsgehalt". In diesem Sinn könnte man den Standpunkt vertreten, daß sie wertvoller sind und somit die Ausrottung niederer Tiere – mit geringerem Informationsgehalt – eher gerechtfertigt wäre. Aber das stimmt nicht. Denn für den Evolutionsverlauf haben sich niedere, wenig spezialisierte Organismen nicht selten als sehr wichtig erwiesen – ohne solche wäre es wahrscheinlich zum Menschen gar nicht gekommen. Außerdem sind die von uns bekämpften Giftschlangen und Moskitos Tiere von hohem Informationsgehalt, während wir andere niedere Organismen –

etwa Hefezellen, weil sie uns bei der Bierherstellung helfen – nach besten Kräften unterstützen.

Worauf ich hinaus will, ist dies: Wir sind stärker, setzen unseren Willen durch, manipulieren zum eigenen Vorteil die übrigen Organismen. Daran ist nichts auszusetzen, es ist nur natürlich. Gefährlich ist es, wenn wir uns etwas vormachen, wenn wir Handlungen moralisch-ethisch untermauern, die moralisch-ethisch nicht zu untermauern sind. Wollen wir ein vernünftiges Gleichgewicht finden, dann benötigen wir auch ein vernünftiges Gleichgewicht mit der Natur. Daß wir auch nur ein Jota mehr wert sind als ein beliebiges Tier, eine beliebige Pflanze, ist erst zu beweisen. Für einen solchen Beweis gibt es – zumindest naturwissenschaftlich betrachtet – keinerlei Kriterium. Wenn wir also mit beispielloser Rücksichtslosigkeit gegen alle uns schädigenden oder störenden Organismen vorgehen, dann ist das, im Sinn des Stärkeren, unser natürliches Recht. Aber wir sollten es klar wissen und klar für das einstehen, was wir tun.

„Umweltschutz" im allgemeinen und „Meeresschutz" im besonderen sind ungemein wichtige Anliegen, von denen sicherlich unsere Zukunft abhängt. Wir sollten aber klar vor Augen haben, daß wir als „Umwelt" nur bezeichnen, was uns dient und unsere Interessen fördert. Ein solches Wissen wird zwar kaum etwas am Verlauf der Dinge ändern, aber immerhin eine Arroganz überwinden helfen, die uns von den übrigen Organismen, in deren Kreis wir schließlich gehören, entfernt.

Pro und kontra Unterwasserjagd

Die Unterwasserjagd, wie sie ab 1935 von dem Amerikaner Guy Gilpatric und einigen seiner Freunde an den Küsten entlang der französischen Riviera betrieben wurde, war ein sehr fairer Sport. Mit einem gewöhnlichen Handspeer unter Wasser bis auf Stichweite an Fische heranzukommen und sie dann durch einen schnellen Stoß zu erlegen ist ungemein schwer. Zuallererst muß man lernen, lautlos unterzutauchen und sich mit möglichst langsamen und unauffälligen Bewegungen an die scheue Beute heranzupirschen; beim Stoß muß man die Reaktion des Tieres vorausberechnen. Als ich 1937 selbst Gilpatrics Schüler wurde, gab es nicht mehr als einige Dutzende solcher Unterwasser-Nimrods. Allein oder in kleinen Gruppen übten sie ihren Sport aus.

Flossen gab es damals noch keine, ebensowenig die heute übliche Tauchmaske. Wir verwendeten wasserdichte Brillen, die eine französische Firma herstellte, ähnlich denen, wie sie die Perlentaucher trugen. Sie umschlossen jedes Auge für sich und waren über der Nasenwurzel durch ein Band miteinander verbunden. Standen die Gläser nicht genau parallel, dann sah man unter Wasser ein doppeltes Bild. Schon in acht oder zehn Meter Tiefe preßten sie schmerzhaft in die Augenhöhlen. Der von Gilpatric erfundene Speer war drei Meter lang, hatte vorne einen eisernen Schaft mit einer lösbaren Spitze, die mit einer Leine am Holzgriff hing. Die Leine bildete eine Schlinge, die durch ein Gummiband gezogen wurde. Traf man, dann löste sich die Spitze und verankerte sich im Körper des Fisches; über die Leine hing er am Griff und konnte hochgezogen werden. Sofern er nicht stärker war und nun den Taucher hinter sich nachzog.

Auf die Angler blickten wir mit Verachtung herab. Bequem im Trockenen sitzend, sandten sie listig den in einem Köder verborgenen Haken herab, oder sie zogen ein nicht minder tückisches Blechding nach sich, das sich drehte und glitzerte – und auf das Raubfische hereinfielen. *Wir* dagegen traten den Fischen Aug in Auge entgegen, sie konnten uns sehen, hatten jeden Vorteil auf ihrer Seite. Hier kam es wirklich auf Geschicklichkeit an. Oft folgte ich einem unter mir schwimmenden Fisch eine halbe Stunde und mehr, studierte sein Verhalten, wartete auf den geeigneten Moment. Wenn dann beim Hinabtauchen und Anschleichen die Atemnot auch noch so groß wurde, man mußte eisern beherrscht und geduldig bleiben. Und war man endlich nahe genug, dann kam das zweite Problem. Beim Zustoßen mußte der ganze Körper wie eine Stahlfeder vorschnellen. Da die meisten Fische blitzschnell reagierten, mußte man beim Stoß auch schon ihre Bewegung mit einkalkulieren.

In seinem Buch „The Compleat Goggler" – das erste über Unterwasserjagd, 1938 in New York erschienen – erwähnte Gilpatric auch eines meiner Abenteuer, das ich ihm in einem Strandcafé erzählt hatte. Beim Kap Miramar war ich auf große Bonitos gestoßen, hatte den einen durchbohrt, und er hatte mich einfach hinter sich nachgezogen. Gilpatric schrieb: „Ich hätte die Leine abgeschnitten oder sogar die Harpune fahren lassen, aber der Österreicher war aus härterem Material, und so, bei Gott, ließ er nicht los." Ich traf Gilpatric später nochmals in Kalifornien, dann hörte ich, daß er wegen eines unheilbaren Krebsleidens seiner Frau mit ihr gemeinsam Selbstmord begangen habe. Er war ein ebenso sportlicher wie humorvoller Mann, der mit seinem Tun eine ungeheure Lawine auslöste.

Zwei Jahre später, 1939, als ich mit Böhler und von Wurzian im Karibischen Meer an Korallenriffen tauchte, gelangten wir mit unseren Speeren in ein wahres Jagdparadies. Keiner von uns wird diese Zeit je vergessen! Hinter jedem Riff lauerte die Gefahr, lockte neues Abenteuer. Wir zelteten an einsamen Stellen und ernährten uns hauptsächlich von dem, was wir erlegten. Ich speerte einen Stachelrochen von 40 Kilogramm Gewicht, und wir zerrten ihn zu dritt, abwechselnd hochschwimmend und luftholend, gegen allen seinen Widerstand zur Oberfläche und dann an Land. Wir packten schlafende Ammenhaie am Schwanz und ließen uns von ihnen durch die Korallen ziehen. Der beste Jäger war Jörg. Sein Harpunenstoß war so plötzlich und stark, daß man die Bewegung unter Wasser als dumpfen Schlag hörte. Alfred wieder liebte Fische, die ihn ärgerten. Er konnte stundenlang bei einem Korallenstock verbringen, in dessen Höhlensystem ein Fisch sich versteckte. Vor unserem Zelt bauten wir uns aus Korallenplatten Lehnstühle und einen Tisch. Dort saßen wir dann, aßen Langusten und sahen der Sonne zu, wie sie unter dem Horizont verschwand.

Wenn ich in meinen Büchern mit so viel Begeisterung von diesen Jagden erzählte, dann ist das nur verständlich. Ich ahnte damals nicht im entferntesten, daß das recht wesentlich zu einer Entwicklung beitragen würde, deren Überhandnehmen mich inzwischen bewogen hat, gegen sie aufzutreten. Was uns bei diesen Jagden so faszinierte, war ganz bestimmt nicht das Töten. Es war vielmehr die Herausforderung, bisher noch nicht Gewagtes zu unternehmen, uns in einer schwierigen und gefährlichen Tätigkeit zu beweisen. Nicht selten verschonte ich Fische, wenn ich sah, daß sie keinen ebenbürtigen Gegner abgaben. Nur wenn für die Bratpfanne ein Fisch fehlte, war unser Jagdwild ein zu tötendes Objekt. Sonst waren für uns die Fische weit eher Freunde, respektierte Gegner, mit denen wir uns maßen.

58 Taucher und Krake — eine impressionistische Studie von Ron Clark. In den kalten Gewässern von Pudged Sound, an der Grenze zwischen den USA und Kanada, leben Octopoden mit Spannweiten bis zu 5 Meter. Die Sporttaucher führen dort regelrechte Ringkämpfe mit diesen Tieren auf, wobei Vorschrift ist, daß diese nicht verletzt werden dürfen.

59 Ein Wobbegonghai, der gerade einen Rochen verschlingt. Aufnahme von Paolo Curto. — 60 *(rechts)* Ausschnitte aus einem Filmstreifen, den Ron Taylor, einer der besten und mutigsten Taucher der Welt, von einem Weißen Hai aufnahm. — 61 *(folgende Doppelseite)* Porträt des Weißen Haies — der einzigen unbedingt gefährlichen Haiart. Diese bis 10 Meter langen und mehrere Tonnen schweren Tiere kommen nur sehr selten an die Küsten. Sie werden von den Tauchern mit Recht „Freßmaschinen" genannt.

62 *(links oben)* Mit Hilfe solcher weitmaschiger Netze wurden an vielen Küstengebieten Australiens und Südafrikas Haie ausgerottet. Die Tiere verfangen sich darin mit ihren Kiemen und gehen zugrunde. — 63 *(links unten)* Valerie Taylor mit einer Wasserschlange. Der Biß solcher Schlangen kann tödlich sein, doch greifen sie Taucher nur aus Selbstverteidigung an. — 64 *(oben)* Angriff eines Seelöwen. Um ihr Territorium zu verteidigen, greifen diese Meeressäuger gelegentlich Taucher an.

65 Der unheimlichste Gegner des Fischmenschen: der Steinfisch. Der Stich seiner Rückenflossensta-
cheln ist tödlich. In Gestalt und Färbung sind diese Tiere so gut getarnt, daß selbst erfahrene Taucher sie
zwischen Steinen und Korallen häufig nicht ausmachen können. Kommt man ihnen nahe, dann rühren
sie sich nicht von der Stelle, sondern stellen bloß ihre Giftstacheln auf.

Gilpatric schrieb in seinem Buch: „Dann wurde die Schußharpune erfunden. Ein zwei Meter langes Rohr mit Feder und Pistolengriff machte es möglich, einen 1,30 Meter langen Stahlpfeil mehrere Meter weit abzuschießen." Und er fügte hinzu: „Sogar im Parademarsch kann man so nahe an einen Fisch herankommen. Mit einem Schlag wurde also alle Geduld, Geschicklichkeit und Kenntnis der Fische überflüssig. Mit diesem Gewehr kann jeder Neuling an der Oberfläche schweben und sich Beute verschaffen, ohne sich auch bloß die Haare naß zu machen."

Erfinder dieser ersten Schleuder war nun allerdings sein guter Freund Alec Kramarenco, einer der besten Taucher in der von ihm begründeten Gemeinschaft der „Serious Sinkers". Das war es wohl, was Gilpatric bewog, an späterer Stelle zu sagen: „Obwohl ich in einem anderen Kapitel das rücksichtslose Abschießen von Fischen, um auf diese Weise mehr zu erbeuten, bedauert habe, gebe ich doch zu, daß Unterwassergewehre, Schleudern und ähnliche tödliche Waffen im Rahmen des Sporttauchens einen berechtigten Platz haben." Wenn er einmal alt sei, würde er die Krücken niederlegen können und immer noch den ersten Flossenträger, der ihm in die Quere käme, erlegen.

Auch wir standen vor diesem ethischen Problem. In Curaçao trafen wir einen holländischen Ingenieur namens Meyeringk, der sich ein ähnliches Instrument zum Abschießen der Fische im seichten Wasser konstruiert hatte. In meinem Buch „Drei Jäger auf dem Meeresgrund" habe ich unsere erste Reaktion geschildert: „Wenn wir je Charakter bewiesen, dann geschah es in unserer kategorischen Ablehnung des Schießinstrumentes von Herrn Meyeringk. Mochte er auch mehr Fische fangen, wir wollten trotzdem unserer einfachen Harpune treu bleiben. Nur mit ihr schien uns die Unterwasserjagd fair. Eine Schleuder bedeutete einen technischen Vorteil, der unseren Sport unsportlich machen würde. Nein, wir wollten unserer Harpune treu bleiben!" – Aber einige Monate später kapitulierten dann auch wir. Inzwischen war der Krieg ausgebrochen, und wir konnten nicht planmäßig heimkehren. Durch Fischfang und Korallenverkauf verdienten wir unser Geld. Herr Meyeringk kehrte damals nach Holland zurück und hinterließ uns als Abschiedsgeschenk sein technisches Kunstwerk. In dem genannten Buch erwähnte ich ein Gespräch, das damals zwischen uns dreien stattfand. Wir hatten uns gerade entschlossen, die Heimreise über die USA, Japan und Rußland zu versuchen. „Und das Geld –?" fragte ich Jörg und Alfred. „Das werden wir uns verdienen", kam es triumphierend zurück. „Wir werden eben Fische verkaufen! Jetzt kommt es nicht länger auf den Sport an, sondern darauf, möglichst viel Geld zu verdienen." – „. . . mit der Schießharpune also?" vollendete ich, und die beiden strahlten, wie nur einer strahlt, der mit Charakter charakterlos werden kann: „Ja, mit der Schießharpune."

Das Geschenk von Meyeringk und die Umstände machten nun recht rücksichtslose Jäger aus uns. Nicht selten kamen wir jetzt mit 50 oder auch 80 Kilo

Fischen aus dem Meer zurück, die wir dann heimlich an Restaurants verkauften – heimlich, weil wir als Ausländer keine Erwerbstätigkeit ausüben durften. „Unsere Einkünfte waren so gut, daß wir uns bald noch eine zweite Schießharpune anfertigen ließen."

Ganz analog schrieb Gilpatric: „In einer einzigen Saison erlegte ein Benützer der Kramarenco-Schießharpune mehr als 700 Fische. Das ist ein enormer Rekord und weit mehr, als wir je mit dem Handspeer zur Strecke brachten."

Auf meinen späteren Expeditionen bin ich dann wieder zum Handspeer zurückgekehrt – sofern ich überhaupt noch jagte. Damit wurde ich jedoch zum Sonderling. Die Schußharpunen eroberten die Welt. Die allererste hatte bereits Commandant le Prieur entwickelt, der allererste französische Tauchpionier. Schon zur Zeit Guy Gilpatrics marschierte er, mit einer Preßluftflasche ausgerüstet, über den Meeresboden und knallte mit seinem Unterwassergewehr „Nautilus" Fische auf weite Entfernung ab. Er schoß mit einer Pulverpatrone unter Wasser Pfeile ab, die bis 20 Meter weit geflogen sein sollen. Diese Waffe wurde jedoch nicht weiterentwickelt. Statt dessen erschienen unzählige Typen von Schleudern auf dem Markt, die mit Feder- oder Gummikraft Pfeile abschossen. Die Alternative für den heutigen Taucher ist längst nicht mehr Handspeer oder Schußharpune – sondern Schußharpune oder Unterwasserkamera. Sehr viele – und so auch ich – kamen darauf, daß die Jagd mit der Kamera noch weit aufregender ist als die mit dem Speer.

1960 wandte ich mich anderen Forschungen zu, verkaufte mein Schiff und ließ für ganze zehn Jahre das Tauchen sein. Als ich dann wieder unter Wasser ging, war ich erschrocken über die Veränderung, die vor sich gegangen war. Tauchplätze, die ich noch aus der Erinnerung gut kannte, waren verödet. Die Unterwasserjagd war zur Mode geworden, wird heute schon von vielen Hunderttausenden, wenn nicht von Millionen, ausgeübt. An vielen Küsten sind die Fische so gut wie ausgerottet, oder sie haben sich in größere Tiefen zurückgezogen. Auch mit dem Tauchgerät wird in vielen Gegenden gejagt. Besonders kraß wurde mir die Veränderung in den Riffen rings um Tahiti vor Augen geführt. Ich drehte im Rahmen einer Fernsehserie einen Film über den Bericht von James Morrison, einem der Bounty-Meuterer, sowie über Gaughins „Noa Noa" und über das Tahiti von heute. Morrisons Worte standen zu dem, was ich hier sah, in einem geradezu ungeheuren Kontrast. Er hatte geschrieben: „Die Riffe sind überreich an Fischen aller Art, prächtig in ihrem Aussehen und köstlich zu essen. Überall erstrahlen ganz außerordentliche Farben – und diese außerordentlichen Farben sind nichts anderes als vorzügliche Fische." Jetzt schwamm ich durch Mondlandschaften, in denen weit und breit kein Fisch zu sehen war, der länger als fünf Zentimeter gewesen wäre. All die prachtvollen Riff-Fische fehlten. Ich sah mit Tauchgeräten ausgerüstete Unterwasserjäger mit winzigen Fischlein an der Beuteschnur. Ich filmte sie. Ein etwas größerer Kugelfisch, den ich nach langem Umherschwimmen entdeckte, erkannte mich bereits auf 20 Meter Entfernung und eilte, so schnell sein kleines Schwänzlein ihn forttrieb, davon.

An anderen Tauchplätzen erlebte ich den gleichen Schock. Zwar gibt es weite Gebiete – speziell in den Tropen –, die vom Tourismus noch nicht berührt sind, wo noch nicht die Jagdlustigen mit einem ganzen Bündel Schußharpunen das Flugzeug verlassen. Bei der derzeitigen Situation ist indes klar, wohin diese Entwicklung führen wird – führen muß.

Unter dem Eindruck des Geschehenen verfaßte ich nach meiner Rückkehr ein Manifest. Wenn das Sporttauchen sich nicht selbst seiner Basis berauben wollte, mußte gegen dieses Überhandnehmen einer Vernichtung – nicht zuletzt durch die Anregung meiner eigenen Bücher und Filme – etwas unternommen werden. Der einst faire Sport war nun längst nicht mehr fair. Ein rücksichtsloses Abschlachten war daraus geworden, von Firmen, die Schußharpunen verkauften, noch kräftig propagiert. Schon kleine Kinder schwimmen überall an den Küsten umher und schießen mit Harpunen auf alles, was da schwimmt.

Was aber läßt sich gegen diesen immer mehr anwachsenden Heuschrecken-schwarm von Unterwasser-Nimrods tun? Man kann Schutzgebiete errichten – und solches ist auch schon geschehen –, aber das ist zu wenig. Ein solches Schutzgebiet ist nicht viel mehr als eine Art Zoo. Auch Abschußquoten lassen sich unter Wasser nicht durchsetzen. An Land kann geregelt werden, daß in einem bestimmten Gebiet nur so und so viele Hirsche oder Elefanten geschossen werden dürfen – doch an den Meeresküsten ist es kaum möglich, Lizenzen für einen Zackenbarsch oder einen Stachelrochen auszugeben. Wer soll das kontrollieren? Ich sehe nur eine Möglichkeit: das generelle Verbot dieser Waffen, welche die Jagd allzu leicht machen. Jede Jagd mit Tauchgerät ist absolut unfair und sollte daher verboten sein. Darüber hinaus aber sollten sämtliche mechanischen Unterwasserwaffen generell verboten werden: einen anderen Ausweg gibt es meiner Meinung nach nicht. Taucher, mit denen ich gesprochen habe, teilten – wenn auch zunächst zögernd – meine Meinung. Sie sagten: „Aber für den eigenen Suppentopf sollten wir doch weiterhin jagen dürfen?" Ich bin nicht dieser Ansicht. Mit dem Handspeer ja, eventuell noch mit der in Hawaii verwendeten Handschleuder. Und selbst das ist bei der heutigen Zahl von Jägern problematisch. Meines Erachtens kann eine solche Wendung nur von den Sporttauchern ausgehen. Also richtete ich mein Manifest an sie.

Im Herbst 1971 wurde ich vom Deutschen Unterwasserclub zu einem Filmfestival nach Berlin eingeladen. Horst Laskowsky, der sehr rührige Vorsitzende des Clubs, dem ich mein Manifest geschickt hatte, erklärte spontan, daß wir es bei dieser Gelegenheit publik machen sollten. Er und die meisten Mitglieder des Clubs stünden hinter mir. So geschah es dann auch. Laskowsky hatte sich für die Presse noch etwas besonders Wirkungsvolles ausgedacht. Trotz der schneidenden Kälte marschierten achtzig Mitglieder des Clubs in Neoprenanzügen und mit Flossen auf das Berliner Eisstadion, verteilten das Manifest und legten symbolisch ihre Harpunen „aufs Eis". Am gleichen Tag gründeten wir die „Vereinigung zur Bekämpfung von mechanischen Unterwassersportwaffen", kurz VBMU genannt. Gründungsmitglieder waren der Schweizer Anwalt und Sporttaucher Hermann Heberlein, der sich schon seit vielen Jahren für Meeresschutz einsetzte, Jens Peter Paulsen, der Präsident des deutschen Sporttauchverbandes, sodann der bekannte deutsche Taucher Ludwig Sillner, Horst Laskowsky, Eibl-Eibesfeldt und ich selbst.

„Wogegen wir besonders auftreten müssen", sagte Sillner, „das sind die Weltmeisterschaften in der Unterwasserjagd, die unter der Schirmherrschaft der CMAS abgehalten werden. Das ist ein Skandal. Bei der letzten, in Chile, gewann ein Mann, der an die 500 Kilo Fische vom Leben in den Tod beförderte. Dabei sind diese Leute noch so naiv, daß sie sich um die Teilnahme an den Olympischen Spielen bemüht haben."

„Wir haben als einzige nie daran teilgenommen", sagte Paulsen. „Der deutsche Sporttaucherverband war immer dagegen. Ebenso auch die Ostblockländer. Aber besonders mit den Italienern oder Franzosen läßt sich da überhaupt nicht reden. Natürlich sind dabei auch nicht unwesentliche geschäftliche Interessen im Spiel."

Die CMAS (Confédération mondiale des activités sousmarines) ist eine Dachorganisation, welcher die Sporttaucherverbände vieler Länder angehören. Cousteau, der langjährige Präsident, war somit der eigentliche Schirmherr dieser Veranstaltungen. Zu seinen sonstigen Bemühungen um Meeresschutz schien das nicht recht zu passen. Abends bei der Galaveranstaltung zeigte ich den Tahitifilm und verlas dann mein Manifest. Ebenso ein Telegramm an Cousteau mit der Bitte, sich von den Unterwasserjagd-Weltmeisterschaften zu distanzieren und seinen Einfluß bei der CMAS dahingehend geltend zu machen, daß sie solche Veranstaltungen nicht mehr fördere. Uns kam es dabei nicht auf die paar Fische an, die dabei getötet wurden – im Verhältnis zur Berufsfischerei bedeutet das überhaupt nichts –, sondern auf den Symbolcharakter dieser Veranstaltungen. In der Frühzeit der Taucherei war gegen solche Meisterschaften nichts einzuwenden gewesen, sie wurden allerorts abgehalten und als ein Wettkampf wie jeder andere angesehen. Doch inzwischen hatten sich die Zeiten geändert. Wenn die aktiven Taucher sich nicht selbst zu entsprechenden Aktionen entschlossen, dann würden die Küsten rettungslos leergeschossen, und spätere Generationen würden die Wunder der Unterwasserwelt nicht mehr erleben. Geschäftliche Interessen schön und gut, aber hier schnitt sich die Industrie bereits ins eigene Fleisch. Denn wenn es keine Fische mehr gab, dann verlor das Tauchen viel von seinem Reiz, und wer kaufte dann noch Unterwasserkameras, Tauchgeräte, Masken, Schnorcheln, Tauchanzüge usw.?

Herr Bergann, der mächtigste Produzent solcher Artikel in Deutschland, unterschrieb das Manifest noch am gleichen Abend. Viele andere unterschrieben ebenfalls, schlossen sich unseren Bemühungen an. Sogar die bedeutendsten Taucher der Welt unterschrieben. In Australien Ron Taylor, Ben Cropp, John Harding, Irvin Rockman; in den USA Stan Waterman, Al Giddings, Jack McKenney, Paul Tzimoulis, Jerry Greenberg und andere. Frankreich machte uns besondere Freude durch den Beitritt von Philippe Diolé, Italien durch den Beitritt von Victor de Sanctis. Daß Bernhard Grzimek und Jacques Piccard sich uns anschlossen, war beinahe selbstverständlich, und auch der World Wild Life Fund zeigte sich interessiert. Aber wenn diese Bewegung Erfolg haben soll – und dies hoffen wir –, muß sie in erster Linie von den Sporttauchern vertreten werden. Deshalb freute uns, daß wir aus allen Ländern, in denen das Manifest veröffentlicht wurde, ganze Briefladungen von Unterschriften erhielten.

Keinen Erfolg hatten wir leider bei der CMAS, auch nicht bei Cousteau. Die Weltmeisterschaften in der Unterwasserjagd, unter den heutigen Umständen nicht mehr aufrechtzuerhalten, werden weiterhin gefördert und abgehalten.

Natürlich liegt, was die Verödung der Küsten betrifft, die Schuld nicht ausschließlich bei den Unterwasserjägern. Wie Paul Tzimoulis mir eindringlich auseinandergesetzt hat, sind in vielen Gegenden, etwa rings um Jamaica, für die Verödung der Riffe auch andere Vorgänge verantwortlich zu machen. In den großen Fangkörben, welche die einheimischen Fischer auslegen, werden in großen Mengen Korallenfische gefangen. „Oft werden diese Reusen überhaupt nur einmal in der Woche geleert, dann ist die Hälfte der darin gefangenen Fische längst tot und verfault." Ein weiterer Grund für die Verödung liegt in der Verwendung von Clorax. „Das ist ein Waschmittel, das Sie dort überall zum Waschen kaufen können. Die Eingeborenen bringen es hinunter ins Riff und töten damit alles ringsum. Alle Fische kommen bewußtlos aus ihren Verstecken, sogar die Korallen sterben im weiten Umkreis. Man sieht das genau: denn die toten Korallen sind ja schneeweiß." – „Verwenden die Eingeborenen Tauchgeräte?" – „Manchmal ja, manchmal nein. Aber diese Art des Fischens ist genau so verhängnisvoll wie die mit mechanischen Harpunen."

Ein weiterer Grund ist das an vielen Küsten verbreitete Werfen von Dynamitladungen. Durch die Explosionen werden nicht nur die Fische im Umkreis getötet – sondern auch die Brut geschädigt. Schon 1942 sahen wir in Griechenland, welche Folgen das hat. Damals – ebenso wie heute – sind die Küstenzonen der Ägäis fast fischlos. Um größeren Fischen zu begegnen, muß man Tiefenzonen aufsuchen, die von dem Übel noch nicht betroffen sind.

In den Tropen wirkt sich auch das Fangen von Korallenfischen zum Verkauf an Aquarienliebhaber negativ aus. Die Fische werden in Plastikbeuteln per Flugzeug versandt – dabei geht ein großer Prozentsatz, noch ehe der Bestimmungsort erreicht ist, zugrunde. Auch die ausgesprühten Pestizide zur Bekämpfung der Moskitos bewirken, wenn sie ins Meer gelangen, daß die Küstenfische geschädigt werden oder sich in die Tiefe zurückziehen.

Schließlich sind auch die modernen Fangtechniken der Berufsfischer von Einfluß, doch ist hier weit eher mit vernünftigen Regelungen zu rechnen. Denn zerstören die Fischer ihre eigenen Fischbestände, dann vernichten sie damit ihre Lebensbasis. Bei den Unterwasserjägern dagegen ist es so, daß sie irgendwo auftauchen, um ihrem Jagdtrieb zu frönen, und dann auf Nimmerwiedersehen aus der Gegend verschwinden. Ihnen ist es gleichgültig, wie sich ihr Tun in der Folge auswirkt. Wallhaie, Mantas, Judenfische und sonstige Riesen wurden aus reiner Imponiersucht getötet. Das sollte auf jeden Fall unterbunden werden, weil gerade diese Tiere sich nur langsam vermehren und daher schnell ausgerottet werden können.

Einige Erfolge sind schon zu verzeichnen. So wurde über die Initiative des englischen Biologen Peter Vine im gesamten Gebiet der Seychellen die Unterwasserjagd verboten und im Sudan wesentlich eingeschränkt. Pro Boot und Gruppe ist dort nur noch die Mitnahme einer einzigen Harpune erlaubt, um Fische zum Verzehr zu erjagen. Ein totales Verbot wurde in Westindien auf der Insel Bonaire erreicht, auch auf den Bermudas ist der Gebrauch von mechanischen Unterwasserwaffen untersagt, und in Mexiko wurden ebenfalls Schutzbestimmungen erlassen. In zahlreichen Ländern – beispielsweise in Israel bei Eilat – gibt es Naturschutzparks, wo Taucher eine völlig ungestörte Riffauna erleben könnten. Bei Antigua wurden in einem Unterwasserschutzpark sogar Schilder und Pfeile am Grunde angebracht, die dem Taucher den Weg weisen und ihm erklären, was für Fische er hier oder dort mit Wahrscheinlichkeit antrifft. Ich bin jedoch der Ansicht, daß es umgekehrt sein sollte: Nicht Parks für die Fische, sondern Parks für die Taucher. Die Jagd mit Geräten sollte grundsätzlich verboten werden; dagegen könnten bestimmte Zonen für die sicher faire Jagd mit dem Handspeer freigegeben werden.

Am allerschwierigsten werden solche Schutzbestimmungen wohl in Italien zu erreichen sein. In der sonst so vorzüglichen Zeitschrift „Mondo Sommerso" werden in jeder Nummer Aufnahmen von erlegten Riesenfischen veröffentlicht. Die Italiener lieben die Jagd, und bekannte Taucher wie Luigi Ferraro und Raimondo Bucher treten auf das energischste für die Unterwasserjagd ein. Dort ist auch noch das Jagen mit Tauchgerät erlaubt. Papst Paul VI. hat für die italienischen Unterwasserjäger sogar einen eigenen Schutzheiligen bestimmt. Ursprünglich war dafür der Prophet Jonas vorgesehen – doch wählte Papst Paul VI. dann statt seiner keinen geringeren als den Apostel Paulus. Ich fürchte, in diesem Lande wird man die notwendigen Gesetze erst erlassen, wenn sich keinerlei Schwanzflosse mehr entlang der Küsten regt.

Freund Delphin

Ziemlich genau vor zweitausend Jahren lebte in der Gegend des heutigen Neapel ein armer Mann, dessen Junge täglich einen ziemlich weiten Schulweg hatte. Dieser führte ihn rings um eine Bucht, die durch einen eineinhalb Kilometer langen Damm vom Meer abgeriegelt und wegen ihres Fischreichtums und ihrer Austernbänke berühmt war; man nannte sie damals Lukrinischer See. In diese Bucht war auf irgendeine Weise ein Delphin geraten, dem wahrscheinlich seine Artgenossen – denn Delphine sind sehr gesellige Tiere – fehlten. Wenn der Delphin den Jungen sah, kam er nähergeschwommen, und allmählich entstand zwischen den beiden eine Freundschaft. War der Delphin gerade auf der anderen Seite der Bucht, so genügte es, wenn der Junge „Simo! Simo!" rief – und sofort kam das Tier herangeschwommen. Der Junge fütterte ihn dann mit Brotstücken. Eines Tages stieg der Junge ins Wasser und setzte sich kurz entschlossen seinem Freund auf den Rücken. Simo ließ sich das gefallen, und wenn Plinius, dem wir diesen Bericht verdanken, zu glauben ist, dann kam es dahin, daß der Delphin den Jungen nun täglich quer über die Bucht brachte und ihm so den weiten Weg ersparte. Nach der Schule brachte er ihn dann wieder zurück. So ging es einige Jahre, dann erkrankte der Junge und starb. Noch lange soll der Delphin sich an der Stelle, wo er den Jungen aufzunehmen pflegte, eingefunden haben. Man konnte ihm ansehen, wie gramvoll und betrübt er war, seinen Freund nicht mehr vorzufinden. Er starb ebenfalls. „Niemand zweifelte daran, daß er an Enttäuschung zugrunde ging."

Weitere Geschichten aus dem Altertum berichten von ähnlichen Vorgängen – auch der jüngere Plinius berichtete seinem Freund, dem Dichter Caninus, in einem Brief von einer solchen Freundschaft zwischen einem Knaben und einem Delphin. Sie trug sich an der afrikanischen Küste zu, beim Ort Hyppo, einer kleinen Siedlung, an einer Lagune gelegen, die durch einen schiffbaren Kanal mit dem Meer in Verbindung stand. Bei Ebbe und Flut strömte hier das Wasser mit entsprechender Gewalt aus und ein. Die Knaben hatten hier einen Wettbewerb ersonnen, bei dem es darum ging, wer bei eintretender Ebbe, getragen von dem Strom, am weitesten ins offene Meer hinausgelangte. Bei einer solchen Gelegenheit näherte sich einem Knaben, der besonders weit draußen schwamm, ein Delphin, umkreiste ihn, tauchte dann – so behauptet die Erzählung – unter ihn und „nahm ihn auf den Rücken". Er trug den Erschreckten ein gutes Stück weit ins Meer hinaus – und brachte ihn dann wieder zu seinen Freunden zurück. Am nächsten Tag tauchte der Delphin wieder auf – der Knabe, dem noch der Schreck vom vergangenen Tag in den Gliedern steckte, ergriff die Flucht. Daraufhin begann der Delphin, „als wollte er seine Friedfertigkeit beweisen", Kunststücke zu zeigen: er sprang hoch, tauchte unter, schnellte sich wieder empor, wobei er sich um die eigene Achse drehte. Als sich das gleiche auch an den folgenden Tagen wiederholte, verloren die Knaben allmählich ihre Furcht, sie berührten ihn, und schließlich kletterte ihm der Knabe, den er schon einmal getragen hatte, auf den Rücken. Auch hier kam es zu einer engen Freundschaft zwischen diesem Jungen und dem Delphin. Natürlich erregte das allgemeines Aufsehen, und aus allen Teilen der Provinz eilten Beamte herbei, um sich persönlich von diesem ungewöhnlichen Schauspiel zu überzeugen. Nach damaliger Sitte mußte der Ort alle diese ungebetenen Gäste bewirten – und was heute eine Touristenattraktion und daher willkommen gewesen wäre, wurde damals allmählich zum Ärgernis. Die Delphinritte wurden unterbunden. Erwähnenswert ist noch, daß auch noch ein zweiter Delphin in Erscheinung trat, der jedoch niemanden auf seinem Rücken reiten ließ, sondern als bloßer Begleiter und Zuschauer fungierte.

Daß diese beiden Berichte aus dem Altertum sicher etwas ausgeschmückt und mit Übertreibungen überliefert sind, aber nicht unbedingt reine Märchen sein müssen, hat ein Vorkommnis gezeigt, das sich 1956 bei der Stadt Oponomi in Neuseeland zutrug. Den Anfang machte – dies ist freilich nur Vermutung – ein Junge, der mit einem Gewehr auf Delphine schoß und sich dann rühmte, eines der Tiere getötet zu haben. Bald darauf beobachteten die Fischer einen einzelnen Delphin, der ihre Boote umschwamm und ziemlich zutraulich in die Nähe kam – sie nahmen an, daß der von dem Jungen getötete Delphin die Mutter gewesen sei und dies das einsam zurückgebliebene Delphinjunge wäre. Sie begannen das Tier anzulocken, und einer fand heraus, daß der Delphin es gerne mochte, wenn man ihn mit einem Ruder oder einem Besen – wie die Fischer ihn zum Reinigen des Bootes nach dem Fischfang mitführten – kratzte. Allmählich begleitete der Delphin die Boote bis zum Kai.

Im folgenden Sommer machte der Delphin, der schon bei seinem ersten Auftauchen viele Neugierige angelockt hatte und den man, nach dem Namen des Städtchens, „Opo" nannte, erste Bekanntschaft mit Badenden, die sich am Strand vergnügten. Anfangs hielt sich das immerhin zweieinhalb Meter lange Tier scheu von ihnen entfernt, doch alsbald kam es näher – und zwar bevorzugte es Kinder. Bald ließ es sich von ihnen streicheln und lernte mit einem Gummiball zu spielen. Der Ball faszinierte ihn. Er schob ihn mit der Nase vor sich her, warf ihn in die Luft, schnellte blitzschnell zum Punkt hin, wo er niederfiel, fing ihn auf. Dann kam er darauf, ihn mit dem Bauch unter Wasser zu drücken, so daß er, wenn er ihn freigab, hochschnellte, um ihn, wenn er aus der Luft herabfiel, mit einem Schwanzschlag zur Seite zu schleudern. Zu einem weiteren Spielobjekt wurden für ihn Bierflaschen. Wie die Zuschauer herausfanden, verschmähte er solche, die man ihm zuwarf. Nur die, die er selbst auf dem Meeresboden entdeckte, interessierten ihn. Er hob sie mit der Schnauze auf, brachte sie hoch – und es soll ihm sogar gelungen sein, sie über Wasser auf der Nase zu jonglieren. Ein anderes Spiel erfanden die Kinder – und Opo spielte mit. Sie faßten einander bei den Händen und bildeten einen großen Kreis: Opo tauchte in den Kreis und zog an der Innenseite seine Runden. Besondere Zuneigung faßte er zu einem vierzehnjährigen Mädchen namens Jill Barker, einer ausgezeichneten Schwimmerin, die lieber im Wasser war als an Land. Anthony Alpers, der in seinem Buch „Delphine" ausführlich über die Vorgänge in Oponomi berichtet, fragte sie, wie es zu dieser Freundschaft gekommen sei.

„Ich glaube, es lag daran", antwortete sie, „daß ich immer sanft zu Opo war und nicht auf ihn zustürmte, wie viele der Badenden taten. Er hatte gern, wenn ich ihn streichelte. Gleichgültig wie viele andere Leute im Wasser waren, wenn er mich sah, kehrte er allen anderen den Rücken und schwamm nur mit mir." Von besonderem Interesse ist folgender Teil ihrer Erzählung: „Ich brauchte mich bloß mit gespreizten Beinen hinzustellen, und schon kam Opo herbei, schwamm zwischen meine Beine und trug mich ein Stück hinaus. Dann brachte er mich zurück und setzte mich wieder ab." Schließlich erlaubte er ihr sogar, ihm andere Kinder für kurze Augenblicke auf den Rücken zu setzen.

Der weitere Verlauf der Geschichte ist tragisch. Ein amerikanischer Film handelte einmal von einem in einer Höhle Verschütteten, um dessen Bergung man sich wochenlang bemühte. Zuschauer strömten herbei, Würstelbuden, Camping-plätze, ein schnell improvisiertes Hotel, ja eine Tanzbar wurden errichtet – und man bemühte sich, den im Loch Steckenden möglichst lange unten zu lassen und am Leben zu erhalten. Das bis dahin verschlafene kleine Städtchen Oponomi erlebte einen ganz analogen Touristenboom. Aus allen Teilen Neuseelands strömten Neugierige herbei: Würstelbuden, Teesalons, Unterkünfte schossen aus dem Boden. Ein anderer berühmter Delphin, „Pelorus Jack", der allen zwischen Wellington und Nelson in der Cookstraße verkehrenden Schiffen über eine bestimmte Strecke – der Einfahrt zum Sund der Admiralitätsbucht bis zum Frenchpaß bei der D'Urville-Insel – in beiden Richtungen das Geleit gab und für die dort fahrenden Passagiere zur großen Attraktion geworden war, hatte immerhin 24 Jahre lang gelebt. Auf der Zufahrtsstraße nach Oponomi wurde ein großes Schild aufgestellt: „Willkommen in Opononi, aber versuchen Sie nicht, auf unseren munteren Delphin zu schießen!" Die Regierung bereitete in aller Eile ein Gesetz zum allgemeinen Schutz der Delphine vor. Ein Hotel in Oponomi entschloß sich zum Bau eines neuen Flügels, um den ständig anwachsenden

Touristenstrom besser bewältigen zu können. Doch am gleichen Tag, da die Delphinschutzverfügung in Kraft trat – am 8. März 1956 –, starb Opo. Er wurde 8 Kilometer vom Hafen entfernt im seichten Wasser in einer Felsspalte eingeklemmt gefunden. Das Tier war offenbar beim Fischfang in seichten Ufertümpeln von der Ebbe überrascht worden und hatte dann durch diese schmale Spalte den Rückweg ins Meer zu erzwingen versucht. Es gibt auch eine andere Version. Die Fischer in dieser Gegend verwenden beim Fischen Sprengstoff. Vielleicht wurde Opo durch eine Explosionsdruckwelle bewußtlos und so von der Ebbe überrascht.

Jeder dieser Fälle ist ein Ausnahmefall, denn normalerweise verhalten sich Delphine sehr scheu. Ich habe oft versucht, mich ihnen zu nähern, stets ohne Erfolg. Fährt man mit dem Motorboot, dann tauchen sie häufig plötzlich vor einem auf, kommen fröhlich heran und schwimmen dicht vor dem Bug. Diese Aufgabe reizt sie ganz offensichtlich, spricht ein angeborenes Spielbedürfnis bei ihnen an. Mehr als einmal sprang ich direkt neben solchen Delphinen mit der Kamera über Bord – das Ergebnis war stets das gleiche: ich bekam sie nicht einmal mehr zu sehen. Ehe sich die Blasen verzogen hatten und ich unter Wasser sehen konnte, waren sie bereits im endlosen Blau des Abgrundes verschwunden. Wenn Delphine schlafen, schweben sie regungslos dicht unter der Oberfläche, ihre Augen sind dann geschlossen, die Schwanzflosse hängt leicht abwärts. Wie man in den Delphinarien beobachtet hat, schöpfen sie von Zeit zu Zeit ganz automatisch Luft und öffnen reflexhaft zwischendurch die Augen. An ein solches Rudel schlafend im Wasser hängender Delphine pirschte ich mich einmal vorsichtig heran – ich hatte ober Wasser eine unbewegliche dreizackige Flosse gesehen, und mein Herz schlug zum Zerspringen, während ich ins offene Meer hinaus auf diese geheimnisvolle Erscheinung zuschwamm. Endlich sah ich die ersten zarten Umrisse, sah, daß es eine Gruppe völlig starr im Wasser hängender Delphine war, dicht nebeneinander und so nahe der Oberfläche, daß ihre Rückenflossen aus dem Wasser ragten. Sie erwachten und sausten senkrecht in die Tiefe. Cousteau, der in den Bug seiner „Calypso" eine Beobachtungskanzel einbaute, konnte von dort aus das Spiel der Tiere vor dem Bug in aller Gemütsruhe studieren und hat es in wunderschönen Filmaufnahmen festgehalten. Sie zeigen, wie stark hier ein Spielbedürfnis, ein Drang, sich zu messen, mit einer Aufgabe auseinanderzusetzen, zum Ausdruck kommt. Inzwischen ist es aber auch schon verschiedenen Tauchern gelungen, unter Wasser an Delphine heranzukommen. Wilfried Boehmeleit, ein deutscher Taucher und Leiter eines Touristenunternehmens, hatte diese seltene Gelegenheit bei den Komoren im Indischen Ozean. „Ich habe mich ganz langsam ins Wasser gleiten lassen", erzählte er mir, „und habe mich überhaupt nicht bewegt. Die anderen haben immer versucht, mit den Flossen möglichst schnell zu schwimmen, um nachzukommen – aber das war reiner Blödsinn. Die Tiere sind ja so scheu, die sind sofort weg." Wie er mir erklärte, geschah es draußen im offenen Meer, außerhalb des Außenriffs: „Es waren über hundert Stück. Wir hatten sie schon am Tag zuvor gesehen, aus ziemlicher Entfernung, und wir sind dann am nächsten Tag nochmals hin, denn wir dachten, vielleicht halten sie sich dort wieder auf – und wirklich kamen sie vorbei. In einer Distanz von ein bis eineinhalb Meter sind sie an mir vorbeigezogen: immer in Achterformation, es war ganz eigenartig. Immer acht Delphine zusammen, dann sprangen sie hoch, dann gingen sie wieder unter das Wasser und tauchten bis auf ungefähr 50 Meter Tiefe. Das Wasser war dort sehr klar. Und dann kam gleich die nächste Gruppe: wieder acht, die aus dem Wasser sprangen und auch auf etwa 50 Meter Tiefe abtauchten. Ich habe alles fotografiert." – „Sie waren allein im Boot?" – „Nein, aber ich ging erst allein ins Wasser. Die anderen sind dann später auch hereingekommen, als sie gemerkt haben, daß mir nichts passiert, denn es kam ja eine Formation nach der anderen. Die haben dann versucht, ihnen nachzuschwimmen oder ihnen entgegenzuschwimmen, aber dadurch wurden die Formationen gestört, und sie haben einen großen Bogen um uns gemacht. Aber mich haben sie gar nicht registriert. Weil ich mich eben nicht bewegt habe . . ."

Seit altersher wird behauptet, Delphine kämen Schiffbrüchigen zu Hilfe und stünden ihnen bei, das Land zu erreichen. Die bekannteste Geschichte dieser Art ist die von dem gefeierten Dichter und Sänger Arion, den Piraten über Bord warfen und den ein freundlicher Delphin an Land gebracht haben soll. 1943 badete an der Küste von Florida die Frau eines Anwalts allein an einem privaten Strand. Im hüfttiefen Wasser geriet sie in eine starke Strömung, der Schreck lähmte ihre Glieder, sie schluckte viel Wasser und war am Ertrinken. Wie sie später erzählte, erhielt sie plötzlich einen „mächtigen Stoß". Ein Mann, der die Szene beobachtete und herbeilief, berichtete, die Frau wäre wie tot im Wasser getrieben und ein großes glänzendes Tier, das er für einen Hai hielt, habe sie vor sich her bis an Land gestoßen. Von einem menschlichen Retter war jedenfalls nichts zu sehen. In einiger Entfernung spielte jedoch ein Delphin im Wasser.

Ich bin solchen Erzählungen gegenüber eher skeptisch, doch sowohl die Geschichte von dem Sänger und Dichter Arion wie auch die der Frau könnte sich grundsätzlich so oder ähnlich abgespielt haben. Völlig falsch ist freilich, wenn man in solchen Rettungsaktionen von Delphinen bewußte Akte der Intelligenz oder Menschenfreundlichkeit erblicken will. Delphine sind in Gruppen lebende, Luft atmende Tiere, die dementsprechende Instinkte – angeborene Aktions- und Reaktionssteuerungen – ausgebildet haben. Diese treten zuallererst bei der Geburt eines Delphinjungen in Erscheinung. Durch entsprechende Kopfstöße sorgt die Mutter dafür, daß ihr Junges sogleich an die Oberfläche kommt, um dort Atem zu schöpfen. Im Falle von Totgeburten wurde beobachtet, wie Delphinmütter das tote Junge noch stundenlang mit der Schnauze immer wieder zur Oberfläche hochhoben. Genau die gleiche Reaktion erfolgt, wenn ein Tier des Rudels verletzt ist. Auf seine Schreie hin helfen ihm die anderen, drücken es zur Oberfläche empor, wo es Atem schöpfen kann. Der Mensch ist auch heute noch daran gewöhnt, solche Vorgänge ethisch zu interpretieren und sich durch sie, gleichsam als Freund und Bruder, angesprochen zu fühlen. Wie jedoch die moderne Verhaltensforschung anhand zahlreicher Experimente feststellte, dürfen solche angeborenen Handlungen nicht aus menschlicher Gefühlsperspektive betrachtet werden. Webt die Spinne ihr Netz oder öffnet das Eichhörnchen – durchaus nicht auf Grund von Lernakten, sondern auf Grund einer angeborenen Verhaltenssteuerung – höchst perfekt eine Nuß, dann liegt der gleiche Fall vor wie bei den Delphinen – nur mit dem Unterschied, daß diese tierischen Tätigkeiten dem Menschen nicht unmittelbar helfen. Daß ein hilflos im Meer treibender Mensch beim Delphin die angeborene Hilfsreaktion dem Rudelgenossen gegenüber auslösen kann, ist durchaus möglich. Da diese Tiere – wie sich in Delphinarien gezeigt hat – überaus intelligent und lernfreudig sind, ist es sogar möglich, daß man sie zur Rettung Schiffbrüchiger abrichten kann. Soweit mir bekannt ist, werden solche Dressurversuche bereits unternommen.

Eine andere, vielen unglaubwürdig erscheinende Behauptung ist, daß Delphine Fischern helfen, indem sie ihnen Fischschwärme in die Netze treiben – wofür sie dann von den Fischern „mit einem Teil der Beute belohnt werden". Im Gebiet von Nimes, in der Provinz Narbonne, wo zu einer bestimmten Jahreszeit Riesenschwärme von Seebarben aus den Flußmündungen ins Meer wandern, soll es schon im Altertum zu einer solchen Zusammenarbeit gekommen sein. Die Fische schwammen bei Ebbe ins Meer, was die Fischer wegen der starken Strömung daran hinderte, ihre Netze auszuspannen. Kamen die Barben, dann eilte die ganze Bevölkerung zum Ufer, und jeder rief so laut er konnte nach den Delphinen. Meist trug der Nordwind die Rufe auf die See hinaus – und ohne Verzug kamen die Delphine und jagten die Barben zurück, so daß die Fischer sie „in ihre Boote schaufeln konnten". Bei Euböa in Griechenland entzündeten die Fischer bei Nacht in Messingpfannen lodernde Feuer. Dies lockte Fische an – aber auch die Delphine, welche diese Fische gegen das Ufer jagten, wo sie im seichten Wasser dann mit dem Dreizack leicht erlegt werden konnten. Ebenso verbündeten sich bei Amity Point in Queensland die australischen Ureinwohner mit den Delphinen. Auch hier ging es um Seebarben; wurden deren Schwärme gesichtet, dann liefen die Männer zum Wasser hinab und schlugen mit ihren Speeren in ganz bestimmter Weise aufs Wasser. Heber Longman, Direktor des Museums in Queensland, der diese Berichte untersucht hat, erklärte: „Für mich steht außer Zweifel, daß hier ein echtes Vertrauensverhältnis herrscht und daß die Eingeborenen ihre Tümmler kennen . . . Es gibt in der Bucht Delphine im Überfluß, aber nur an dieser einen Stelle gehen die Eingeborenen mit ihrer Unterstützung dem Fang nach." Ähnliches berichtete Alpers von den Fischern des Amazonas und Irawadi.

In Nimes wurden die Delphine – so die Überlieferung – mit „in Wein getränktem Brotteig" für ihre Hilfeleistung belohnt. Das ist sicher eine Ausschmückung, wie man sie in den meisten älteren Berichten findet. Im übrigen halte ich eine solche Zusammenarbeit für durchaus möglich – und kürzlich hat Cousteau sie auch bei den Eingeborenen von Mauretanien beobachtet und in einem Film festhalten können. Auch hier liegt weniger ein Intelligenzakt als angeborenes Verhalten vor. Delphine jagen im Rudel, wobei sie Fischschwärme oft von mehreren Seiten her einkreisen. Ob bei diesem Vorgang als Partner eine andere Delphingruppe oder Menschen fungieren, ist für die Auslösung dieses Verhaltens nicht wesentlich. Erwächst den Tieren daraus auch noch ein Vorteil, erhalten sie eine Belohnung, dann merken sie sich das und reagieren künftig auf die ihnen bekannten Signale. Ich halte es für durchaus möglich, daß auch in der modernen Fischerei eines Tages abgerichtete Delphine eine ähnliche Rolle spielen werden.

Wie intelligent und lernfreudig Delphine sind, haben die Flipper-Filme sehr deutlich gezeigt. Ebenso ist jeder, der zum erstenmal eines der Riesenaquarien, in denen Delphine gehalten werden, besucht, über die Dressurfähigkeit dieser Tiere und über das offensichtliche Vergnügen, mit denen sie ihre Leistungen ausführen, erstaunt. Sie spielen Basketball, springen durch brennende Ringe, werfen Boote um, schlagen Saltos, legen sich aufs Trockene – kaum merkbare Handbewegungen und akustische Signale sind die Zeichen, auf die sie reagieren. In Miami habe ich gesehen, wie sie einem auf einem Turm stehenden Wärter in fünf Meter hohem Sprung die im Mund gehaltene Zigarette zur Hälfte wegbissen. Kein Wunder, wenn sich die Marinekommandos der Großmächte für den möglichen Einsatz dieser Tiere als „Helfer des Menschen" interessieren.

Bei Sea Lab II wurde untersucht, inwiefern ein auf Menschen dressierter Delphin den Aquanauten bei ihrer Tätigkeit hilft – und ob er nicht lieber die Gelegenheit dazu ausnützt, wieder in die liebe Freiheit des weiten Meeres zurückzukehren. Der Delphin, an dem dies erprobt wurde, hieß Tuffy, und er übertraf in seinen Leistungen – und besonders in seiner Leistungswilligkeit – jede Erwartung. William Kaufmann, einer der Aquanauten, berichtet: „Am ersten Tag, als wir ihn zur Station brachten, schwamm er neugierig und einigermaßen aufgeregt zwischen uns, den auf dem Grund abgestellten Geräten und unserem Habitat hin und her. Er benahm sich so, als wollte er erst einmal das Terrain kennenlernen und jeden einzelnen von uns begrüßen. Dann aber fügte er sich bald in unser Team. Es bestand offenbar für ihn gar kein Anreiz, größere Ausflüge ins freie Meer zu unternehmen – er hätte ja ohne weiteres auf Nimmerwiedersehen entwischen können. Aber ganz im Gegenteil: er blieb in unserer Nähe. Unsere Verständigung mit ihm, vor allem durch Zeichen, funktionierte bald ausgezeichnet. Es machte ihm ganz offensichtlich Spaß, für uns Werkzeuge herumzutragen . . ." Er brachte Post von den Aquanauten zur Oberfläche und herab, transportierte benötigtes Werkzeug, begleitete die Taucher bei ihrer Arbeit, führte sie in trübem oder dunklem Wasser zu ihrer Behausung zurück. Wichtig zu bemerken ist, daß „Tuffy" ein ausgewachsenes Tier war.

Das ist deshalb wichtig, weil hier eine echte Verwandtschaft mit dem Menschen in Erscheinung tritt, auf die bisher kaum hingewiesen wurde. Daß das Hirn des Delphins nicht nur ebenso groß – oder größer – als das des Menschen ist und überdies auch eine ganz ähnliche Faltung der Großhirnrinde aufweist, ist allgemein bekannt, darauf ist bereits oft hingewiesen worden. Im Altertum sahen manche Völker in den Delphinen sogar ins Meer verbannte, umgewandelte Menschen, die auf Grund irgendwelcher Vergehen im vorigen Leben diese nun im Meer durch besonders gute Taten wettmachen müßten. Die echte, wirklich bedeutsame Verwandschaft der Delphine mit uns besteht jedoch darin, daß bei diesen Tieren der ihnen angeborene Neugiertrieb (Spieltrieb) nicht mit der Geschlechtsreife erlischt, sondern bis ins Alter erhalten bleibt. Ebenso wie der Mensch bleibt auch der Delphin „weltoffen". (Vgl. Hass, „Wir Menschen", Wien 1968.)

Im Lauf der Evolution, der Lebensentwicklung, war das tierische Verhalten zunächst ebenso angeboren wie die körperliche Struktur, also die Form der Organe und deren Zusammenspiel. Die Fähigkeit, individuell zu lernen, kam als Entwicklungsplus erst allmählich hinzu. So sind etwa die Insekten, trotz ihrer körperlich hohen Entwicklung, was ihr Verhalten betrifft, weitgehend „Automaten". Die für sie nötigen Fähigkeiten sind bereits in ihrem Erbrezept verankert und können durch individuelles Lernen nur verhältnismäßig geringfügig erweitert werden. Der wirkliche Wendepunkt trat erst bei höheren Wirbeltieren ein. Alle Säugetiere sind „Lerntiere". Die starren, angeborenen Verhaltenssteuerungen sind bei ihnen weitgehend zurückgebildet: das Neugeborene kommt „unfertig" zur Welt. Es benötigt daher Brutschutz, Brutpflege. Unter der Aufsicht der Eltern oder des Rudels muß es erst durch unmittelbare Auseinandersetzung mit seiner Umwelt die für sein Leben nötigen „Verhaltensrezepte" im Gehirn aufbauen. Während eine geschlüpfte Biene die komplizierte Bewegungskoordination des Fliegens durchaus nicht erst lernen muß, ist das junge Säugetier – und ebenso das Menschenjunge – zunächst ganz hilflos. Vorteil: Durch individuellen Aufbau der notwendigen Aktions- und Reaktionsnormen wird das Lerntier besser seiner Umwelt angepaßt, es reagiert nicht so maschinenhaft, kann sich auch in veränderte Umstände einfügen. Nachteil: Es benötigt entsprechend langen Schutz, denn während seiner Lernzeit ist es weder wehr- noch erwerbsfähig. Dazu kommt, daß ein solches Lebewesen einen besonderen Trieb ausgebildet haben muß, der das Jungtier ständig dazu drängt, sich aktiv mit seiner Umwelt auseinanderzusetzen. Man nennt ihn „Spieltrieb" – und wir können seine Wirkweise genauso bei einer jungen Katze wie bei einem Menschenkind beobachten. Alles wird erkundet, betastet, in den Mund, in die Hände genommen, jede nur erdenkliche Stellung, Bewegungsweise und Reaktion wird erkundet, erprobt. Für die Eltern ist dieser Vorgang nicht immer angenehm – es ist jedoch ein entscheidend wichtiger Trieb. Beim Menschenkind ist jedoch, wie Konrad Lorenz hervorhob, gegenüber seinen Säugetierverwandten ein sehr bemerkenswerter Unterschied festzustellen. Während bei einem Wolf, einem Känguruh, einem Löwen dieser „Spieltrieb" mit Erreichen der Geschlechtsreife erlischt, ist dies beim Menschen nicht der Fall. Der erwachsene Löwe oder Wolf ist „fertig" – er verfügt über alle Verhaltenssteuerungen, die er braucht, er ist gleichsam in seine Umwelt eingebettet und zeigt keinerlei Drang mehr, aus dieser auszubrechen und neue Verhaltensweisen zu entwickeln. Anders ist es beim Menschen. Wir bleiben unser Leben lang „weltoffen". Bis ins hohe Alter bleiben wir „neugierig", bereit und sogar bestrebt, uns immer wieder mit Neuem auseinanderzusetzen. Das äußert sich im Lesen von Zeitungen und Romanen, deren Lektüre wir längst nicht nötig hätten, das zeigt sich in der magischen Anziehungskraft, die Theater, Kino und Fernsehen auf uns ausüben, es erweist sich im Interesse, das jeder bekundet, wenn etwas Neues geschieht, in unserem Drang, fremde Länder kennenzulernen, neue Situationen zu erleben. Forschung und Kunst gäbe es nicht ohne diesen Trieb, kein ständiges Erproben neuer Lebensmöglichkeiten, kein Erobernwollen immer neuer Lebensräume. Käme uns diese „Weltoffenheit" mit der Geschlechtsreife, also mit dem sechzehnten oder achtzehnten Jahr, abhanden, dann wäre aus uns nie das geworden, was wir heute sind. Wenn Lorenz den Menschen als „das Neugierwesen" bezeichnet hat, dann hat er damit ein ganz besonders wichtiges Kriterium unserer Eigenart klar umrissen.

In diesem Punkt sind uns die Delphine offenbar verwandt. Auch ihnen macht es weit über die Geschlechtsreife hinaus „Spaß", Neues zu erlernen, sich mit neuen Situationen auseinanderzusetzen. Schon indem sie an Schiffe heranschwimmen und vor deren Bug spielen, tun sie etwas, das ihnen erwerbsmäßig bestimmt keinen Vorteil bringt. Wenn verschiedentlich geäußert wurde, daß bei den Delphinen – und wahrscheinlich bei den Walen überhaupt – die Voraussetzung gegeben ist, sich zu etwas Menschenähnlichem zu entwickeln, dann mag dies in gewisser Hinsicht stimmen. Der Grund, warum aus diesen Tieren dennoch nie etwas Menschenähnliches werden konnte – und werden kann –, liegt darin, daß sie keine Gliedmaßen haben, die geeignet wären, Werkzeuge herzustellen und zu gebrauchen. Mit ihren Flossen können sie weder einen Speer oder Hammer handhaben noch einen Bleistift. Mit dem Maul allein können sie keine künstlichen Organe schaffen und so ihren Körper erweitern und zu Spezialleistungen befähigen.

Die weitere Voraussetzung für eine Höherentwicklung, die der des Menschen gliche, wäre durchaus gegeben: die Fähigkeit der Verständigung, der Sprache. Wer je Delphinen in die Nähe gekommen ist, der erinnert sich an ihr Pfeifen und Schnarren; inzwischen hat man durch Aquariumbeobachtungen festgestellt, daß sie nicht nur im Hörbereich, sondern auch im Bereich des Ultraschalls überaus vielartige und differenzierte Laute ausstoßen. Manche davon dienen der Orientierung – ähnlich wie bei den Fledermäusen. Die Tiere senden Schwingungen aus, deren Reflexion von umliegenden Gegenständen sie wahrnehmen. So können sie sich auch in trübem und dunklem Wasser ausgezeichnet zurechtfinden.

Versuche mit Netzen aus feinem Nylon haben gezeigt, wie überaus empfindlich dieser akustische Orientierungssinn reagiert. Inwiefern die übrige Vielfalt von Rufen, die sie ausstoßen, echte Sprache ist, war noch bis vor kurzem sehr umstritten. Der amerikanische Forscher Lilly hat auf diesem Gebiet eingehende Untersuchungen angestellt, unzählige Rufe registriert und analysiert, hat mit viel List und Tücke den Versuch gemacht, das „Delphinisch" zu entziffern – und anderseits den Delphinen die englische Sprache beizubringen. Diese und andere Untersuchungen zeigten jedoch, daß hier die Erwartungen zu weit gingen. Intelligenzmäßig reichen die Delphine – zumindest was ihre Begriffsbildung betrifft – nicht an die höchsten Primaten heran. Bei Schimpansen konnte das Ehepaar Gardner den Nachweis führen, daß sie unter sehr geduldiger Anleitung schließlich in der Lage sind, über Handzeichen sogar komplexe Aussagen – und zwar von ihnen selbst erdachte und erarbeitete – aufzubauen. Das können Delphine nicht. Wohl konnte Lilly an die vierzig verschiedene Rufe mit bestimmten Bedeutungen identifizieren, doch echte Zwiegespräche, wie man ursprünglich glaubte, finden zwischen ihnen offenbar doch nicht statt.

Immerhin wurde die Phantasie nicht weniger Schriftsteller angeregt, über dieses Thema utopische Überlegungen anzustellen. In Robert Merles „Day of a Dolphin" wird von einem Professor erzählt, der in einem Navy-Department arbeitet und mit Delphinen experimentiert. Durch die starke Bandbildung zwischen einem weiblichen und männlichen Tier gelingt es ihm, indem er das Männchen in eine extreme Konfliktsituation bringt, dieses zum Formen der ersten Sätze zu veranlassen. Damit ist der Bann gebrochen, und die beiden Delphine lernen nun Englisch. Sehr amüsant in diesem Buch ist die Pressekonferenz, die der Professor dann mit den beiden Delphinen gibt. In echter Journalistenmanier werden die beiden Tiere ausgefragt, erst über Belanglosigkeiten, sodann über Religion und über ihre Meinung zum Vietnamkrieg, über die USA und ihren Präsidenten. Im weiteren Verlauf werden dem Professor von seiner vorgesetzten Marinestelle die Delphine entzogen, ja er wird für einige Zeit eingesperrt. Später gelangen die Delphine an ihn zurück, weigern sich jedoch, auch nur ein einziges Wort mit ihrem ehemaligen Lehrmeister zu sprechen. Nur mit Mühe gewinnt er wieder ihr Vertrauen und erfährt schließlich, was die beiden erlebt haben. In Vietnam wurden sie darauf dressiert, Schiffe an Geräusch und Geruch zu erkennen und Minen an ihnen anzubringen. Zunächst war es bloß Spaß für sie, und sie hatten ihre Freude daran. Dann aber wurden sie zu einem Schiff entsandt, an dem der eine seine Mine anheftete, wobei sich sein „Schulterriemen" nicht löste. Er war also an diese Mine und an dieses Schiff gefesselt. Der Delphinfrau glückte es, die Träger durchzubeißen, woraufhin er sie von ihrer Mine befreite. Das U-Boot, von dem sie ausgesandt worden waren, hatte sich empfohlen – es wurde den beiden klar, daß man sie als echte Kamikazes aufopfern wollte. Das Schiff explodiert – die beiden Delphine gelangen auf Umwegen wieder zum Stützpunkt zurück.

Das Buch endet mit den folgenden Worten des einen Delphins: „Der Mensch ist nicht gut. Wir wollen im Meer bleiben."

Damit ist eine Anklage ausgesprochen, die bereits in zahlreichen Zeitungen gegen die US-Navy erhoben worden ist. Selbst führende Zeitungen, wie etwa das „Wall Street Journal" (9. Mai 1972) berichteten in ausführlichen Artikeln, daß Delphine in Vietnam zum Töten feindlicher Froschmänner und zum Anbringen von Haftminen an feindlichen Schiffen eingesetzt worden seien. Da mich dies interessierte, schrieb ich an einen Freund in Miami, von dem ich dachte, daß er Bescheid wissen müsse, doch war er abwesend, und ich erhielt statt dessen die Antwort eines Assistenten: er habe sich die Freiheit genommen, meine Anfrage an fünf Stellen weiterzusenden, die mir sicherlich Auskunft geben würden. Eine Woche später bekam ich dann eine ganze Flut dicker Briefe, darunter auch einen vom Public Affairs Officer des Naval Research and Development Center der US-Navy in San Diego. Er war der dickste von allen. Darin stand unter anderem: „Die Öffentlichkeit identifiziert sich heute mit Delphinen und Tümmlern in so starkem Ausmaß, daß jedermann höchst emotionell reagiert, wenn behauptet wird, daß diese Tiere in irgendeiner Weise schlecht behandelt werden. Als Folge davon sind die Verwendung oder der Einsatz dieser Tiere einem fast ununterbrochenen Trommelfeuer von seiten der Presse ausgesetzt." Etwas später heißt es dann: „Im scharfen Gegensatz zu den sensationellen Behauptungen in der Presse hat kein militärischer Einsatz mit Explosivwaffen, ausklappbaren Dolchen oder ähnlichen Waffen stattgefunden." Das „Wall Street Journal" hatte noch folgende Äußerung der gleichen Dienststelle publiziert: „Wir haben diese Tiere mit wirklichem Altruismus behandelt. Und wer würde, nebenbei, so verrückt sein, einen Delphin, dessen Training 40.000 Dollar kostet, auf eine Selbstmordmission zu senden, wenn es andere, weit billigere Wege gibt, das gleiche zu erreichen?"

Ich war dann in den USA und hatte Gelegenheit, mit mehreren Stellen Kontakt aufzunehmen, die hierfür zuständig waren – offiziell oder nicht offiziell.

Tatsache ist zuallererst, daß die ursprünglich in San Diego ausgeführten Dressurarbeiten nach Hawaii verlegt worden sind. An beiden Stellen beschäftigte man sich mit diesen Tieren auf das genaueste, studierte – noch viel eingehender als in den Ozeanarien – ihr Verhalten, ihre körperlichen Funktionen, die Einflüsse von Gefangenschaft und Training, jede Möglichkeit, den Tieren optimale Bedingungen zu schaffen und die weitgehende Kontrolle über ihr Verhalten und Wohlbefinden zu gewinnen. Ohne dabei zynisch zu sein, gebe ich zu bedenken, daß dies alles erste Voraussetzung jeder geplanten Willensübertragung ist.

Experimentiert wurde nicht nur mit Delphinen, sondern auch mit Seelöwen und Grindwalen, die in manchem Bericht leistungsmäßig höher eingestuft werden als die Delphine. Erster Erfolg: Es gelang, Seelöwen und dann auch Wale darauf zu dressieren, Torpedos vom Meeresboden hochzuholen. Grindwale und Orcas erwiesen sich hierbei insofern überlegen, als die Seelöwen nur bis in Tiefen bis zu

152 Meter verwendbar waren, Wale hingegen bis in 487 Meter Tiefe. Mit anderen Walarten hofft man sogar bis über 900 Meter Tiefe zu erreichen. Ein Fernsehfilm über einen solchen Einsatz, den die Navy freigab, wurde in den meisten europäischen Nachrichtensendungen gezeigt. Zunächst sieht man, wie der Wal im Aquarium gefüttert wird und seines Lebens froh ist. Dann wird ihm eine Art von Schultergurt umgelegt – und das nächste Bild zeigt bereits, wie er an einer Leine neben dem Kriegsschiff im Meer schwimmt. Am Einsatzort angelangt, wird er herangerufen und sperrt diensteifrig sein riesiges Maul auf. Ein großes, zangenartiges Gerät wird ihm von Bord aus gereicht, das er mit dem Maul erfaßt. Nächstes Bild, unter Wasser aufgenommen: Man sieht einen Torpedo auf dem flachen Meeresgrund liegen. Der Wal erscheint mit seiner merkwürdigen Kopfzange, schwimmt auf den Torpedo zu, stößt die Zange dagegen. Darauf schließt sich diese automatisch und löst sich von dem Gestell, das der Wal im Maul hat. Ballons werden automatisch aufgeblasen – der Torpedo schwimmt hoch.

Die gleichzeitig mit dem Film veröffentlichte Pressenotiz besagt, daß in den Torpedos ein Schallsender eingebaut ist, dessen Signale die Seelöwen oder Wale wahrnehmen. Auf diese Weise ist es für sie nicht schwer, den Torpedo zu finden.

Zweite Aufgabe – eben die so umstrittene: Schutz eines Kriegsschiffes gegen den Angriff von seiten feindlicher Froschmänner, die Bomben anbringen sollen. Dazu ist zu sagen, daß Delphine sich dafür bestimmt ganz hervorragend eignen. Ebenso wie sie Haie angreifen und durch Rammstoß töten können, sind sie auch bestens dazu befähigt, mit schwimmenden Froschmännern fertigzuwerden. Mit ihren Sonar-Sinnesorganen nehmen sie diese auch bei Nacht bereits auf weite Entfernung wahr. Ob sie zum Töten eine auf den Kopf montierte Klinge überhaupt brauchen, wie einige Zeitungen behaupten, bleibe dahingestellt.

In einer von der Fernsehgesellschaft CBS ausgesandten Sendung ist inzwischen präzisiert worden, daß der in Vietnam praktizierte Vorgang überhaupt ein anderer war. Sobald die trainierten Delphine feindliche Kampfschwimmer wahrnahmen, betätigten sie eine Alarmanlage und zwangen hierauf die Taucher, an die Oberfläche zu kommen, wo diese dann gefangengenommen wurden. James Fitzgerald, der mit solchen Delphinen trainiert hatte, erklärte in der „Herald Tribune" (vom 20. Februar 1973): „Wenn wir in das Gebiet einzudringen versuchten, entdeckten sie uns sofort und brachten uns mit der Nase zur Oberfläche, genau zu dem Punkt, wohin sie uns bringen sollten – ohne jegliche Schwierigkeit." Und der mit ihm arbeitende Taucher sagte: „. . . Sie machten uns praktisch so wehrlos, daß sie uns in jede beliebige Richtung dirigieren konnten." Bis zu diesem Punkt scheint also der Einsatz auch offiziell bestätigt worden zu sein. Ich habe jedoch auch mit einem US-Froschmann, der gerade aus Vietnam zurückkam, ein Gespräch geführt, der mir auf meine Frage, ob die Delphine zum Töten feindlicher Froschmänner abgerichtet gewesen seien, antwortete: „Nenn mich nicht beim Namen . . . aber sie haben es getan."

Nun ist hier zu bedenken, daß Tiere immer schon zu Kriegszwecken eingesetzt wurden – beispielsweise die vielen Pferde, die in Schlachten den Tod fanden – und daß der Mensch überhaupt mit Tieren schaltet und waltet, wie es ihm beliebt. Wenn man beispielsweise an moderne Methoden der Hühnerzucht denkt – die Zucht- und Fütterungsanlagen gleichen einem Industriebetrieb – oder an die vielen Tiere, die man für wissenschaftliche Untersuchungen opfert, dann fallen ein paar tote Delphine bestimmt nicht mehr ins Gewicht. Wenn es um Kriegshandlungen geht, ist daher die ganz natürliche Reaktion: Warum sollen, wenn so viele Menschen ihr Leben lassen müssen, ausgerechnet Tiere geschont werden? Wenn man die Mutter eines Matrosen, der auf einem Kriegsschiff Dienst tut, fragte, ob ihr lieber sei, daß ein Delphin in Gefahr kommt oder daß ihr Junge mit diesem Schiff in die Luft gesprengt wird, dann ist wohl klar, wie ihre Antwort lauten würde. Der Public Relations Officer in San Diego hat insofern bestimmt recht, als die Delphinfrage nur deshalb in den Zeitungen so hochgespielt wird, weil uns Delphine eben so ungemein sympathisch sind, weil die Flipperfilme diese Tiere Kindern und Erwachsenen so nahebrachten, weil sie uns „gefühlsmäßig" eben sehr liegen. Handelte es sich um Kröten, Schlangen, Krokodile oder Aasgeier, die man Bomben oder Bakterien transportieren läßt, dann würde sich kaum jemand daran stoßen. Tatsache ist: Wir sind höchst ungerecht, wir haben der Tierwelt gegenüber keine neutrale Norm.

So wies zum Beispiel Lorenz darauf hin, warum uns die Krötenhaut Ekel erweckt. Dem Menschen ist ein sehr sinnvoller angeborener Reflex eigen, demzufolge geschwürige Haut in uns eine Ekelreaktion auslöst. Da mit solcher Haut behaftete Personen in der Regel krank sind, hat sie biologischen Wert, genauer: Selektionswert. Da Kröten eine ähnliche Haut haben, verabscheuen wir sie. Unsere Sympathie dem Kleinkind gegenüber wieder beruht auf seiner „Herzigkeit" – auch hier konnte Lorenz zeigen, daß dieser Eindruck durch ganz bestimmte, angeborene Schlüsselreize ausgelöst wird. Tiere, die uns ähnliche Schlüsselreize vermitteln, finden wir ebenfalls herzig; andere, die das nicht tun, lassen uns kalt.

Wir sind unseren Lebenskollegen gegenüber weder neutral noch objektiv, noch gerecht. Was uns schädigt oder unsympathisch ist, wird rücksichtslos vernichtet oder unseren Interessen geopfert; Tiere und Pflanzen, die das Glück haben, uns aus diesem oder jenem Grund zu „gefallen", „sympathisch" oder „nützlich" zu sein, werden dagegen von uns verwöhnt, gehegt, beschützt. Wer sich für Tsetse-Fliegen einsetzen wollte, für Giftschlangen oder für Malariaerreger, würde bestenfalls belächelt werden.

Bei den Delphinen – und bei allen übrigen Meeressäugetieren, die heute von den Marineeinheiten verschiedener Großmächte zu Dienstleistungen ausgebildet werden – liegen die Dinge aber doch etwas anders. Kürzlich ging eine weitere Meldung durch die Presse, wonach eine Großmacht durch einen abgerichteten

Delphin Spezialinstrumente in den Hafen einer anderen einschmuggelte und nach einer Woche wieder abholen ließ, wodurch sie wertvolle Informationen über den von den gegnerischen U-Booten verwendeten Kerntreibstoff gewann. Was muß die zwangsläufige Folge solcher Entwicklung sein? Die Antwort ist nicht schwer. Im Fall von Kriegen oder sich verschärfender politischer Lage werden die Meeressäugetiere bekämpft, ja ausgerottet werden. Sie sind ja nicht uniformiert. Somit kann keine der beteiligten Parteien erkennen, ob ein in der Nähe ihrer Schiffe oder in ihrem Gebiet auftauchendes Exemplar nun harmlos oder zu irgendwelchen Handlungen abgerichtet ist. Da nun aber alle Meeressäugetiere regelmäßig zur Oberfläche kommen müssen, um Luft zu schöpfen, ist es sehr einfach, sie abzuschießen.

Meines Erachtens sind wir heute an dem Punkt angelangt, da wir einsehen müssen, daß unsere Brutalität den Tier- und Pflanzenkollegen gegenüber ihre Grenzen haben muß – schon aus rein egoistischen Gründen, denn wir schneiden uns mit dieser Haltung ins eigene Fleisch.

Die Großmächte sollten darauf verzichten, Meeressäugetiere im Rahmen ihrer Kampfverbände auszubilden. Die meisten benötigten Dienste können heute ebensogut auch durch technische Einrichtungen erbracht werden. Natürlich trifft ein solcher Verzicht viele Wissenschaftler, die ihm Rahmen der Militärprogramme Untersuchungen ausführen konnten, zu denen sie sonst kaum die gleichen Mittel zur Verfügung gestellt bekommen hätten.

Unsere *Mitwelt* ist weder gottgewolltes Werkzeug noch Spielzeug. Vielleicht hilft nun die Gefahr, in welche die uns so sympathischen Delphine heute geraten, zu einer mehr konzilianten Grundeinstellung zu gelangen.

Meerestourismus

Besonders in den letzten zehn Jahren hat das Interesse an der Unterwasserwelt, der Wunsch, sie kennenzulernen, in geradezu beängstigender Weise zugenommen. Natürlich hängt das eng mit geschäftlichen Interessen zusammen. Gebiete, die wir uns noch vor 20 Jahren durch schwierige Expeditionen erobern mußten, werden heute von Touristenbüros, die mit Charterflugzeugen arbeiten, billig zugänglich gemacht. Blättert man im Annoncenteil des „Skin Diver", des „Delphin" und anderer Fachzeitschriften für den Unterwassersport – aber auch in der Reisebeilage der Sonntagsblätter –, dann ist man erstaunt, wie klein die Welt geworden ist. Es gibt kaum noch ein Meer, eine Küste, eine Insel, wohin man nicht preiswert reisen kann, fast überall gibt es bereits Hotels, die Tauchgerät vermieten, Boote für Ausfahrten, Tauchlehrer. Wo immer die Chance gegeben ist, daß Tauchlustige aufkreuzen, gibt es Füllstationen, die Kompressoren und sonstiges Gerät anbieten. Alles aufzuzählen, was sie vorschlagen und anpreisen, würde mehr Raum füllen als dieses Buch. Ein Unterwasserboom sondergleichen hat eingesetzt.

Arthur Clarke beschrieb in seinem Buch „Challenge of the Sea" den Unterwassertourismus von morgen. Das Hotel liegt unter Wasser zwischen Korallenriffen, die Gäste schauen von der Bar aus durch Riesenfenster auf die beruhigende Unterwasserlandschaft. Wer Lust hat, wird von erfahrenen Unterwasserführern in die Unterwasserwelt geführt. Unglücksfälle gibt es nicht, die Organisation ist perfekt, alle Geräte sind narrensicher. Auf einer Unterwasserbank sitzen die Unterwassertouristen irgendwo am Riffhang, träumen in das blaue Nichts. Ein Unterwasserpoet benützt die Gelegenheit zu einem Unterwassergedicht. Nun holt der Tauchleiter die Unterwasserpferde aus ihren Ställen, Pferde technischen Ursprungs. Je drei Mann können auf einem sitzen. Die zwei zahmen Delphine Jim und Joe sind mit von der Partie. Jetzt sind eigene Flossenschläge überflüssig, der Touristenschwarm durchkreuzt motorisiert die Riffe. Bei einem steilen Riffabhang geht es auf große Tiefe. Keine Sorge, das Tauchgerät schaltet automatisch auf Helium um. Unversehrt kehren alle ins Unterwasserhotel zurück, nehmen den wohlverdienten Unterwasserdrink.

Wird es so sein? In dem vorzüglichen „Buch der Ozeane" von Reader's Digest –
an dem einzig auszusetzen ist, daß die Unterwasseraspekte künftiger Kriegführung
mit ebensolcher Begeisterung dargelegt werden wie alle übrigen – wird die
Äußerung des Leiters eines deutschen Reiseunternehmens zitiert. Dieser sagt:
„Wir wissen noch gar nicht, was auf diesem Gebiet alles auf uns zukommen wird.
Die Kontinente werden immer voller, die Ferienorte immer überfüllter. Warum
soll es für gut zahlende Gäste nicht eines Tages Unterwasserfahrten von Kontinent
zu Kontinent geben, mit Tauchexkursionen, die im Preis inbegriffen sind?
Unterwegs könnte man in Meereshotels Station machen, in Häusern, die in
Buchten oder im offenen Meer liegen."

Arthur Clarke läßt sich, was die Phantasie betrifft, nicht so leicht schlagen,
bestimmt nicht vom Leiter eines Reiseunternehmens. Er schreibt: „Nachdem der
Mensch nun einmal auf diesem Weg ist, wird er ihn wohl auch zu Ende gehen. Also
ist es durchaus möglich, daß irgendeinmal im einundzwanzigsten Jahrhundert ein
Führer vor einer Touristengruppe steht, in Tauchausrüstungen, die wir uns heute
noch nicht vorstellen können, und sagt: ‚Hier also, meine Damen und Herren, sind
wir auf dem Grund des Marianengrabens. Zu ihrer Information: es sind jetzt
ungefähr 12.000 Meter Wasser über uns. Gestatten Sie, daß ich mich kurz mit
diesem Riesen-Tintenfisch beschäftige.' "

Die erste größere Unterwasser-Safari habe ich selbst 1955 auf die Beine zu stellen
versucht. Mein Problem hieß damals: Wie kann ich die enormen Kosten der
„Xarifa" während der Zeit decken, da wir damit beschäftigt sind, die Ergebnisse
unserer letzten Expedition auszuarbeiten? Die bloße Erhaltung der „Xarifa"
kostete pro Jahr etwa 100.000 Mark – keine geringe Summe, wenn man sie als
Privatmann verdienen soll. Wenn ich damals nicht aufgab, dann war dies
Eibl-Eibesfeldt zuzuschreiben. Er meinte: „Hab Geduld, die deutsche Zoologen-
schaft steht hinter uns. Wir werden es schaffen!" Wie sich dann später zeigte,
schafften wir es nicht. Ein anderes, noch nicht einmal gebautes Forschungsschiff
wurde unserem Projekt vorgezogen, die Last blieb also weiter auf mir. Ausweg:
Wir mußten das Schiff vermieten, während wir es nicht verwendeten. Schwierigkeit: Es war zu groß, es gab zuwenig Interessenten. Da kam uns die Idee. Warum
sollte es nicht möglich sein, Touristenfahrten im Roten Meer zu organisieren?
Zugegeben: besonders einladend waren diese Küsten nicht. Sand, Wüstennoma-
den, nicht viel mehr. Doch die Riffe des Roten Meeres sind prachtvoll.

Das sehr tatkräftige Schweizer Reisebüro Kuoni ließ sich für unser Vorhaben
gewinnen. Ein prächtiger Prospekt wurde gedruckt. Jede der angebotenen Reisen
sollte 14 Tage dauern. Ausgangspunkt Port Tewfik, nicht weit von Suez, in sechs-
oder achtstündiger nächtlicher Fahrt von Kairo aus im Auto zu erreichen. Bei
Nacht deshalb, weil es bei Tag zu heiß ist. Somit konnte der Tourist zunächst Kairo
kennenlernen, die Pyramiden, die Bazars und was sonst von Interesse ist, dann die
nächtliche Fahrt – eher romantisch. In Port Tewfik geht er an Bord – wir ließen die

Kajüten entsprechend umbauen. Der Tourist hatte höhere Ansprüche als der Biologe. Sodann Fahrt ins Rote Meer, Tauchabstiege, der Besuch des Klosters St. Kathrin, wo Moses die Zehn Gebote verkündet hatte. In der Nähe von Gubal kannten wir zwei wunderschöne Wracks – eins in einer Bucht, sehr leicht zu erreichen, das andere an einem Abhang mit Strömung, nur für fortgeschrittene Taucher. Lotte, Eibl-Eibesfeldt und ich überlegten uns damals, was einen Touristen zu einer solchen Reise verlocken könnte. Klar war: Veränderungen in der Mannschaft waren nötig. Seemännische Fähigkeiten waren nach wie vor Voraussetzung, doch im übrigen mußte die Mannschaft gefällig sein und hübsche Uniformen tragen; ein guter Koch war von höchster Wichtigkeit. Nicht minder wichtig war Publicity. Also entschloß ich mich, auf eigene Kosten für die erste Reise Prominenz einzuladen – plus Journalisten, die darüber berichteten. Wir wählten aus: einen sehr bekannten deutschen Schauspieler und seine Frau, einen italienischen Prinzen samt Begleiterin, die Tochter eines argentinischen Millionärs, einen jungen Schweizer als Naturburschen, die Tochter eines berühmten englischen Schriftstellers und Gattin des Reuter-Korrespondenten in Rom, einen ägyptischen Professor. An den letzten Teilnehmer gelangten wir durch reinen Zufall: durch eine Party, bei der Lotte und ich eingeladen waren. Er war der damalige amerikanische Botschafter in Kairo, zugleich jüngster General der US-Armee. Dazu kamen dann noch die Journalisten.

Die Reise verlief leidlich gut. Wir jedenfalls taten unser Bestes, um die Gäste bei Laune zu halten. Eines Abends spielten wir Mörder – ein in englischen Landhäusern sehr beliebtes Spiel. Zuerst wird verdeckt gezogen, wer Mörder und wer Detektiv ist, dann verdunkelten wir das Schiff, und alles kroch durch die Kajüten umher. Aufgabe des Mörders ist es, eine der Personen zu „ermorden", und der Detektiv muß aufklären, wer es war. Einer der Herren zwickte Damen an delikaten Stellen – man vermutete, daß es der ägyptische Professor war. An einem anderen Abend spielten wir ein ebenfalls sehr empfehlenswertes Spiel. Einsiedlerkrebse wandern dem Licht zu. Jeder wählte sich also sein „Rennpferd", eine Linie wurde am Deck markiert, und auf ein Kommando ließ man die Krebse los. Ziel war eine leuchtende Lampe. Tagsüber wurde geschnorchelt und getaucht. Alles in allem war jedermann einigermaßen zufrieden – und die Journalisten fotografierten von früh bis spät. Zur folgenden Reise, an der endlich richtige zahlende Gäste teilnehmen sollten, meldete sich bloß eine Schweizerin. Bei den nächsten Fahrten war es dann etwas besser, aber es war ein Verlustgeschäft. Dabei hatte unser Freund Paul Gallico, der durch seine Bücher besonders in Amerika sehr bekannt ist, lang und breit über dieses Unternehmen in der „Saturday Evening Post" geschrieben. Allerdings auf seine Weise. Er schrieb – in der Aprilnummer 1956 –, wie herrlich doch das Rote Meer sei, wie wünschenswert, dorthin zu fahren. Wo man hinsteigt, tritt man auf einen giftigen Fisch, wo man hinschwimmt, wird man gebissen. Ein sehr humorvollen Artikel, der uns helfen sollte – aber keine Hilfe war.

Inzwischen, wie gesagt, hat sich die Lage grundsätzlich geändert. Hier waren wir zu unserem Nachteil der Zeit ein wenig voraus. Heute sind Fahrten ans Rote Meer, zu den Comoren und Seychellen, nach Mozambique und an die Küste von Kenia sehr beliebt. Kein Schiff mit dem Komfort der „Xarifa" steht zur Verfügung, dennoch klappt es. Von amerikanischen Touristenbüros werden Reisen angeboten nach: Bonaire, den Bahamas, zum australischen Barriereriff, nach Kozumel, Britisch-Honduras, Jamaika, Cayman, Bikini, Cabo di San Lucas, Hawaii, Truk usw. Was von einigen wenigen zunächst gegen Widerstand versucht wurde, rollt nun wie eine Lawine.

Unsere Safarifahrt hatte unerwartete Auswirkungen. Henry A. Byroade, der amerikanische Botschafter, der für einige Tage mit uns kam, war ein begeisterter Angler. Unter Aufsicht unseres Tauchlehrers Stuart Towini wurde er auch ein begeisterter Taucher. Wenn ich mich recht erinnere, kam plötzlich eine Nachricht, er solle nach Kairo zurückkehren. Es gefiel ihm aber so gut, daß er noch einen Tag länger blieb – dann flog er mit seinem Privatflugzeug zurück. Dieser eine Tag sollte sich als schicksalhaft erweisen. Genau an diesem Tag erreichten nämlich die Russen, daß die Ägypter mit ihnen und nicht mit den Amerikanern die Vereinbarung über den Assuandamm trafen. Damit war eine Politik festgelegt, die dann sehr weitgehende Auswirkungen hatte – die Vertreibung der Engländer, die Verstaatlichung des Suezkanals im Juli 1956, im weiteren Verlauf letztlich die Auseinandersetzung mit Israel und die heutige Situation. All das entschied sich damals, Byroade wurde versetzt. So hatte die erste Unterwassersafari ihre weltpolitischen Folgen.

Inzwischen ist die Entwicklung weitergegangen. Alles braucht seine Zeit. Der Markt für Unterwassertourismus wurde entdeckt – und wird heute ausgebeutet. Ich meine dies durchaus im guten Sinne des Wortes. Fast an jedem Küstenort, wo Tauchen in Frage kommt, gibt es Füllstationen für Preßluftflaschen, Sportgeschäfte für alles, was ein Taucher benötigt, vielfach auch Tauchlehrer, Tauchschulen. Es gibt Hotels, die Tauchfahrten organisieren, andere, die sogar ganz auf den Besuch von Tauchlustigen zugeschnitten sind. Eines, im Karibischen Meer, offerierte den Interessenten die Besichtigung eines in einem Wrack lebenden Riesenseesterns von 1,5 Meter Durchmesser. Da später nicht mehr annonciert wurde, ist er wahrscheinlich gestorben. Andere versprechen zusätzlich zu Tauchfreuden jede Woche eine Cocktailparty, Ausritte, Calypso-Tänze, Höhlenparties und nächtliche Picknicks. Sämtliche offerieren Sonne, herrlichen Strand und die schönsten Riffe der Welt. Manche heben hervor, wie klar das Wasser ist, andere, daß dort die Jagd erlaubt sei, wieder andere, daß auch Mädchen gejagt werden können. Eine griechische Fluglinie lockt amerikanische Taucher nach Griechenland – obwohl es dort kaum Fische gibt und man sich Altertümern nicht nähern darf. Eine deutsche ist bereit, Taucher nach Mexiko, ins Rote Meer oder sogar zu den Malediven zu führen. Eine libanesische bietet als besondere Attraktion die Kombination von

Schon Gesner stellt in seinem „Fischbuch" (1598) einen Unterwasserjäger dar – als Widersacher eines Monstrums der Tiefe. Mit Pfeil und Bogen steht ihm hier eine schwierige Aufgabe bevor – der moderne Unterwasserjäger hat es auf Grund der mechanischen Unterwasserwaffen wesentlich leichter, und nicht wenige Fische werden heute nicht für die Pfanne, sondern – leider – für die Waage geschossen. (Aus dem „Delphin".)

Tauchen und Skifahren an; das Werbefoto zeigt einen Taucher in voller Ausrüstung und mit geschulterten Skiern. Der Besuch von Wracks wird im Karibischen Meer bereits von jedem besseren Hotel angeboten. Nicht immer kommt der Tourist vollauf befriedigt von seinem Ausflug zurück.

Wichtig ist überall, wo der Tourismus sich ins Meer begibt, der Unterwasserschutz. Die erste Anregung dazu hat meines Wissens Ron Drummond in der Augustnummer 1952 des „Skin Diver" gegeben. „Schon seit einigen Jahren dachte ich daran", schreibt er da, „daß es wertvoll wäre, wenn gewisse Gebiete an allen Küsten der Welt zu ‚Fischreservaten' oder ‚Geschützten Meeresgärten' erklärt würden. Tauchklubs hätten dann Gelegenheit, Fische und andere Meerestiere völlig ungestört und vom Menschen nicht erschreckt zu beobachten ... 1940 segelte ich in meinem zehn Meter langen Boot zwischen den Westindischen Inseln, tauchte dort nach Herzenslust im kristallklaren Wasser, doch dann begannen die Eingeborenenjungen zu harpunieren, und innerhalb von sechs Monaten waren die Fische, die zu Tausenden die Riffe umschwärmten, total verängstigt. Das ist einfach Tatsache. Dabei macht die Unterwasserjagd niemandem mehr Spaß als mir, trotzdem gebe ich offen zu, daß – um ein Beispiel zu geben –, ein einziger Jäger ohne weiteres in ein paar Tagen all die interessanten großen Fische, die ständig zwischen den Ruinen des alten Badehauses von Bacuto Beach in Venezuela leben, ausrotten kann, die andernfalls von den Touristen, die ständig diesen Platz besuchen, noch auf Jahre hinaus mit Vergnügen beobachtet werden könnten."

In Europa war es Hermann Heberlein, der sich höchst tatkräftig – und gegen viel Widerstand – für Meeresschutz einsetzte. Es gibt auch bereits einige kleinere Schutzgebiete im Mittelmeer – weitere sollen in Kürze geschaffen werden. In anderen Teilen der Welt – etwa in Japan, auf den Bahamas, den Seychellen und seit kurzem auch in Mexiko – ist man schon ein Stück weiter. Heberlein wendet sich besonders dagegen, daß in Italien immer noch das Jagen mit dem Tauchgerät erlaubt ist und hier jedes Kind Schußharpunen verwenden darf. Eine Muräne, die er bei seinem Haus in Sardinien mehrere Jahre lang zähmte und beobachtete, wurde von einem dieser Unterwasser-Nimrode getötet.

Nicht weniger schlimm wirkt sich die Sammelwut der Unterwassertouristen aus. Jede Muschel oder Meeresschnecke wird gesammelt, jede hübsche Gorgonie abgerissen. An Land beginnt die Koralle dann zu stinken, das Tier in der Schnecke läßt sich oft nicht entfernen, beginnt zu verfaulen und stinkt ebenfalls. Koralle und Muschel werden weggeworfen. Wie Heuschreckenschwärme ergießen sich ferienfreudige Fischmenschen in die Unterwasserwelt, um sie zu genießen – und vernichten sie.

Eine nicht ganz einfache Situation. Einerseits ist es bestimmt erfreulich, daß dem naturhungrigen Menschen ein so herrliches Gebiet eröffnet wird. Schon allein die Korallenriffe sind Weltwunder, die den im Altertum gepriesenen Weltwundern, etwa den hängenden Gärten der Semiramis oder dem Koloß von Rhodos, gewiß

306

nicht nachstehen. Anderseits muß irgendwie verhindert werden, daß nur eine einzige Generation dieses Erlebnis hat, während für die weiteren nur verödete Reste zurückbleiben, die kaum mehr etwas von der einstigen Schönheit und Vielfalt ahnen lassen. Dies ist um so wichtiger, als hier eine echte Möglichkeit besteht, daß der Mensch, nachdem er sich so kraß von der Natur entfernt hat, zu ihr zurückfindet. Natürlich ist an Land eine erneute Annäherung an die Natur ebenso möglich, ja sogar näherliegend. Schließlich bietet jede Wiese, jeder Garten, jedes einen Felsen überwuchernde Moosbeet dazu Gelegenheit. Doch an Land sind uns die Pflanzen und Tiere so zur Gewohnheit geworden, daß wir sie in unserem Gehirn in eine ganz bestimmte, von unseren sonstigen Gedanken, Motiven, Entschlüssen abgesonderte „Schublade" untergebracht haben. Sind wir im Wald, in den Bergen, in fremder Landschaft, dann können uns Eindrücke überwältigen – aber wiederum nur innerhalb dieser Schublade. Der expandierende, sich in technischen Organen erweiternde Mensch hat sich einfach daran gewöhnt, sich von dem, was er Natur nennt, grundsätzlich abzusetzen. Er mag sie lieben oder nicht – sie ist für ihn „Umwelt", etwas Getrenntes. Schon die so selbstverständliche Abgrenzung von „Kultur", gegenüber der „Natur", illustriert dies deutlich. Wie uns das Wissen um die Evolution lehrt, sind auch wir Teile des Lebensprozesses – samt aller Kulturentfaltung, einschließlich Technik und Kunst. Auch diese besonderen Leistungen sind nichts von der Natur prinzipiell Getrenntes, sondern nur eben eines ihrer unzähligen Phänomene. An Land jedoch, bei all unseren festgefahrenen Denkschablonen, sind wir kaum mehr in der Lage, dies gedanklich und empfindungsgemäß zu überbrücken, „über diesen Bach zu springen". Das Meer ist uns dagegen so fremd, ein so neues Erlebnis, daß hier – sogar heute noch – die Brücke geschlagen werden kann. Denn dieser Bereich der Natur, in den wir noch dazu schwerelos, also mit anderen Grundempfindungen, eintreten, hat noch keine genormte Kammer in unserem Gehirn. Somit können sich Eindrücke, die wir hier empfangen, weit eher mit dem Inhalt aller übrigen Gehirnschubladen verbinden. Ich halte darum für möglich – und schon genügend andere haben ähnliches vorausgesagt –, daß der Biologie, also dem Wissen um die Details der Lebensstrukturen, in der weiteren Menschheitsentwicklung eine gesteigerte, ja besondere Bedeutung zukommt. Es ist eine Tatsache, daß heute immer mehr Menschen nicht recht wissen, was sie eigentlich wollen und wozu sie leben. Konrad Lorenz, für mich einer der bedeutendsten und interessantesten Denker unserer Zeit, hat in seinem Buch „Die acht Todsünden der zivilisierten Menschheit" auf mehrere Faktoren hingewiesen, die zu der wachsenden Unzufriedenheit beitragen. Eine seiner Todsünden ist der „Wettlauf mit sich selbst". „Der hastende Mensch", schreibt er, „ist getrieben, und was ihn treibt, kann nur Angst sein." Woher aber stammt diese „Angst", die zu unserer heutigen Machtfülle in keinerlei Relation steht? Ich bin der Ansicht, daß sie zwei Ursachen hat: das Überangebot an Information und das Überangebot an für uns erreichbaren Möglichkeiten. Beides sind echte Fortschritte – und beide haben sie ihre Schattenseiten. Zuviel Information führt zu Verwirrung – und damit zwangsläufig zur Oberflächlichkeit. Wir werden dem vielen, das durch Mitmenschen, Zeitungen, Radio, Fernsehen in nicht endendem Strom an uns herangetragen wird, einfach nicht mehr Herr, haben nicht mehr genügend Zeit, um das für uns Relevante auszusondern – oder genauer: uns selbst auszusondern. Eine ähnliche Wirkung hat das Überangebot von Möglichkeiten, die gezielte Wunscherweckung durch Produzenten, die Waren oder Leistungen absetzen wollen und deshalb – ganz legitim – bestrebt sind, Bedürfnisse in uns zu erwecken. Mit aller Macht wird der Irrglaube genährt, daß man, wenn man in einer gegebenen Zeitspanne zehnmal soviel Vergnügungen unterbringt, die zehnfache Menge an Genuß empfängt. Wie jedoch jeder weiß, geht diese Rechnung nicht auf. Wir sind echt überfordert. Folge: Angst oder zumindest Unbehagen, das wir nicht näher definieren können.

Mit dem Meerestourismus hat dies insofern zu tun, als dieser ein Weg ist – oder sein kann –, wieder zum Detail und zur Beschränkung zurückzufinden. Auf Elba, wo ich Walti Guggenbühls so perfekte Tauchschule besuchte, vertrat dieser mir gegenüber den Standpunkt, daß das Mittelmeer seinen Schülern mehr Interessantes biete als etwa das Rote Meer. Warum? Ich schwamm in einer Gruppe mit und sah, wie intensiv sich die einzelnen Tauchschüler ein Haifischei, eine Gorgonie und einen kleinen Oktopus anschauten. Hier ging die Beobachtung wirklich ins Detail. In den Tropen ist das sicherlich schwerer. Dort ist in den Riffen so viel zu sehen, daß man sich gleichsam abschirmen muß, um nicht ständig durch Neues abgelenkt zu werden. Auch dort: ein Übermaß an Eindrücken, an Information, gegen die man sich abschirmen muß, wenn man nicht in Oberflächlichkeit abgleiten will, die, wie Lorenz sagt, letztlich zur „tödlichen Langeweile führt".

Auf Abschirmung kommt es also an – einerseits gegen Information, die wie ein Sturzbach auf uns niederströmt, anderseits gegen Wunscherweckung, durch die andere profitieren. Das bedeutet also: ein Zurückfinden zu Werten, an denen nicht unbedingt jemand verdient, zu Werten, die man selbst setzt. Natürlich werden viele mitleidig die Schulter zucken, wenn sie hören, daß diese Rückentwicklung ausgerechnet über Meerestourismus gefördert werden soll. Für ganz absurd halte ich jedoch den Gedanken nicht. Denn schon der Strand, die Sonne, die Weite, das Meer haben bereits viele zu innerer Ruhe und zum Entdecken unbeeinflußter Wünsche zurückgeführt. Das Unterwassererlebnis kann hier noch ein Weiteres hinzutun. Durch die Wasseroberfläche wird eine Grenzlinie geschaffen. Schon durch die anfängliche Unsicherheit ist man mit sich selbst allein, das Erlebnis des Fremden führt zum Detail, das Detail zum Interesse. Noch bis vor kurzem hätte ich die Verbindung zwischen biologischen und touristischen Bestrebungen als absurd abgetan. Heute aber glaube ich, daß hier eine echte Symbiose möglich ist, ja daß es hier um Partner geht, die einander nicht nur fördern können, sondern einander geradezu brauchen.

Längst hat sich gezeigt, daß der Mensch in den Ferien mehr will und braucht als gutes Essen und ein nettes Quartier. Gerade um von seinem Alltag wegzukommen, benötigt er Abwechslung – und zwar nicht nur optischer und emotioneller, sondern auch geistiger Natur. Nur zu oft hatte ich auf meinen Reisen Gelegenheit, Touristen zu beobachten, wie sie in gähnender Einsamkeit und gähnender Langeweile mutlos herumsitzen. Der Club Mediterranné, vielleicht nicht für jeden das Richtige, hat hier tatkräftig mit neuen Ideen eingegriffen: Da der Mensch Anschluß braucht, wird ihm solcher geboten. Bei Tisch sitzt man beliebig zusammen, lernt sich kennen, jeder ißt soviel, wie es ihm Spaß macht. Sport aller Art, auch Tauchen, wird geboten.

Auf anspruchsvoller Ebene gibt es ähnliches noch nicht. Die guten Hotels sind nach wie vor hochspezialisierte Industrieunternehmen, auf nichts anderes ausgerichtet, als dem Gast möglichst teure Dienste zu bieten.

Ich habe darum kürzlich – gemeinsam mit Eibl-Eibesfeldt – die Anregung aufgenommen, mich in diese Entwicklung als Biologe einzuschalten und den praktischen Versuch einer Symbiose zwischen Tourismus und Naturforschung zu verwirklichen. In touristischer Hinsicht ist dabei klar, was geboten werden muß. Der Städter sehnt sich nach Meer und Sonne – dies legt bereits die Orte fest. Er will ein nettes Zimmer, Komfort, Bedienung, gutes Essen – gleichzeitig darf jedoch nicht mehr versprochen werden, als gehalten wird. Junge Leute wollen Spaß und Tanz, ältere wollen Anregung und Miterleben; Frauen schätzen es, wenn sich jemand zeitweise mit den Kinder beschäftigt. Sportler wollen Sport. Dazu kommen Gäste, die ökonomisch denken und dem Hotelzimmer ein Eigentumsappartement vorziehen. Das bewohnen sie dann in den Ferien, während sie es in der übrigen Zeit gewinnbringend vermieten können. Sie wollen dann selbst kochen – also sollte auch ein Supermarkt in der Nähe sein.

Zum Meereserlebnis gehört zunächst eine Tauchschule. Allenfalls kann sie mit einer Unterwasserbar kombiniert sein, in der andere zusehen können, wie die Schüler sich anstrengen. Sodann ein möglichst interessantes Gebiet im Meer: also ein Schutzgebiet mit reicher Fauna. Dazu allenfalls Delphine. Sie sind menschenfreundlich, zeigen, wie der bei Sea Lab II eingesetzte „Tuffy", keine besondere Tendenz zu entwischen. Dazu als Besonderheit vielleicht künstliche Unterwasserstrukturen: Riffe aus Plastik, ein Unterwasserhaus. Fortgeschrittene können hier eine Nacht unter Wasser verbringen, mit Ausflügen bei Scheinwerferlicht. Für Sportler, die nicht tauchen, muß es allenfalls einen Golfplatz, einen Reitstall und Tennisplätze geben. Wenn das Hotel es sich leisten kann, schafft es sich ein U-Boot an, das Interessierte trocken durch die Abgründe führt. Strandwanderungen mit einem Biologen müßten möglich sein, ein Club, in dem sich alles trifft. Gelegentlich ein Vortrag – für jene, die das interessiert. Für die übrigen eine Bar und eine möglichst gute Diskothek. Also für jeden etwas – ohne aber die Leute verleiten zu wollen, zu viel zu tun. Etwas abseits eine kleine

Forschungsstation, von wo aus der Unterwasserpark betreut wird, möglichst mit Freiplätzen für Studenten, die wissenschaftlich arbeiten wollen und dafür so und so viele Stunden den Gästen zur Verfügung stehen. Besondere Forschungsaufgaben: Verhalten der Fische in künstlichen Strukturen; ästhetische Phänomene in eben diesen Strukturen.

Unsere ersten Versuche in dieser Richtung sind bereits im Stadium der Verwirklichung. Das erste Zentrum soll an der spanischen Mittelmeerküste entstehen, das zweite in einem tropischen Gebiet. Der Gefahr, die der Tourismus für die Unterwasserwelt bedeutet, kann nach meiner Überzeugung nur über Einfluß auf ebendiesen begegnet werden. Nur wenn es uns gelingt, echtes Interesse am Detail zu wecken, kann es uns glücken, Mitstreiter für die Erhaltung der Unterwasserwelt zu finden. Die bis heute dem Laien vermittelte Vorstellung, daß die Tiere und Pflanzen nur eben ganz bestimmt geformte und gefärbte Körper sind, über die man zusätzlich noch dies oder jenes über ihre Lebensart erfahren kann, ist ebenso oberflächlich wie irreführend. Jeder Organismus, ob mikroskopisch klein oder unserem Auge sichtbar, bedeutet gleichsam einen Querschnitt durch den Strom einer Entwicklung, der in uns und über uns hinweg kulminiert. Die so ungeheuer komplexen Verflechtungen zwischen Ursachen und Wirkungen: hier erst beginnt es überhaupt interessant zu werden. Was sind schon Tiernamen? Vom Menschen geschaffene Bezeichnungen. Die für so wichtig gehaltene Bestimmung der Arten hat mit moderner Biologie nur noch sehr wenig zu tun. Worauf es wirklich ankommt, ist, daß jedes dieser so verschieden erscheinenden Lebewesen von uns Menschen nichts wirklich Gesondertes ist, sondern der vielleicht einzige Schlüssel zum Verständnis der menschlichen Existenz und unserer Problematik.

Taucher auf krummen Wegen

Ein heißer Sommertag im sonnigen Süden. In der Nähe einer Villa liegen der Besitzer und seine junge Frau in der Sonne, freuen sich ihres Urlaubes. Was jeder der beiden im Augenblick denkt, weiß – wie das beim Menschen so üblich ist – der andere nicht. Die Frau steht auf, ölt sich ein und sagt: „Ich fahr' wieder ein bißchen mit dem Boot hinaus." Der Mann studiert in seinem Liegestuhl gerade die Börsennachrichten. Er nickt. Frauen sonnen sich gerne nackt, deshalb fährt seine Frau öfter mit dem Motorboot ein Stück weit hinaus, wo man sie von den Nachbargrundstücken aus nicht mehr beobachten kann. Wie die meisten Italiener ist auch er sehr eifersüchtig – ja, er hat den Verdacht, daß seine Frau ihn betrügt. Aber er hat keinerlei Beweis. Deshalb hat er einen Detektiv engagiert, der sie überwacht, wenn sie einkaufen geht oder ihre Freundinnen besucht. Dabei ist aber noch nicht das geringste herausgekommen. Hier, zum Glück, gibt es kein Büro, und er hat seine Frau ganz für sich. Sie klettert ins Boot, wirft den Motor an, fährt nur eben zwei- oder dreihundert Meter weit, wirft dort den Anker. Eine Stunde lang schaukelt die Jacht dort draußen – gelegentlich schaut der Ehemann, ob sich nicht vielleicht ein anderes Boot allzusehr nähert. Aber dieser Küstenteil ist ziemlich ausgestorben.

Am Nachmittag bekommt er dann vom Detektiv einen Anruf: „Wir haben sie! Ich hab' den Kerl sogar fotografiert!" Der Detektiv war zur Fleißaufgabe auch hierher gefolgt und hatte von einem anderen Küstenpunkt den Vorgang mit dem Feldstecher verfolgt. Was der Ehemann nicht sehen konnte, war, daß auf der für ihn nicht sichtbaren Seite des Bootes ein Froschmann auftauchte und über die Reeling kletterte. Dann konnte auch der Detektiv für eine Stunde nichts sehen. Schließlich aber, ehe die Frau wieder abfuhr, verschwand der Mann auf die gleiche Art wieder unter Wasser. Der Fall wurde bei der Jahresversammlung der italienischen Detektive in St. Vincent als Paradebeispiel für erfolgreiche Detektivarbeit angeführt. Der Held unserer Geschichte erinnert an den japanischen Flußgeist Kapa, der auch gelegentlich aus dem Wasser kommt, um sich an Mädchen oder Frauen zu erfreuen. Da freilich geschieht es in der Regel gewaltsam. Die Technik des unbemerkten Anschleichens auf dem Unterwasserweg ist jedenfalls äußerst praktikabel geworden und hat manch verbotenes Tun möglich gemacht.

Zweiter Schauplatz: eine kleine Bucht an der Südostküste von Japan. Dort hat sich in den letzten Jahren ein Fischerdorf zu einem ziemlich bekannten Ferien- und Vergnügungsort entwickelt. Es gibt schon mehrere Hotels, einen Jachtklub und zahlreiche Dancings. Neben anderen Attraktionen wird einmal im Sommer ein Rennen mit Flitzern durchgeführt; es ist besonders beliebt, weil dabei hohe Wetten auf den Sieger abgeschlossen werden. Der rechtsbrechende Held meiner Geschichte gehörte zu den Besitzern eines solchen Bootes. Da er ein sportlicher Mann war, fiel es niemandem auf, daß er an einem Lehrgang für Gerätetauchen teilnahm. In der Nacht vor dem Rennen ließ er sich im Hafen mit zwei Zangen ausgerüstet unter Wasser gleiten. Unbemerkt schwamm er an die Boote seiner beiden gefährlichsten Konkurrenten heran, suchte im matten Licht einer Unterwasserlampe nach dem Propeller und bearbeitete diesen mit seiner Zange so, daß er nicht auffällig beschädigt war, jedoch kaum die normale Leistung erbringen konnte. Unbemerkt gelangte er dann zu seinem Ankerplatz zurück, zog sich im Badehaus um, fuhr heim und prostete mit sich selbst auf den bevorstehenden Sieg. Vor dem Rennen schloß er noch eine sehr hohe Wette auf seinen Sieg ab – der ihm dann auch zufiel. Den beiden besiegten Gegnern schien jedoch an der Sache etwas faul zu riechen. Es folgte eine polizeiliche Untersuchung, und der Mann wurde festgenommen. Die Prämie verfiel, und er wurde wegen Beschädigung und Betrug zu einer beträchtlichen Geldstrafe verurteilt.

Dem russischen Kreuzer „Ordshonikidze" näherte sich am 19. April 1956 in der Stokes Bay nahe Plymouth der ehemalige englische Froschmann Commander Lionell Crabb. Was mit ihm geschah, wird wahrscheinlich nie geklärt werden. Nach einer Version wurde er von russischen Froschmännern in Empfang genommen und getötet, nach einer zweiten wurde er von russischen Froschmännern geschnappt, an Bord gebracht und starb während des Verhörs, nach einer dritten wurde er nach Rußland gebracht und lebte dort noch längere Zeit. Mehr als ein Jahr nach Crabbs Verschwinden wurde in Chichester Harbour, etwa 20 Kilometer von Stokes Bay entfernt, ein in einem Froschmann-Anzug gekleideter, schon stark verwester Körper aufgefischt, dem der Kopf fehlte. Anhand einiger Merkmale wurde er als der von Crabb identifiziert. Ob er es wirklich war oder nicht, blieb umstritten.

Der Kreuzer Ordshonikidze hatte die beiden Staatsoberhäupter Chruschtschow und Bulganin zu einem Staatsbesuch nach England gebracht, und nach englischem Recht konnte Crabb ohne weiteres an dieses Schiff heranschwimmen. Er war Privatmann, gehörte längst nicht mehr der Navy an. Nach russischem Recht war er ein Spion, ein Staatsfeind, seine Unterwasserhandlung ein Verbrechen.

Als ich kürzlich in Tokio Commander Francis Faine, der die amerikanischen Froschmänner-Kommandos aufgebaut hat, um seine Meinung fragte, sagte er mir:

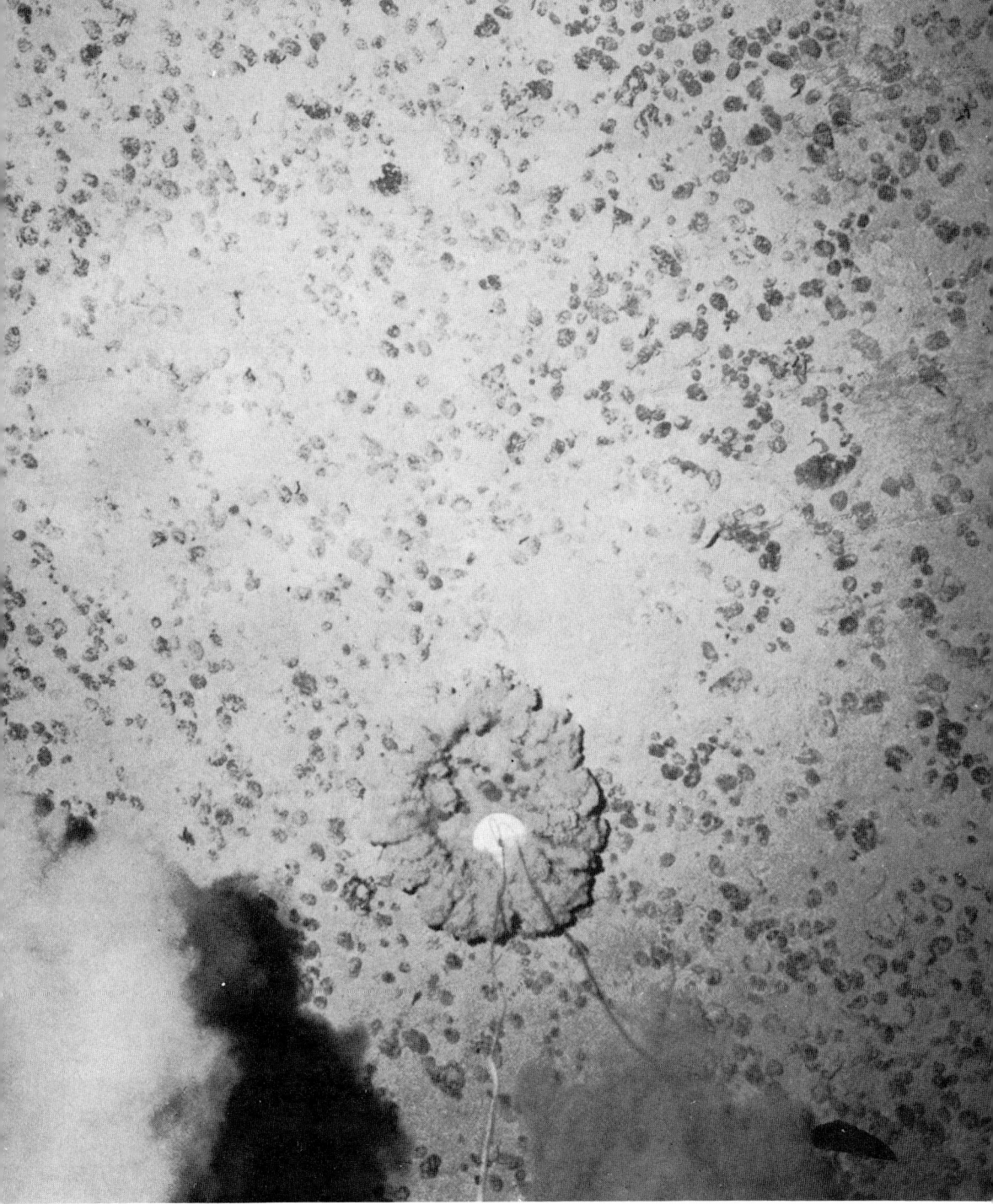

66   Ein Feld von Manganknollen, 650 Meilen südöstlich von Hawaii in 5100 Meter Tiefe von der „Valdivia“-Expedition 1972 erkundet. Die Aufnahme wurde mit einer in die Tiefe versenkten Kamera gemacht, die bei Auftreffen eines 3 Meter tiefer hängenden Gewichtes automatisch eine Blitzlichtaufnahme auslöste. Die Knollen haben bis 5 cm Durchmesser und bestehen aus Erzen, die sich wie Schalen einer Zwiebel rings um feste Körper — vielfach Fossilien — anlagern. In ungeheueren Mengen bedecken solche Erzknollen den Tiefseeboden und stellen eine der wichtigsten noch nicht erschlossenen Rohstoffquellen dar.

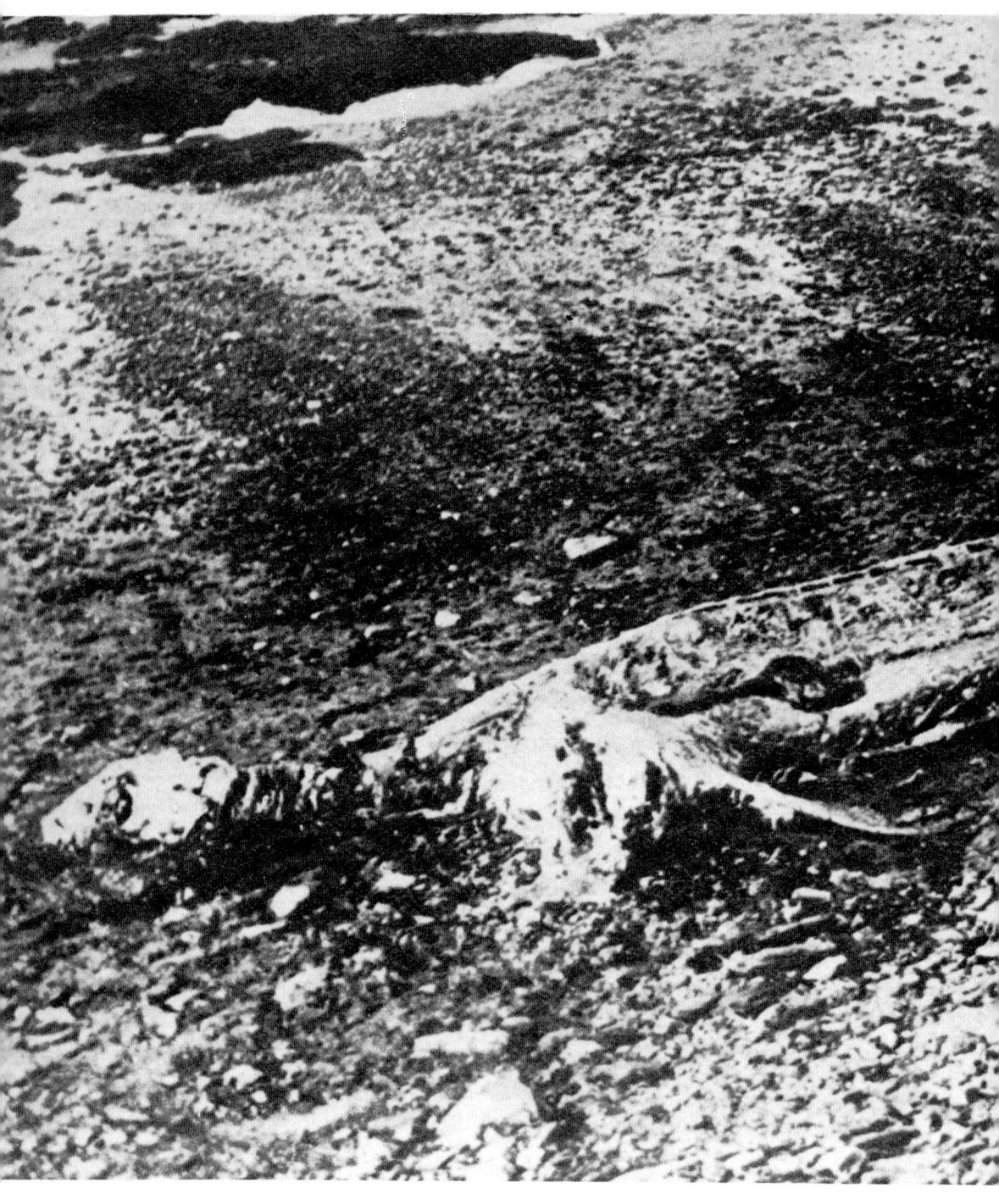

67   Reste des am 28. Februar 1934 bei Cherbourg angeschwemmten Riesentieres, das den zahlreichen
Beschreibungen der legendären „Seeschlange" glich. Brustflossen sowie eine halsartige Struktur sind
deutlich sichtbar. Ein Biologe hielt den 8 Meter langen Kadaver für die Reste einer Seekuh, ein anderer
für die eines Pilgrimhaies. Die Klärung dieser Frage wäre durch Untersuchung des Knochen- bzw.

Knorpelskeletts möglich gewesen, doch wurde dies leider unterlassen. Der Rücken des Tieres soll mit „schafartigem Kraushaar" bedeckt gewesen sein, was an den Bericht von Kapitän M'Quhaes von der britischen Fregatte „Daedalus" erinnert. M'Quhaes berichtete, es habe auf dem Rücken keine Schuppen gehabt, „wohl aber etwas, das einer Pferdemähne oder Seetang glich".

„Die Engländer mußten irgend jemanden finden, der nicht Marineoffizier war, um dies zu tun. Und er war Zivilist – also war es keine wirkliche Kriegshandlung. Er konnte einfach sagen, daß er nur eben einen Blick auf dieses Schiff werfen wollte." – „Aber woran war man denn überhaupt interessiert?" – „Wissen Sie, das war ein ganz neuer russischer Kreuzer. Bei der Schiffsparade zum Anlaß der Krönungsfeierlichkeiten hatte er wegen seiner außerordentlichen Wendigkeit Aufsehen erregt. Also interessierte es die Engländer, was es war, das das Schiff so herumdreht. Ich nehme an, er untersuchte die Propeller und die Steuer. Wenn Sie mich fragen, bekam er Sauerstoffvergiftung, das Schiff hatte sicher zehn Meter Tiefgang, und es war starke Strömung. Er versuchte sich festzuhalten, kam wahrscheinlich an die Oberfläche, war entweder schon tot oder bereits im Sterben. Da fingen sie ihn eben und warfen ihn draußen im Meer über Bord." – „Und die Geschichte, daß er in Rußland war?" – „Das glaube ich nicht, denn so hätte sich dieser Mann nicht verhalten. Ich kannte ihn gut. Eher hätte er sich selbst getötet. Aber er war ja für die Russen gar nicht interessant. Er war ja schon längst nicht mehr bei der Navy – hätte ihnen ebensowenig erzählen können wie Sie und ich."

Im März 1970 wurde in San Franzisko ein am Hafen gelegenes Restaurant von Froschmännern ausgeraubt. Nach Mitternacht drangen sie unbemerkt vom Meer aus in das Gebäude ein, öffneten gewaltsam den Safe und entkamen mit einer Beute von 31.000 Dollar. Die Werkzeuge zum Öffnen des Safes trugen sie offenbar in einem Beutel mit sich. In ähnlichen Beuteln wurden in der Nachkriegszeit Zigaretten, Schokolade, Kameras und ähnliches von der Schweiz aus durch Flüsse oder Seen nach Deutschland und Italien geschmuggelt. Das für die Kampfschwimmer so wichtige – und heute besonders in Ostdeutschland und Schweden als eigene Sportart praktizierte – Orientierungstauchen in völlig dunklem oder trübem Wasser kam bei solchen „Einsätzen" in praktische Anwendung. Mit Kompaß, Uhr und einem geschwindigkeitsanzeigenden Gerät ausgerüstet, müssen ohne Kontakt zur Oberfläche genau festgelegte Punkte unter Wasser angepeilt und erreicht werden.

Ärgeres als der Raub einer fremden Frau oder fremden Eigentums, der Sachbeschädigung, des Betrugs oder der Spionage ist die Verletzung des Mitmenschen oder gar Mord. Auch dafür bieten sich unter Wasser sehr viele, ja sogar überaus günstige Möglichkeiten – günstig in dem Sinn, dabei straflos auszugehen.

Zunächst ein eher kurioser Fall, der jedoch für das, was sich heute unter Wasser

68 Die Meeresabgründe sind bis in größte Tiefen mit Lebewesen bevölkert. Dieser bizarre Fisch (*Bathyphterois viridensis*) wurde aus dem U-Boot „Deap Star" in 1200 Meter Tiefe fotografiert. Seine geschätzte Länge betrug ca. 30 Zentimeter.

abzuspielen beginnt, recht typisch ist. Schauplatz ist diesmal die kleine Insel Pag an der jugoslawischen Küste. Im Sommer 1972 hatten hier zwei Tauchergruppen verschiedener Nationalität – keine Jugoslawen – das gleiche Amphorenfeld entdeckt. In Jugoslawien sind die Gesetze sehr streng. Jeder Fund von Altertümern ist den Behörden anzuzeigen, nichts darf ohne Hinzuziehung beauftragter Archäologen berührt werden. Keine der Gruppen hatte die Absicht, das zu befolgen, und die Kontrahenten gerieten über ihre Entdeckung – unter Wasser – in Streit. Es ging so weit, daß die Taucher ihre Harpunen aufeinander abschossen. Zwei Unterwassermusketiere wurden dabei erheblich verletzt. Die Polizei bekam Wind, und beide Parteien wanderten ins Gefängnis.

Ein weitaus ernsterer und wirklich tragischer Fall ereignete sich im September 1972 in einer Süßwasser-Grotte in Florida. Sie heißt Little River Springs und liegt am Suwanne-Fluß. Wie mir Tom Mount, Leiter der Tauchabteilung an der Universität Miami, erzählte, ist das Wasser dort sehr klar. Es gibt in dieser Gegend zahlreiche derartige Unterwasserhöhlen, manche weitverzweigt und in große Tiefe führend – ein Anziehungspunkt für amerikanische Sporttaucher. Taucht man vom Suwanne-Fluß zum Eingang der schräg abwärtsführenden Grotte, dann kommt man zuerst an einer Tafel vorbei, die neun Ratschläge für den Taucher und neun Vorschriften für seine Ausrüstung gibt. Die drei Personen, die in unserem Fall dort hinabtauchten, mißachteten die meisten. Nur einer von ihnen, Mike Williams, war ein erfahrener Taucher. Er war in New Jersey Tauchlehrer gewesen, in Froschmann-Ausrüstung mit dem Fallschirm aus Flugzeugen abgesprungen und hatte zahlreiche weit gefährlichere Höhlen erkundet. Die anderen beiden, Augie de Grazia und Lewis Grauer, waren nur eben begeisterte Amateure. Die drei hatten keine Rettungsleine, die ihnen den Rückweg zum Eingang hätte anzeigen könne. Anstelle von je einer Lampe pro Mann und einer Reservelampe am Gürtel eines jeden – also insgesamt sechs – hatten sie nur zwei Lampen, und statt Zwei-Flaschen-Geräten, die eine Tauchdauer von bis zu einer Stunde erlauben, hatten sie bloß Ein-Flaschen-Geräte, und diese waren bereits zur Hälfte leergeatmet. Nach einem ersten Vorstoß kehrten sie – obwohl sie volle Flaschen im Auto hatten – noch ein zweitesmal in die Höhle zurück. Was sich dort dann abgespielt hat, läßt sich nur annähernd rekonstruieren. Tom Mount, der die drei Leichen barg, fand einen der Taucher mit aufgeblähter Sicherheitsweste unter dem Grottendach schwebend; der zweite hatte noch Luft im Tank, der dritte einen Messerstich im Bauch. Möglicherweise ging Grauner, dem am wenigsten Erfahrenen, als erstem die Luft aus, und er geriet in Panik. Vielleicht entriß er dem anderen dessen Mundstück, dieser schluckte Wasser, im Kampf verwendete einer sein Messer ... Jedenfalls fanden alle drei den Tod. Wie Mount mir erklärte, befanden sie sich offensichtlich auf dem Rückweg – sie waren bereits nahe der Basis eines fünf Meter hohen senkrechten Kamins, der zum Fluß hinaufführt. Obwohl die Polizei und der Coroner die Stichwunde bei Grauer feststellten, verständigten sich die Eltern der Verunglückten über den Fall. Der Vater von de Grazia erklärte der Presse: „Wir entschieden: Was immer geschehen sein mag, geschah in Panik, und niemand ist wirklich verantwortlich. Frau Grauer nahm mir eine Last von der Seele, als sie mich heute anrief und mir sagte, am Körper ihres Sohnes gäbe es keine Stichwunde." Frau Grauer sagte der Presse: „Sporttaucher sind eine enge Gemeinschaft. Sie schätzen einander, vertrauen einander, helfen einander. Sie müssen es ja."

Ein weiterer Fall, bei dem ich die Namen der Beteiligten nicht nennen kann, spielte sich vor einigen Jahren in einem österreichischen See ab. Zwei befreundete Männer, nennen wir sie A und B, gingen dort mit Preßluftgeräten unter Wasser. Beide waren Mitte Dreißig, beide aus dem Ausland und genossen in ihrer Heimatstadt auf Grund einer nicht sehr angesehenen Erwerbsart keinen besonders guten Ruf. A erzählte später, daß er Kopfschmerzen bekam – angeblich durch verunreinigte Preßluft – und deshalb den Tauchgang abbrach. Er kehrte zum Ufer zurück, der andere tauchte weiter. Dann blieben an der Oberfläche dessen Luftblasen aus. Die Entfernung vom Ufer betrug 20 Meter. Daraufhin habe er sein Tauchgerät wieder umgeschnallt, sei in die betreffende Richtung geschwommen und hätte dort B bewußtlos, mit dem Gesicht abwärts, auf dem 6 bis 8 Meter tiefen Grund liegend gefunden. Er habe ihn an Land gebracht – doch B wäre bereits tot gewesen. Zeugen berichteten allerdings später, daß A erst nach längerer Zeit und erst auf Aufforderung mit dem Versuch künstlicher Beatmung begonnen habe. Der gerichtsmedizinische Obduktionsbefund lautete: kein Ertrinken, Tod entweder durch Absturz oder Ersticken eingetreten. Später mischte sich die Versicherungsgesellschaft in den Fall ein, denn es stellte sich heraus, daß A seinen Freund ziemlich hoch versichert hatte, wobei im Todesfall die Versicherungssumme ihm zufiel. Die Unterschrift unter der Polizze erwies sich als gefälscht. Trotzdem wurde A in der folgenden Verhandlung in Ermangelung von Beweisen freigesprochen. Ein mir bekannter erfahrener Taucharzt, den die Versicherungsgesellschaft zuzog, war jedoch nach dem vorliegenden Tatbestand davon überzeugt, daß hier ein vorbedachter Mord vorlag. Gemeinsam mit Kollegen seines Tauchklubs führte er im Schwimmbecken umfangreiche Versuche durch. „Wir haben uns damals zu perfekten Mördern entwickelt", erzählte er mir. „Wenn man vor dem Tauchgang beim Gerät des anderen nur einen Hahn aufdreht, geht es noch schneller. Man braucht bloß das Traggestell von hinten packen, den Hahn schließen und das Opfer auf den Grund drücken. Es kommt dann zu ein paar Überschlagungsbewegungen infolge der nach unten gerichteten Bewegungen des am größeren Hebelarm arbeitenden Killers – und schon ist das Spiel aus. Mit dem Trockenanzug bekleidet, kann das Opfer die Flaschenhähne mit der Hand nicht erreichen.

Fazit: Gute Zeiten für böse Taucher!

Methoden, sich unter Wasser unbequeme Mitmenschen vom Hals zu schaffen, gibt es genug. Die einfachste ist die, beim Flaschenfüllen den Auspuffschlauch des

Kompressors vor die Ansaugöffnung zu halten – er geht dann an Kohlenmonoxydvergiftung zugrunde. Auch einen Schwimmer unter Wasser zu ziehen, ist für einen Taucher, besonders mit einem Kreislaufgerät, das keine Blasenbildung verursacht, nicht eben schwierig. Die Zeugen hören dann einen Schrei und sehen vielleicht noch, wie das Opfer mit den Armen um sich schlägt ... und eine plausible Erklärung für den Vorgang findet sich leicht. Ich will nicht allzusehr als Verteidiger der Haie auftreten, bin aber überzeugt, daß man diesen Tieren schon manches in die Flossen geschoben hat, wofür sie nichts konnten. Im Laufe der letzten fünfzehn Jahre gab es nicht wenige Fälle, da ein Taucher ohne Freund, Frau oder Freundin wieder an Land kam und dann Grausiges zu erzählen wußte. Nur selten läßt sich nachprüfen, was an einsamer Stelle wirklich geschah.

Ich weiß von einem Fall, da machte ein Mann mit Frau und Freundin einen Ausflug, und nur Mann und Freundin kehrten zurück. Die Frau war einem Hai zum Opfer gefallen, so hieß es. Und in einem anderen Fall ging ein Taucher unter Wasser, und als er wieder hochkam, waren das Boot und die darin sitzende weibliche Begleiterin nicht mehr da. Mit einem Flugzeug wurde die Gegend abgesucht, doch weder Boot noch Frau wurden je gefunden.

Der schon genannte Dewy Bergmann, der in den USA Tauchtrips organisiert, erzählte mir von einem Vorfall, der sich in einem Luxushotel in Westindien abspielte, in dem er selbst sich gerade aufhielt.

Ein amerikanisches Ehepaar mietete sich dort einen Tauchlehrer, der beide in die Unterwasserwelt führte. In einiger Entfernung vom Steg des Hotels geriet der Mann plötzlich in arge Schwierigkeiten, offenbar in Panik, schlug mit Armen und Beinen um sich. Der Tauchlehrer eilte hin und hatte alle Mühe, den Mann heil an die Oberfläche und zurück zum Steg zu bringen. Der Mann war ziemlich erschöpft, als er glücklich wieder an Land war. Nun erhob sich als nächstes die Frage: Wo war die Frau? Schnell schlüpfte der Tauchlehrer wieder in sein Gerät und fand sie nach einigem Suchen leblos auf dem Grund liegend. Er brachte sie an Land – sie war tot.

Die Leiche wurde nach Amerika geschafft und dort bestattet. Doch da sie hoch versichert gewesen war, schritt die Versicherungsgesellschaft ein. Die Frau wurde exhumiert, und man stellte fest, daß sie an Gift gestorben war. Ein sehr raffinierter Plan – einer Filmidee von Hitchcock würdig – war hier beinahe gelungen. Vor dem Tauchgang hatte der Mann seiner Frau irgendwie das Gift verabreicht. Unter Wasser hatte er dann Theater gespielt, um den Tauchlehrer abzulenken und zu beschäftigen. Dieser war tagelang verzweifelt, weil er sich an einem Todesfall schuldig fühlte. Wie Bergmann mir berichtete, wurde der Amerikaner seines Verbrechens überführt und verurteilt.

Will ein Mann sich in ein anderes Leben absetzen, also etwa mit einer Freundin in Übersee ein neues Leben beginnen und seiner Familie eine Versicherungssumme hinterlassen, dann war das bisher an Land nicht ganz einfach. War kein Körper da, zahlte die Versicherungsgesellschaft nicht. Im Unterwasserbereich verändert sich die Situation – wer soll da schon den Beweis erbringen, daß ein plötzlich spurlos Verschwundener nicht von einem Hai gefressen worden ist? – Ich fürchte, die Meeresinvasion des Menschen wird noch manche Versicherungsgesellschaft in Schwierigkeiten bringen.

Weitere Verbrechen unter Wasser pflegen wir nicht ohne weiteres in die Kategorie „Verbrechen" einzureihen. Nach menschlicher Denkgepflogenheit ist der mit Vorbedacht und aus eigennützigen Gründen Tötende gemein, der im Krieg Tötende unter Umständen ein Held. Mit dieser Dualität von Wertungen, die besonders in Erscheinung tritt, wenn ein Krieg beendet ist und die Schuldfrage auftaucht, werden wir uns so lange herumschlagen müssen, bis die Abschaffung der Kriege gelungen ist.

Auf dem kriegerischen Sektor spielen Aktionen unter Wasser eine immer größere Rolle. Die Verteidigungs- und Angriffsorgane der Großmächte haben sich bereits mit beträchtlichem technischen Aufwand im Unterwasserbereich eingenistet.

Den Anfang machten im letzten Weltkrieg italienische Kampfschwimmer, die unter dem Kommando des Prinzen Valario Borghese in todesmutigem, ja tollkühnem Einsatz in stark befestigte Kriegshäfen eindrangen – etwa in Gibraltar und Alexandria – und an feindlichen Schiffen Haftminen anbrachten. Sie verwendeten dabei die ersten Scooters, die dann auch von U-Booten direkt unter Wasser ausgesetzt wurden. Andere wurden von Booten ausgesetzt oder sprangen von Flugzeugen ab, wurden später wieder aufgefischt oder mußten im Feindesland untertauchen. Manche dieser Aktionen verliefen „erfolgreich", viele waren Todeskommandos. Ähnliche Einsätze wurden dann auch von deutschen Kampfschwimmern in Holland, besonders zur Sprengung von Brücken, in Flüssen durchgeführt. Rein menschlich gesehen, ist diesen Männern für ihren Mut und ihre Entschlossenheit kaum die Achtung zu versagen – global betrachtet liegt hier, wie bei jeder Kampfhandlung, auch wieder die Problematik vor, die auf die Frage hinausläuft, welcher Unterschied zwischen individueller und kollektiver Tötung besteht.

Inzwischen ist die Technisierung des organisierten Unterwassermordens im Kriegsfall noch weiter fortgeschritten, auch hier ersetzt die Maschine den Menschen mehr und mehr. Die atomgetriebenen Polaris-U-Boote der Amerikaner kreuzen bereits seit Jahren, von Satelliten aus nicht zu beobachten, mit je 16 Fernraketen an Bord, durch die endlosen Weiten der Meere. Diese Fahrzeuge können praktisch beliebig lang unter Wasser bleiben, sie können unter Wasser versorgt und mit neuer Mannschaft versehen werden. Ein Druck auf einen Knopf genügt, und Preßluft treibt die mit Atomsprengköpfen versehenen Fernraketen an die Oberfläche. Dort zündet dann das Triebwerk und führt sie, automatisch gelenkt, durch die Stratosphäre an praktisch jedes gewünschte Ziel. Wie neuerdings bekannt wurde, bestehen Projekte – oder sind vielleicht schon realisiert worden –, solche Raketen auf dem Meeresboden, und zwar in größerer Tiefe, zu horten. Die Polaris-U-Boote können immerhin über Sonar auf weite Distanz von anderen Unterwasserfahrzeugen geortet und angegriffen werden. In tiefen Meeresbereichen wären Raketen noch besser geschützt. Die Errichtung von Unterwasserfestungen im felsigen Meeresboden, in denen normaler atmosphärischer Druck herrscht, also normale Lebensverhältnisse („wenn nötig, nicht nur mit Werkstätten, Krankenhaus, sondern auch mit Viehställen, Gärten, Turnhallen, Kinos usw. versehen"), wird oder wurde ernsthaft erwogen. Da sich auch die Raketenabwehr ständig verbessert, werden diese künftig unter Wasser bis an die Festlandsockel heransausen, sich erst dann, alle Abwehrsysteme durchbrechend, in die Stratosphäre erheben, ihr Ziel anpeilen und dort ihre Wirkung verrichten. Da mehrere der größten Städte der USA – New York, Los Angeles, San Franzisko – unmittelbar am Meer liegen, besteht dort die Gefahr, daß durch ein feindliches U-Boot Atombomben in der Nähe auf Grund gelegt und später zur Detonation gebracht werden – was eine Flutwelle verursachen könnte, die über diese Städte einfach hinweggehen und sie zerstören würde. Also werden im Umkreis, mehrere Hunderte Kilometer von der Küste entfernt, in möglichst lückenloser Kette Sonargeräte unter Wasser verankert, welche die Annäherung sämtlicher Schiffe registrieren und an die auf dem Festland befindliche Kommandozentrale weitergeben. So wie jeder Fisch durch seine besondere Form, Größe, Schwimmart und Flossenbewegungen ganz bestimmte, individuelle Schwingungsmelodien ins Meer aussendet, so sind auch Schiffe in Bauart, Größe und Antriebsmittel verschieden und verursachen demgemäß individuelle Unterwassergeräusche – im hörbaren und unhörbaren Bereich –, welche von technischen Sinnesorganen registriert und mit Hilfe von Computern auf ihr Schwingungsbild hin analysiert werden können. Wenn heute, zumindest von den Großmächten, für die Entwicklung der Unterwasserforschung und Unterwassertechnologie teilweise ganz beträchtliche Mittel aufgewendet werden, dann ist die traurige Wahrheit die, daß diese aus den Militärbudgets stammen.

Auch diese Entwicklung liegt noch durchaus in der Linie der Evolution. Wie im ständigen Existenzkampf die Tiere und Pflanzen – Räuber und Beraubte – sich gleichsam gegenseitig weitertrieben und so die Entfaltung des Geeignetsten (wo und wie immer es entstanden sein mochte) förderten, so setzt sich diese Wechselwirkung auch bei der Auseinandersetzung zwischen einzelnen Menschengruppen, heute zu Staaten verschweißt, fort.

Unser Planet hat nur eine bestimmte Größe – damit sind der Lebensentfaltung Grenzen gesetzt. Diese zu erkennen wird schließlich wichtiger sein als aller Fortschritt.

Wohnen unter Wasser

Wird der ins Meer zurückkehrende Mensch sich dort unten ansiedeln? Wird es dort Städte und Verkehr geben, Bars, Restaurants, Schulen, Tanzdielen, Theater, Museen? Wird man über die Unterwasserstiege zum Unterwassernachbarn laufen, um von ihm ein Zündholz oder Salz zu erbitten – etwas Tang, etwas Meerrettich? Werden junge Männer, schick gekleidet, lässig über die Unterwasserpromenade schlendern, um Unterwassermädchen zu gefallen? Wird man ehrfurchtsvoll – oder ehrfurchtslos – in Unterwasserkirchen eintreten? Wird es Unterwasseraufmärsche, Unterwasservolksfeste, Unterwasserwahlen geben?

Am Anfang der menschlichen Entwicklung an Land stand die Hütte, das Haus, das Heim: die größere Schutzhaut, in die sich der Körper zurückzieht, um ungestört zu sein, zu essen, zu ruhen. Rings um diese Behausungen entwickelte sich die menschliche Kultur. Nun stehen wir einem Lebensraum gegenüber, der mehr als doppelt so groß ist wie jener an Land. Werden auch hier wieder Behausungen der Ausgangspunkt für weitere Entwicklungen sein? Wird sich auch hier rings um solche schützenden Hüllen Zivilisation und Kultur ausbreiten?

Den ersten Vorstoß in diese Richtung machte der amerikanische Taucher Ed Fischer, als er sich dazu entschloß, 24 Stunden lang in einem Korallenriff bei Florida unter Wasser zu bleiben. Er schuf sich für diesen Zweck kein Haus, richtete sich aber doch an einer passenden Vertiefung zwischen den Korallen häuslich ein. Dies ereignete sich am 21. August 1954, sein Versuch begann um 3 Uhr nachmittag. In einem dichtbei verankerten Boot befand sich eine Hilfsmannschaft, bestehend aus sieben Tauchern, zwei Unterwasserfotografen und einem Unterwasserreporter.

In einem Sack brachte Fischer alles auf den Grund, was er für diese 24 Stunden brauchte. Er hatte sich die Sache reiflich überlegt und gut vorgesorgt. Während die beiden Fotografen – Jerry Greenberg und Peter Stackpole – eifrig fotografierten, öffnete er, auf dem Grund angelangt, den Sack und nahm nacheinander heraus: eine Unterwasserlampe, einen Unterwasser-Notizblock mit Fettstift, eine größere Zeichentafel, Süßigkeiten und Feigen in einem wasserdichten Beutel, Lederhand-

323

schuhe, Wollsocken, einen Signalrevolver, eine Drahtrolle, eine Zange, aufblasbare Ballons, ein Sammelnetz, ein Nähzeug, eine Warmwasserflasche, eine Handspritze zum Wassertrinken, einen Hammer, einen Meißel, einen Beutel mit Haiabwehrmittel, einen weiteren mit Aspirin, mehrere Rollen Leine und anderes mehr. Er hatte auch eine Spezialharpune und Reservespitzen mitgebracht. Ebenso einen Gummireifen, den er nun an vier Seiten an den Korallen befestigte. Nun blies er ihn auf, so daß er waagrecht zwischen den Korallen schwebte. Dies war sein für die Nacht vorgesehenes Bett. Darin konnte er es sich – trotz der Atemflasche auf dem Rücken – bequem machen.

Fischers erste Aktionen bestanden darin, die Korallen im Umkreis seines Campingplatzes genau zu untersuchen. In eine Hirnkoralle meißelte er fein säuberlich seinen Namen, dann zeichnete er eine genaue Lageskizze seines Domizils. Später, als er hungrig wurde, nahm er die Harpune und ging auf die Jagd. Ein Schnapper mittlerer Größe war die Beute. Diesen schuppte er mit seinem Messer ab und filettierte ihn. Das in Streifen geschnittene Fleisch aß er nach japanischer Manier roh. Auf den Notizblock schrieb er: „Völlig geschmacklos." Aus einer Thermosflasche trank er Bouillon. Natürlich mußte er dazu jeweils den Atemschlauch aus dem Mund nehmen, aber einem geübten Taucher ist das ohne weiteres möglich. Hatte er seine Flasche leergeatmet, wurde ihm ein neues Gerät gereicht, und er wechselte. Ein Taucher war ständig in seiner Nähe; so war es auch für die Nacht vorgesehen. Die Fotografen tauchten ebenfalls zu ihm hinab, hielten alle seine Handlungen fest. Allmählich brach die Dämmerung herein, es wurde dunkel. Das so geheimnisvolle, tiefblaue Abendlicht breitete sich über die Meereslandschaft aus. Nachtaktive Riffbewohner kamen zum Vorschein, tagaktive begaben sich zur Ruhe. Greenberg baute unten ein Stativ auf, befestigte darauf einen Elektronenblitz, der durch ein zwanzig Meter langes Kabel mit seiner Kamera verbunden war. Er schoß so einige effektvolle Nachtaufnahmen, stieg dabei auf einen Seeigel. Es war vorgesehen, daß Fischer die Nacht über durch einen langen Schlauch aus drei großen im Boot befindlichen Preßluftbehältern atmen sollte; ohne Rückenflasche war es weit annehmlicher für ihn. Doch durch den langen Schlauch schmeckte die Luft allzusehr nach Gummi, also nahm er wieder ein normales Gerät, und den Schlauch benützten die jeweils Wache haltenden Begleiter. Eine etwa eineinhalb Meter hohe, aus sechs großen Batterien gespeiste Stehlampe wurde auf den Grund gebracht und neben den Korallen auf den Sandboden gestellt. Sie hatte einen grünen Schirm, beleuchtete den Sand in fünf Meter Umkreis. Die ganze Nacht hindurch tummelten sich kleine Fische und durchsichtige Garnelen rings um die Lampe. Fischer wurde es kalt, und er schwamm eine Weile umher. Bei einem Flaschenwechsel vergaß er den Stöpsel aus dem Mundstück zu nehmen und mußte einige Atemzüge aus dem Gerät des Taucherkollegen tun. Das war aber nur eine winzige Panne, die sogleich behoben war. Später schwamm ein kleiner Hai durch den Lichtkegel. Als es Morgen wurde, sandte er die Schreibtafel hoch. Darauf stand: „Halte es kaum noch länger als eine Stunde aus." Schnell eilten die Fotografen hinab, nahmen die Fototätigkeit wieder auf. Das aber schien Fischer neuen Lebensmut zu geben. Es war ihm offensichtlich sehr kalt, seine Hände waren völlig verrunzelt, aber er entschloß sich nun doch zu bleiben. Er vertrieb sich die Zeit damit, aus einer CO_2-Flasche Luftballons aufzublasen. Dann machte er einige Zeichnungen. Dem Bericht nach hatte er auch eine Mausefalle in seinem Sack – was er damit tun wollte, ist jedoch nirgends erwähnt. 15 Minuten vor 3 Uhr nachmittag schwamm er dann zum Anker des Bootes und an dessen Kette bis auf 3 Meter unter die Oberfläche hoch. Da er die 24 Stunden in bloß 10 Meter Tiefe verbracht hatte, schien eine Dekompression überflüssig, trotzdem verharrte er dort 15 Minuten. Dann ließ er nachprüfen, ob seine Uhr stimmte. Es zeigte sich, daß sie um drei Minuten vorging. Man schickte ihm eine andere, die richtig ging, und als auch diese drei Minuten abgelaufen waren, schwamm er hoch und kletterte ins Boot. Das Ausziehen des Neoprenanzuges erwies sich als sehr schmerzhaft. Überhaupt war er völlig erschöpft. Wie Greenberg erzählt, war er die folgenden zwei Tage ziemlich angeschlagen und krank – „doch am Ende der Woche tauchte er wieder".

Es sollte nur noch wenige Jahre dauern, bis es zu den ersten echten Siedlungsversuchen unter Wasser kam. Diese entsprangen einer Idee, die nicht minder originell war als die von Keller und Bühlmann. Und wiederum war es ein Gespann aus einem originellen Tauchenthusiasten und einem Berufsphysiologen, das die neue Idee gebar.

In nicht wenigen Veröffentlichungen wird heute das „Sättigungstauchen" als eine Erfindung von Cousteau und seinem Team bezeichnet – aber das trifft nicht zu. Die Schöpfer dieser grundsätzlich neuen Idee waren die Amerikaner Edwin A. Link und George F. Bond. Hat man sie erst einmal erfaßt, dann erscheint sie einem ganz selbstverständlich. Voraussetzung ist immer, daß ein menschliches Gehirn einmal zur Erkenntnis einer solchen „Selbstverständlichkeit" gelangt.

Es geht hier um das große Handikap, das bei allen Vorstößen ins Meer zu überwinden ist: die Dekompression. Mit Mischgasen konnte man zwar tiefer tauchen – und Keller und Bühlmann gelang es durch raffinierte Kniffe, die Austauchzeit ganz wesentlich zu reduzieren –, doch mußte der Taucher immer noch eine Wiederanpassungsphase an den Oberflächendruck durchmachen, deren Länge zu der Zeitdauer seiner aktiven Tätigkeit in größerer Tiefe in keiner ökonomischen Relation stand. Link und Bond kamen nun auf den Gedanken, daß es ja gar nicht unbedingt nötig sei, immer wieder zur Oberfläche zurückzukehren. Wie wäre es, so überlegten sie, wenn der Taucher von einer versenkten Glocke aus operierte, wenn er darin, wie in einem Haus, tage-, ja vielleicht wochenlang lebte? In einem solchen Unterwasserhaus bestünde der gleiche Druck wie im ihn umgebenden Arbeitsgebiet: also könnte er dort beliebig lang arbeiten. Wie aber sah es dann mit der Dekompressionszeit aus?

Bond, der bei der US-Marine als Arzt tätig war, stellte also Versuche an, um zwei höchst wichtige Fragen zu klären. Erstens: Wie lang können Tiere – und im weiteren Verlauf der Mensch – unter höherem Druck in einem Helium-Sauerstoff-Gemisch leben? Zweitens: Wie steht es bei solch längerem Aufenthalt unter höherem Druck mit der notwendigen Dekompressionszeit? Steigt diese immer weiter an – oder bleibt sie schließlich gleich?

Schon der Tauchphysiologe Haldane hatte festgestellt, daß nach einer bestimmten Zeit die Gewebe völlig mit Gas gesättigt sind. Wie die erste Versuchsreihe zeigte, können Tiere und der Mensch sehr wohl längere Zeit unter erhöhtem Druck existieren – vorausgesetzt eben, daß sie ein geeignetes Gasgemisch atmen. Und die zweite ergab, daß nach etwa 24 Stunden Aufenthalt unter größerem Druck sämtliche Körpergewebe mit den betreffenden Gasen völlig angereichert – also „gesättigt" – sind und es dann völlig gleichgültig ist, ob ein Mensch sich nun einen oder zwanzig Tage lang unter diesem Druck befindet. *Die notwendige Dekompressionszeit bleibt dann stets gleich.*

Das ist das wirklich geniale Konzept des Sättigungstauchens, das dem Menschen längeren Aufenthalt in größeren Tiefen gestattet. In dem Bereich, wo er arbeiten soll, wird ein Unterwasserhaus abgesenkt, das unten wie eine Tauchglocke offen ist. Da es mit Gasgemisch vollgefüllt wird, kann von unten her kein Wasser eindringen. Befindet sich das Haus etwa in 100 Meter Tiefe, dann herrscht darin der gleiche Druck wie im Wasser – nämlich 11 Atmosphären. In diese Behausung schwimmt nun der Taucher hinab, und darin lebt er. Hier schläft er, ißt er; von hier schwimmt er zu seinem Arbeitsplatz. Auf diese Weise kann er beliebig lang in jeder beliebigen Tiefe arbeiten, denn wenn er in die Unterwasserbehausung zurückkehrt, ändert sich nichts an den Druckverhältnissen, also braucht er nicht zu dekomprimieren. Die Dekompression wird erst aktuell, wenn er dann – nach Tagen oder Wochen – wieder an die Oberwelt zurück will. Dann muß er entsprechende Austauchzeiten einhalten – es sind jedoch die gleichen, als wäre er bloß 24 Stunden unten gewesen. Am besten findet diese Wiederangleichung an die Druckverhältnisse der Oberwelt in einer abgesenkten Dekompressionskapsel statt. Der Sättigungstaucher verläßt das Haus, steigt in die Kapsel, diese wird hermetisch verschlossen, hochgezogen. An Bord kann er dann durch druckfesten Anschluß an eine größere, bequemere Dekompressionskammer in diese übersteigen, wo er die Wartezeit auf einer Pritsche liegend, zeitunglesend, fernsehend verbringt, während unter ärztlicher Aufsicht der Innendruck langsam vermindert und dabei auch noch die nötige Veränderung im Gasgemisch vorgenommen wird.

Den im Drucktank vorangegangenen Experimenten hatte Bond den symbolischen Namen „Genesis" gegeben. Der erste praktische Versuch nach dem neuen Konzept wurde dann am 6. September 1962 bei Villefranche, also an der Mittelmeerküste, durchgeführt. In einer 4 Meter langen Aluminiumröhre, die ebenso wie Kellers Tauchkapsel unten eine verschließbare Öffnung hatte und somit

Taucherglocke und Dekompressionskammer zugleich war, wurde Robert Stenuit, der erfahrenste Taucher in Links Team, in 60 Meter Tiefe hinabgelassen, wo er dann einen Tag und eine Nacht lang blieb. Er atmete 97 Prozent Helium und 3 Prozent Sauerstoff, schwamm mit einem Tauchgerät, das die gleiche Mischung enthielt, regelmäßig durch die geöffnete Bodenluke ins Meer, machte Ausflüge, führte Arbeiten aus und verbrachte die übrige Zeit in der Röhre, etwas beengt an einem Schreibpult sitzend. Die nötige Verpflegung wurde ihm in wasserdichter Umhüllung an einem Seil herabgelassen – er holte sie sich bei seinen Ausflügen. In der Nacht versuchte er so gut es ging auf seinem Sitz zu schlafen. Als er nach 24 Stunden von oben Order erhielt, die Luke zu schließen, damit man ihn wieder hochziehen und dekomprimieren könne, war er erbost – denn ursprünglich war vereinbart, daß er zwei Tage und zwei Nächte unten bleiben solle. Erst später erfuhr er dann, daß ein Heliumbehälter verlorengegangen war, was man ihm jedoch verschwiegen hatte, um ihn nicht zu beunruhigen.

Cousteau, der das Konzept von Link und Bond kannte, hatte inzwischen ebenfalls ein Unterwasserhaus anfertigen lassen, das bereits 12 Tage nach Stenuits Abstieg bei Marseille zum Einsatz kam. Er begnügte sich bei diesem ersten Versuch mit einer Tiefe von 10 Metern, in der jedoch zwei Taucher – Albert Falco und Claude Wesly – eine ganze Woche lang leben sollten. Das Unternehmen trug die Bezeichnung „Precontinent I", das Haus war ebenfalls ein Zylinder, jedoch von fünf Meter Länge und zweieinhalb Meter Durchmesser, also wesentlich bequemer. Im Gegensatz zur versenkbaren Dekompressionskammer (SDC), in der Stenuit wohnte, wurde es horizontal über den Grund gestellt und hatte demgemäß den nach unten gerichteten Ausstieg auf der Längsseite. Die beiden Taucher bezogen am 14. September 1962 diese Wohnung, in der sie – wegen der geringen Tiefe – normale Preßluft atmeten, die über einen Schlauch von Land hergeliefert wurde. Schaumgummiisolierung und Infrarotstrahler sorgten für Wärme, zwei Fernsehkameras gestatteten die Beobachtung aller Vorgänge im „Haus", ein Telefon stellte die Verbindung her, Schlafkojen, Radio, eine Bibliothek und ein Plattenspieler erhöhten den Komfort. Nicht weniger als 60 Mann Hilfspersonal überwachten die zwei Taucher, die täglich fünf Stunden lang in bis zu 25 Meter Tiefe arbeiteten und täglich zweimal von herabtauchenden Ärzten untersucht wurden. Am ersten Tag spielten die beiden noch gemeinsam Harmonika, doch dann wurde Falco gereizt, er schlief schlecht, Alpträume plagten ihn. Am dritten Tag schrieb er in sein Tagebuch: „Ich habe Angst, große Angst." Wesly bekam Zahnschmerzen, doch prompt wurde ein Zahnarzt zu ihm hinabgeschickt, der ihn behandelte. Insgesamt verlief das Experiment erfolgreich.

Schon im folgenden Jahr ließ Cousteau ihm ein weiteres folgen, das er mit der Produktion seines so gelungenen Filmes „Welt ohne Sonne" verband. Im Roten Meer, nicht weit von Port Sudan, wurde – wieder in 10 Meter Tiefe – ein „Unterwasserdorf" errichtet, bestehend aus einem sternförmigen Unterwasserhaus, das mehrere schon recht komfortable Unterkunftsräume enthielt, einer Unterwassergarage für das Unterwasserfahrzeug „Denise", einem Unterwasserschuppen für kleinere Unterwasserfahrzeuge und einem kleineren Unterwasserhaus weiter unten am Riffabhang, in 27 Meter Tiefe. Im Seesternhaus lebten, atmosphärische Luft atmend, sechs Personen 30 Tage lang gemeinsam mit einem Papagei. Zwei von ihnen – Falco und Wesly – übersiedelten für eine Woche in das am Abhang gelegene Haus, in dem sie in einer fünfzigprozentigen Helium-Atmosphäre lebten und von wo aus sie Ausflüge bis in 100 Meter Tiefe unternahmen. Auch dieses Experiment, „Precontinent II" genannt, gelang vorzüglich.

Im folgenden Juni waren dann wieder die Amerikaner am Zug. Der sehr erfinderische Link hatte sich inzwischen etwas Neues ausgedacht – eine Konstruktion, die wahrscheinlich für viele künftigen Entwicklungen wegweisend ist. An die Stelle des kompakten Unterwasserhauses – Cousteaus aus Beton gefertigtes Seesternhaus wog viele Tonnen – setzte er den SPID, die „transportable, aufblasbare Unterwasserwohnung". Es war ein Gummizelt, das wurstförmig zusammengefaltet und mit Ballast beschwert auf den Meeresgrund gebracht und dann aufgeblasen wurde. In der Nähe der Bahamas wurde es in eine Tiefe von 132 Meter versenkt. In einer zylindrischen Dekompressionskapsel wurden diesmal zwei Taucher – Stenuit und Jon Lindbergh, Sohn des berühmten Ozeanfliegers – zum Zelt hinabgelassen. Die beiden öffneten dort die Bodenluke und schwammen in das Zelt hinüber, das Schlafkojen, Fernsehkameras zur Beobachtung der Taucher, Infrarotstrahler und sonstige Einrichtungen enthielt. An der Außenseite des SPID waren Heliumflaschen, Süßwasser, Sonargeräte, Kameras, allerlei Werkzeuge und Instrumente sowie Lebensmittel in wasserdichten Behältern untergebracht. Als die Taucher sich in dem „Unterwasserzelt" einrichteten und die elektrischen Kabel anschlossen, kam es zu einigen Pannen. Die Lampe explodierte, bei der Anlage zur Beseitigung des anfallenden Kohlendioxyds funktionierte der Ventilator nicht. Da der Kohlendioxydgehalt bedenklich anstieg, mußten die beiden Taucher in die Dekompressionskapsel zurückschwimmen und dort abwarten, bis vom Versorgungsschiff „Sea Star" die notwendigen Reserveteile heruntergeschickt wurden. Dann aber kehrten sie zurück, und alles verlief in bester Ordnung.

Die beiden Taucher blieben zwei Tage und zwei Nächte in dieser großen Tiefe, sammelten Bodenproben und führten eine Reihe zum Teil recht schwieriger und anstrengender Aufträge aus. Die Konserven, die sie aßen, waren vom Druck stark deformiert, schmeckten darum aber nicht weniger gut. Während der Nächte sammelten sich unzählige kleine Fische im Scheinwerferkegel unterhalb der offenen Bodenluke. Ein großer Zackenbarsch, den das anlockte, prallte mehrmals heftig gegen das Zelt. Tagsüber interessierte er sich für die Schwimmflossen der beiden Taucher und ließ sich von ihnen streicheln. Als besondere Schwierigkeit trat hier wieder der gleiche Effekt auf, den bereits Zetterström im Wasserstoff-Sauerstoff-Gemisch beobachtet hatte: Auch in der 97-Prozent-Helium-3-Prozent-Sauerstoff-Atmosphäre wurden die Stimmen der Taucher unverständlich. Um sich mit oben zu verständigen, mußten sie ihre Botschaften auf Zettel schreiben und diese dann vor die Fernsehkameras halten. Schon nach den ersten 24 Stunden gratulierte Link von oben: „Ihr seid die ersten Menschen, die in 130 Meter Tiefe einen ganzen Tag verbracht haben!" Sie blieben noch einen zweiten, und dieser verlief wie der erste. Dann schwammen sie wieder zu der Dekompressionskapsel hinüber, schlossen die Luke, wurden darin an Bord gezogen und in einen größeren Dekompressionsraum geschleust. Sie verblieben dort 92 Stunden. Das Bedeutsame an diesem historischen Versuch faßte Stenuit in den Worten zusammen: „Die zwei Tage in dieser Tiefe haben wir uns – wobei wir noch auf Sicherheit gingen – mit vier Tagen Dekompression erkauft. Doch selbst wenn wir uns zwei Wochen oder zwei Monate dort unten aufgehalten hätten, wäre die Dekompressionszeit die gleiche gewesen." Die neue Technik hatte also gleich eine Extremprobe bestanden – für künftige Unterwasserarbeiten eröffnen sich den Tauchpionieren völlig neue Perspektiven.

Es folgten viele weitere Versuche in dieser Richtung. Die US-Navy hatte nun ebenfalls mit amerikanischer Gründlichkeit das Versenken eines Unterwasserhauses vorbereitet: „Sea Lab I". Es war zylinderförmig, 12 Meter lang bei 3 Meter Durchmesser, und wurde bereits knappe drei Wochen später, am 18. Juli 1964, bei Bermuda in 58 Meter Tiefe versenkt. Unter Aufsicht von Bond lebten darin 4 Taucher 11 Tage lang und führten in den umliegenden Riffen ein umfangreiches Versuchs- und Forschungsprogramm durch. Der Versuch sollte an sich drei Wochen dauern, doch näherte sich am 11. Tag oben ein Sturm, der dem Versorgungsschiff gefährlich werden konnte. Man brach daher den Versuch ab. Ein Detail am Rande: Zu den wissenschaftlichen Aufgaben des Teams gehörte es, akustische und optische Haiabwehrmittel zu erproben. In den 11 Tagen ließ sich jedoch kein einziger Hai blicken.

Im September 1965 wurden dann fast gleichzeitig in Kalifornien und an der französischen Mittelmeerküste zwei weitere Großexperimente gestartet. Bei La Jolla wurde „Sea Lab II" – bereits 19 Meter lang und 4 Meter im Durchmesser – neuerlich auf 60 Meter versenkt. Diesmal sollten drei Teams von je 10 Mann 15 Tage unter Wasser verbringen. Bei Cap Ferrat wiederum wurde unter Cousteaus Kommando eine zweistöckige, kugelförmige Unterwasserstation von nicht ganz 6 Meter Durchmesser auf 100 Meter Tiefe gebracht, in der dann 6 Taucher 3 Wochen lang lebten („Precontinent III"). Bei den Operationen waren für die Taucher umfangreiche Programme ausgearbeitet worden, die sowohl Bergungsarbeiten und Montagen als auch wissenschaftliche Untersuchungen höchst verschiedener Art beinhalteten. Gleichzeitig wurden fast alle körperlichen Funktionen der Taucher mit entsprechenden Meßgeräten auf das genaueste untersucht. Ähnlich wie die Astronauten wurden auch die Taucher zu

Versuchskaninchen, mit denen sich ein Dutzend Wissenschaftszweige beschäftigte. Zur Gloriole des Ganzen wurde die Teilnahme des Astronauten Scott Carpenter, der sich im Rahmen von „Sea Lab II" in einen Aquanauten verwandelte. Er nahm dort als einziger an zwei aufeinanderfolgenden Testserien teil – blieb also einen ganzen Monat unter Wasser. Eine in der Menschheitsgeschichte erstmals gelungene technische Leistung war die direkte Sprechverbindung, die zwischen Carpenter und Gordon Cooper, der gerade in der Raumkapsel Gemini 5 den Erdball umkreiste, hergestellt wurde. Ein zweites Gespräch führte er über eine Entfernung von 6000 Seemeilen hinweg mit dem Team von Cousteau: Meeresbewohner zu Meeresbewohner. Die in der Heliumatmosphäre bestehende Sprechschwierigkeit war inzwischen von den Amerikanern durch einen technischen Stimmumwandler behoben worden, der die menschliche Sprache auch in Helium verständlich machte. Die Franzosen behalfen sich durch vorübergehende Verwendung des Edelgases Neon.

Negative Ergebnisse: Die Taucher litten unter der Feuchtigkeit – es kam zu Hautausschlägen und Ohrenentzündungen; sie litten in der Heliumatmosphäre an Kälte – erstmalig wurden geheizte Tauchanzüge, elektrisch geheizte Bettdecken und reichliche Warmwasserduschen verabreicht; sie litten – ähnlich wie im Schützengraben – am engen Zusammenleben, es kam zu erhöhter Reizbarkeit. Rauchen war nicht möglich, weil bei 3 Prozent Sauerstoff keine Flamme mehr brennt. Auch manchen Geräten bekam das Helium nicht: Fernsehröhren mußten täglich erneuert werden. Beim Verlassen des Unterwasserhauses – des „Habitats" – hatten die Taucher Angst, sich im trüben und dunklen Wasser zu verirren: nur die Rückkehr ins Haus bedeutete Weiterleben, Hochschwimmen zur Oberfläche den sicheren Tod.

Positive Ergebnisse: Die Männer – hier wie dort – hielten durch, kein ernsthafter Unfall trat auf. Auch schwere Bergungsarbeiten wurden erfolgreich durchgeführt. Bei „Precontinent III" hatte eine Ölfirma einen Ölbohrkopf in der Nähe des Hauses auf dem Grund installiert, an dem schwierige Arbeiten auszuführen waren. Neben „Sea Lab II" war ein Flugzeugwrack versenkt worden und mußte mit Hebevorrichtungen versehen werden. Die Amerikaner arbeiteten bis in 90 Meter Tiefe, die Franzosen bis in 125 Meter Tiefe. Sehr begrüßt wurde, daß den Tauchern erstmalig ordentliche WCs zur Verfügung standen. Bei „Sea Lab II" schaute einmal ein neugieriger Seelöwe durch die Bodenluke. Der abgerichtete Delphin „Tuffy" erwies sich als verläßlicher, williger Helfer. Er eilte mit Botschaften zur

Unterwasser-„Häuser", die einem Druck von 4000 Meter Wassertiefe widerstehen sollen, werden von zwei amerikanischen Firmen entwickelt. Sie bestehen aus einem kugelförmigen Modul, der aus pentagonalen Keramik- bzw. Glassegmenten aufgebaut ist und einem Druck von 400 Atmosphären widerstehen kann. Jede Kugel hat 2,5 bis 3,5 Meter Durchmesser. Versorgungsfahrzeuge aus gleichem Material werden druckfest an die Stationen angekoppelt. Für Forschungen und ferngesteuerte Unterwasserarbeiten werden solche Stationen wohl in nicht allzu ferner Zukunft realisiert werden.

Oberfläche, brachte Werkzeuge herab, begleitete die Taucher, führte sie zum Unterwasserhaus zurück, kam auf Signale herangeeilt, brachte ihnen eine Notleine.

Weniger glücklich verlief der Abschluß der amerikanischen Serie mit „Sea Lab III", das 1969 bei der Insel St. Clemente an der kalifornischen Küste auf 180 Meter versenkt wurde und in dem 12 Mann zwei Wochen lang in einem Gemisch von 2 Prozent Sauerstoff, 6 Prozent Stickstoff und 92 Prozent Helium leben sollten. Beim Hinablassen des mehrere hundert Tonnen schweren Hauses stellte sich heraus, daß es an einer Stelle leckte. Daraufhin wurden in einer Dekompressionskapsel zwei Taucher hinabgeschickt, und der eine, Berry Cannon, schwamm hinüber, um den Defekt zu reparieren. Er wurde dabei – wie man oben am Fernsehschirm mit Schrecken mitverfolgte – ohnmächtig. Sofort wurde dem zweiten Mann, der ebenfalls mit einem computergesteuerten Kreislaufgerät ausgerüstet war, Order gegeben, den Ohnmächtigen zu bergen. Also verließ auch dieser die Dekompressionskapsel, schwamm hinüber und brachte den Leblosen unter großer Anstrengung zurück. Der Mann war jedoch bereits tot. Wie die anschließende Untersuchung zeigte, war ein grotesker Organisationsfehler daran schuld. Es war darauf vergessen worden, in dieses Gerät Atemkalk einzufüllen. Damit war er der gleichen Gefahr, der auch wir bei unseren Kreislaufgeräten stets gegenüberstanden, zum Opfer gefallen. Das in der Atemluft anfallende Kohlendioxyd wurde nicht absorbiert, Schwindel überkam ihn. Ehe er zurückschwimmen konnte, wurde er ohnmächtig – und als sein Kollege ihn endlich bergen konnte, war er bereits einem Herzversagen erlegen. Ein wahrhaft tragischer Fall! Dieses mit amerikanischem Organisationstalent und entsprechend großzügigen Geldmitteln vorbereitete Experiment scheiterte so an einem einzigen Unterlassungsfehler, ehe es noch richtig begonnen hatte. Der durch den Todesfall ausgelöste Schock in der Öffentlichkeit und bei den offiziellen Stellen war so groß, daß – völlig unnötigerweise – das ganze Unternehmen abgebrochen wurde. Die staatlichen Geldmittel wurden gestrichen.

Seither begeben sich in fast allen Meeren Versuchsteams in Unterwasserhäuser, experimentieren mit sich und der Umwelt, tun, was sich nur irgendwie unter Wasser tun läßt, untersuchen, sammeln Daten, verbessern Ausrüstungen und Instrumente. In England, Deutschland, Italien, den Niederlanden und Australien wurden Unterwasserhäuser versenkt, ebenso in der Sowjetunion, der Tschechoslowakei, in Polen, Rumänien, Bulgarien und Kuba. Bei dem in den USA gestarteten „Tektite 1"-Programm lebten 4 Wissenschaftler im Karibischen Meer 2 Monate lang in 12 Meter Tiefe; bei „Tektite II" arbeiteten bereits 17 Forschungsteams von je 5 Personen – darunter auch das erste Frauenteam – unter Wasser, wiederum in mäßiger Tiefe. Kostenpunkt jedes dieser Unternehmen: 2,5 Millionen Dollar. Neben zahlreichen anderen Studien wurde hier auch das Verhalten von Langusten untersucht, indem man ihnen kleine Sender auf den Bauch montierte und so ihre Bewegungen verfolgen konnte. Einer dieser Krebse machte in 4 Stunden eine

69 Kapitän Cousteau, Direktor des Ozeanographischen Instituts in Monako, im Gespräch mit Prinz Rainier und Prinzessin Grace Patricia. – 70 Hannes Keller, ein Schweizer, erreichte als erster Mensch die bis dahin für unmöglich gehaltene Tauchtiefe von 330 Metern. Ehe sich sein Interesse dem Tauchen zuwandte, war er Mathematiklehrer in Winterthur. – 71 Hans Hass im Gespräch mit dem japanischen Architekten Kiyonori Kikutake, der schwimmende Städte plant.

72 *(oben)* Wer in der US-Navy Froschmann werden will, muß die „Höllenwoche" überstehen: er wird den ärgsten körperlichen und seelischen Strapazen ausgesetzt – beispielsweise beim rücksichtslosen Einsatz an einer Schlammküste. – 73 *(links)* Der englische Froschmann Commander L. P. Crabb versuchte sich dem russischen Kreuzer Ordshonikidze, als dieser im Hafen von Portsmouth lag, unter Wasser zu nähern und fand dabei den Tod. – 74 *(rechts)* Absenken der Taucherglocke „Atlantis" am 3. 12. 1962, mit Hannes Keller und Peter Small an Bord. Small fand bei diesem historischen Vorstoß den Tod.

75 Die in aller Welt errichteten Ozeanarien, in denen Delphine ihre Künste zeigen, wurden von dem amerikanischen Biologen John C. Lilly unter Beschuß genommen. Die Tiere, so erklärte er, erwarte hier ein trauriges Schicksal. Sofern jedoch die Becken nicht zu klein sind, leiden diese Delphine weit weniger unter der Gefangenschaft als die meisten anderen Tiere. Im Bild der Autor, der in zahlreichen Ozeanarien zwischen Delphinen und anderen Meeressäugern tauchte und ihr Verhalten studierte.

240 Meter weite Wanderung. Das erste Unterwasserhaus unter der Eisdecke eines winterlichen Sees errichtete der tschechische Tauchklub „Permon". Die Bedienungsmannschaft an Land soll weit mehr gefroren haben als die beiden Taucher, die vier Tage lang darin lebten. 1973 wurde unter der Leitung von Joseph McInnis unter der Eisdecke der Arktis, nur 78 Meilen vom magnetischen Nordpol entfernt, ein aus völlig durchsichtigem Material gebautes „Sub-Iglu" errichtet, in dem einen Monat lang abwechselnd mehrere Taucher in völliger Dunkelheit lebten und im Scheinwerferlicht das ungemein reiche Meeresleben unter dem Eis beobachteten. Die Taucher kamen bezeichnenderweise auf die Idee, mit dem Kopf nach unten auf der Eisdecke herumzuwandern. Einer von ihnen, Paul Stang, erzählte: „Das ergibt einen ganz surrealen Effekt. Besonders deshalb, weil die Luftblasen aus der Maske in die völlig falsche Richtung gehen."

Versuche in Druckkammern deuten schon darauf hin, daß mit Hilfe der Technik des Sättigungstauchens längere Aufenthalte und Arbeiten bis in 600 Meter Tiefe – ja nach Bühlmann und Bond vielleicht sogar bis in 2000 Meter Tiefe – möglich sein werden. Praktisch bedeutet das eine Machtausdehnung über den gesamten Kontinentalschelf, über die oberen Abschnitte der Abhänge und über die Kuppen vieler aus der Tiefsee hochragenden untermeerischen Gebirge. Städte im üblichen Sinn wird es jedoch – meines Erachtens – dort nie geben. Dazu ist das Wohnen unter Wasser viel zu unbequem und kostspielig. Die Hochzeitsnacht in einem hundert Meter tief gelegenen Hotel zu verbringen mag Spaß machen, für Abwechslung gibt mancher gerne Geld aus. Im übrigen aber werden Unterwassersiedlungen wohl nur an Plätzen von wirtschaftlicher oder militärischer Bedeutung entstehen. Leben allerdings Taucher einmal wochen- und monatelang unter Wasser, werden ihnen früher oder später auch Frauen dorthin folgen. Vergnügungsstätten, Bars, Kinos, Tanzdielen und auch Kirchen werden entstehen. Man hat inzwischen überlegt, wie man solche Siedlungen autonom machen könnte: ein Atomreaktor schafft Elektrizität, entzieht dem Meer Sauerstoff und Süßwasser. Und um auf die gewohnte Kost nicht verzichten zu müssen, sollen Landtiere in Unterwasserställen gehalten und Landpflanzen in künstlich beleuchteten Unterwassergärten gezogen werden. Will man weniger Geld ausgeben, wird man Schweinefleisch und Krautköpfe wohl einfach mit U-Booten zu den Unterwasserdörfern bringen.

Transportable Unterwasserhäuser werden überall dort zweckmäßig sein, wo zeitlich begrenzte Arbeiten auf dem Meeresboden ausgeführt werden sollen. Bei einem Seminar an der Wiener Technischen Hochschule, das der Architekt Karl Schwanzer gemeinsam mit mir durchführte, kamen die Studenten auf recht interessante Konstruktionsmöglichkeiten für Unterwasserhäuser. Da wurden solche entworfen, die wie ein Regenschirm aufgeklappt werden konnten, andere, die sich wie Blüten entfalteten. Ein Student hatte die Idee eines Eisenbahnwaggons, der Unterwassertouristen vom Heimatbahnhof bis direkt auf den Meeresgrund bringen und dort als Haus fungieren könnte. Auch parasitäre Häuser wurden entworfen, die am Rumpf oder an den Masten von Wracks zu befestigen wären.

Wie immer nun aber diese Häuser gestaltet sein mögen, sie machen zusätzlich entsprechende Verkehrsmittel nötig. Die von Bruker-Physik in Karlsruhe entwickelte „Mermaid II", an deren Erprobung ich selbst beratend teilnahm, soll solchen Zwecken dienen; sie ist eine Art Volkswagen, also ein möglichst billiges und allgemein verwendbares Unterwasserfahrzeug. Einsatzfähig bis in 300 Meter Tiefe; Dimension und Leistung sind durch die Funktionen festgelegt. In einem Abteil, unter normalem Druck, sorgen zwei Mann für die Navigation; im anderen, das als Depressionskammer dient, haben zwei Sättigungstaucher Platz, die dann durch eine Bodenluke das Schiff verlassen, ihre Arbeiten ausführen und sodann in die fahrbare Behausung zurückkehren. Durch eine Schleuse ist auch das Übertreten von einem Abteil in das andere möglich. Das Gefährt ist so dimensioniert, daß es ohne weiteres per Flugzeug ins Einsatzgebiet transportiert werden kann.

Ein weit größeres Schiff, die „Argyronète", hat Cousteau nach ähnlichem Prinzip entwickelt: 600 Meter Tauchtiefe, sechs Mann Besatzung im Abteil mit Normaldruck und vier Sättigungstaucher im anderen. Leider mußte die Realisierung der Idee, obwohl schon weit gediehen, aus Kostengründen wieder abgebrochen werden. Dagegen ist mir durch Zufall bekannt, daß ein ähnliches fahrbares Unterwasserhaus schon existiert – und eifrig operiert. Es führt eine Art Piratendasein, ist auf Bergung von in Wracks enthaltenen Schätzen ausgerichtet. Unbemerkt streift es durch die dunklen Tiefen, lokalisiert mit modernen Suchgeräten die betreffenden Objekte, legt sich neben sie, wird dort zum Haus. Taucher steigen aus, bahnen sich mit Schweißbrennern ihren Weg ins Innere der Schiffe, kehren dann wieder ins Haus zurück. Unterwasserstationen für größere Tiefen hat man ebenfalls entworfen, und sie werden wahrscheinlich in den nächsten Jahrzehnten zum Einsatz kommen. Die vom deutschen Draeger-Werk fertigge-stellte Tieftauchstation TK 500 gestattet bereits Sättigungstauchen bis in 500 Meter Tiefe. In den USA hat General Dynamics eine fünfstöckige Tauchstation für Tiefen bis zu 2000 Meter entworfen, und General Electrics experimentiert mit kugelförmigen Glas- und Keramikkörpern, die bis in 4000 Meter Tiefe den Bau von „untermeerischen Städten" ermöglichen sollen. Hier handelt es sich allerdings um geschlossene Körper, die bloß dazu dienen können, durch Roboter ausgeführte Arbeiten zu lenken. Dem Druck in diesen extremen Tiefen wird sich der menschliche Körper kaum je anpassen lassen. Da jedoch gerade am Sockel der Kontinentalabstürze reiche Erdölvorkommen vermutet werden, ist vorauszuse-hen, daß auch solche Siedlungen sich bezahlt machen und eines Tages zur selbstverständlichen menschlichen Einrichtung werden.

Recht unter Wasser

Wem gehört das Meer? Wem gehören die Reichtümer im Meer? Wem gehören die Gebiete der Kontinentalschelfe – so reich an Rohstoffen und so geeignet für die Zucht von Nahrung? Wem gehören die ungeheuren Weiten der Ozeane – unermeßlich reich an Rohstoffen, ein unermeßlicher Raum zur Schaffung weiterer Nahrung? Wem gehört der Tiefseeboden? Und wem gehören die gesunkenen Schiffe am Grund der Meere und die in ihnen befindlichen Schätze?

Wer hier zu einer Antwort gelangen will, muß wohl zunächst nach dem Recht an Land fragen. Was ist das überhaupt: Recht? Hat der Mensch es erfunden? Wenn ja: Wie und wo begann es?

Wir tauchten damals bei den Malediven an zauberhaften Korallenriffen. Das Meer war spiegelglatt. Wie mit einem japanischen Pinsel auf hellblaues Tuch gemalt, lag vollendet schön in Form und Grazie meine „Xarifa" in einiger Entfernung. Unsere Wissenschaftler waren alle unter Wasser, Xenophon machte gerade im Boot Ordnung. Wo war Eibl-Eibesfeldt? Ich tauchte unter und schwamm an tischartigen und heckenförmigen Madreporen vorbei, über den Hang eines Korallenriffs abwärts. Bunte Fische kreuzten meinen Weg. Sie schwammen, wie mir schien, ziellos hierhin, dorthin. In einer Vertiefung des Riffbodens, etwa in 25 Meter Tiefe, sah ich in der Ferne eine Gestalt. Genau hier hatte ich Eibl-Eibesfeldt vor zehn oder zwanzig Minuten verlassen – genau hier hockte er immer noch in der gleichen Stellung. Er saß und beobachtete, machte mit einem Bleistift auf einer Aluminiumplatte Linien. Er hob und senkte abwechselnd den Kopf, blickte unverwandt in eine bestimmte Richtung. Ich bewunderte ihn. Auch ich liebte das Meer, die Fische, die Korallen – aber eine ähnliche Geduld in der Beobachtung hatte ich nicht. Ich schwamm näher, er bemerkte mich, ließ sich indes nicht stören. Über seine Schulter hinweg betrachtete ich, was er da tat. Er war offenbar unter die modernen Künstler gegangen. Mit ruhigen Strichen arbeitete er an drei eckigen Komplexen. Der mittlere sah wie ein Komet aus. Trotz allem Verständnis für neue Kunstformen schien mir sein Werk nicht der aufgewandten Mühe wert. Offen gestanden, dies sah wie das Gekritzel eines vierjährigen Kindes aus.

Er griff nach meinem Arm und hielt mich fest. Er deutete mir, keine schnelle Bewegung zu machen. Er zeichnete weiter – und allmählich begriff ich, was das Ganze bedeutete. Er hatte drei einzelne Fische aufs Korn genommen und zeichnete die Wege, die sie schwammen. Wie seine Zeichnung deutlich zeigte, blieben sie in einem ganz bestimmten Bereich innerhalb des Riffes und machten nur beschränkte Vorstöße von ihrem Wohnplatz weg. Das waren die langgezogenen Ecken, deren eine wie ein Kometenschwanz aussah.

Manche Fische, die vorbeischwammen, waren offenbar Nomaden, zogen beliebig am Riff entlang, suchten nach Nahrung – aber diese drei, deren Weg hier gezeichnet wurde, hatten ihr bestimmtes Wohngebiet. Zentrum war der Zufluchtsort – eine Höhle, eine Korallenspalte. Das Revier ringsum verteidigten sie – natürlich nur gegen Konkurrenten, die es auf die gleiche Beute abgesehen hatten wie sie. Das aber waren in erster Linie die Artgenossen.

Ich mußte unwillkürlich an eine Stadt denken. Nicht der Schuster ist für den benachbarten Schneider der ärgste Rivale und Feind – sondern der nächstgelegene Schneider. Nach unseren menschlichen Gefühlen steht uns der Mitmensch am nächsten – oder sollte es zumindest. Solange er nicht in einer bestimmten Erwerbsart differenziert ist, stimmt das auch – doch sobald er sich in eine Richtung spezialisiert hat, wird jeder, der die gleiche Erwerbsart ausübt, sein Konkurrent. Nicht der nackte menschliche Körper zählt – sondern der in einer Erwerbsart spezialisierte Körper. Der *erweiterte* Körper. Dieser war eigentlich das den Fischen hier im Riff Vergleichbare, die sofort, wenn ein Artgenosse sich näherte, diesem wie dem allerschlimmsten Feind entgegenschwammen.

Jungfische solcher ortsbeständiger Arten stehen einer eher erbarmungslosen Situation gegenüber. Irgendwo müssen sie erst einmal ein Versteck finden – irgendeinen wenn auch noch so kleinen Bereich, der nicht von einem stärkeren Artgenossen verteidigt wird. Möglichst unauffällig, um nicht die brüderlichen Angriffe herauszufordern, müssen sie dort versuchen, diesen und jenen Nahrungsbrocken zu erhaschen. Um sich ein echtes Revier zu erobern, müssen sie entsprechend groß und stark geworden sein. Dann freilich werden sie rücksichtslos. Gibt es im Umkreis einen Artgenossen, der alt und schwach geworden ist, dann ist für sie die Chance da. Dann vertreiben sie ihn. Jetzt muß dieser andere versuchen, ein unauffälliges Plätzchen zu finden, wo er diesen oder jenen Brocken erhaschen kann.

Wie ähnlich unserer Menschenwelt! Wie schwierig für den Schuster, Schneider, Rechtsanwalt, sich einen neuen Erwerbsplatz zu erobern und aufzubauen. Wie erbarmungslos wird auch dort der Kampf geführt!

Eibl-Eibesfeldt beobachtete nicht bloß die einzelnen Territorien, er beobachtete auch die Signale, die zur Abgrenzung dienten, sowie die Riten im Kampf zwischen artgleichen Rivalen. Denn dieser Kampf wird nach Regeln geführt, die erbmäßig festgelegt sind und durch die verhindert wird, daß ein Artgenosse den anderen ernsthaft verletzt. Wäre es anders, dann würde die Art sich selbst schädigen, dann könnte sie die Evolution nicht optimal weitertragen, könnte den Lebensprozeß nicht fortsetzen.

An Land waren diese Spielregeln, diese „Kommentkämpfe", bereits beobachtet worden, Eibl-Eibesfeldt studierte sie nun als erster in einem Korallenriff. Die bunten Muster und Färbungen dieser ortsbeständigen Fischarten hatten damit zu tun. Sie waren Signale für die Artgenossen. Sie besagten: „Achtung, hier bin ich, das ist mein Revier! Kommst du zu nah, dann wirst du bekämpft, dann ergeht es dir schlecht! Also sparen wir uns beide die Mühe, such dir eine andere Gegend! Das Riff ist groß!" So verteilen sich die Artgenossen über die gesamte nutzbare Zone: diese wird so von der Art optimal ausgenützt – das Lebensgeschehen wird optimal weitergetragen. Kommt es trotzdem zum Kampf, dann verläuft dieser nach angeborenen Regeln. Der Unterlegene gibt schließlich ein – wiederum angeborenes – Signal, woraufhin der andere gehemmt wird, ihn weiter anzugreifen. So kann der Geschlagene sich unbehelligt zurückziehen.

Schon bei den Fischen ist jedoch zwischen Revier und „Aktionsraum" zu unterscheiden. Eibl-Eibesfeldt erklärte das später in seinem Buch „Im Reich der tausend Atolle": „So wie wir Verkehrswege benützen, die wir mit unseren Mitmenschen teilen, und andere Wege, die nur wir selbst und unsere nächsten Angehörigen gehen; so wie wir uns mit anderen verträglich in einer Barbierstube treffen, dagegen unser eigenes Bad oder Schlafzimmer besitzen: so teilt auch der Fisch seinen Aktionsraum weiter ein. Da gibt es Weidegründe und Jagdreviere, Putzstationen, bei denen man sich mit anderen verträgt, und Wohnhöhlen, die man gegen Artgenossen heftig verteidigt, manchmal aber auch mit seinesgleichen teilt." In der Menschenwelt ist jeder von Auseinandersetzungen solcher Art betroffen. Der Mensch räumt anderen gewisse Rechte ein, andere verteidigt er gegen sie auf das grimmigste. Gibt es also auch bei den Fischen ein „Recht"?

Ja und nein. Es gibt hier *kein Recht* – insofern nämlich, als es keine übergeordnete Instanz gibt, die dieses Recht verbürgt und durchsetzt. Es gibt hier keine Gerichte, keine durch eine Obrigkeit diktierten Gefängnisse und Strafen. Es gibt dagegen insofern *doch ein Recht*, als der jeweils Stärkere sich ein Recht erzwingt. Recht worauf –? Auf Macht. Macht wozu – ? Zum Erwerb von Energie, von Stoffen, von Fortpflanzung.

In der gesamten Evolution war es stets so. Darauf und nur darauf kam es an. Bei den Pflanzen. Bei den Tieren. Und dann auch beim Menschen.

Noch zwei andere Vorstufen zum menschlichen Recht sind zu berücksichtigen: die Symbiose und die tierische Staatenbildung. Äußerlich verschieden, laufen sie jedoch im Prinzip auf das gleiche hinaus. Dienst für Gegendienst – ein echter Vertrag. Für die Seeanemone, die auf dem Gehäuse des Einsiedlerkrebses sitzt, liegt der Vorteil darin, von ihm herumgetragen zu werden – so an mehr Nahrung zu gelangen. Sein Vorteil ist, noch besser geschützt zu sein – ein Schutz, den er ohne diesen Partner nicht hätte. Ebenso steht im Tierstaat Leistung gegen Leistung. Der Staat schützt den Tier-Bürger – beispielsweise die Ameise. Dieser wieder arbeitet für den Staat, erbringt Dienste für die Gemeinschaft.

Beim Menschen ist es nicht anders. Mit dem einzigen Unterschied, daß wir Intelligenz besitzen, Ich-Bewußtsein – daß wir denken können. Bei Symbiose und tierischer Staatenbildung beruht das gegenseitig eingeräumte „Recht" auf durchaus unbewußtem, angeborenem Verhalten. Mutationen im Erbgut hier und dort hatten sich für beide Seiten vorteilhaft erwiesen, hatten die Lebenschancen – die Überlebenschancen – jedes Partners verbessert. Beim Menschen dagegen beruhen die gegenseitig eingeräumten Rechte auf Intelligenz, Voraussicht, Schlußfolgerung. Wieder steht Macht am Beginn. Macht wird ausgedehnt. Der Hordenführer, der Fürst räumt Untertanen gewisse Rechte ein – sehr beschränkte Rechte –, dafür genießen sie den Schutz seiner Organisation. Noch ist das Recht eher willkürlich, nicht verbrieft. Dann wird die Macht der Fürsten und Könige gebrochen. Gleiche Rechte setzen sich durch, jeden schützende Gesetze werden erlassen. Die jeweilige Gesellschaft konstituiert ein „Recht". Innerhalb des Machtbereichs dieser Gemeinschaft wird es nun garantiert, erzwungen und geschätzt. Natürlich stimmt es nicht unbedingt mit dem „Recht" beim Nachbarstaat überein. Kommt es zum Krieg, dann gleitet das „Recht" wieder auf die frühere Stufe zurück, wo es allein durch Macht diktiert war. Recht hat dann schließlich der, der gewinnt. Im Kampf der Franzosen gegen die Deutschen waren es einmal die Deutschen, dann wieder die Franzosen, die „recht" hatten.

Weiter sind wir auch heute nicht. Nach jedem Krieg gibt es Bestrafung und schöne Rede, aber nach wie vor ist die Welt in Nationen gespalten. UNO, UNESCO versuchen globale Richtlinien zu schaffen, globales Recht, globale Polizei. Selbst der Optimist muß erkennen, daß es in diesem Punkt nur sehr langsam weitergeht – nur so lange weitergeht, als es den Beteiligten Vorteile bringt.

Und nun kommt die Expansion ins Meer. Der feste Boden, auf dem man so eindeutig stehen, den man so klar verteidigen kann, ist nicht mehr eindeutig, nicht mehr klar. Da sind ungeheure Räume voll mit Schätzen und Gütern, die wir benötigen. Sie müssen erschlossen werden – unter großem Krafteinsatz, unter großem Energieeinsatz. Hier Rechte zu konstituieren und zu schützen ist nicht so leicht.

Bei vielen Menschen ist immer noch die Anschauung tief verwurzelt, daß Gott dem Menschen Rechte gegeben hat. Wo aber sind diese Rechte? Wer hütet sie? Wer tritt in Erscheinung, wenn sie verletzt werden? Noch wagt fast niemand auszusprechen, daß die menschlichen Rechte nichts anderes sind als das Diktat der Menschen. Ein nach Möglichkeit vernünftiges gegenüber den Mitmenschen – ein völlig rücksichtsloses gegenüber den Mitlebewesen, den Mit-Lebensträgern: den uns so unterlegenen Tieren und Pflanzen. Wir unterjochen sie, wie es uns beliebt. Was uns Vorteile bringt, fördern wir, was uns Nachteile schafft, bemühen wir uns zu vernichten. Nie vorher in der Evolution hat es eine Kreatur gegeben, die so entscheidend, so brutal in das gesamte übrige Lebensgeschehen eingriff, es so egoistisch einstufte, umgestaltete, ummanipulierte.

Daß Macht sich durchsetzt, lag immer in der Linie des Naturgeschehens. Im Rahmen der meisten menschlichen Gemeinschaften werden als Akt bewußter Hilfeleistung Ärmere, Schwächere und Alte geschützt, selbst wenn dies der Gemeinschaft in keiner Weise dient: ein Luxus, den wir uns leisten können. Auch bestimmte Tiere und Pflanzen beginnen wir aus Sympathie und Mitleid zu schützen – wiederum ein Luxus, den wir uns leisten können. Heute jedoch geht es uns selbst an den Kragen. Indem wir allzu rücksichtslos unsere Macht ausübten, haben wir unsere eigenen Interessen ernsthaft gefährdet. Naturschutz, Umweltschutz? Hier geht es keineswegs um Sentimentalitäten, nicht um die lieben Tiere und Pflanzen – sonderen einzig und allein um uns selbst.

An diesem Punkt etwa stehen wir. Und plötzlich sehen wir uns einem gemeinsamen Problem gegenüber, gemeinsamen Aufgaben, einer gemeinsamen Notwendigkeit. Denn wenn der Mensch sich weiterhin so rasant vermehrt, wird es bald kritisch für ihn werden. Ob wir wollen oder nicht, wir müssen plötzlich wesentliche Rechte einschränken – bisher völlig unangefochtene Rechte. In erster Linie unser „Recht" der Vermehrung. Sodann unser „Recht" den anderen Lebewesen gegenüber. An dritter Stelle folgt nun die durch das Meer geschaffene Problematik: Da unten liegen ungeheure Reichtümer, und es stünde im Bereich unserer technologischen Macht, sie zu erschließen. Voraussetzung dafür ist wiederum ein Recht – ein Recht neuer Art, ein globales Recht. Ein Recht jenseits nationaler Schranken, das nicht in Ländern und Kontinenten denkt. Auf einem Planeten, der durch das Weltall fliegt, leben wir. Zwei Drittel seiner Oberfläche sind Meer. Diese zwei Drittel sind noch ungenützt. Wollen wir sie nutzen, dann müssen wir uns vertragen, müssen darauf verzichten, durch die Ozeane, wie bisher an Land, Grenzen ziehen zu wollen.

Die zahllosen auf dem Grunde des Meeres liegenden Schiffe sind Menschenwerk. Wem gehören sie?

Die Rechtslage ist je nach Land verschieden. Handelt es sich nicht um Funde von historischem Wert, dann wird in manchen Ländern zwischen Eigentümer und Finder 50 : 50 geteilt. Vielfach ist jedoch eine Bergungskonzession vorgeschrieben: der Berger kann dann sogar bis zu 80 Prozent erhalten. Ist bei Gegenständen von künstlerischer oder historischer Bedeutung eine Teilung unmöglich, dann kann eine Versteigerung vorgeschrieben sein, bei welcher sich der Staat ein Vorkaufsrecht einräumt. In Griechenland, Italien und Spanien sind alle antiken Funde Staatseigentum, Verletzungen dieses Monopols werden streng geahndet. In Italien erhalten Finder eine Prämie bis zu 25 Prozent, in Spanien besteht kein Anspruch auf Finderlohn. Nach amerikanischem Recht verbleiben mit Schiffen versunkene Werte für alle Zeit Eigentum des Schiffsbesitzers – „warten" gleichsam auf diesen oder dessen Erben. Im Falle einer Bergung kann der Besitzer seinen Anspruch innerhalb der Frist von „einem Jahr plus einem Tag", gerechnet ab Beendigung der Bergung, geltend machen. Werte von älteren Schiffen kann der Staat beschlagnahmen. Es ist dort daher korrekt und zweckmäßig, die Bergungserlaubnis und die Höhe des Bergungsanteils mit dem Eigentümer oder dem Staat vorher auszuhandeln. War das Schiff versichert und wurde eine Prämie bezahlt, dann tritt die Versicherungsgesellschaft als weiterer interessierter Partner hinzu.

Im englischen und amerikanischen Recht spielt auch die Zollfrage eine wichtige Rolle. In den USA ist die Einfuhr zollfrei, sofern das Schiff mehr als zwei Jahre vorher gesunken ist. In England müssen recht komplizierte Vorschriften eingehalten werden, sonst kann es dem Finder passieren, daß ihm nicht nur der Fund beschlagnahmt wird, sondern er noch eine Strafe in der Höhe des doppelten Wertes bezahlen muß. Das betrifft freilich nur Wracks, die in den Küstengebieten und über dem Kontinentalschelf liegen; aus der Tiefsee sind noch keine Bergungen gelungen. Hier treten Probleme auf, die internationale Regelungen erfordern.

Im römischen Recht war das Meer nach Celsus (ca. 200 n. Chr.) Allgemeinbesitz. Dem 1618 vom berühmten Völkerrechtler Grotius geprägten Begriff des „Mare librum" stellte der Engländer Selden sein „Mare clausum" entgegen, womit gesagt sein sollte, daß ein Staat das Recht habe, Handelsschiffe aufzubringen – damals für England wichtig, weil es die stärkste Seemacht war. Im Streit um die Meeresfreiheit kam dann im 18. Jahrhundert das Recht der Länder auf ihre Küstengewässer in der Breite einer „Kanonenschußweite" auf – daraus wurde später die Drei-Meilen-Zone.

Nachdem 1930 ein ähnlicher Versuch des Völkerbundes gescheitert war, setzte die International Law Commission der UNO 1958 vier internationale Abkommen durch: über rechtliche Aspekte der hohen See und des Küstenmeeres sowie über Fischerei und die „Erhaltung der lebenden Schätze der hohen See". Die wichtigste damals beschlossene Konvention, die „Kontinentalschelf-Doktrin", besagt, daß jedem Küstenstaat das ausschließliche Recht zur Ausbeutung der Bodenschätze auf und unter dem Meeresgrund im gesamten Bereich des Kontinentalschelfs, also bis zu 200 Meter Tiefe, zustehe – und sogar auch noch im Bereich des angrenzenden Kontinentalabhangs, soweit ihm dies technisch möglich sei. Für die USA hatte Präsident Truman schon 1945 den gesamten vorgelagerten Kontinentalsockel in Besitz genommen; nun wurde auch allen übrigen Küstenstaaten eine solche Ausdehnung ihres Jurisdiktionsbereiches zugestanden. Nur ein Teil der Staaten hat allerdings dieses Abkommen bisher ratifiziert. Manche, bei denen der Landsockel nahe der Küste steil abbricht, sind an Fischereirechten in größerer Entfernung von ihrer Küste interessiert – Peru forderte bereits 1947 eine 200 Meilen breite Küstenzone, will also ein Distanzkriterium an Stelle eines Tiefenkriteriums, und dieser Auffassung schlossen sich auch Argentinien, Brasilien und fünf weitere Staaten an. Mit 3 Meilen begnügen sich Japan und Australien; 6 Meilen wünschen sich Israel, Japan und Haiti; 18 Meilen will Kamerun, 50 Meilen Gambia und 130 Meilen Guinea.

Am 12. Oktober 1964 fand in Genua ein Festakt statt, dem viele Journalisten beiwohnten. Costeau und der italienische Tauchpionier Luigi Ferraro nahmen für die CMAS „im Namen den Menschheit" den gesamten Meeresgrund in Besitz – immerhin mehr als zwei Drittel der Erdoberfläche. Die CMAS als Sammelorganisation der Unterwassersportverbände von 37 Ländern sei „vom geschichtlichen, moralischen und technischen Standpunkt für die Verwaltung dieses Besitztums am besten qualifiziert", hieß es. Ein Dokument wurde ins Meer versenkt, ein zweites an die UNO gesandt, die gleichzeitig zur Mitarbeit aufgefordert wurde. Einstweilen stellt die CMAS bloß Tauchlizenzen aus. Die Presse hatte immerhin eine gute Story – und das war wohl auch Zweck der Übung. Von großer Bedeutung war dagegen die am 17. Dezember 1970 von den Vereinten Nationen einstimmig angenommene „Prinzipiendeklaration", der zufolge alle Bereiche des Meeres und des Meeresbodens, die außerhalb der natürlichen Jurisdiktionsbereiche der Küstenstaaten liegen, „gemeinsames Erbe der Menschheit", also internationales Besitztum, sein sollen. Strittig bleibt allerdings, wie dieser Bereich praktisch ausgebeutet werden soll, ob über eine internationale Organisation oder durch Vergabe von Lizenzen, und nach welchem Schlüssel die aufzuwendenden Kosten und die dann einfließenden Beträge – besonders im Hinblick auf Binnenländer und unterentwickelte Staaten – zu verteilen sind. Auf Grund geographischer Verschiedenheiten und politischer Ideologien werden hier sehr divergierende Standpunkte vertreten. So wie Tiere um den Futterplatz, streiten sich hier nun die einzelnen Nationen um die Nutzung von nicht weniger als zwei Drittel der Oberfläche unseres Planeten. Auf der für April 1974 anberaumten internationalen Meereskonferenz in Santiago de Chile soll diese gigantische Problematik des Meeresbesitzes ernsthaft diskutiert werden.

Vielleicht wäre es nicht unzweckmäßig, wenn bei diesen Bestrebungen nicht nur die politische und juristische, sondern auch die biologische Betrachtungsweise zu Wort käme, da sie – und vielleicht nur sie – eine realistische Beurteilungsbasis jenseits nationaler und ideologischer Interessen zu vermitteln vermag. Auch zur Vermeidung von Konflikten wäre es von großer Wichtigkeit, wenn in dieser Frage grundsätzliche Übereinkünfte erzielt werden könnten. Sonst setzt nämlich in allernächster Zeit ein privates und staatliches Piratentum ein wie in den Tagen des Goldrausches. Wie Arthur Clarke schreibt, werden die künftigen Unterwasser-Prospektoren nicht „grizzled old-timers sein", keine grauhaarigen Einzelgänger, die mit Sieb und Schaufel losziehen, „sondern Multimillionenunternehmen, die ganze Armeen von Wissenschaftlern und Technikern einsetzen".

Der Gedanke, daß alle Völker am Reichtum des Meeres teilhaben sollten, ist im Prinzip sicher gesund. Er könnte den Beginn eines global orientierten Menschheitspatriotismus sein.

Bewußtseinswandel

Kürzlich, bei einem Besuch in New York, sprach ich mit einer jungen Frau, die dort Verlagsinteressen vertritt. Wir saßen uns in einer Bar gegenüber, es war früher Nachmittag, das Lokal völlig leer. Meine Gesprächspartnerin interessierte sich für Kunst, Politik, Literatur, Philosophie – jedoch wohl nur wenig für Sport und Naturforschung.

„Was mich am Meer, ja sogar am Schnorcheln interessiert", sagte sie, „ergibt sich vielleicht aus der Unzufriedenheit, unter der wir alle leiden, ganz besonders in dieser Stadt. Ich sehe es nicht nur bei mir selbst, wie wir nach Auswegen suchen. Deshalb lesen ja die Leute soviel Science Fiction, soviel über Dinge, die ins Utopische gehen. Immer steckt das Motiv dahinter, irgendwie von dieser Welt, die wir nicht mehr bewältigen, wegzukommen . . . es ist letztlich die Angst vor der Angst. Ich war voriges Jahr auf den Islas de Muheres, um dort zu tauchen, und ich habe in meinem Leben noch nie so viel Schönheit gesehen. Aber es war nicht nur die Schönheit – es war mehr. Für mich war es eine Flucht. Wir haben ja heute kaum mehr eine Wahl – zu entkommen. Das ist es, warum ich glaube, daß die Menschen, wenn sie merken, daß es in den Städten nicht mehr recht stimmt, sich diesen Schnorchel nehmen und unter Wasser gehen. Es hängt damit zusammen, daß wir heute schon beinahe keine Wahl mehr haben . . ."

In Wien besuchte mich ein junger Künstler – Jürgen Claus –, einer der ersten, die sich mit solchen Gedanken beschäftigen. In seinem Buch „Planet Meer" schreibt er im Vorwort: „Wir können an einen Punkt kommen – und sind diesem Punkt in manchen unserer Großstädte nahe –, wo das tägliche Leben ein täglicher Alarm ist. Unser tägliches Leben: das ist aber das, was wir haben, wodurch wir sind, unsere Liebe, Wahrnehmung, Kommunikation, unser Denken, Bewußtsein, Empfinden, Lernen, Vertrauen – oder nicht? Wir können an einen Punkt kommen, wo das Leben zur Resignation wird. Nicht mehr Katastrophe, nicht mehr Alarm. Ein kollektives Trauma: Untergang. Eine kollektive Lähmung: Warten auf den Tod."

An anderer Stelle schreibt er kritisch: „Ist es nicht maßlose Arroganz eines Künstlers, anzunehmen, die Kunst, auch eine veränderte Kunst, könne hier irgendwas ausrichten? Nein: Wenn eine andere Gesellschaft, eine andere Kultur zu schaffen ist, dann muß auch der Künstler für seinen Teil die Voraussetzungen einer Kunst heute überprüfen. Er muß bereit sein, alles in Frage zu stellen, was bisher die Kunst abgesichert hat."

Und er fährt fort: „Die Kunst, die ich für den Planeten Meer entwerfe, betreibt ihre Forschung und erzielt ihre Erfahrungen nicht *in vitro*, im Reagenzglas herkömmlicher Kunstlabors und Kunstvermittler. Sie ist in die feine Ökologie dieses Planeten eingetaucht, aus dem sie in jedem Augenblick Rückschlüsse auf die biologisch-geistige Verfassung des Menschen zieht. – Kunst im Sinne dieses Buches läuft auf eine neue Haltung des Menschen hinaus. Sie ist entscheidender als alle wissenschaftlichen Daten, die wir heute aus dem Meer gewinnen."

Das sind große Worte. Aber könnte es nicht sein, daß sie letztlich den Kern treffen? Könnte es nicht sein, daß wir heute mehr als alle Forschung, alle Technik, alle Wirtschaft, alle Politik eine Bewußtseinsänderung nötig haben, die wir an Land, eingebettet in eine nicht mehr zu überwindende Selbstverständlichkeit, gar nicht mehr finden können?

Ich fragte Jürgen Claus: „Gehören Sie nicht zur großen Zahl junger Menschen, die unzufrieden sind mit der heutigen Entwicklung, sie ablehnen, aber nicht recht wissen, was sie an deren Stelle setzen sollen, und deshalb nach irgendwelchen Gebieten suchen, über die sie einen Ausweg zu finden hoffen? Ist es nicht bei Ihnen so, daß Sie sich nun an das Meer klammern – wie andere an Rauschgift oder Joga oder indische Philosophie – und sich nun in die Idee verliebt haben, daß wir auf dem Grund dieses Meeres ‚gesunden‘ könnten?"

Er nickte: „Ja, sicher gehöre ich mit in die Reihe jener, die nicht einverstanden sind. Ich will aber gerade über die Konzeption einer Kritik hinauskommen – und eine Art Gegenkultur verwirklichen. Bei mir läuft es nicht auf eine pauschale Ablehnung hinaus. Ich glaube bloß, daß es in erster Linie darauf ankommt, aus den festgefahrenen Seh- und Erlebnisgewohnheiten herauszukommen. Unter Wasser ist man gezwungen, sich anders zu verhalten. Schon die Bewegung ist anders. Glauben Sie nicht, daß der Mensch im Meer andere Möglichkeiten in seiner Biologie entdecken oder entwickeln könnte, die auf dem Festland einfach nicht zu entwickeln wären?"

Was mich persönlich betrifft, so haben die vielen Jahre des Tauchens bei mir zweifellos eine Art von Bewußtseinswandel verursacht. Unter Wasser hat man eine fremde, an Land nie mögliche Freiheit. Sobald man die Wasseroberfläche durchstößt, passiert man gleichsam eine Pforte, die in ein anderes Leben – und damit auch zu einer anderen Betrachtungsweise führt. Zur Menschenwelt gewinnt man dort unten einen Abstand, den man kaum sonstwo bekommt. In meinem Fall erwachte in den Jahren der Unterwasserforschung das Interesse für die Landlebewesen – einfach deshalb, weil ich sie aus der Perspektive der Unterwasserwelt anders sah . . . eben als Wesen im Exil. Mein Unterwasserinteresse griff gleichsam in die Luftwelt über und folgte so dem Weg der Evolution. Wenn ich dann ganze zwölf Jahre lang das Tauchen völlig aufgab und mich nur noch mit den Landlebewesen, besonders mit dem erstaunlichsten – dem Menschen – befaßte; wenn ich mein Schiff verkaufte und mich plötzlich für dem Biologen völlig ferne Gebiete – Betriebswirtschaft, Staatslehre, Recht, Kunst usw. – interessierte: dann geschah das, weil ich dabei im Prinzip immer noch unter Wasser blieb. Weil mir die nasse Heimat, der Ausgangspunkt für diese ganze Entwicklung, ständig vor Augen blieb und mir eine andere, ungewohnte Betrachtungsweise gleichsam aufzwang.

1963 berichtete Cousteau in einem Vortrag von den ersten Versuchen, die in jener Zeit sein Tauchteam in einem Unterwasserhaus ausführte. Eine „Straße" führte von diesem Haus, das in 10 Meter Tiefe lag, über den abschüssigen Meeresgrund bis auf 25 Meter Tiefe. Nachts war sie durch Lampen beleuchtet. Einige Fotografen hatten die Taucher Falco und Wesly, die eine Woche in dem Haus lebten, unter Wasser bei ihrer nächtlichen Tätigkeit auf dieser „Avenue des Otaries" fotografiert und waren wieder hochgeschwommen. Cousteau hatte sich still verhalten und weniger Luft verbraucht und blieb 10 bis 15 Minuten länger unten. „Sie sahen mich nicht. Es war völlig finster, sie hatten ihre Lampen, sie wußten nicht, daß ich in ihrer Nähe war. Ich blieb bei ihnen und beobachtete diese beiden schwarzen Gestalten und ihre Lichter in der völligen Dunkelheit, sie gingen ihres Weges, erkundend, Fische beobachtend, sie berührend, denn im Lichtkegel konnten sie die Tiere immobilisieren und mit der Hand berühren. Sie wurden Zeugen verschiedener Vorgänge, die ich selbst noch nicht beobachtet hatte, und als ich in ihren Lichtkegel geriet, sahen sie mich nur eben an und gingen weiter, ohne mich in irgendeiner Weise zur Kenntnis zu nehmen. Ich schwamm zur Seite, und tiefe Traurigkeit überkam mich. Ich empfand, daß ich nicht mehr zum gleichen Team gehörte; sie hatten eine andere Mentalität angenommen, sie waren dort zu Hause, sie erfüllten dort ihre Aufgaben, ohne Beziehung zur Oberwelt. Sie konnten dort unten bleiben, ich mußte nach oben zurückkehren. Ich gehörte nicht mehr wirklich zu ihnen . . ." Wie Cousteau weiter ausführte, hinterließ ihm dies einen so starken Eindruck, daß es ihn zu grundsätzlich neuen Anschauungen führte.

Im gleichen Sinn schrieb Jean-Albert Foëx, ein anderer Pionier der französischen Unterwasserforschung, in seinem Buch „Der Unterwasser-Mensch": „Es ist durchaus denkbar, daß der Unterwassermensch durch seine Tätigkeit seelisch umgeformt wird und daß er aus seinem Umgang mit dem Meer eine unerwartete Gabe empfängt: eine gewisse Weisheit, eine andere Art zu denken, zu urteilen und sich zu entscheiden. Könnte es nicht sein, daß damit auch ein Teil seines Bewußtseins den alten irdischen Bedingungen entzogen wird . . ."

Hermann J. Gruhl, ein deutscher Taucher, beschrieb, wie er mit einigen Kameraden in einem zugefrorenen See tauchte – ein heute bei den Sporttauchern des Binnenlandes sehr beliebter und weitverbreiteter Sport. Mit einer Axt wird ein Loch in die Eisdecke geschlagen, dann verschwinden die mit Trocken-Tauchanzügen ausgerüsteten Taucher unter dem Eis. „Der erste Eindruck ist lediglich dämmriges Grün; gleichmäßig diffuses Licht dringt durch Schnee und Eis in den See und erhellt den Untergrund nur spärlich. – Die Friedfische haben sich in den Grundschlamm eingegraben, und die Forellen überwintern in Höhlen, Felsspalten oder im Schutz von Baumwurzeln und Geäst." Einer der Taucher hämmerte Scheiben aus der unteren Schicht des Eises, schob sie umher. Da Eis leichter ist als Wasser, sausen solche Scheiben, wenn man sie einige Meter in die Tiefe zieht, in schrägem Winkel zur Oberfläche zurück. Ein lustiges Spiel – es wurde fotografiert. Gruhl: „Ich gebe Kamera und Bleigürtel in der Außenwelt ab und hocke nun, durch den starken Auftrieb nach oben gedrückt, verkehrt herum an der Eisunterfläche. Mit ein wenig Übung kann man sich aufrichten und am Eis in weiten Sprüngen kopfab umherlaufen. Antipodenspiele! Mein Beispiel inspiriert die anderen, und gleich darauf hüpft und schliddert alles, daß es eine reine Freude ist. Ob man uns wohl verminderte Zurechnungsfähigkeit zubilligen würde?"

In der menschlichen Geschichte folgte fast immer auf die pionierhafte Ausbreitung der Luxus. Sobald erst neue Gebiete erobert sind und dort die Lebensbasis gesichert ist, sobald Früchte geerntet werden, tritt das für den Menschen Typische in Erscheinung: unsere Ausrichtung auf alles, was uns Glücksgefühle und Erlebnissteigerungen beschert. Unsere Gefühlspalette umfaßt ein gewaltiges Spektrum: gutes Essen, gutes Trinken, Geselligkeit, sexuelle Freuden, Wohn- und Lebenskultur, Kunst, Freude am Gestalten, am Spiel, an der Macht, Sicherheitsgefühl, Spaß, aber auch genußschaffende Bosheit, Tücke usw. Während die Tiere über ihre angeborenen Triebe und die mit deren Erfüllung verbundenen Lustgefühle gleichsam „gesteuert sind", dreht der bewußt lebende Mensch den Spieß um und manipuliert sein Leben tunlichst so, daß es ihm ein Höchstmaß an Lustgefühlen vermittelt. Er wird zum Spezialisten in der Glückssuche, im Erkunden immer neuer Praktiken, die ihm unsere positiv getönte Empfindungen schenken. Wenn unsere Intelligenz die notwendige Machtgrundlage geschaffen hat – in der heutigen Praxis: das notwendige Geld –, wird sie als nächstes und hautpsächlich dafür eingesetzt, die in uns schlummernden Glücksmöglichkeiten bestmöglich zu aktivieren. Je nach Mischung des Erbgutes sind beim einzelnen die Anlagen ungemein verschieden. Auf jeden Fall aber sucht jeder dort, wo er solches Ergebnis für sich vermutet.

Im Dienste dieses Interesses hat sich die „Kunst" als eine besondere Technik entwickelt, subtile Glücksgefühle zu schaffen und anderen zu übertragen – woraus dann auch wieder ein Geschäft wurde. Im Unterwasserraum wäre es geradezu verwunderlich, wenn nicht auch hier dem Eroberer und Festiger dann wieder der Künstler, gleichsam als beruflicher Glücksmanipulator, nachfolgte. Seine Fertigkeit, neue Auslösewirkungen zu bieten, findet auch hier reiche Möglichkeiten, über die Manipulation fremder Gefühle Einflußnahme auf fremdes Bewußtsein zu erzielen. Dabei gab es schon immer unter den Künstlern solche, die es als ihre besondere Aufgabe ansahen, Vorreiter für neue ästhetische und ethische Grundeinstellungen zu sein. Ihre Art der Beeinflussung vollzieht sich nicht über vernünftiges Argumentieren, sondern über Auslösen von Emotionen. Hat sich also der Mensch erst einmal in der Unterwasserwelt entsprechend gesichert und etabliert, dann ist auch für den Unterwasserkünstler der Zeitpunkt für sein Auftreten gekommen.

William Beebe, der als erster Wissenschaftler im Taucherhelm Korallenriffe erforschte, schrieb 1931, also in einer Zeit, da man sich die heutige Entwicklung noch kaum vorstellen konnte: „Es kann nicht mehr viele Jahre dauern, und man wird in unseren Breiten ebenso wie am Wendekreis längs des Meeresstrandes Gespräche führen, die heutzutage den meisten Menschen überspannt oder doch zumindest verfrüht erscheinen möchten. Wer gute Freunde zu Gast hat, fordert sie dann wohl auf, mit ihnen vom Ufer wegzurudern, sich den Helm aufzustülpen und zu tauchen, um in aller Muße die neuen Korallenpflanzungen und -beete in Augenschein zu nehmen, die ein Meeresgärtner unlängst angelegt hat. In einem späteren Monat bekommen seine purpur- und lavendelfarbenen Seeanemonen vielleicht den ersten oder zweiten Preis beim Meeresblumenwettbewerb des Orts. Die Buben werden ihre Mütter bestürmen, sie doch wieder ziehen zu lassen, daß sie Seeräuber spielen können – im Raum des alten Wracks in fünf Meter Tiefe draußen vor dem Riff. Untergetauchte Künstler aber schimpfen über den bewölkten Himmel, weil das halbvollendete Gemälde von der Schlucht sechs Meter unter dem Meere volles Sonnenlicht benötigt, wenn seine märchenhafte Farbenpracht sich entfalten soll."

In der gleichen Schrift – es ist sein berühmtes Buch „923 Meter unter dem Meeresspiegel", in dem er anschließend von seinem historischen Abstieg in einer Stahlkugel in die Tiefsee erzählt – gibt es auch praktische Anweisungen für den Künstler: „Wen zu Malen gelüstet, der beschwere die Staffelei mit Blei, mache die Leinwand oder Tierhaut wasserdicht und setze sich mit dem Farbenteller nieder. Ab und zu wird man freilich einige Fischchen wegbürsten müssen; denn einige Farben strömen einen verlockenden Duft aus, und die Malerscheibe wird manchmal von einer hungrigen Schule Däumlinge bedeckt sein."

Inzwischen sind schon viele mit der Staffelei unter Wasser gegangen. In einer Tauchschule auf Elba kann man die zum Unterwasserzeichnen und -malen nötigen Instrumente sogar mieten. Walti Guggenbühl, Leiter dieser Tauchschule, erzählte mir: „Wir haben viele Versuche gemacht: mit Kartons, mit Aluminiumfolien, Kupferfolien, Messingfolien, und sind dann zum Schluß auf ein wasserfestes Landkartenpapier gestoßen, worauf man mit Ölkreiden wunderbar unter Wasser malen kann. Wir verwenden Paletten aus Kunststoff, auf die haben wir oben für die Kreiden mit einem Gummiband Halter gemacht. Wir haben schon eine Reihe von

351

Malkursen durchgeführt – und das lustige dabei war, daß die Farben ja unter Wasser verändert sind und somit auch die Farbe der Kreiden verändert war. Es war erstaunlich, was da alles herauskam, nachdem die Bilder von unter Wasser wieder herauf aufs Schiff gekommen sind. – Ich sagte zu Guggenbühl: „Um diese Bilder wirklich zu beurteilen, müßte man sie also mit Licht des der Tiefe entsprechenden Farbspektrums anstrahlen?" – „Ja, genau. – Am Anfang wollten die Leute nicht recht. Sie sagten: ‚Wir wollen ja tauchen, nicht malen! Dann aber versuchte es der eine, dann der nächste – am Schluß waren es sechs oder sieben Mann – und die Leute brachte man nicht mehr hoch. Bis nicht der letzte Tropfen Luft aus der Flasche war, waren sie mit ihren Werken nicht vom Grund wegzubringen!"

Längst gehen auch berufsmäßige Maler unter Wasser, um sich dort ihre Inspirationen zu holen. Ein abstraktes Werk, das so entstand, ist etwa das von Günther Wallert gemalte Bild „Korallengott", das an der italienischen Küste bei Levanto entstand (Abb. 81).

Von Unterwassermusik habe ich dagegen noch nichts gehört. Über besondere Instrumente ist aber sicher auch im neuen Medium Klangerzeugung möglich. Vorstufen im Tierreich gibt es bereits – ebenso wie längst Vögel musizierten, ehe noch der erste Mensch sein erstes Lied sang oder die erste Trompete blies.

Die Entdeckung dieser tierischen Unterwassermusik erfolgte über eine Entwicklung für Kriegszwecke. Heraklits Äußerung, daß der Krieg der Vater aller Dinge sei, trifft auch hier wieder einmal zu. Die ersten Unterwasser-Mikrophone wurden von Marineeinheiten entwickelt, um feindliche U-Boote an ihrem Maschinengeräusch zu orten. Einige der dabei vernommenen Geräusche waren eher absonderlich. Im Frühjahr 1942 wurde das zum Verteidigungssystem der Chesapeake-Bucht südlich von New York gehörende Netz von Mikrophonen durch völlig rätselhafte Geräusche außer Aktion gesetzt, die regelmäßig jeden Abend einsetzten. Sie hörten sich an wie Preßluftmeißel, mit denen ein Betonpflaster aufgestemmt wurde. Wie man herausfand, verursachten dieses Geräusch Fische, die in Schwärmen in die Bucht kamen.

In der Folge wurde von den Marinestellen eine große Zahl verschiedenartiger Laute im Meer registriert – meist stammten sie von Fischen oder Krebsen. Sie machten es nötig, besondere akustische Filter zu entwickeln, welche alle diese tierischen Geräusche aussonderten und so die Wahrnehmung von Schraubengeräuschen doch wieder ermöglichten. Kritisch wurde es allerdings bei einer Garnelenart, die mit ihren Scheren ein Geräusch erzeugte, das sämtliche

76 Auch Mode und Werbung gehen heute unter Wasser. Flip Schulke ist der Fotograf dieses Modefotos, das in einem Karibischen Korallenriff entstand. Zwischen den Einstellungen atmete das Modell aus einem in der Nähe bereitgehaltenen Preßluftgerät, nahm dann das Mundstück aus dem Mund und ging in Positur.

77 Die amerikanische Filmdiva Dawn Adams führte in einem Spielfilm selbst einen ägyptischen Unterwassertanz aus. Ich fotografierte sie dabei — für mich, nach all den Korallen- und Fischporträts, eine nette Abwechslung. — 78 *(rechts)* Fotomontage von Jürgen Claus: Akt, Meer und Kosmos zu einer Einheit verwoben. Claus sucht im Unterwasserbereich neue Wege für Bewußtseinswandel sowie neue Ausdrucks- und Eindrucksmöglichkeiten für moderne Kunst. — 79 *(folgende Doppelseite)* Tauchermaske — eine Schreckvorstellung der Zukunft (Paolo Curto). Die Komposition erinnert an Bilder aus der „dunklen Periode" von Goya.

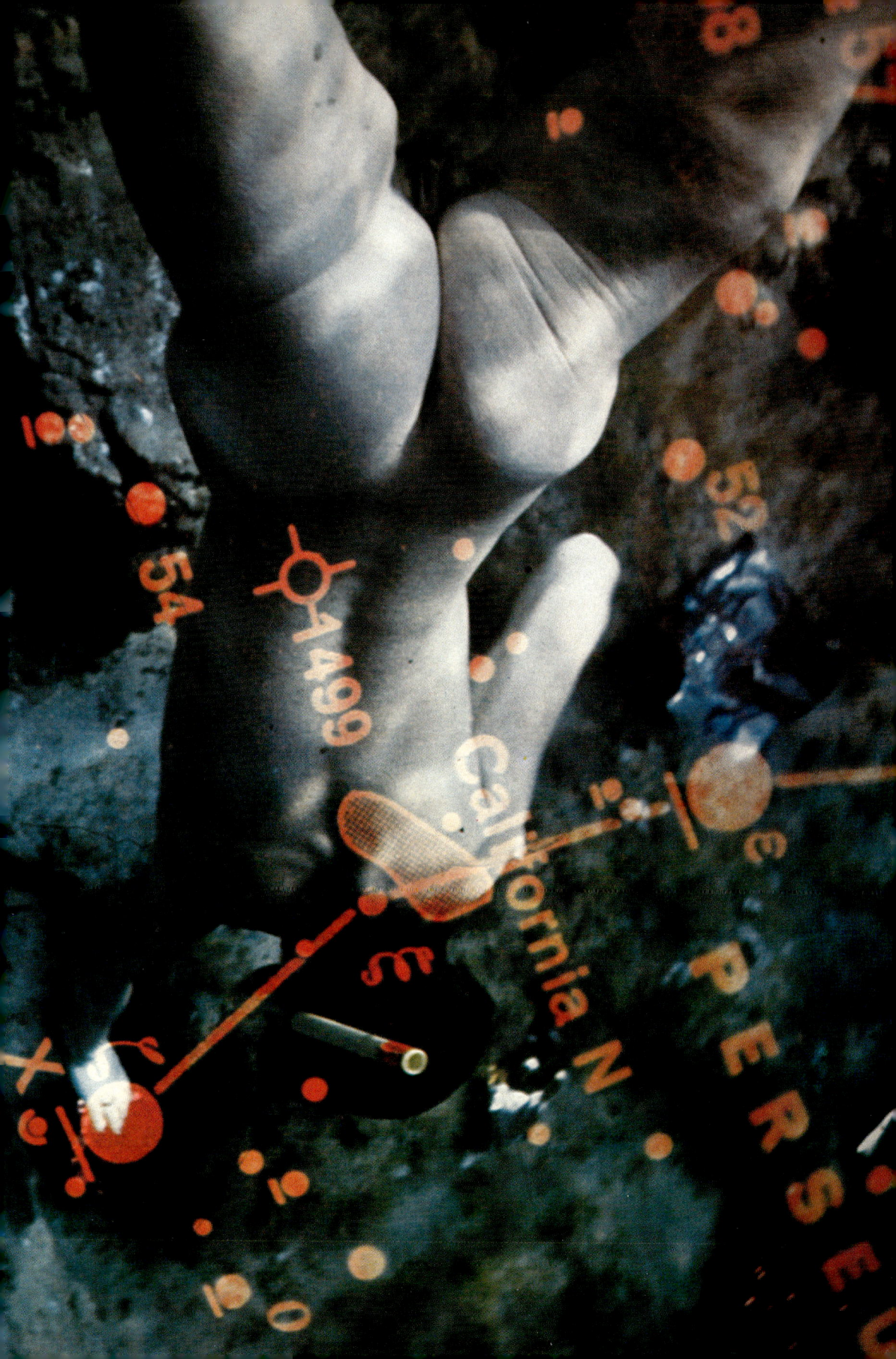

80 Der tauchende Mensch auf der Suche nach seiner Vergangenheit — Studie des italienischen Tauchpioniers Victor de Sanctis. Durch Farbfilterung wurde hier ein surrealistischer Effekt erzielt. — 81 (rechts) „Korallengott", ein Gemälde von Dieter Wallert. In einer einsamen Gegend an der italienischen Riviera sucht Wallert seine Inspirationen in der Unterwasserwelt.

82 Mittelalterliche Darstellung des sagenhaften Abstieges von Alexander dem Großen. Den Berichten zufolge zog ein Ungeheuer an seinem Glaskäfig vorbei — so groß, daß es mehr als einen Tag lang seine Sicht verdunkelte. Wie die Lufterneuerung in dieser Tonne vorgenommen wurde, wird nicht erwähnt.

akustischen Bereiche überdeckte. In diesem Fall machte die US-Marine aus der Not eine Tugend. Die genaue Ausdehnung der Gebiete, in denen diese Garnelen lebten, wurde erforscht – und in diesen Zonen waren dann amerikanische U-Boote vor den japanischen Abhörgeräten sicher. Dr. Martin W. Johnson erhielt dafür die von der National Academy of Sciences vergebene Agazzis-Medaille.

Ganz besonders weit vernehmbare Rufe senden Wale aus. Beim Finnwal liegen sie bei einer Frequenz von ca. 20 Hertz und sind wegen ihrer immer gleichen Rhythmik leicht zu erkennen. Der Ruf dauert jeweils eine Sekunde, dann folgt eine 12 bis 15 Sekunden lange Pause. Douglas Webb vom Woodshole-Institut für Ozeanographie errechnete, daß zur Zeit, da es noch keine durch die Motorfahrzeuge verursachten Geräusche gab, diese Rufe etwa 800 Kilometer weit zu hören waren. Da jedoch der Ton von der Oberfläche und vom Meeresboden reflektiert wird – und es zwischen Sprungschichten noch weit engere „Hörkanäle gibt –, mögen sogar Hördistanzen von 5000, ja vielleicht sogar bis über 10.000 Kilometer möglich sein. Die Tiere konnten so über Ozeane hinweg zueinanderfinden.

Die Sensation jedoch war der Ruf des Buckelwals. Roger und Cathy Paine haben fünf Jahre lang bei den Bermuda-Inseln diese Rufe aufgenommen und analysiert. Sie wurden später auf einer Langspielplatte mit dem Titel „The Song of the Humpback Whales" herausgebracht, die wirklich hörenswert ist und einem ein erstaunliches Erlebnis vermittelt. In diesem Fall ist das Wort Ruf nicht länger am Platz, denn diese Wale singen, wobei dieser Gesang für unser menschliches Empfinden von großer Schönheit ist. Manche der Lautäußerungen dauern bis zu dreißig Minuten, und weder Klangart noch Rhythmus lassen sich in Worten auch nur annähernd beschreiben. Welche Funktion diese Gesänge haben, ist noch nicht sicher. Bisher wurde bloß festgestellt, daß sie sich einerseits aus hohen Frequenzen zusammensetzen, die weniger laut, dafür reich moduliert sind, sowie aus tieferen – gleichförmig, auf sehr weite Entfernung vernehmbar. Payne vermutet, daß sie für zwei verschiedene Zuhörerkreise bestimmt sind: die hohen Gesänge für relativ nahe schwimmende Artgenossen (vielleicht Auslöser im Paarungszeremoniell), die tiefen als Erkennungssignale für weit voneinander entfernte Gruppen. Ein amerikanischer Komponist hat inzwischen diese Melodien in eine von ihm komponierte Symphonie eingebaut.

Das erste Unterwasserkonzert – jedoch noch ohne Unterwasserzuhörer – wurde bereits 1856 bei Kronstadt in Rußland abgehalten. Es wurde von Wilhelm Bauer inszeniert, einem der ideenreichsten Erfinder im Unterwasserbereich. Schon 1839 konstruierte er – zur Durchbrechung einer dänischen Blockade – in Kiel sein erstes U-Boot. Es war erfolgreich, trotzdem waren Bauers weitere Versuche mit vielen Schwierigkeiten und Rückschlägen verbunden. Das Unterwasserkonzert ließ er zu Ehren der Krönung des Zaren Alexander II. erklingen. Es wurde von vier im getauchten U-Boot befindlichen Bläsern ausgeführt und von Leuten, die in Booten über der Stelle trieben, in einem Umkreis von 200 Metern gehört.

Unterwasserkonzerte für Unterwasserzuhörer wird es nun auch bald geben – einfach deshalb, weil hier die Möglichkeit zur Auslösung ebenso ungewöhnlicher wie starker Wirkungen besteht. Als wir 1950 im Roten Meer mit Hydrophonen Fischgezappel aufnahmen, um es dann mit einem Unterwasserlautsprecher zur Anlockung von Haien wieder abzustrahlen, legte unser Tontechniker, um uns unter Wasser zu überraschen, einige Musikbänder auf. Einen Wiener Walzer, eine Beethovensymphonie, eine Arie aus der Oper „Die Perlenfischer". Seither wissen wir, daß uns hier eine Form besonderen Kunstgenusses offensteht, die wir noch nicht nützen. Unter Wasser empfindet man Musik nicht nur mit den Ohren, sondern gleichsam mit dem ganzen Körper. Man „schwimmt" im wahrsten Sinn des Wortes in der Musik, sie dringt gleichzeitig von allen Seiten in den Körper ein. Erlebt man dies noch dazu in der zauberhaften Umwelt eines Korallenriffes oder vielleicht bei Hereinbrechen der Dunkelheit auf dem Meeresgrund, dann kann uns Musik noch zu bedeutend gesteigerten Eindrücken verhelfen. Unter Wasser ergibt sich auch die Möglichkeit, Schwingungen auf unseren Körper einwirken zu lassen, die außerhalb unseres akustischen Hörvermögens liegen. In solchen Schwingungen übersetzte Musik könnte eines Tages Unterwasser„hörern" dargeboten werden.

Auch Ansätze zu einer – allerdings extrem modernen – Unterwasserskulptur gibt es bereits. Der höchst eigenwillige Engländer Peter Hutchinson steckte faulende Kürbisstücke in Plastikbeutel und band diese an 15 Meter tief gelegenen Korallen fest. Durch die eingeschlossene Luft und die Verwesungsgase wurden die Beutel hochgezogen und bildeten im Aussehen medusenähnliche Strukturen.

Was er damit erreichen, damit aussagen will? Hutchinson erklärt: „Gebrauch einer ganz neuen Umwelt. Gebrauch plastischer Mittel in diesen neuen Begriffen: Schwerkraft – und auf der anderen Seite Auftrieb. Gebrauch freien Raums – Raum, der niemandem gehört. Gebrauch von sich zersetzendem Material in einem positiven Sinn. Gebrauch interessanter geographischer Environments und ihr Einbezug ins Werk. Persönliche Erfahrung des Werkes, das durch Foto und andere Aufzeichnung nur in meiner persönlichen Art übersetzt ist, wie ein Maler eine Landschaft darstellt, ohne dir genau zu zeigen, welche Landschaft. Flucht aus einer Kunstszene, die uns beständig wieder zurückwirft."

Weit praktischer eingestellt ist der Designer Luigi Collani, der ebenfalls das Überlieferte zu überwinden trachtet und die für den unter Wasser lebenden Zukunftsmenschen adäquaten Häuser, Stühle, Bahnen – auch das für ein Unterwasserleben nötige Unterwasserklosett – zu entwerfen versucht. So wie der

Auch moderne Künstler haben die Unterwasserwelt entdeckt, manche sehen in ihr ein neues Medium für Bewußtseinserweiterung, Bewußtseinswandel. Jürgen Claus will sein „Center Submarine" in kugelförmigen, auf dem Meer verankerten „Häusern" errichten. Über dem Umweg des Meereserlebens will er den Menschen zu neuen ästhetischen und ethischen Konzepten führen.

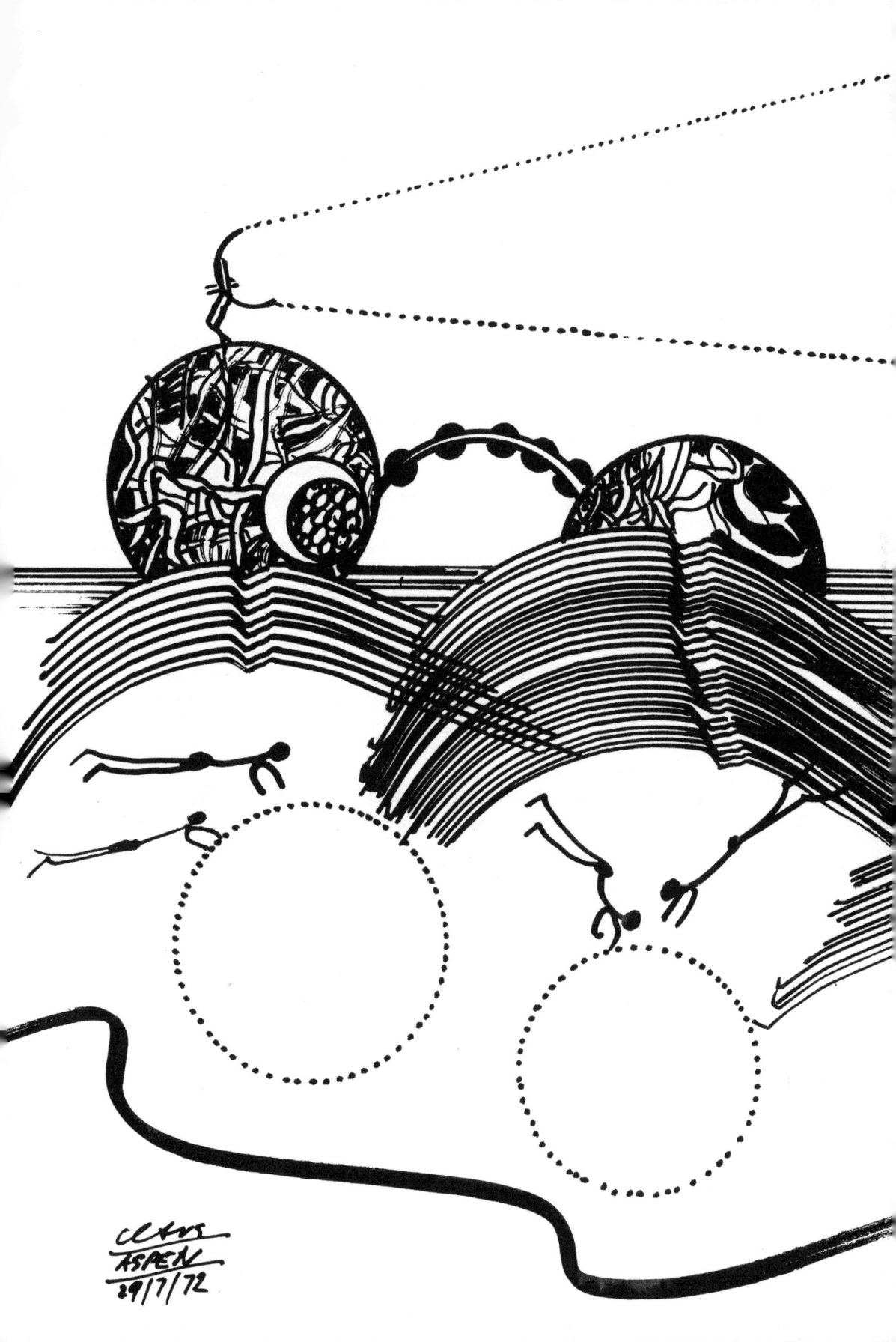

Embryo im Mutterleib eine ganz bestimmte „natürliche" Stellung einnimmt, so sucht Collani nach einer ähnlichen Umweltgestaltung für den Erwachsenen, auch wenn sie sich völlig vom uns Überlieferten entfernt.

Architekten wie Otto Piene oder Rudolf Doernach erkundeten Möglichkeiten für künftige Unterwasser-Architektur. Auch hier geht es darum, wie der Künstler dazu beitragen kann, Übergänge in andere Bewußtseinsebenen zu vermitteln.

Jürgen Claus experimentierte zunächst mit „ganz simplen" Instrumenten bei der Insel Jos in Griechenland. „Wir haben uns Metallstäbe genommen, die ungemein viele Reflexe hervorbringen und die nun unter Wasser den Raum verspannten – wenn man so sagen will: ihn anders anlegten, als er vorher war." Ebenso nahm er Metallkugeln unter Wasser – „es ist faszinierend, wie sie die Umwelt von allen Seiten ins Bild bringen". Er fotografierte Akte unter Wasser – „so daß Körper und Umwelt zu einer Einheit werden" – kombinierte sie – durch Fotomontage – mit anderen Eindrücken (Abb. 78). Er plant Unterwassergärten, jedoch aus künstlichen Strukturen – „eine Art von Irrgarten, mit Spiegelung und Reflexen, der sehr irritierend sein kann."

Sein besonderes Ziel ist die Errichtung eines „Center Submarin" – als eine Art Gegengewicht zu den bestehenden meereskundlichen Instituten. Die Kugel ist für Claus die Idealform, daher soll dieses Zentrum in im Meer schwimmenden Riesenkugeln beheimatet sein sein. Auch die Olympischen Spiele 1980 sollten – sein letztes Projekt – in solchen schwimmenden Kugeln abgehalten werden: die größte als Stadion in der Mitte. Dazu sagt er: „Sollen diese Schauplätze für sportliche Hochleistung weiterhin Ein-Nation-Prestige-Ereignisse bleiben? Sollen sie weiterhin zum National-Imponieren mißbraucht werden? Das Meer ist der letzte große Bereich auf unserem Planeten, der nicht in Nationen, Rassen, Länder und Religionen geteilt ist –"

„Ein unendlich korrumpiertes politisch-ökonomisches System (Wirtschaften) hat heute keinen Gegenspieler mehr in einem religiösen Glauben. Da helfen auch keine Jesus-People. Die Buschfeuer, die uns die täglichen Medien so gern offerieren, helfen da nichts. Es gibt eine Polarität zur Rattenfängerei, zu den Machtkartellen, zu den Buschfeuern: der unendlich komplexe Mensch, dessen Bewußtsein der Erde und dem Kosmos gleich ist."

Das den Hippies so verhaßte Establishment nennt er sehr treffend den „Container, in dem wir leben". Worauf es ihm ankommt, das ist der Appell an den Menschen für ein anderes, alternatives Denken, für andere Strukturen der Forschung, sei es auf naturwissenschaftlichem, architektonischem oder künstlerischem Gebiet. Nicht minder wichtig erscheint ihm, „daß der Mensch zum Tier ein anderes Verhältnis entwickelt, es nämlich als Partner begreift. Bleibt er der Räuber, der Kolonisator, der Ausbeuter, dann hat er keinerlei Chancen unter Wasser. Dann ist der Planet wirklich bis zum Jahr 2000 umgebracht. Er muß heute – auch in den Forschungszweigen – ganz definitiv umlernen."

Der Mensch im Meer

Die Überlegenheit des Menschen gründet sich im wesentlichen auf *eine* Fähigkeit, die selbst die intelligentesten Tiere nicht haben. Wir können in unserem Gehirn, in unserem „Geist", Ursachen und Wirkungen überschauen, auch wenn sie räumlich und zeitlich weit auseinander liegen. In unserer „Phantasie" können wir praktisch jede Erfahrung mit jeder anderen in Beziehung setzen, können sie beliebig kombinieren, können uns so in jede erdenkliche Lage versetzen, sie gleichsam im voraus erproben.

Auf diesem so wenig Kraft kostenden Weg, der die Vorstufe zu fast allem menschlichen Fortschritt darstellt, ist der Mensch auch schon in frühester Zeit in die Welt unter Wasser vorgedrungen, hat sich dort unten herumgetrieben und tausend Wunder vorerlebt. Von Vorstößen in die Unterwasserwelt berichten die Märchen und Göttersagen fast aller Völker. Schon eine der ältesten, durch sumerische Schrifttafeln überlieferten Sagen erzählt davon, wie der große König und Held Gilgamesch ins Meer tauchte, um dort die Pflanze der ewigen Jugend zu finden. Er fand die Pflanze, brachte sie empor, fiel ermattet in Schlaf – da wurde sie ihm von einer Schlange entrissen.

Auf Niutao, einer Südseeinsel, hörte ein junges Mädchen, als es sich am Rand der Lagune waschen wollte, undeutliche Stimmen, die aus der Tiefe emporkamen. Sie beugte sich über das Wasser, da sah sie auf dem Grund der Lagune Menschen, nicht anders als sie selbst. Sie winkten ihr empor, sie möge doch kommen. Anfangs hatte sie Angst, stieg aber dann doch hinab. Man brachte sie zu einer Ansiedlung, wo gerade ein großes Fest vorbereitet wurde. Drei Männer geleiteten das Mädchen zum Häuptling – und sie erfuhr, daß er den Wunsch habe, sich mit ihr zu vermählen. Seine frühere Frau hatte er fortgeschickt, worauf diese sich, weil sie sich über die Erniedrigung schämte, in einen Baum verwandelt hatte. Das Mädchen verlangte, daß man der Frau helfe, da wurde der Baum wieder zur Frau. „Du bist jetzt meine Schwester und wirst bei meinen Eltern meinen Platz einnehmen." Und so geschah es auch. – Nach einer anderen Erzählung aus der gleichen Gegend sah es unter Wasser jedoch längst nicht so nett aus, sondern es befand sich dort unten die

Insel der Toten. Ein Mann mit dem schwer auszusprechenden Namen Falataitauanga und sein Freund Falataitemea gerieten auf einer Bootsfahrt in das Zentrum eines Zyklons, und sie wurden samt ihrem Boot vom Strudel tief hinab ins Meer gezogen. Als sie dort unten das Bewußtsein erlangten, befanden sie sich bei einer Insel, auf der auch wieder Menschen lebten, die ihnen zu Ehren ein Fest veranstalteten. Von einer Frau erfuhren sie jedoch, daß sie sich im Reich der Toten befänden. Die Menschen der Insel lachten nie, denn sie hatten keine Zähne und schämten sich deshalb. Auch war ihre Haut wie Fischhaut. Man wolle sie hier nur mästen, um sie dann zu verzehren. Mit Hilfe der Frau gelang ihnen die Flucht, und sie nahmen ihre Retterin zur Oberfläche mit. Wieder im Boot, bat die Frau, sie möchten sie zum Dank dreimal ins Wasser werfen. Sie taten es. So wurde die Frau wieder lebendig.

Auch in den Sagen der Eskimos befindet sich das Land der Toten unter Wasser. Ein Angakok namens Avggo stattete – mit neuen Fellstrümpfen und einer Regenhaut aus zusammengenähten Därmen bekleidet – der Totenwelt einen Besuch ab. Wie er später berichtete, spürte man dort unten gar nicht, daß man sich im Meer befand, „nur war das Wetter naß, als wenn es die ganze Zeit über nieselte". Die Sonne war viel kleiner als die Sonne des Himmels, und man konnte sie ansehen, ohne geblendet zu werden. Er kam über Abhänge, die „sehr glatt" waren, und gelangte in einen schäumenden Fluß, den man nur überqueren konnte, wenn man von einem spitzen Stein zum anderen sprang, die „ganz und gar von nassen Tangpflanzen bedeckt waren und sehr schlüpfrig wirkten". Avggo zauderte, er hatte wohl Angst, in dem Fluß zu ertrinken. Schließlich aber überquerte er doch den Strom und gelangte so ins Land der Toten. Über einen steilen, „sehr glatten" Abhang versuchten diese hochzuklettern. „Besonders die Alten hatten es schwer, und viele von ihnen kamen nur bis zur Hälfte und rutschten dann wieder zurück." So schufteten und arbeiteten sie, „um ihre Säfte loszuwerden". Es dauerte indes ein ganzes Jahr, um „von dem irdischen Dasein zum neuen Leben nach dem Tod zu gelangen". Avggo traf dann seinen Großvater, der in Begleitung eines noch älteren Mannes war – eines Angakoks aus ganz alter Zeit. „Er hatte einmal bei einem Geisterflug eine so gewaltige Geschwindigkeit entwickelt, daß er dabei ein Auge einbüßte." Nach weiteren Erlebnissen kehrte Avggo noch am selben Abend wieder nach oben in sein Haus zurück.

Interessant ist bei allen diesen Geschichten, daß es im Unterwasserreich ganz luftmäßig zugeht.

Ein japanisches Märchen erzählt, wie der Fischer Ourashima die Göttin des Meeres, Otohime, besucht. Er beobachtet, wie zwei Junge eine Schildkröte quälen. Er gibt den Jungen einige Geldstücke, daraufhin lassen sie das Tier in Ruhe. Am nächsten Tag, als er gerade sein Netz auswerfen will, hört er eine Stimme hinter sich – es ist die kleine Schildkröte, die ihn einlädt, mit ihr die Königin des Meeres zu besuchen: er solle bloß auf ihren Rücken steigen. „Aber du bist ja so klein", sagte

Ourashima. Daraufhin begann sie zu wachsen, wurde immer größer, und er stieg auf ihren Rücken. Sie trug ihn ins Meer hinunter, und nach einigen Stunden näherten sie sich einem riesigen Portal. Ourashima stieg ab, jedes Sandkorn des Bodens war hier eine Perle. Eine ungeheure Zahl von Fischen kam durch das Portal, um ihn zu empfangen, Fische jeder Größe, jeder Form. „Sie trugen alle die Livree der Göttin, blau gefärbt mit silbernen Tressen." Auch ihm wurde seine Fischerkleidung ausgezogen, und man legte ihm eine prächtige seidene Robe an. Dazu Samtpantoffeln für die Füße. Über eine Marmorstiege mit Elfenbeingeländer und durch eine mit Smaragden besetzte Tür gelangte er in den königlichen Audienzsaal: riesig groß, mit einer Korallendecke, die auf zwanzig kristallenen Säulen ruhte. „Zahlreiche Lampen aus Silber verbreiteten hier ein zartes, weiches, strahlendes Licht." Die wunderschöne Göttin, die natürlich auf einem Diamantenthron saß, begrüßte ihn freundlich und geleitete ihn dann – nach einem köstlichen Mahl – durch die Gärten ihres Palastes. Unter anderem befanden sich darin unzählige Kirsch- und Pflaumenbäume in voller Blüte, und eine Vielzahl von Nachtigallen sang die herrlichsten Lieder. Ourashima blieb als Gast – vergaß sein Dorf. Eines Tages jedoch wurde er traurig, empfand Heimweh. Zum Abschied schenkte die Göttin des Meeres ihm eine kleine Lackschachtel, die er jedoch, wie sie ihm bedeutete, nicht öffnen solle. Die Schildkröte brachte ihn zurück. Das Dorf sah indes ganz anders aus, Ourashima sah überall fremde Menschen. Seine eigene Hütte war völlig verfallen. Als er jemandem seinen Namen nannte, klärte sich das Rätsel auf. Aus alten Erzählungen konnte man sich noch an ihn und sein Verschwinden erinnern. Siebenhundert Jahre waren seither vergangen. Ourashima verlor unter diesen Umständen den Wunsch, weiterzuleben. Er öffnete die kleine Kassette: eine Wolke umhüllte ihn, seine Haare wurden schneeweiß, seine Glieder vertrockneten, er fiel tot um.

Hätte William Beebe in jenen vergangenen Tagen gelebt und damals schon seine Phantasievorstellungen von Unterwassergärten ausgesponnen – einige Generationen danach hätten sie vielleicht schon Eingang in die Sagenwelt gefunden.

In ihrem ersten Buch erzählt Eugenie Clark von Siakong, einem besonders geschickten Taucher, der für sie auf den Paulau-Inseln jeden Fisch, den sie für ihre Sammlung brauchte, mit seinem Speer erlegte und hochbrachte. Einmal schwamm sie unter Wasser, da sah sie mit Entsetzen, daß Siakong sich in einer Mördermuschel gefangen hatte; sein rechter Arm war zwischen den Schalen eingeklemmt. Aber auch hier zeigte sich dieser Insulaner als ein Phänomen. Er hatte der Muschel erst ein Stück von der Schalenkante abgebrochen und griff dann mit der Hand in die Muschel und schnitt mit dem Messer den großen Schließmuskel ab. Jahre später erfuhr Eugenie Clark, daß dieser Mann, von dem sie noch andere Heldentaten zu erzählen wußte, einmal auf einer Bootsfahrt einer Schildkröte nachtauchte – und nie mehr zur Oberfläche zurückkam. Die Gegend wurde von anderen Tauchern abgesucht, aber man fand keine Spur von ihm. Eugenie Clark schreibt wörtlich:

„Vielleicht fand Siakong bei seiner großen Geschicklichkeit im Wasser einen Weg, für immer unten zu bleiben, und entschloß sich eben, überhaupt nicht mehr nach oben zurückzukommen . . . Er mag immer noch vergnügt zwischen diesen Riffen, die er so liebte, schwimmen und dort mit den Schildkröten und Fischen spielen. Wer weiß, was aus der Geschichte seines geheimnisvollen Verschwindens geworden sein wird, wenn die heutigen Kinder von Palau sie dereinst ihren Enkeln erzählen."

Seit zwei Jahrzehnten werden zahllose Versuche ausgeführt und Verfahren ersonnen, um den Menschen auf diese oder jene Art eine völlig amphibische Lebensweise zu ermöglichen. Ausgangspunkt für solche Überlegungen ist die Tatsache, daß der menschliche Embryo während seiner Entwicklung im Mutterleib neben allen übrigen Organen auch die Lunge aufbaut – diese jedoch erst nach der Geburt in Funktion gelangt. Bis dahin wird der Embryo vom Blutkreislauf der Mutter versorgt, die ihm neben Nährstoffen den benötigten Sauerstoff zuführt und das als Stoffwechselschlacke entstehende Kohlendioxyd aus seinem System entfernt. In der ersten Zeit dieser Entwicklung ist die sich bildende Lunge noch mit Flüssigkeit gefüllt. Versuche, die man mit neugeborenen Säugetieren – Ratten, Hunden – anstellte, zeigten, daß sie, wenn man sie sogleich in narkotisiertem Zustand unter Wasser bringt, eine „Tauchzeit" von 40 bis 45 Minuten erreichen, ohne zu ertrinken oder zu ersticken, und danach auch keine Beeinträchtigung ihrer weiteren Entwicklung zeigen. Das gilt jedoch nur für Neugeborene. Ältere Ratten oder Hunde gingen bei diesen Versuchen zugrunde – allerdings stellte sich heraus, daß sie bei Lungenfüllung mit Seewasser größere Überlebenschancen hatten.

Dem Atmen von Wasser steht entgegen, daß dieses normalerweise nur 3% Sauerstoff enthält. Frank Gollan, ein amerikanischer Forscher, stellte fest, daß bei anderen Flüssigkeiten die Bedingungen günstiger liegen: Silikone können 30%, fluorkohlenstoffhaltige Flüssigkeiten sogar 60% Sauerstoff aufnehmen. In solchen Flüssigkeiten konnten Mäuse und Hunde mehrere Stunden – Mäuse im Bestfall bis zu 15 Stunden – lebend gehalten werden, ohne daß bei Rückschaltung auf Luftatmung nachweisbare Schäden festzustellen waren. Da Flüssigkeiten unter erhöhtem Druck einen höheren Prozentsatz von Gasen aufnehmen, wurde unter erhöhtem Druck mit Tieren experimentiert. Der holländische Physiologe Johannes Kylstra konnte, wenn der Salzgehalt der Flüssigkeit überdies jenem des Blutes angepaßt war, Überlebenszeiten bis zu 18 Stunden erreichen. Eine trächtige Hündin, die auf diese Weise 27 Minuten lang mit flüssigkeitsgefüllten Lungen atmete und 45 Tage später einer neunköpfigen, gesunden Nachkommenschaft das Leben schenkte, wurde in den USA von der NASA mit einem „Verdienstorden" geehrt. Kylstra wagte schließlich auch einen Versuch mit einem Menschen. Der amerikanische Taucher F. Falejczyk stellte sich dafür freiwillig zur Verfügung. Um kein allzugroßes Risiko einzugehen, wurde eine „Doppelintubation" vorgenommen. In jede der beiden Lungenhälften wurde ein Schlauch eingeführt, die eine

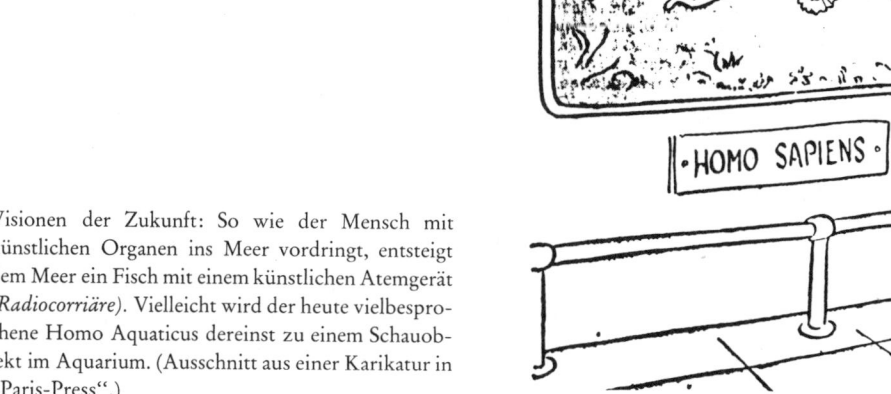

Visionen der Zukunft: So wie der Mensch mit künstlichen Organen ins Meer vordringt, entsteigt dem Meer ein Fisch mit einem künstlichen Atemgerät *(Radiocorriäre)*. Vielleicht wird der heute vielbesprochene Homo Aquaticus dereinst zu einem Schauobjekt im Aquarium. (Ausschnitt aus einer Karikatur in „Paris-Press".)

Hälfte normal mit Luft, die andere mit Salzwasser, das mit Sauerstoff angereichert war, beatmet. Falejczyk blieb während des Versuches bei vollem Bewußtsein. Nach Kylstra soll er in der mit Flüssigkeit gefüllten Lungenhälfte kein anderes Gefühl gehabt haben als in der anderen.

Alle diese Versuche sind sicher außerordentlich lehrreich, doch kann auf diesem Weg bestimmt kein unter Wasser lebender Mensch entstehen. Wenn der Autor eines umfangreichen Werkes über dieses Thema kürzlich schrieb, im Prinzip sei „eine Lunge nichts anderes als eine Abwandlung der Kiemen, warum sollte sie nicht fähig sein, auch aus dem Wasser so gut Sauerstoff zu holen, wie sie es aus der Luft tut?", dann ist das einfach naiv. Schon bei Tauchern, die in 80 Meter Tiefe ein neunmal dichteres Atemgas atmen, zeigt sich, daß die Lunge dabei ganz erheblich beansprucht wird. Eine Flüssigkeit in dieses Organ ein- und auszupumpen, wäre auf die Dauer bestimmt nicht möglich. Die grundsätzliche Andersartigkeit des Atemorgans „Kieme" besteht eben darin, daß das Wasser über die feinverzweigten Blutgefäße hinwegstreicht und so der Gasaustausch erfolgt. Für das Leben an Land eignet sich dieses Organ nicht, weil es dort austrocknet. An Land, wo die Luft um soviel „dünnflüssiger" ist, entwickelten sich als adäquate Lösung verzweigte, von Blutgefäßen umsponnene Säcke, die mit Muskelkraft erweitert und verengt werden. Selbst wenn, wie Kylstra vorschlug, ein besonderes Pumpsystem entwickelt und das Atemwasser gereinigt und erwärmt würde, sehe ich hier keine reelle Chance.

Eine andere Möglichkeit hat Cousteau 1962 vorgetragen: Man könnte die Lunge mit einer nicht zusammendrückbaren Flüssigkeit füllen, operativ den Atemreflex ausschalten und den Gasaustausch einer Patrone übertragen, die unter der Achsel an den Blutkreislauf angeschlossen wird. Die Lunge wäre dann ganz ausgeschaltet, und auf diese Weise könnte ein Mensch sich beliebig schnell in 1000 Meter Tiefe auf und ab bewegen. Ein solcher „Homo aquaticus" könnte dann mit seiner Kapsel sehr wohl auch an Land steigen, ja sogar Ski laufen; die Kapsel müßte bloß von Zeit zu Zeit erneuert werden. Dieser Homo aquaticus, den Cousteau schon für die nächsten 50 Jahre prophezeit, würde wahrscheinlich bereits unter Wasser geboren werden: „Die nötige Operation wird bei seiner Geburt in mit Wasser gefüllten Unterwasserspitälern ausgeführt, und es wird dann Theater und Parlamente unter Wasser geben, wahrscheinlich neue Nationen."

Ich habe schon in meinem Buch „In unberührten Tiefen" zu dieser Idee, die in der Presse größte Aufmerksamkeit fand, meines Erachtens jedoch einer ernsteren Prüfung in keiner Weise standhält, Stellung genommen. Arthur Clarke schrieb einmal, es wäre immer riskant, zu behaupten, daß etwas unmöglich sei – doch in diesem Fall möchte ich es trotzdem tun. Durch die erstaunlichen Fortschritte von Wissenschaft und Technik in den letzten 50 Jahren ist das Publikum heute geneigt, geradezu alles, was man ihm auftischt, „für nicht ganz unmöglich" zu halten. Im vorliegenden Fall sehe ich indessen nicht die geringste Chance für eine

Realisierung. Der Unterwasserchirurg müßte bei diesen Babies nämlich außerdem auch noch die gesamte Haut auswechseln – und selbst dann wäre das Problem unserer Nahrungsaufnahme, unserer Nase und unserer Augen nicht gelöst. Wir sind Luftlebewesen, die sich nicht so einfach umkonditionieren lassen. Daß dazu ganz erhebliche organische Veränderungen nötig sind, zeigen uns die Delphine und Wale, also Säugetiere, die sich tatsächlich wieder einem Dauerleben im Wasser angepaßt haben. Ich möchte den mit der Atemkapsel an den Blutstrom angeschlossenen Skiläufer sehen, nachdem er den ersten Sturz getan hat. Cousteau meint, diese Entwicklung läge „in der Entwicklungsrichtung" der Natur. Auch dem stimme ich nicht bei. Die mit dem Menschen begonnene Entwicklung geht in Richtung Erweiterung des genetischen Körpers durch künstliche Organe.

Ein anderes, ebenfalls kaum realisierbares Projekt besteht darin, den Menschen – wiederum durch chirurgischen Eingriff – mit Kiemen aus Kunststoff zu versehen, die er dann wie eine gefächerte Krause um den Hals tragen könnte. Auch in diesem Fall müßte natürlich die Lunge mit Flüssigkeit gefüllt und der Atemreflex stillgelegt werden. Solche Kiemenmenschen werden bereits in utopischen Filmen gezeigt – etwa in dem amerikanischen Streifen: „Creature from the Black Lagoon" und dem russischen „Ychtiander".

Weit interessanter ist eine Vorrichtung, die General Electrics 1964 erstmals vorstellte. Es geht dabei um Kunststoffolien, die einerseits wasserdicht sind, andererseits jedoch einen Gasaustausch zulassen. Walter Robb, oft mit seiner Versuchsanordnung im Bild gezeigt, hatte einen Hamster in einen hermetisch geschlossenen Kasten aus diesem durchsichtigen Material gesperrt und diesen Kasten samt dem darin befindlichen Tier in ein Aquarium versenkt. Somit war aber der Hamster in einem hermetisch abgeschlossenen kleinen Raum und mußte – nach allen geltenden Vorstellungen – in kurzer Zeit den darin befindlichen Sauerstoffvorrat aufbrauchen und dann ersticken. Das geschah indes nicht, sondern er lebte vergnügt weiter. Lösung des Rätsels: Durch die Wände seines Gefängnisses diffundierte Sauerstoff aus dem umliegenden Wasser zu ihm herein, und die im Gefängnis anfallende Kohlensäure passierte ebenfalls die Folien und strömte ins Wasser hinaus. Damit war für diesen Hamster praktisch eine „künstliche Kieme" geschaffen, die ihn unter Wasser am Leben erhielt.

Natürlich stellt sich nun gleich die Frage, ob nicht vielleicht auf diesem Weg ein Homo aquaticus geschaffen werden könnte – etwa durch eine besonders große Tauchmaske aus Kunststoff, durch die dann der Gasaustausch stattfände. Die Sache scheitert an der erforderlichen Größe der Oberfläche. Wie Robb errechnete, wäre zur Versorgung eines Menschen ein Würfel mit der Kantenlänge von mindestens zwei Metern nötig. Dazu kommt, daß die Membranen einstweilen gegen Druckschwankungen noch recht empfindlich sind. Immerhin zeichnet sich hier eine Möglichkeit ab, wenn schon nicht einen schwimmenden Menschen, so doch vielleicht einmal einen unter Wasser in einer Behausung Lebenden aus dem umliegenden Meer mit dem nötigen Atemgas zu versorgen. Sehr groß ist allerdings die Wahrscheinlichkeit der Realisierung auch hier nicht.

In einem Science-Fiction-Roman mit dem Titel „The Voyage of the Aquanauts" löste der Autor diese Problematik mit dem Zauberwort Computer. Dem Helden seines Buches, wieder einem Professor, sowie auch dessen Sohn wird ein luftdicht anliegender Anzug verpaßt und eine Spezialeinheit von der Größe einer Zigarettendose an den Blutkreislauf angeschlossen. In diesem Wunderkästchen bewirken Computer gleich alles auf einmal: nicht nur Atmung, sondern auch unmittelbare Nahrungsaufnahme aus dem Meer in Form von Plankton. Die beiden begeben sich dann auf einen Fußmarsch, der sie von Amerika quer über den Boden des Atlantik bis nach Europa führt. Beim mittelatlantischen Rücken haben sie arge Kletterpartien zu bestehen. Warum bei diesem eminenten technischen Fortschritt die so mühsame gehende Fortbewegung gewählt wird, statt mit Flossen zu schwimmen, wird nirgends gesagt. Besonders die Überwindung der unterseeischen Gebirgswände wäre dann wohl zweifellos um vieles einfacher gewesen.

Ein solches Kästchen wäre immerhin eine Lösung. Gelänge es, eine ernährende und beatmende Zigarettenschachtel zu ersinnen, dann wären, wenn schon nicht dauernde, so doch zumindest sehr lange Unterwasseraufenthalte möglich. Ob Urin und Kot auch durch dieses Kästchen abgehen, wird in dem Buch delikat verschwiegen.

In der heutigen Literatur ist die künstliche Veränderung des menschlichen Erbgutes zum beliebtesten Modethema vieler Erörterungen geworden. Das Schlagwort lautet „Genchirurgie". Bestseller wie etwa Gordon Taylors „Die biologische Zeitbombe" machen den Leser durch Äußerungen wie die folgende erzittern, daß bald die Zeit komme, da man das menschliche Erbgut manipulieren werde. Taylor zitiert den Nobelpreisträger Marshall Nirenberg, der sagte: „Ich würde vermuten, daß es schon innerhalb der nächsten 25 Jahre gelingt, Zellen mit synthetischen genetischen Informationen zu programmieren. Würden die Anstrengungen in dieser Richtung intensiviert, könnte man damit rechnen, daß schon innerhalb der nächsten fünf Jahre Bakterien programmiert werden." Dann zitiert er Josua Lederberg und dessen Ansichten über die Manipulation der menschlichen Erbmasse. Nirenberg stimme ich gern bei – Lederberg nicht. Geringfügige Erbveränderungen werden sicher auch beim Menschen erreicht werden können – aber ganz und gar nicht das, was in Schreckensromanen ausgesponnen wird. Das menschliche Erbrezept besteht aus chemischen Einzelkommandos, deren Zahl man errechnen konnte – sie entspricht der Wortzahl einer 20bändigen Enzyklopädie von 1000 engbedruckten Seiten je Band. Bei aller Achtung menschlichen Fortschritts sehe ich keine Möglichkeit, in diese auf endlosen Molekülfäden aufgereihten Befehlsketten wirksam einzugreifen. Schon bei Bakterien ist das nicht einfach, aber im Prinzip durchaus möglich. Beim Menschen muß vor allem bedacht werden, daß ja nicht etwa Befehl Nr. 17.304 eine ganz bestimmte Strukturbildung veranlaßt, sondern erwiesenermaßen oft sehr viele Gene am Aufbau ein und derselben Struktur zusammenwirken. Ebenso muß bedacht sein, daß für jeden Zellteilungsvorgang ein sehr komplexer Mechanismus nötig ist, der bei wesentlichen Änderungen wohl auch nicht so ohne weiteres mitspielt, und daß für jede Kopulation – und diese Notwendigkeit läßt sich auch nicht voll abschalten – sich jeweils zwei Gesamtsätze von Fäden, Gen für Gen richtig, aneinanderlegen müssen. Mag es auch unpopulär sein, „zu behaupten, daß etwas nicht möglich ist" – und viel publikumswirksamer, kühnste Phantasien zu entfachen –, so halte ich doch diese Möglichkeit, oder Hoffnung, oder Gefahr für ausgeschlossen. Auch ein über „Gen-Chirurgie" entstandener Fischmensch mit Unterwasseraugen, Unterwassernase, Unterwasserlunge, Unterwasserhaut und Unterwasserernährung wird nicht kommen. Es liegt nicht in der Linie der Natur.

Noch ein utopischer Roman mag hier Erwähnung finden: „Der Krieg mit den Molchen" von Karel Capek. Er ist insofern interessant, als er darauf hinweist, was überhaupt geschehen würde, wenn es gelänge, durch künstliche Veränderung des Erbgutes eine intelligente Unterwasserkreatur zu schaffen. Dann wäre dies nämlich gar kein „Homo aquaticus", sondern bereits eine völlig andere Art, mit der wir uns nicht mehr paaren könnten. Wir hätten uns dann also im Unterwasserreich einen Konkurrenten geschaffen – anstelle von Freiplätzen für weitere Menschen. Bei Capek ist es nicht ein genetischer Fischmensch, der entsteht, sondern es werden im Meer neuartige, intelligente Molche entdeckt. Man verwendet sie als Arbeitskräfte und setzt sie schließlich dafür ein, für den Menschen neue Inseln, neues Land zu errichten. Sie vermehren sich enorm, lernen sprechen, besuchen menschliche Universitäten – und führen schließlich gegen den Menschen Krieg. Schwere Explosionen erschüttern die Erde, verursachen unzählige Todesopfer. Ursache: Die bereits auf 7 Milliarden angewachsene Molchmenge benötigt mehr Lebensraum und beginnt die Kontinente zu sprengen. Über Radio gibt der Ober-Salamander bekannt: „Wir bedauern die Menschenleben. Wir wollen euch keine unnötigen Verluste zufügen. Wir wollen nur, daß ihr die Ufer des Meeres an den Stellen räumt, die wir euch bezeichnen. Eure Sprengstoffe haben sich bewährt. Wir danken euch." Utopie? Sicher. Aber eine sehr geistvolle, über die es sich nachzudenken lohnt. Schon wir Menschen werden mit dem Kriegsproblem nicht fertig. Gelänge es uns auch – mit Staatsgeldern –, neue, intelligente Arten hervorzubringen, dann dürfte das kaum ein Ausweg aus unseren Problemen sein.

Im Menschen gelangte die Evolution an einen ähnlichen Punkt wie nach der Entstehung der Zellen. So wie sich diese nicht nur zu verschieden angepaßten Einzellern weiterentwickelten, sondern außerdem größere Organismen hervorbrachten: nämlich alle vielzelligen Tiere und Pflanzen, die ja bis heute aus je einer Einzelzelle aufgebaut werden – so ging auch der Mensch dazu über, größere Lebenseinheiten zu bilden: die Berufsstrukturen und Betriebe, in denen er nur noch Zentrum oder spezialisiertes Organ ist. Ohne Zweifel dient dieses Erweitern unseres Körpers durch künstlich geschaffene Organe der Lebensentfaltung. Immer mehr Materie wird so in den Prozeß einbezogen, immer mehr steigert sich also seine Macht. Für uns selbst ist diese über uns hinwegfließende Entwicklung jedoch nur bis zu einem bestimmten Punkt von Vorteil. Werden wir durch allzu viele Anhänge überbürdet, müssen wir eine immer noch weiter wachsende Zahl zusätzlicher „Diener" steuern, in Ordnung halten und bändigen – dann verlieren wir uns selbst.

Da die Lebensentfaltung bisher stets „egoistisch" verlief, wäre es gerechtfertigt, wenn wir uns an diesem kritischen Punkt unserer Entwicklung ebenfalls egoistisch verhalten. Was zwingt uns letztlich, die Gesamt-Biomasse immer weiter ins Sinnlose zu steigern, wenn das Anwachsen von Einwohnerzahl, Werkzeug, Industrie, Nationalprodukt schließlich gar nicht mehr im menschlichen Interesse liegt? Heute ist es dahin gekommen, daß fast jeder vom anderen manipuliert wird. In den Ostländern manipuliert der Staat den Bürger, in den Westländern der Produzent seine Käufer. Der Gesamtlebensentwicklung nützt zweifellos beides. Denn die Gesamtlebensmasse floriert so, wächst immer weiter an. Schon viele Denker haben jedoch in der einen oder anderen Weise zum Ausdruck gebracht, daß in dieser anwachsenden Masse das, was wir „Mensch" nennen, immer mehr zusammenschrumpft, daß der einzelne schließlich zu einem immer belangloser werdenden Rädchen in dem über ihn hinwegwuchernden Getriebe wird – wie die Keimzelle im vielzelligen Körper.

Nun hat die Invasion der Meere begonnen – ihre diversen Aspekte wurden in diesem Buch in Augenschein genommen. Sie ist für uns Menschen von Bedeutung, markiert – möglicherweise – einen Wendepunkt in der Evolution. Eine Lösung für unsere eigentlichen Probleme wird sie jedoch kaum sein. Diese Lösung liegt in uns selbst – in der Erkenntnis unserer tatsächlichen Situation. Betrachten wir uns weiterhin als Gottesliebling, der tun und lassen kann, was ihm beliebt, dann wird am Ende die Entwicklung, die wir weitertragen, uns völlig einschmelzen – und sich wahrscheinlich eines Tages selbst zerstören. Setzen wir dagegen die durch unser Ich-Bewußtsein entfalteten Interessen gegen jene der stumpf weiterlaufenden Lebensentfaltung, dann haben wir die Möglichkeit und Chance, sie dort abzubremsen, wo sie uns nicht mehr dient. Nicht Brüderlichkeit, Menschlichkeit, nationale Interessen können unsere Probleme lösen, sondern das Erkennen der für uns alle bestehenden Gefahr des gemeinsamen „Feindes". Wollen wir leben und uns als ein „Selbst" entfalten, dann müssen wir verhindern, daß die von uns geschaffenen Werkzeuge und Diener uns zu Sklaven machen. Nicht einer Umwelt, sondern einer *Mitwelt* stehen wir gegenüber – und nicht jeder Fortschritt ist tatsächlich ein *Fortschritt*. Vielleicht kann die Auseinandersetzung mit dem so ungeheuer großen, noch unberührten Lebensraum Meer, die uns notwendigerweise in eine gemeinsame Front bringt, dazu führen, daß wir endlich unsere Grenzen erkennen und uns nicht selbst zerstören.

ANHANG

Manifest I

Die Unterwasserjagd, die vielen von uns aufregende und faszinierende Erlebnisse vermittelte, hat leider zu sehr negativen Folgeerscheinungen geführt. Die immer besseren Unterwasserwaffen und die immer größere Zahl von Unterwasserjägern hatten zur Folge, daß die Fischbestände der Litorale stark dezimiert, ja in vielen Gegenden praktisch vernichtet sind. An den Küsten des Mittelmeers wird dies jedem, der die gleiche Gegend vor 20 Jahren besucht hat, sehr drastisch vor Augen geführt, und ebenso öde und leergeschossen sind auch schon viele tropische Korallenriffe. Was ist zu tun?

Wir können auf dem Standpunkt beharren, daß nur, was der Augenblick bietet, Bedeutung hat: après nous le déluge – was nach uns kommt, ist belanglos. Wer jedoch den Unterwassersport liebt, wird vielleicht anders denken. Zerstören wir die Fischbestände, dann zerstören wir den Hauptreiz für den Taucher. Denn durch öde Steinlandschaften und Riffe, so schön sie auch sein mögen, zu schwimmen, ist nur halbe Freude. Was ist zu tun?

Einem jener, die diesen Sport popularisierten, sei die Darlegung seiner Ansicht gestattet. Nach meiner ehrlichen Überzeugung kann hier nur ein höchst drastisches Mittel helfen. Schutzgebiete, „Unterwasser-Parks", sind wichtig, eine vorzügliche Einrichtung, genügen aber nicht. Die Ausgabe von Jagdscheinen hilft wenig, die Genehmigung für einen Abschuß von so und so vielen Fischen dieser oder jener Art ist völlig unmöglich, unkontrollierbar, ausgeschlossen. Das Übel kann nur an der Wurzel bekämpft werden: durch ein weltweites Verbot aller mechanischen Unterwasserwaffen. Auf den ersten Blick erscheint ein solches Vorhaben undurchführbar, aussichtslos. Für die Hersteller und Verkäufer aller dieser Waffen würde ein solcher Schritt bedeutende geschäftliche Einbußen bedeuten. Ist es aber wirklich so schlimm? Werden die Fischbestände zerstört, dann verliert der Tauchsport viel von seinem Reiz ... dann werden also, kommerziell betrachtet, entsprechend weniger Tauchgeräte, Unterwasserkameras und sonstiges Gerät verkauft werden.

Uns, die wir diesen Sport lieben, soll jedoch der Hauptgesichtspunkt bestimmen, gleichgültig ob sich damit Opfer oder ein finanzieller Schaden verbindet. Dieser Hauptgesichtspunkt ist: diesen Sport zu erhalten, ihn zu fördern, ihn immer neuen Jüngern zugänglich zu machen.

Deshalb fordere ich jeden, der so wie ich empfindet, dazu auf, sich dieser Bestrebung anzuschließen, die nachstehende Ziele verfolgt:

1. Einwirkung auf sämtliche Organisationen des Unterwassersportes, in ihrem jeweiligen Bereich den Verzicht einer Verwendung mechanischer Unterwasserwaffen zu bewirken.

2. Einwirkung auf die Hersteller, Händler und Verkäufer der mechanischen Unterwasserwaffen, freiwillig diese Herstellung, diesen Handel und Verkauf einzustellen.

3. Einwirkung auf die gesetzgebenden Körperschaften aller Länder, über entsprechende Gesetze und Verordnungen die Herstellung, den Handel, den Verkauf und die Verwendung aller mechanischen Unterwasserwaffen zu verbieten.

Die Unterwasserjagd mit dem bloßen Handspeer kann bis auf weiteres gestattet bleiben. Sie ist schwierig und insofern fair, als sie den Fischen gute Chancen zum Entkommen bietet. Aber durch jede Schleuder, sei sie durch Gummi oder Feder betrieben, oder gar durch Explosionswaffen, wird der Mensch den Meerestieren allzusehr überlegen. Diese „Degeneration" der ursprünglichen Jagdform muß beendet, freiwillig aufgegeben, verboten werden.

Wien, den 12. Juni 1971   Dr. Hans Hass

Manifest II

Seit einiger Zeit werden von den Marineverbänden verschiedener Großmächte Meeressäugetiere (Delphine, Seelöwen, Grindwale und andere) für Dienstleistungen abgerichtet, die zum Teil harmlos sind (Aufsuchen verlorener Torpedos, Botendienste etc.), zum Teil aber auch kriegerischer Natur (Anbringen von Haftminen an feindliche Schiffe, Abwehren oder Töten feindlicher Kampfschwimmer, Spionagedienste). Erst kürzlich ging die Nachricht durch die Presse, daß eine Großmacht von einem abgerichteten Delphin Spezialinstrumente in den Kriegshafen einer anderen einschmuggeln und nach einer Woche wieder abholen ließ, wodurch sie benötigte Informationen gewann.

Es ist ziemlich klar, wohin diese Entwicklung zwangsläufig führen muß. Im Fall von Kriegen oder sich verschärfender politischer Lage werden die betreffenden Meeressäugetiere bekämpft, ja ausgerottet werden. Da sie durch keine Uniform gekennzeichnet sind, ist nicht zu ersehen, ob in der Nähe von Schiffen oder Stützpunkten auftauchende Exemplare nun harmlos oder abgerichtet sind. Da jedes Meeressäugetier zum Atemschöpfen regelmäßig auftauchen muß, ist es leicht, es abzuschießen.

Nicht zuletzt auf Grund altüberlieferter Vorstellungen herrscht allgemein noch immer die tief verwurzelte Anschauung, daß die Erde mit ihren Bewohnern für den Menschen geschaffen sei, daß wir also guten Rechtes mit der übrigen Natur schalten und walten könnten, wie es uns beliebt. Die Forschung hat jedoch jenseits berechtigten Zweifels festgestellt, daß dem nicht so ist. Der Planet Erde und die darauf befindlichen Lebewesen wurden ganz offensichtlich nicht für den Menschen geschaffen, sondern wir sind Bestandteil eines Entwicklungsprozesses, der mit den ersten organischen Strukturen vor etwa drei Milliarden Jahren seinen Anfang nahm. Im Rahmen dieser Evolution sind wir aus dem Tierreich hervorgegangen, allerdings den übrigen Lebewesen durch unsere Intelligenz äußerst überlegen geworden. So wie sich im ganzen Verlauf dieser Entwicklung stets das Mächtigere,

379

besser Geeignete durchsetzte, so benützen nun auch wir unsere Macht, um die übrige Natur unseren Interessen zu unterordnen, uns dienstbar zu machen. Daß es für uns jedoch unklug ist, diesen Weg allzu brutal zu verfolgen, haben schädliche Auswirkungen unseres Tuns bereits gezeigt. Durch Umweltschutz wird heute versucht, diesen selbstgeschaffenen Schädigungen wieder entgegenzuwirken.

In diesem Sinne sollten auch die Großmächte darauf verzichten, weiterhin Meeressäugetiere im Rahmen ihrer Kampfverbände auszubilden. Die benötigten Dienstleistungen können heute auch durch technische Einrichtungen erbracht werden. Zweifellos muß ein solcher Verzicht viele Wissenschaftler treffen, die im Rahmen der Militärprogramme eingehende Untersuchungen an diesen Tieren ausführen können, wozu sonst Mittel ähnlichen Umfanges nicht bereitgestellt würden. Aber dieser Nachteil muß eben in Kauf genommen werden. Denn es ist ein Unding, Tiere liebevoll zu hegen und zu erforschen, an deren Ausrottung man durch eben diese Tätigkeit mitwirkt.

13. April 1973   Dr. Hans Hass

Literaturhinweise

Allen, T. B.: The Marvels of Animal Behavior. National Geographic Society, Washington 1972.
Alpers, A.: Delphine, Wunderkinder des Meeres. Deutscher Taschenbuch Verlag, München 1970.

Barüske, H.: Eskimo-Märchen. Diederichs, Düsseldorf 1969.
Bass, G. F.: Taucher in die Vergangenheit. Unterwasser-Archäologen schreiben die Geschichte der Seefahrt. Bucher, Luzern-Frankfurt 1972.
Beebe, W.: Das Arcturus-Abenteuer. Brockhaus, Leipzig 1928.
– 923 Meter unter dem Meeresspiegel. Brockhaus, Leipzig 1935.
Boutan, L.: La Photographie Sous-Marine. Schleicher, Paris 1900.
Bühlmann, A.: Der Weg in die Tiefe. Documenta Geigy 1–5, Basel 1961.
– La physiologie respiratoire au cours de la plongée sous-marine. Journal Suisse de Médecine 91 Nr. 26, 1961.
Bühlmann, A., Frei, P. und Keller, H.: Saturation and desaturation with N and Heat 4 atm. Journal of Applied Physiology, Bd. 23/4, USA 1967.

Čapek, K.: Der Krieg mit den Molchen. Ullstein, Frankfurt 1970.
Carson, R.: The Sea around Us. Simon & Schuster, New York 1958.
Church, R.: Geheimnisse des Meeres. Mondo, Lausanne 1967.
Clark, E.: Lady with a Spear. Harper & Brothers. New York 1951.
– The Lady and the Sharks. Harper & Row, New York 1969.
Clarke, A. C.: The Challenge of the Sea. Frederick Muller, London 1960.
– In den Tiefen des Meeres. Goldmann, München 1962.
– The Treasure of the Great Reef. Barker, London 1964.
– Dolphin Island. Berkley, New York 1971.
Claus, J.: Expansion der Kunst, Rowohlt, Reinbeck 1970.
– Planet Meer. Du Mont, Köln 1972.
Colani, L.: Ylem. Bertelsmann, Gütersloh 1971.
Coppleson, V. M.: A Review of Shark Attacks in Australian Waters since 1919; Med. Journ. Austr. S. 680–688, Sydney 1950.
– Shark Attack. Pacific, Melbourne 1968.
Cousteau, J.: Das lebende Meer. Buch und Welt, Graz 1963.
Cousteau, J., Cousteau, P.: Haie. Droemer-Knaur, München-Zürich 1971.
Cousteau, J., Diolé, P.: Korallen. Droemer-Knaur, München-Zürich 1971.
– Silberschiffe. Droemer-Knaur, München-Zürich 1972.
– Wale. Droemer-Knaur, München-Zürich 1972.

Cousteau, J., Diolé, P.: Kalmare. Droemer-Knaur, München-Zürich 1973.

Craig, J. D.: Danger is my Business. Simon & Schuster, New York 1938.

Cropp, B.: Whale of a Shark. Rigby, Sydney 1969.

Cousteau, J., Dumas, F.: The Silent World. Hamish Hamilton, London 1953.

Dietz, R. S.: The Sea's Deep Scattering Layers. Scientific American, 1962.

– Geosynclines, Mountains and Continentbuilding. Scientific American, Bd. 226/3, Okt. 1972.

– Plate Tectonics, Sea-Floor Spreading and Continental Drift. Journal of College Science Teaching, 1972.

Diolé, P.: L'Aventure Sous-Marine. Albin Michel, Paris 1951.

– Promenades d'Archéologie Sous-Marine. Albin Michel, Paris 1952.

– Les Portes de la Mer. Albin Michel, Paris 1953.

– Au Bord de la Terre. Albin Michel, Paris 1954.

Doukan, G.: La Chasse Sous-Marine. Julliard, Paris 1948.

Dugan, J.: Man Explores The Sea. Hamish Hamilton, London 1956.

Dumas, J.: La Plongée sous-marine et le Droit. Editions maritimes et coloniales, Paris 1957.

Eibl-Eibesfeldt, I.: Galapagos. Piper, München 1964.

– Grundriß der vergleichenden Verhaltensforschung. Piper, München 1972.

– Haie. Franckh, Stuttgart 1965.

– Im Reich der tausend Atolle. Piper, München 1964.

Eibl-Eibesfeldt, I. und Hass, H.: Erfahrungen mit Haien, Zeitschrift für Tierpsychologie, Bd. 16/6, S. 739–746, Parey, Berlin 1959.

– Neue Wege der Humanethologie. Homo Bd. 18/1, 1967.

Faulkner, D.: The Hidden Sea. Viking Press, New York 1970.

Foëx, J.-A.: Der Unterwassermensch. Schwabenverlag, Stuttgart 1966.

Foucher-Creteau, J.: L'Aventure est sous la Mer. 1955.

Freud, S.: Gesammelte Werke. London 1948.

Fricke, H. W.: Korallenmeer, Verhaltensforschung am tropischen Riff. Belser, Stuttgart 1972.

Gardner, R. A. und Gardner, B. T.: Acquisition of Sign Language in the Chimpanzee. Univ. Nevada Progr. Reports, 1967.

– Teaching Sign Language to a Chimpanzee. Science 165, S. 664–672, 1969.

Gesner, C.: Fischbuch. Franckfurt, 1598.

Gilbert, P. W.: Sharks and Survival, Heath, Boston 1963.

Gilpatric, G.: The Compleat Goggler. Dodd, Mead & Co., New York 1957.

Gorsky, B.: La Jungle du Silence. Durel, Paris 1948.

– Expédition „Moana". Pensée moderne, Paris 1957.

Gould, R. T. und Forstner, G. v.: Begegnungen mit Seeungeheuern. Grethlein, Leipzig 1935.

Greenberg, J.: Manfish with a Camera. Seahawk Press, Miami 1971.

– The Living Reef. Seahawk Press, Miami 1972.

Grzimek, B.: Grzimeks Tierleben. Kindler, München 1970.

Hardy, A.: Was Man more Aquatic in the Past? The New Scientist, 1960.

Hass, H.: Jagd unter Wasser mit Harpune und Kamera. Franckh, Stuttgart 1939.

– Unter Korallen und Haien. Ullstein, Berlin 1942.

– Fotojagd am Meeresgrund. Heering, Harzburg 1942.

– Drei Jäger auf dem Meeresgrund. Orell Füssli, Zürich 1947.

Hass, H.: Beitrag zur Kenntnis der Reteporiden. Schweizerbart, Stuttgart 1948.

– Menschen und Haie. Orell Füssli, Zürich 1949.

– Manta. Ullstein, Berlin 1952.

– Ich fotografierte in den sieben Meeren. Heering, Seebruck 1954.

– Wir kommen aus dem Meer. Ullstein, Berlin 1957.

– Expedition ins Unbekannte. Ullstein, Frankfurt 1961.

– Central Subsidence. A New Theory of Atoll Formation. Atoll Research Bulletin, Nr. 91, Pacific Science Board, Washington 1962.

– Wir Menschen. Molden, Wien 1968.

– Energon, Das verborgene Gemeinsame. Molden, Wien 1970.

– Vorstoß in die Tiefe. Esso, 1971.

– In unberührte Tiefen. Molden, Wien 1971.

Hass, L.: Ein Mädchen auf dem Meeresgrund. Ueberreuter, Wien 1970.

Haux, G.: Tauchtechnik, 2 Bände. Springer, Berlin 1969, 1970.

Heberlein, H.: Der Unterwasserjäger. Franckh, Stuttgart 1953.

– Einsame Inseln, eine Forscherfahrt im Persischen Golf. Orell Füssli, Zürich 1956.

– Unterwasserwelt. Bea-Bücherdienst, Zürich 1958.

Herrnkind, W. F. und Cummings, W. C.: Single File Migrations of the Spiny Lobster, Panulirus Argus (Latreille). Bulletin of Marine Science of the Gulf and Caribbean, Band 14/1, 1964.

Hesse, R. und Doflein, F.: Tierbau und Tierleben. 2 Bände. Fischer, Jena 1943.

Heuvelmans, B.: Histoire et Legendes de la mer mysterieuse. Edition Maritimes et d'outre-mer. Paris 1968.

Hobson, E. S.: Feeding Behavior in Three Species of Sharks, Pacific Science 17, S. 171–194, 1963.

Houot, G. und Willm, P.: 4000 Meter tief. Brockhaus, Wiesbaden 1955.

Idyll, C. P.: Exploring the Ocean World. Crowell, New York 1972.

Isy-Schwart, M.: Chasses aux fauves de la mer. Pierre Horay, Paris 1953.

– La Route de Corail. Pierre Horay, Paris 1956.

Ivanoff, A.: Systèmes optiques pour photographie sous-marine. Revue d'Optique, Paris April 1953.

Johnson, E. R.: Undersea Cinematography. Journal of the Society of Motion Picture Engineers, Jänner 1939.

Jones, J.: Go to the Widow-Maker. Dell, New York 1971.

Keller, H. und Bühlmann, A.. Deep diving and short decompression by breathing mixed gases. Journal of Applied Physiology, USA, Bd. 20/6, 1965.

Koch, S.: Erzählungen aus der Südsee. Museum für Völkerkunde, Berlin 1966.

Kurowski, F.: Unsere Zukunft – das Meer. Ueberreuter, Wien-Heidelberg, 1970.

Ladiges, Ladiges, W.: Tropische Meeresfische. Kernen, Stuttgart 1956.

Latil, P. de und Rivoire, J.: Man and the underwater world. Putnam's, New York 1956.

Lilly, J. C.: Ein Delphin lernt Englisch. Rowohlt, Hamburg 1971.

Llano, G. A.: Airman against the Sea. Adtic Publ. G. 104, Alabama 1956.

Lorenz, K.: Die acht Todsünden der zivilisierten Menschheit. Piper, München 1973.

Marfeld, A. F.: Zukunft im Meer. Safari-Verlag, Berlin 1972.

Merle, R.: The Day of the Dolphin. Fawcett, Greenwich 1969.

Mitchell-Hedges, F. A.: Kämpfe mit Riesenfischen. Scherl, Berlin 1924.
– Hai am Haken. Scherl, Berlin 1925.
Monkman, N.: Escape to Adventure. Angus & Robertson, Sydney 1956.
Morgan, E.: Der Mythos vom schwachen Geschlecht. Econ, Düsseldorf 1972.
Morris, D.: Der nackte Affe. Droemer-Knaur, München 1968.
Myrberg, A. A.: The Behavior and Sensory Physiology of Sharks. Rosenstiel School of Marine and
   Atmospheric Sciences, Miami 1970.
Myrberg, A. A., Banner, A., etc.: Shark attraction using a video-acousting system. Marine Biology,
   Band 2/3, New York 1969.
Myrberg, A. A., Ha S. J., etc.: Effectiveness of Acoustic Signals in Attracting „Blue-Water" Sharks to
   the Immediate Vicinity of an Underwater Sound Source. Rosenstiel School of Marine and
   Atmospheric Science, Miami 1971.

Nelson, D. R. und Gruber, S. H.: Sharks. Attraction by Low Frequency Sounds. Science 142, 975–977,
   1963.

Oudemans, A. C.: The Great Sea-Serpent. Brill, Luzac & Co., Leiden 1892.

Piccard, J.: La bathyscaphe et les plongées effectuées avec le Trieste. Lausanne 1957.
Piccard, J. und Dietz, R. S.: Seven Miles Down. The Story of the Bathyscaph Trieste. Longmans,
   London 1962.
Potter, J. S.: The Treasure Diver's Guide. Doubleday, New York 1972.
Poulet, G. und Barincou, R.: Das große Buch vom Tauchsport. Nymphenburger Verlagshandlung,
   München 1972.
Prieur, Y. le: Premier de Plongée. France Empire, Paris 1956.

Quilici, F.: Avventura nel Sesto Continente. Casini, Roma 1954.

Rackl, H. W.: Jahrtausende steigen aus der Tiefe. Franckh, Stuttgart 1969.
Reader's Digest: Das große Reader's Digest Buch der Ozeane. Das Beste, Stuttgart 1970.
Rebikoff, D.: Alpinisme Sous-Marin. Die Alpen, Bern 1951.
– Der Elektronenblitz. Heering-Verlag, Seebruck 1952.
Richter, H.-U.: Unterwasser-Fotografie und -Fernsehen. Fotokinoverlag, Halle 1958.
Rieseberg, H. E.: Ich tauche nach Schätzen. Deutsche Verlagsgesellschaft, Stuttgart 1951.
Roghi, G. und Baschieri, F.: Dahlak, Con la Spedizione Nazionale Subacquea in Mar Rosso. Garzanti,
   Milano 1954.
Roghi, G.: Uomini e Pesci. Sperling & Kupfer, Milano 1955.
Ross, D. P.: Glass Structures for Deep Submergence. Underwater Science and Technology Journal,
   1970.
Rozendaal, I. R.: Fotojacht Onder de Waterspiegel. Strengholt, Naarden 1971.

Sazo, S. de: L'île aux Sirènes. Editions Optimistes, Paris 1954.
Senckenbergische Naturforschende Gesellschaft: Umwelt 2000. Kramer, Frankfurt 1971.
Sillner, L.: Mit der Kamera auf Unterwasser-Jagd. Franckh, Stuttgart 1967.
Schenck, H. und Kendall, H.: Underwater Photography. Cornell Maritime Press,
   Cambridge/Maryland 1954.
Stelzner, H.: Tauchertechnik. Charles Coleman, Lübeck 1943.
Stenuit, R.: The Deepest Days, Coward-McCann, New York 1966.

Tailliez, P.: To Hidden Depths. Kimber, London 1954.

Taylor, G. R.: Die biologische Zeitbombe. Fischer, Frankfurt 1969.

Tazieff, H.: L'Eau et le Feu. Arthaud, Paris 1954.

Tepley, L.: When the Lava meets the Sea. Oceans Magazine 1972.

Throckmorton, P.: The Lost Ships. An Adventure in Undersea Archaeology. Little, Brown & Co.,
    Boston-Toronto 1964.

Troebst, C. C.: Der Griff nach dem Meer. Econ, Düsseldorf 1960.

Vailati, B.: Alla Scoperta del Mare. Società Editrice Internazionale, Turin 1972.

Verne, J.: 20.000 Meilen unterm Meer. Fischer, Frankfurt 1971.

Vester, F.: Das Überlebensprogramm. Kindler, München 1972.

Victor, H.: Meerestechnologie. Thiemig, München 1973.

Vogt, H. H.: Wir werden Wasser atmen. Müller, Zürich 1971.

Wegener, A.: Die Entstehung der Kontinente und Ozeane. Vieweg, Braunschweig 1962.

Williamson, J. E.: Vingt Ans sous les Mers. Payot, Paris 1936.

Wolfe, L.: Journey of the Oceanauts. Pyramid books, New York 1970.

Zetterstrom, A.: Deep-Sea Diving with Synthetic Gas Mixtures, Teknisk Tidskrift, Nr. 7, Stockholm
    1945.

Zahlreiche Daten für dieses Buch wurden Berichten in den Fachzeitschriften für Unterwassersport entnommen: *Delphin* (Buchholz, Hamburg), *Skin Diver* (Los Angeles, USA), *L'Aventure Sous-marine* (Paris), *Mondo Sommerso* (Rom), *Fathom* (Sydney), *Poseidon* (Ost-Berlin), *Triton* (London), ebenso dem *National Geographic Magazine* (Washington) und dem *Scientific American* (New York). Sporttaucher, die Korallenriffe besuchen und sich mit der Problematik der darin lebenden Tiere vertraut machen wollen, seien besonders auf Hans W. Frickes ausgezeichnetes Buch „Korallenmeer" hingewiesen, ebenso auf „The Hidden Sea" von Douglas Faulkner und Lavett Smith.

Namenregister

Addams, Dawn 223
Agassiz, Alexander 243
Almond, E. H. 62 f.
Alpers, Anthony 289, 292
Anderson, Dick 178 ff.
Arrhenius, Svante 240 f.

Bache, A. D. 107
Bacon, Francis 112
Bascovitch, Gene 121
Bass, George F. 192, 198
Bauer, Wilhelm 361
Beebe, William 351, 367
Behm, Alexander 108
Benjamin, Sir Arthur 92
Benjamin, George J. 127 f.
Benke 18
Benoit 190
Bergann 284
Bergman, Dewey 69, 320
Betts, John 224
Böhler, Jörg 21, 44 f., 57, 77, 89, 149, 272
Boehmeleit, Wilfried 290
Bond, George F. 325 ff., 337
Borghese, Prinz Valerio 321
Bräutigam, Kapitänleutnant 18
Bravo, Ramon 137
Bucher, Raimondo 212
Bühlmann, Albert 170 ff., 337
Bulganin, Nikolai 312
Bunt, John 137
Burton, R. H. 64
Byroade, Henry A. 304

Cagnan, Emile 23 f.
Camp, Michael de 137
Capek, Karel 373
Carpenter, Scott 330
Charrière, Henri 139
Chruschtschow, Nikita 312
Church, Ron 65
Clark, Bill 80
Clark, Eugenie 41 f., 45, 66, 140, 222, 367
Clarke, Arthur 181, 204, 227, 229, 237,
    301 f., 345, 370
Claus, Jürgen 347 f., 364
Collani, Luigi 362
Cooper, Gary 59
Cooper, Gordon 330
Coppleson, Victor 58, 140, 225
Cousteau, Jacques 23, 52, 65, 69, 79 f., 83 f.,
    101, 170, 188 f., 285, 325, 327 ff., 338, 345,
    349, 370
Cousteau, Philippe 65, 69
Cousteau, Simone 23 f.
Cowan, Rex 183
Crabb, Lionel 312
Craig, John D. 59
Cropp, Ben 164, 285
Cropp, Eva 140, 164
Cummings 207
Curto, Paolo 101

Darwin, Charles 48, 115
De Laurentiis, Dino 104 f.
Denayrouze 19
Dietz, Robert 107, 112, 115 f., 181, 241, 246

387

Doernach, Rudolf 363
Doflein, Franz 71
Dougan, James 170
Drach, Pierre 83 f.
Dreyfus, Alfred 139
Drummond, Oberleutnant 200
Drummond, Ron 306
Dumas, Frederic 79 f., 84, 189, 192

Ebro, Tom 44
Edgerton, Harold E. 101
Egerer 206
Eibl-Eibesfeldt, Irenäus 43, 47 f., 53 f., 61 f.,
    70, 84, 302 f., 309, 339 ff.

Faine, Francis 312
Falco, Albert 189
Falco, Ennio, 146 f., 328
Felejczyk, F. 368
Fels, Edwin, 151
Ferraro, Luigi, 345
Fischer, Ed 323 ff.
Fischer, Mel 186
Fitzgerald, James 298
Foex, Jean-Albert 349
Forstner, Georg-Günther von 202 f.
Foster, Archie 151
Frechsee, Eric 139
Freud, Sigmund 42, 223

Gallico, Paul 303
Gardner, Ehepaar 296
Gauguin, Paul 282
Gayton, Jack 183
Gerlach 264
Gesner, Conrad 199
Gibbins, Wally 64
Giddins, Al 61
Gilgamesch 365
Gimbel, Peter 70
Gilpatrick, Guy 164, 176, 281 f.
Gnutzmann, Hanno Rolf 188
Gollan, Frank 365
Gottsleben, Tauchermeister 18
Gould, R. T. 203
Grazia, Augie de 318 f.

Grauer, Lewis 318
Greenberg, Jerry 101, 151, 323
Grigg, Richard 123
Grotius, Hugo 344
Gruhl, Hermann 128, 349 f.
Gunderson, Ann 151
Guppenbühl, Walti 308, 351
Gustafsson, Bengt 186

Haber, Fritz 240
Haldane 173, 326
Harding, John 285
Hardy, Sir Alister 47, 49, 52, 55
Hasenmeyer, Jochen 126
Hass, Lotte 24, 43, 65, 120 f., 137 f., 140,
    162, 303
Hass, Meta 162
Hauser, Jean-Jacques 180
Heberlein, Hermann 175 f.
Héderer, Prof. 19
Hentze, Günther 162, 164
Herrnkind 207
Hesse, Richard 71
Heyerdahl, Thor 124
Hirschel, Kurt 98
Hitchcock, Alfred 320
Hitler, Adolf 20
Hodges, Jimmy 24, 83
Holler, Oberpolizeirat 206
Holt, Harold 64
Hugo, Victor 204
Huston, John 104
Huxley, Thomas 229

Idyll, C. P. 229

Jonklaas, Rodney 64, 181

Keller, Hannes 173, 175, 177 ff., 326
Krohn-Dale, Eystein 186 f.

Landa, Diego di 125
Laplace, Pierre Simon 107
Laskousky, Horst 283 f.

388

Laumen, Johannes 164
Lederberg, Joshua 372
Lee, C. C. 137
Le Roy, French 61
Ley, David 220
Limbaugh, Conrad 67, 149
Link, Ed 125, 327, 328
Linné, Carl von 71
Lorenz, Konrad 294 f., 299, 307
Luckner, Felix Graf von 78 f., 85

Magellan, Ferdinand 107
Maicorca, Enzio 212 f.
Malagelada, Frederic 182
Mayol, Jacques 212
McKenney, Jack 47, 121 f., 127, 207
McLeish, Kenneth 174
M'Quhaes, Peter 200
Merle, Robert 296
Meyeringk 281
Mohr, Erna 93
Moore, James 122 f.
Moosleitner 208
Morgan, Elaine 47–56
Morris, Desmond 47–56
Mount, Tom 318
Mueller, Paul 265

Nirenberg, Marshall 372

Oesterlund, Dennis 169
Ötzelt, Jim 64
Oudemans, A. S. 202

Padrol, Rafael 182
Paul VI, 286
Persson, Stefan 186 f.
Piccard, Auguste 80, 204
Piccard, Jacques, 111, 285
Piene, Otto 362
Pitt, William 182
Plinius 287
Pomperin, Robert 67
Potter, John S. 188
Preuss, Karl 147

Querzola, Paolo 46

Reading, A. A. 62 f.
Root, Hope 151
Royal, Bill 41 f.

Sardo, Javier 182
Scheer, Georg 43
Shaw 18
Stelzner, Hermann 16, 19 f., 25
Stewart, James 65 f.
Stocker, Rex 185
Strabo 126
Stuart-Towini, Gigi 152

Taillez, Philippe 79 f., 174
Taylor, Gordon Rattray 372
Taylor, Ron 66, 70, 140, 164
Taylor, Valerie 70, 140, 164
Teichel, Holger 128
Tepley, Lee 123 f.
Thompson, Edward H. 125
Throckmorton, Peter 192

Uexküll, Jakob v. 72

Vailati, Bruno 137
Verne, Jules 205, 247
Vester, Frederick 267

Walsh, Don 110
Waterman, Stan 66, 70
Wegener, Alfred 111 ff.
Westphalen, Ralf 147
Whittacker, Chris 178 f.
Wissel, Klaus 24
Wookey, George 174
Wurzian, Alfred von 21, 44 f., 57, 77

Yassi, Ada 192, 197 ff.

Zetterström, Arne 165 f., 174
Zwicky, Fritz 247

Bildnachweis

Agence France Press 69 – Ron Church, LaJolla, Cal. 4, 21, 28, 29, 30, 31, 58 – Jürgen Claus, München 78, Abb. S. 355 – Philippe Cousteau 35 – Paolo Curto, Fertilia 24, 25, 26, 37, 52, 53, 54, 79 – L. Dukas, Zürich 70 – Douglas Faulkner, Summit, N. J. 55, 65 – Eric Frehsee, Miami, Florida 57 – George T. Green, Coronado 27, 64, 72, Schutzumschlagfoto – Hans Hass 8, 9, 10, 11, 12, 13, 18, 19, 20, 37, 39, 45, 46, 68, 71, 77, Abb. S. 17 – Hermann Heberlein, Breganzona, Lugano 74 – Keystone Press Agency 73 – Helga Kopp, München 50 – „Life", August 1954 1 – „Life", Juni 1960 40, 41, 42, 43, 44 – „Lui", Juli 1968 7 – Jack McKenney, Glendale, Cal. 2, 3, 5, 22, 23, 36 – Metallgesellschaft AG, Frankfurt 66 – Isuneo Nakamura, Edogawaku-Tokio 56 – Eishin Osaki 17 – P. A. Reiserer, Rosenheim 34 – Ing. V. A. de Sanctis, Turin 48, 80 – Flip Schulke, Miami, Florida 32, 47, 51, 76 – Ron Taylor, Sydney 60, 61, 62, 63 – Paul Tzimoulis, Los Angeles 14 – Votava 75 – Dieter Wallert 81 – World Wide Press 67 – J. E. Williamson Abb. S. 103 – Bert Schürz (nach „National Geographic Magazine") Abb. S. 109 und 113 – Hannes Keller/A. Bühlmann Abb. S. 171 – Bert Schürz (nach P. Throckmorton: „The Lost Ships") Abb. S. 191 – aus Jules Verne: „20.000 Meilen unterm Meer" Abb. S. 221 – aus R. T. Gould-G. v. Forstner: „Begegnungen mit Seeungeheuern" Abb. S. 201 – Kiyonori Kikutake Abb. S. 235 – C. Gesner: Fischbuch Abb. S. 305 – Bert Schürz (nach einer Vorlage, die uns von General Electric liebenswürdigerweise zur Verfügung gestellt wurde) Abb. S. 331 – Gahan Wilson Abb. S. 361 oben – „Paris Press" Abb. S. 361 unten.